NOTICE

DES

DESSINS,

CARTONS, PASTELS, MINIATURES ET ÉMAUX

Exposés dans les salles du 1er et du 2e étage

AU

MUSÉE NATIONAL DU LOUVRE.

PREMIÈRE PARTIE :

Écoles d'Italie,
Écoles Allemande, Flamande et Hollandaise,

PRÉCÉDÉE

D'UNE INTRODUCTION HISTORIQUE

ET

DU RÉSUMÉ DE L'INVENTAIRE GÉNÉRAL DES DESSINS,

PAR

M. REISET,

Directeur des Musées nationaux, ancien Conservateur des Peintures, Dessins et Calcographie.

NOUVELLE ÉDITION, REVUE ET CORRIGÉE.

PRIX : 2 FRANCS.

PARIS,
CHARLES DE MOURGUES FRÈRES,
IMPRIMEURS DES MUSÉES NATIONAUX
58, RUE J.-J.-ROUSSEAU, 58.

1879

MUSÉE NATIONAL DU LOUVRE

NOTICE
DES
DESSINS,
CARTONS, PASTELS, MINIATURES ET ÉMAUX

Exposés dans les salles du 1er et du 2e étage

AU

MUSÉE NATIONAL DU LOUVRE.

PREMIÈRE PARTIE :

Écoles d'Italie,
Écoles Allemande, Flamande et Hollandaise,

PRÉCÉDÉE

D'UNE INTRODUCTION HISTORIQUE

ET

DU RÉSUMÉ DE L'INVENTAIRE GÉNÉRAL DES DESSINS,

PAR

M. REISET,

Directeur des Musées nationaux, ancien Conservateur des Peintures, Dessins et Calcographie.

NOUVELLE ÉDITION, REVUE ET CORRIGÉE

PRIX : 2 FRANCS.

PARIS,
CHARLES DE MOURGUES FRÈRES,
IMPRIMEURS DES MUSÉES NATIONAUX
58, RUE J.-J.-ROUSSEAU, 58.

1878

INTRODUCTION. (1).

I.

C'est en l'année 1671, sous l'administration de Colbert, que fut créé le musée des dessins, dont nous avons à retracer ici l'origine et les accroissements successifs.

Les prédécesseurs de Louis XIV avaient cependant possédé des dessins. Nous ne voulons pas parler seulement de ces beaux manuscrits ornés de miniatures dont, à commencer par Charlemagne, tous les souverains aimèrent à s'entourer. Le livre du Saint-Esprit, les Heures d'Anne de Bretagne, et tant d'autres volumes de même genre, sont des œuvres d'art inestimables. Mais ce sont avant tout des volumes, des manuscrits, et nous ne devons nous occuper que des dessins proprement dits. Que des œuvres de ce dernier genre aient appartenu aux Valois et aux premiers Bourbons, cela ne peut faire l'objet d'aucun doute. L'affection constante que ces princes ont témoignée à des familles d'artistes, comme celles des Clouet, des Quesnel, des Du Monstier..., etc., nous est un sûr garant qu'ils possédaient de leurs ouvrages. Les plus beaux *crayons* de ces hommes habiles devaient être réservés à leurs protecteurs. Louis XIII, qui peignait des pastels à l'imitation de Daniel du Monstier, avait certainement sous les yeux des portraits de ce

---

(1) Réimpression textuelle de l'introduction placée en tête du volume publié en 1866.

maître, ne fût-ce que pour lui servir de modèles. La mode était de former des collections de ce genre, et les rois suivaient l'exemple de leurs sujets (1).

Que sont devenus ces dessins ? Négligés, oubliés, puis dispersés et jetés à tous les vents, ceux qui subsistent encore auront par hasard trouvé asile dans quelque humble collection d'amateur, mais il n'en reste pas trace dans la collection de nos Rois, et les *crayons* que l'on y voit n'y sont entrés que depuis le XIXe siècle.

II.

L'un des amateurs les plus célèbres du XVIIe siècle, après Charles Ier, roi d'Angleterre et Christine, reine de Suède, fut le banquier Evrard Jabach. Il était venu de Cologne s'établir à Paris, et y faisait de grandes affaires. Il était le directeur de la Compagnie des Indes orientales, et se trouvait en relations avec le cardinal Mazarin, qui le comptait même au nombre de ses familiers. Il construisit à Paris un hôtel qui porte encore son nom, et qu'il orna avec luxe. Il avait un amour passionné pour les objets d'art et était lié avec plusieurs artistes, notamment avec Van Dyck, qui fit, dit-on, trois fois son portrait. Il avait réuni à grands frais des tableaux, des statues, des dessins précieux, et l'hôtel Jabach était bien connu comme le rendez-vous des curieux de tous les pays et comme renfermant des trésors. Marolles, dans son *livre des peintres et graveurs*, cite deux fois le nom du célèbre amateur : la première fois après avoir parlé d'un curieux d'alors, dont nous aurons aussi à dire quelques mots plus loin, et qui avait, dit-il,

---

(1) Tout récemment le Musée des Souverains s'est enrichi d'un petit livre grand comme la paume de la main, mais cependant infiniment précieux, puisque l'on y trouve plusieurs portraits de la main de F. Clouet (1866).

fait des plus beaux dessins un ample et grand projet,
il ajoute aussitôt :
Mais Jabach le surpasse, où nul n'ira peut-être.

La seconde fois, après avoir donné la longue nomenclature de tous les artistes dont lui-même, Marolles, possédait des dessins, il termine par ce quatrain :

« *De tous ceux-là chez nous on peut voir des modèles :*
« *L'on en voit beaucoup plus chez le libre Jabac,*
« *Enrichi du païs d'où nous vient le tabac,*
« *Comme pour les dessins, tous ses soins sont fidèles.* »

C'était, on le voit, une collection choisie entre toutes; et le nombre et l'importance des objets venus à notre connaissance parmi ceux qui en faisaient partie, prouve bien qu'il passa de longues années à la former. Une circonstance en dehors de toutes les prévisions lui permit d'y joindre des richesses inespérées. Ce fut la mise en vente de tous les objets d'art, réunis avec des soins et des dépenses infinis par le roi Charles Ier. Soit que Jabach se trouvât alors en Angleterre pour son commerce, soit qu'il s'y soit rendu tout exprès, il fut l'un des acheteurs les plus hardis et les plus heureux de ce grand encan qui dura trois années, de 1650 à 1653, et qui se poursuivit successivement dans tous les palais royaux, comprenant, outre les peintures, les dessins et les statues, les meubles de tous genres, les tapisseries, les joyaux..., etc.

Ce dut être un jour de triomphe que celui où il réunit dans son hôtel de la rue Saint-Merry, à tout ce qu'il possédait déjà, les dépouilles du puissant monarque. Il se trouvait sans doute alors à l'apogée de sa fortune. Mais les revers vinrent bien vite. Soit par suite de ses prodigalités, soit que la mort de Mazarin l'eût privé d'un appui qui lui était nécessaire, soit pour toute autre cause, Jabach fit de mauvaises affaires et se vit forcé, dix-sept ans après la vente de Charles Ier, d'avoir recours, pour subvenir aux besoins de ses opérations financières, à sa précieuse collection.

Il l'offrit au Roi, qui seul, en effet, pouvait d'un seul coup tout acheter, et nous devons, vu l'importance toute spéciale de l'affaire et malgré les publications déjà faites à ce sujet, entrer dans quelques détails sur la négociation.

III.

La pièce la première en date que nous trouvons parmi les papiers de Jabach (au département des manuscrits de la Bibliothèque Impériale) est la note suivante, écrite de sa main, qui contient l'estimation de tout ce qu'il possédait. Elle date de 1670; car, comme nous le verrons plus loin, l'affaire resta longtemps en suspens. Nous la reproduisons exactement :

« 2631 desseins d'ordonnances collés à 100 l..... 263,100 l.
« 1516   d°   non collés à 25 liv............   37,900
« 1395   d°   figures et testes à 5 liv........   6,975
« 101 Tableaux reviennent à..................   155,450
«   »   d°   restants chez nous (1)..........   32,300
«   » Diamants............................   22,000
«   » Bustes, bas-reliefs et marbres...........   28,700
«   » Grands bronzes......................   6,500
»   » Meubles de la maison, vaisselle d'argent..   12,800
« 212 Planches gravées.....................   15,300

                                                 581,025 l.

Colbert ne voulut entendre parler que des quatre premiers articles, et raya d'abord tout le reste, objets d'art restés chez Jabach, diamants, bustes, planches gravées, etc. La négociation se poursuivit sur cette base et donna lieu aux lettres suivantes,

---

(1) Cet article doit vraisemblablement s'interpréter ainsi : *dessins et tableaux restant chez nous.*

INTRODUCTION.

toutes adressées à M. Du Metz, « trésorier des parties casuelles. »
Colbert avait certainement connu autrefois Jabach chez Mazarin,
mais il ne paraît pas s'en être souvenu en cette circonstance.
Il est même douteux, d'après la teneur de la lettre du 9 février
1671, que notre amateur ait été admis à faire sa révérence à
l'ancien intendant du cardinal, devenu ministre de Louis XIV.

« Le 7 février 1671,

« Je feray donc tout partir demain de grand matin, confor-
« mément à la volonté de monseigneur, et vous prie, Monsieur,
« de vouloir donner des ordres à ce soir à l'hostel de Gram-
« mond, afin que quelqu'un s'y trouve pour les recevoir et
« ranger. Je me donneray le bien de vous advertir demain
« comment les voiages auront succédé, et vous suis cependant,
« Monsieur, votre humble et obéissant serviteur,

« JABACH. »

« Ce lundi, 9 février 1671,

« Je vous fis scavoir hier au matin, Monsieur, que le tout
« estoit parti et heureusement arrivé à l'hostel de Grammond,
« nonobstant le mauvais temps. J'ay esté du depuis deux fois
« chés vous pour avoir le bien de vous en entretenir plus par-
« ticulièrement et recevoir vos ordres sur ce qu'il estoit à
« faire : scavoir si trouvés à propos, Monsieur, que ie me
« rende chez vous à quelque heure de ce soir, ou bien chez
« monseigneur, ou bien à l'hostel de Grammond, pour avoir
« l'honneur de faire ma révérence à mon dit seigneur et être
« présent à la vue qu'il prendra de ces meubles, ou bien si ie
« ne m'y doibs point trouver du tout. De grâce, la dessus un
« mot de vos nouvelles.
« Voicy un inventaire d'une autre collection de desseins, à ce
« soir vous en aurez un troisième, et ie suis cependant, Mon-
« sieur, votre très humble et obéissant serviteur,

« JABACH. »

« Ce lundi 16 février 1671,

« Je vous envoie Monsieur cy inclus un estat de tous mes desseins
« dont ceux marqués X à costé sont présentement à l'hostel de
« Grammond, conformément à vos ordres. Il y a aussi 101 ta-
« bleaux spécifiés par le memoire encore cy ioint, et le porteur
« vous délivrera un roulleau dans lequel il y a l'inventaire com-
« mencé de la collection de Rafael a mettre au net et son
« brouillion. Je me donneray l'honneur de vous aller trouver
« a l'hostel de Gramm^d et de vous assurer combien ie vous
« suis

« Monsieur,
« très humble et très obéissant serviteur,

« JABACH.

« Au mémoire des tableaux est arrivé un malheur, de sorte
« qu'il le faut refaire » (ou reserver?)

Ce malheur arrivé au mémoire des tableaux est extrêmement regrettable. Car, fourni après coup, il n'a pas été conservé dans la même liasse que l'inventaire des dessins et les papiers de Jabach. Il est aujourd'hui perdu, et nous sommes dans l'incertitude au sujet de l'identité du plus grand nombre des tableaux vendus par Jabach à Louis XIV.

Cependant l'affaire ne se concluait pas, et Colbert ne prenait pas de décision. Un rapport, non signé ni daté, qui se trouve dans la liasse de la Bibliothèque, paraît avoir agi puissamment sur sa détermination définitive. Il est conçu en ces termes :

« Le prix que M. Jabach demande de ses desseins paroît exor-
« bitant. A la vérité, il y a quelques grands desseins de Raphael,
« Julle Romain et autres grands maîtres qui sont considérables,
« mais il y en a aussi quantité de ces mesmes maistres qui sont
« fort petits, où il y a peu de travail et beaucoup de peu finis.

INTRODUCTION. XI

« L'on croit que pour régler le prix de ces desseins, il en faut
« considérer en quelque sorte la rareté, et combien il cousterait
« pour en faire faire de semblables et d'une aussy grande
« ordonnance, mesmes par des peintres médiocres, ou mesmes
« pour en faire faire des copies. Car si l'on voullait avoir égard
« à ce qu'ils ont cousté, l'on estime que le d. s^r Jabach les a
« peut-estre plus achepté qu'il n'en demande.

« Pour la rareté, il est constant qu'il n'y a point de collection
« de desseins semblable dans l'Europe, n'y mesme qui en
« approche.

« Quant au prix que l'on demanderoit pour en faire faire de
« pareille grandeur et autant chargés d'ouvrages, ou mesme
« pour les copier, M   ne croit pas que personne voulust
« entreprendre de le faire à moins de deux ou trois cents livres
« pour les grands, et de 20, 25, 30, 40 et 50 pour les petits.

« De manière que l'on estime que l'on pourroit offrir 60 l. de
« chacun des 2621 desseins d'ordonnance collés sur de la
« charte qui reviendroyent à.................... 157860 l.

« Des 1516 desseins non collés, 10 ou 12 l. pièce l'un portant
« l'autre... 15160

« Et des 1395 desseins de figures sur le pied de
« 3 l. pièce..................................... 4185

« Et à l'esgard des 101 tableaux l'on estime que
« l'on pourroit rabattre le tiers de ce que l'on en
« demande. Il resteroit........................... 103634

                                                    280839 l.

Au dos du rapport, Colbert a écrit ces mots : *à M. Du Metz qu'il m'en parle.*

Il est heureux pour les auteurs de ce rapport que leurs noms n'aient pas été conservés, et il n'est pas, ce nous semble, besoin d'insister pour démontrer la grossière ignorance dont il témoigne.

Quoi ! après avoir reconnu que la collection est unique en Europe et que rien n'en approche, après avoir déclaré que Jabach en demande moins qu'il n'a lui-même payé, on prend pour base d'estimation des dessins de grands maîtres, des dessins de Raphaël et de Jules Romain, le prix que coûteraient des copies ! Lebrun, qui était l'ami de Jabach, et avait travaillé pour lui, Lebrun qui n'était pas seulement un artiste de talent, mais aussi un curieux faisant collection, et sachant fort bien vendre au Roi les tableaux de maîtres qu'il possédait, en même temps que ses propres ouvrages, Lebrun a-t-il pu s'associer, sans une énergique protestation, à une appréciation aussi sauvage et à de pareilles inepties !

Le malheureux banquier, attendant toujours, pressé par des créanciers sans pitié, voyant chaque jour baisser le prix de cette collection si belle à ses yeux et aux nôtres, écrivit à M. Du Metz une lettre que voici :

« 10 mars 1671.

« Sur l'espérance que vous me donnâtes hyer, monsieur, de
« voir bientôt mon malheureux affaire des desseins et tableaux
« terminé, je vous envoie ici joint encore un inventaire des
« 460 dessins qui font partie des 1516 que i'ay mis sur le
« mémoire à 25 livres. Je donne au plus fin d'en trouver de
« pareils à 50 livres. Vous scavés, Monsieur, qu'il y en a
« 5542 en tout. Desquels ie pourrois facilement mettre 800 à
« part, qui, l'un portant l'autre, me reviennent à plus de
« 100 écus pièce et en valent plus de 300 chacun. Aussi ne doi-
« vent-ils pas passer pour desseins ains pour des meilleurs et plus
« friands tableaux de l'Europe lorsqu'ils seront embordurés. Un
« homme connoissant iceux le peut dire, et Monsieur Lebrun mieux
« que personne, en ayant une connoissance plus achevée. Vous
« y ferés telle reflection qu'il vous plaira, pourveu que me
« sortiés d'affaire et qu'après tant de remises ie puisse finale-

« ment scavoir de quelle mort ie doibs mourir, ie seray contant. Le
« seul mal que i'y prévois, est qu'ils sont trop beaux et en trop
« grand nombre; s'ils étoient moins bons et en moindre quan-
« tité, leur prix agréeroit davantage et feroit ma condition
« assurément meilleure. Mais comme ie vais toujours le grand
« chemin, ie n'en ai rien voulu séparer et y ay tout laissé ius-
« ques aux copies que i'avois fait faire avec soin pour m'en
« servir un iour au défaut des originaux. Vous les y trouverés
« aussy, et voïant de quelle façon i'y vais, vous aurés, i'espère,
« la bonté de me rendre quelque iustice et adoucir mon mal. Je
« parle à vous, Monsieur, ne cognoissant autre à qui m'adres-
« ser ; si M. Perrault estoit de mes iuges ie le prierois de me
« traicter en ce rencontre-cy en crestien et non en more, et
« surtout de contribuer à l'achèvement d'un ouvrage qui a tant
« tresné et me donne continuellement et m'a donné tant de
« peine par là. Considérés au nom de Dieu que ie me trouve
« entre le marteau et l'enclume, et que i'ay à faire à des gens
« avec qui il n'y a aucun quartier, ie vous en coniure de rechef
« du fond du cœur, estant, Monsieur... »

Quelques jours après la réception de cette lettre, par laquelle le vendeur se mettait à sa merci, Colbert prit sa décision. Il rabattit encore 60,000 l. du prix déjà réduit par le rapport cité plus haut à 280,000 l., et le 29 mars 1671, Jabach reçut un bon de 220,000 livres sur le Trésor royal, pour le paiement de 101 tableaux et de 5542 dessins livrés au cabinet de Sa Majesté. Voici le détail des dessins suivant une note de la main de Jabach :

« 640 desseins de l'escole de Rafael,
« 448   d°   escoles de Venise et Lombardie,
« 517   d°   l'escole de Florence,
« 653   d°   l'escole des Carats et modernes,
« 309   d°   escoles d'Allemagne et Flandres,

« 2567 (*à reporter.*)

« 2567 (*report.*)
« 64 desseins copiés après Rafael et Jule,

« 2631 desseins d'ordonnance collés et dorés en six porte-feuilles,
» 2911 desseins non collés estant le rebut de ma collection,

« 5542 desseins en tout vendus au Roy. »

On voit par cette note que Jabach avait toujours séparé dans sa collection ses dessins d'*ordonnances collés et dorés*, de ceux non collés. Les premiers au nombre de 2631, divisés par écoles suivant la note que nous venons de citer, numérotés, paraphés par Jabach et inventoriés pièce à pièce, furent livrés, le 4 janvier 1672, à M. Du Metz, « conseiller du Roy, intendant et controlleur général des meubles de la couronne, » en présence de M. Lebrun, « aussi conseiller du Roy, premier peintre de Sa Majesté, » et remis entre les mains de ce dernier. Chacun des inventaires, signé par Du Metz, Lebrun et Jabach, se trouve à la Bibliothèque impériale.

En 1690, très probablement à l'occasion de la mort de Lebrun, Jean Prioult, « commissaire examinateur au Chastelet de Paris, » fut chargé de vérifier ces inventaires. Il le fit avec grand soin, numérota de nouveau chacun des dessins et y apposa son monogramme, composé des lettres J. P., à côté du paraphe de Jabach. En cette circonstance, de nouveaux inventaires, copiés sur les anciens, furent dressés, et le musée du Louvre en possède un exemplaire manuscrit, en cinq volumes reliés aux armes royales, collationné en 1696 sur l'original par Houasse, alors garde des tableaux et dessins de la couronne.

Quant aux 2911 desseins non collés, le commencement de la lettre que nous avons citée plus haut, page XII, prouve qu'une partie au moins en fut inventoriée, mais ils ne furent pas numérotés, et l'inventaire en a été détruit ou perdu. Les dessins de cette catégorie paraissent avoir été oubliés pendant quelques années par Jabach et par M. Du Metz. Ils ne furent livrés que quatre ans après les autres, ainsi qu'en fait foi la facture ci-jointe, toujours de la main de Jabach.

« Le 27 may 1676, livré :
« 266 desseins de l'escole de Rafaël,
« 581 d° des escoles de Venise, Lombarde, de Florence.
« 604 d° de l'escole de Carats et modernes.
« 173 d° des écoles d'Allemagne et Flandres.

« 1624 desseins d'ordonnances.
« 1287 d° figures et testes.

« 2911 desseins non collés, n'y dorés, rebut de toute ma « collection, touts paraffés par moy. »
Suit le détail des 1287 figures et testes. »
« 847 figures entières.
« 112 demi-figures.
« 301 testes.

« 1287 desseins de figures et testes. »

(A côté de chacun des articles, une autre main a écrit le mot « *Veu*. »)

Au dos de cette pièce on lit : « Facture des 2,911 desseins rebut de ma collection. » Ces mots sont suivis du paraphe de Jabach.

Ainsi fut accomplie cette acquisition, dont nous devons apprécier en quelques mots la valeur. Nous commencerons par les peintures.

IV.

En portant à 155,450 livres l'estimation des 101 tableaux qu'il offrait, Jabach avait soin d'ajouter que ce chiffre était son *prix de revient.* Mais on n'eut pas égard à sa déclaration. Les experts avaient commencé par rabattre le tiers du prix demandé, ce qui réduisait la somme à 103,634 livres, et lors de la conclusion de l'affaire on retira encore 60,000 livres du chiffre total, de sorte que les 101 tableaux ne furent payés par Colbert que 80,000 livres environ.

La perte de l'inventaire ne nous permet pas de dresser la liste complète de ces peintures. Mais les documents fournis par les écrivains contemporains nous en font connaître quelques-unes. Ce sont :

1. Titien, *le Christ porté au tombeau*, n° 465 du catalogue des peintures. Écoles d'Italie.
2. Titien, *les Pèlerins d'Emmaüs*, n° 462, même catalogue.
3. Titien, *la Maîtresse du Titien*, n° 471, même catalogue.
4. Léonard de Vinci, *saint Jean*, n° 480, même catalogue.
5. Giorgion, *Concert champêtre*, n° 44, même catalogue.
6. Giorgion, *Sainte-Famille*, n° 43, même catalogue.
7. Corrège, *la Vertu victorieuse*, gouache, n° 17 de la présente notice.
8. Jules Romain, *la Nativité*, n° 293 du catalogue des peintures. Écoles d'Italie.
9. Jules Romain, *Titus et Vespasien*, n° 295, même catalogue.
10. Perino del Vaga, *les Muses et les Piérides*, n° 369, même catalogue.
11 à 14. Le Guide, quatre grands tableaux *des hauts faits d'Hercule*, n°s 335, 336, 337, 338, même catalogue.
15. Le Garofalo, *Sainte-Famille*, n° 420, même catalogue.
16. Le Caravage, *la Mort de la Vierge*, n° 32, même catalogue.
17. Holbein, *le Portrait d'Erasme*, n° 208 du catalogue des peintures. Écoles allemande, flamande et hollandaise. (Ces 17 tableaux proviennent de la vente de Charles Ier.)

18. P. Véronèse, *Suzanne*, n° 98 du catalogue des peintures. Écoles d'Italie.

19. P. Véronèse, *Esther*, n° 99, même catalogue.

30. P. Véronèse, *Rebecca et Eliézer*, n° 110, même catalogue.

21. P. Véronèse, *Judith et Holopherne*, au musée de Caen. (Ces quatre tableaux provenaient de la maison Bonalli, de Venise.)

22. Lanfranc, *la Séparation de saint Pierre et de saint Paul*, n° 228 du catalogue des peintures. Écoles d'Italie.

23. Jules Romain, *Vénus et Vulcain*, n° 296, même catalogue.

24. Spada, *le Concert*, n° 410, même catalogue.

25. Dominiquin, *sainte Cécile*, n° 494, même catalogue.

26. Le Guerchin, *saint Jérôme* (Lépicié, II, 305. Il y a probablement erreur de la part de Lépicié, car ce tableau paraît venir d'une autre source). Voy. Catalogue des peintures, n° 33.

27. Palme le Vieux, *le Christ porté au tombeau* (Félibien, I, 372). Ce tableau nous est inconnu.

28. Claude Lorrain, *le Pas de Suze*, n° 234 du catalogue des peintures. École française.

Pour tous ceux qui connaissent, même superficiellement, le musée du Louvre, cette simple liste (elle ne contient pourtant que le quart des tableaux vendus par Jabach à Louis XIV), paraîtra bien éloquente. Ce sont là en effet des tableaux cités dans toute l'Europe, d'une beauté et d'une importance au-dessus de tous les éloges. Pour que de pareils chefs-d'œuvre aient pu venir entre les mains d'un simple amateur, il a fallu des circonstances tout-à-fait extraordinaires, telles que la révolution d'Angleterre, la mort violente de Charles Ier et les longs troubles qui l'ont suivie. Si nous voulions essayer d'estimer aujourd'hui une seule de ces peintures, le Christ au tombeau, du Titien, par exemple, ou les Pèlerins d'Emmaüs, ou le Concert du Giorgion,...... combien de fois faudrait-il additionner la somme entière payée par Colbert! Pendant ces vingt dernières années, des sommes considérables ont été dépensées par divers grands musées pour acquérir des œuvres d'art justement célèbres. Que l'on compare les plus belles à quelques-uns des tableaux venant de Jabach, et que l'on juge !

Sans nous arrêter à la valeur vraiment fabuleuse que prendrait aujourd'hui chacune de ces merveilles, nous voyons qu'on les appréciait déjà hautement alors, sinon à Paris, du moins à Londres. Malgré les malheurs de ces temps agités, Jabach, cédant à sa passion, avait payé à la vente de Charles Ier des prix relativement fort élevés. Voici les chiffres d'adjudication qui sont parvenus jusqu'à nous :

La Vertu victorieuse, gouache du Corrège......	1000 liv. st.
Sainte Famille du Giorgion..................	114 » »
La Nativité de Jules Romain................	500 » »
Le Christ porté au tombeau du Titien.........	120 » »
La Maîtresse du Titien.....................	100 » «
Les Piérides de Perino del Vaga............	117 » »
Saint Jean de Léonard de Vinci.............	140 » »
	2091 liv. st.

Équivalant à 52,275 livres de France.

Ainsi pour sept morceaux seulement, nous trouvons un prix d'acquisition bien supérieur à la moitié de la somme payée par Louis XIV pour les 100 tableaux. Ce chiffre prouve à l'évidence que Jabach n'exagérait en rien, lorsqu'il déclarait que ses tableaux lui *revenaient* à 155,000 livres.

La même rigueur d'appréciation était habituelle à ceux qui estimaient les œuvres d'art que Colbert voulait acheter pour le Roi. En 1663, à l'inventaire du cardinal Mazarin, malgré l'influence de ce grand nom et les bonnes dispositions que devait conserver Colbert pour les intérêts de son protecteur, nous remarquons des diminutions non moins sensibles.

L'Antiope du Corrège, par exemple, ne fut estimée et payée que 5,000 livres. Ce tableau, l'un des plus précieux joyaux de l'écrin de Charles 1er, avait été payé 1,000 livres sterling.

La seconde gouache du Corrège, celle qui était connue sous le nom de Marsyas (et qui représente en réalité le Vice puni), avait été estimée et payée à Londres le même prix que l'Antiope. Le roi n'en donna que 4,000 livres (1).

Enfin on n'estima à Paris que 10,000 livres le fameux tableau du Titien connu sous le nom de la *Vénus del Pardo* (c'est une Antiope), lequel avait été porté à Londres à 600 livres sterling.

Ces trois beaux ouvrages sont maintenant réunis dans le Louvre aux autres tableaux de Jabach et de Charles 1er.

Quant aux 75 peintures qu'acheta Louis XIV avec celles dont nous avons plus haut donné la liste, elles sont certainement aussi au Louvre, mais il est impossible de les désigner d'une manière précise. Nous pourrions bien hasarder quelques conjectures, plus ou moins plausibles, si nous ne tenions avant

---

(1) Nous demandons à ce sujet la permission de rectifier une inexactitude que nous avons commise en décrivant cette gouache, n° 18 du présent catalogue. Nous avons dit qu'elle avait été cédée par Jabach à Mazarin. C'est une erreur. Un passage des mémoires de Brienne, cité par M. le comte de Laborde (Notes du palais Mazarin, p. 184), prouve que le cardinal l'avait acquise *par le moyen de M. de Bordeaux, ambassadeur de France*. Brienne la désigne ainsi : *un petit tableau du Corrège en détrempe, dont Jabach avait acheté le compagne, et qui sont l'un et l'autre réunis dans le cabinet du Roi.* Tout doute est donc impossible. Voyez aussi l'inventaire des meubles du cardinal Mazarin, publié à Londres en 1861.

tout à l'exactitude. Le nombre des tableaux acquis par Louis XIV, et dont l'origine est incertaine, est encore fort considérable, et comprend des chefs-d'œuvre de tous les genres. C'est là qu'il faut chercher, et ceux que nous connaissons nous donnent la certitude que les 75 inconnus se trouveront parmi les meilleurs de la galerie.

V.

En ce qui concerne les dessins, notre tâche est plus facile, puisqu'en écrivant nous avons sous les yeux les œuvres même accompagnées de leurs inventaires. Ces inventaires, il faut le dire, ne sont pas sans erreurs. Comme dans toutes les collections nombreuses (nous ne parlons que des collections anciennes), les fausses attributions se rencontrent souvent. Jabach annonçait loyalement 64 copies qu'il avait fait faire d'après Raphaël et Jules Romain. Nous ne voudrions pas jurer qu'il n'y en eût pas davantage, même parmi ceux qu'il croyait les meilleurs. Nous avons indiqué avec soin, dans le cours de ce catalogue, les dessins provenant de Jabach, et les numéros des inventaires quand il s'agissait de ces fameux dessins « *d'ordonnances collés sur de la charte* » et inventoriés : mais nous nous sommes bien gardé de donner l'attribution formulée par les inventaires, qui eût été dans bien des cas inutile et souvent dérisoire.

Une fois la part ainsi faite à la critique, hâtons-nous de dire que cette collection renferme un nombre extraordinaire de dessins d'une beauté sans égale, de ces dessins considérables et « chargés de travail » comme les voulait l'auteur du rapport cité plus haut, ayant appartenu à Vasari, aux ducs de Mantoue ou à Charles Ier, et tels qu'aucune collection publique ou particulière ne pourrait montrer les équivalents. Jabach disait qu'il lui serait facile d'en mettre de côté 800 qui rivaliseraient avec les tableaux « *les plus friands* », nous tiendrions volontiers la gageure pour Jabach, et nous croyons qu'il serait possible d'extraire de sa collection un nombre plus élevé d'œuvres inestimables. Le présent catalogue mentionne quelques-uns de ces dessins d'ordonnance que leur ancien possesseur aimait tant : L'*Attila* et le carton de *sainte Catherine*, de Raphaël, le *triomphe de Titus* gravé par Marc Antoine, la *danse des Bacchantes*, de Jules Romain..., etc. De pareils dessins sont sans rivaux partout ailleurs que dans ce cabinet, dont une longue énumération, impossible à placer ici, donnerait seule l'idée.

Terminons par une considération qui nous paraît décisive. On se rappelle avec quel soin Jabach avait toujours séparé ses dessins principaux de ceux qu'il n'avait fait « *ni coller ni dorer* ». Il paraissait honteux de ces derniers, qui ne furent estimés qu'à trois livres pièce, et en les livrant tardivement il eut bien soin de dire et de répéter, presque avec affectation, que c'était *le rebut de toute sa collection*.

C'est de ce lot que proviennent :

Le portrait de Maddalena Doni, de Raphaël, n° 329 du présent catalogue ;

La tête de jeune homme, de Léonard, n° 382 ;

La Vierge et l'Enfant, de Raphaël, n° 315 ;

Figure de femme de Raphaël, n° 328 ;

Tête de jeune homme attribuée à Filippino Lippi, n° 420 ;

Étude pour la transfiguration de Raphaël, n° 318 ;

Dix dessins de Michel Ange, n°s 111, 112, 113, 114, 116, 117, 118, 120, 121, 122.

Etc., etc., etc...

Le lecteur peut apprécier à sa juste valeur une collection dont le rebut contenait de pareilles perles.

VI.

L'affaire fut donc, on peut l'affirmer, superbe pour Louis XIV Colbert sut profiter jusqu'au bout de ses avantages : en défendant la bourse du Roi il était dans son droit et obéissait d'ailleurs à son devoir. Il n'était pas tenu de partager l'enthousiasme du pauvre amateur qui luttait contre la mauvaise fortune, et qui, au milieu de son désastre, dut encore son salut à ces objets d'art, payés si généreusement et si mal vendus. Si Jabach, au lieu d'offrir la collection qu'il était obligé de céder à tout prix était resté dans l'opulence ; s'il avait pu conserver jusqu'au bout ces beaux ouvrages dont il était fier à bon droit, on serait venu tôt ou tard les lui demander pour le Cabinet du Roi, et alors, c'est la loi commune, les choses auraient tourné tout autrement. On eût trouvé tout naturel d'accepter sans discussion ses prix et ses estimations.

Il ne fut d'ailleurs pas mieux traité après sa mort que pendant sa vie. La faute en est un peu à notre savant guide et maître P. J. Mariette qui, dans le préambule du catalogue Crozat, a laissé tomber de sa plume la phrase suivante : « Mon-« sieur Jabach dont le nom subsistera pendant longtemps avec « honneur dans la curiosité, en vendant au roi ses tableaux et « ses desseins s'étoit réservé une partie de desseins, *et ce n'é-* « *toient pas certainement les moins beaux*; M. Crozat les acquit « de ses héritiers. » Mariette, en parlant ainsi ne songeait, nous en sommes convaincu, qu'à faire valoir les richesses du Cabinet Crozat, et il nous serait facile de montrer qu'il n'a jamais pensé à une comparaison impossible entre la collection vendue par Jabach à Louis XIV et les quelques dessins trouvés vingt ans après sa mort dans sa maison. Mais le trait, une fois lancé, a fait son chemin. L'insinuation involontaire, à notre avis, de Mariette, s'est avec le temps transformée en une grosse calomnie dont nous trouvons trace en différents ouvrages. « Le célèbre « négociant Jabach », dit le sieur Joly, garde du cabinet des planches gravées et estampes de la Bibliothèque du Roi, dans une lettre du 4 septembre 1775, « s'était réservé *presque tous* « *les originaux*, lorsqu'il vendit à Louis XIV et ses tableaux et « ses dessins. » — « Jabach avait conservé autant de tableaux « qu'il en avait vendu à Louis XIV, » dit M. Dumesnil dans son tome II, page 223... Heinecke répète en l'aggravant l'assertion de Mariette..., etc.

Ces erreurs reposent sur des faits matériellement faux, et nous ne les relevons que parce qu'elles se trouvent imprimées dans d'estimables ouvrages : car les détails que nous avons donnés précédemment et qui sont bien loin d'être complets, les ont à l'avance réfutées. Nous avons vu Jabach, à l'origine même de la négociation, parler des objets qui étaient restés dans sa maison et qu'il offrait, en en fixant le prix, comme il faisait pour le reste. Il ne songeait évidemment à rien cacher, lorsque dans sa détresse il cherchait à vendre ses diamants, son argenterie et ses meubles en même temps que ses objets d'art.

Nous avons vu, au Louvre et ailleurs, quelques dessins venant de Jabach, sur lesquels on avait biffé le chiffre à la sanguine tracé par lui et que portent tous les dessins *d'ordonnance* inventoriés. Ces dessins ont dû être refusés par les représentants de Colbert comme mauvais ou comme trop peu importants : quelques-uns sont passés dans la classe des dessins non inventoriés, dans le *rebut*; d'autres seront rentrés entre les mains de Jabach. D'ailleurs, il ne faut pas oublier que Jabach a vécu jusqu'en 1695, toujours habitant la rue Saint-Merry, toujours faisant le commerce. N'est-il pas évident que pendant ces vingt-trois ans, avec la passion dont il avait donné tant de preuves, il a dû encore chercher à recueillir ce qu'il a pu trouver sur son chemin. L'abbé de Marolles avait vendu en 1667, à Louis XIV, ses estampes; cinq ans après il en possédait de nouveau plus de 100,000 : allons-nous l'accuser aussi de mauvaise foi et de supercherie ? L'amour des arts, qui ne quitte plus ceux qu'il a une fois bien touchés, ne suffit-il pas à expliquer la possession de ces dessins, auxquels Jabach lui-même attachait bien peu d'importance, puisqu'ils sont resté, oubliés dans sa maison jusqu'en 1721 ?

Mariette, dont une phrase mal comprise a causé tout le mal,

a parlé nombre de fois de Jabach en termes non équivoques. Dans sa lettre à Caylus sur Léonard de Vinci, il s'exprime ainsi : « La collection des desseins du Roi consiste en 8,593 « desseins qui presque tous ont été vendus au roi par le « sieur Jabach, célèbre curieux ; et dans le nombre, il s'en « rencontre QUANTITÉ DU PREMIER ORDRE... » C'est là l'exacte vérité, et sans insister plus longtemps sur cette discussion déjà trop longue, disons que le nom de celui à qui le Louvre doit quelques-uns de ses plus beaux tableaux et tant d'incomparables dessins, ne doit pas être prononcé sans reconnaissance et sans honneur. Tant qu'on admirera la Mise au tombeau du Titien, le Concert du Giorgion, ou la Sainte Catherine de Raphaël, le souvenir de Jabach restera cher à la France.

VII.

Les 5,542 dessins de tout genre vendus par Jabach à Louis XIV se trouvent aujourd'hui au Louvre. Grâce au double numérotage de Jabach et de Jean Prioult, que tous ou presque tous portent encore sur leur monture, il est aisé de représenter jusqu'au dernier les 2,631 morceaux décrits dans les inventaires. Les 2,911 dessins du second lot, qui ne portent pas la monture de Jabach et n'ont pas été inventoriés, sont du moins marqués de son paraphe et sont tout aussi faciles à retrouver, à l'exception de ceux d'entre eux qui, comme nous le verrons plus loin, ont été montés dans le XVIIIe siècle : car alors l'usage était de les *coller en plein*. Mais, même dans ce dernier cas, la marque distinctive a dû le plus souvent être respectée. Nous avons pu parfois, en présentant ces feuilles à la lumière, reconnaître à travers leur épaisseur le paraphe de Jabach, et, s'il y avait nécessité, il paraît certain qu'en détruisant les montures de Coypel ou de Cochin, aucune de ces études, figures, demi-figures ou têtes, ne manquerait à l'appel.

Cette déclaration était indispensable, parce que, grâce au mauvais sort qui s'est attaché à tout ce qui concerne Jabach, des idées fausses et regrettables ont été émises à ce sujet. Il est fâcheux que M. Passavant, dans son travail sur Raphaël, ait admis légèrement les suppositions les plus erronées sur le sort de la collection, quand il était si simple de vérifier le fait au Louvre. Contrairement à l'habitude du savant Allemand, dont personne n'apprécie plus que nous les consciencieuses recherches, la note qu'il consacre à la collection Jabach (édition française, tome II, pages 544 et 545), est absolument et sur tous les points inexacte.

Evrard Jabach avait, au temps de sa splendeur, commencé à faire graver sa collection de dessins. Il avait employé à cet effet Michel Corneille et son frère Jean-Baptiste, Pesne, Rousseau, Massé et autres artistes. Son projet était, dit-on, de publier le tout, ce qui eût été un travail immense et sans fin. On débuta par les paysages. Ceux de l'école des Carraches étaient alors fort à la mode : c'était aussi ce qui présentait le moins de difficultés. Mais ce recueil qui contient 283 pièces, ne donne pas la moindre idée de la collection. On dirait qu'on a pris à tâche, sauf quelques rares exceptions, de reproduire les œuvres les moins intéressantes.

Le Louvre possède, et nous avons vu dans d'autres cabinets quelques copies ou quelques calques sur papier huilé, exécutés, d'une plume grosse et pratique que nous croyons être celle de M. Corneille, d'après plusieurs des beaux dessins du musée Jabach. C'étaient très-probablement des études préparatoires pour les gravures que l'on devait entreprendre (1). Elles sont peu remarquables, et il est étrange que ces copies si peu trompeuses aient pu être décrites par des connaisseurs distingués comme des originaux.

---

(1) Dans la collection Crozat se trouvait, sous le n° 1083, un *paquet* de ces mêmes copies. Mariette les attribue à Massé.

La collection des dessins se trouvait, grâce à cette première acquisition, fondée et déjà royalement dotée. Nous avons à parler maintenant des achats beaucoup plus modestes qui suivirent, et qui, en se répétant successivement jusqu'à nos jours, ont enrichi au point où nous les voyons les portefeuilles du Louvre. — Nous commencerons par l'amateur Delanoue qui, d'après l'ordre des dates, eût dû précéder Jabach.

VIII.

Desneux Delanoue était cet amateur de dessins dont nous avons parlé plus haut, d'après Marolles, comme possédant un beau cabinet, mais que Jabach avait surpasssé. Voici le quatrain entier de Marolles (Livre des peintres et graveurs) :
« Lanoue intelligent, un vénérable prestre,
» Avec un bon esprit connu sur ce sujet,
« Fit, des plus beaux dessins, un ample et grand projet ;
« Mais Jabac le surpasse, où nul n'ira peut-estre. »
Mariette a parlé plusieurs fois de Delanoue et toujours avec éloges. « C'était, dit-il, l'un des plus grands curieux que la « France ait eu... (Cat. Crozat). » Dans la lettre à Caylus, après avoir dit un mot des dessins du Roi, il ajoute : « Plusieurs ont « appartenu à M. de la Nouë, et ce ne sont point les moins « excellents. Ce connoisseur avoit le goût délicat, et était « moins touché de la quantité que du beau. »
Félibien nous donne aussi une preuve du bon goût de Delanoue qui avait, dit-i., acquis de Mme la marquise d'Aumont, au prix de 5,000 livres, une vierge de Raphaël, qu'il fit, d'après les termes du contrat, copier par Philippe de Champagne pour la décoration de l'église de Port-Royal. Cette vierge est bien connue sous le nom de la Vierge au palmier. Elle est aujourd'hui en Angleterre, et, quoique ayant souffert, forme l'un des plus beaux monuments de la galerie de lord Ellesmeere.

Delanoue avait l'habitude de marquer ses dessins en les signant, au verso, de son nom ou d'un simple paraphe, avec un numéro en toutes lettres ou en chiffres romains. Nous en avons compté au Louvre environ 350. Dans ce nombre deux ou trois sont de premier ordre, comme le *Triomphe de Titus*, attribué à Mantègne, dont nous avons déjà parlé. En général, ce sont d'estimables dessins. Tous ont appartenu à Jabach, et sont entrés avec sa collection dans le cabinet du Roi. Delanoue avait une prédilection particulière pour les maîtres de l'école de Fontainebleau et pour les anciens maîtres français.

Nous savons que cet amateur était déjà mort en 1657 (Mémoires de Marolles, tome III, page 215. Discours *de l'excellence de la ville de Paris*). Il paraît que Jabach n'acquit pas toute la collection, et qu'une partie des objets d'art de Delanoue resta dans sa maison et entre les mains de ses héritiers : car dans la liste des *fameux curieux* de 1692, publiée par M. de Laborde (notes du palais Mazarin), nous trouvons encore « l'abbé Nouë, rue neuve des Petits-Champs. » Les dessins qui restaient entrèrent au commencement du XVIIIe siècle dans le cabinet Crozat.

IX.

Lebrun était mort le 12 février 1690. Le Roi devint, dit Mariette, « le possesseur de tous ses dessins, qui étoient en « grand nombre et le fruit des études de toute la vie d'un « artiste aussi habile que laborieux. »

Il laissa vacante la place de premier peintre et celle de garde des dessins et tableaux du Roi. Mignard, déjà fort âgé (il avait 80 ans), lui succéda dans ces deux positions si enviées, que la mort lui enleva à son tour en 1695. Les dessins de Mignard entrèrent comme ceux de Lebrun dans le cabinet royal. Nous ne trouvons à ce sujet aucun document, mais la présence de plusieurs centaines de dessins de cet artiste dans l'ancienne collection ne peut laisser de doute à cet égard.

Houasse, élève de Lebrun, succéda à Mignard, non comme premier peintre (Louis XIV, après Lebrun et Mignard, n'en voulut plus nommer), mais comme garde des tableaux et dessins. Il signa en cette qualité, en 1696, les copies des inventaires de la collection Jabach, qui appartiennent au musée du Louvre. Mais, nommé en 1699 directeur de l'École de Rome, il fut remplacé par Gabriel Blanchard.

Blanchard mourut en février 1704, et Houasse demanda la faveur de quitter Rome pour reprendre les emplois qu'il avait avant son départ, ce qui lui fut accordé par ordonnance du 12 mars 1704. Il conserva donc la garde des tableaux et dessins jusqu'à sa mort, en 1710.

Antoine Coypel lui succéda, et nous trouvons dans sa vie qu'on lui confère le titre plus sonore de Directeur des tableaux et dessins de la couronne. A. Coypel s'occupa avec grand soin des dessins, et nous devons rapporter à ce sujet quelques détails intéressants.

« On a l'obligation à feu M. Coypel père, premier peintre du
« Roi et garde de ses desseins, de les avoir fait revivre.
« Avant lui, cette portion de desseins étoit presque entiè-
« rement abandonnée; il les tira du rebut et les fit ajuster
« avec toute la propreté qu'ils méritoient. » Mariette, Lettre à Caylus.

« M. Coypel n'eut pas plutôt entre ses mains ce magnifique
« dépôt, que son premier soin fut de faire valoir la beauté
« des recueils divers qui le composent par l'agrément qu'un
« certain ordre y fait ajouter; il sépara les desseins qui lui
« parurent douteux pour l'originalité de ceux qui ne l'étoient
« pas. Mais, abandonnant aux demi-connoisseurs la vanité de
« ne s'en rapporter jamais qu'à leurs propres lumières, il crut,
« pour rendre ce choix plus parfait, devoir en conférer avec les
« maîtres de l'art et les amateurs les plus renommés : pendant

« plusieurs hyvers il consacra un jour de chaque semaine à
« ces assemblées aussi agréables qu'utiles.

« Non content de cela, il visita des caisses où restoit en-
« tassé un nombre prodigieux de desseins mis depuis longtemps
« au rebut, et parmi lesquels cependant il s'en trouva beaucoup
« d'originaux d'une grande beauté. Il n'appartenoit qu'au
« zèle de soupçonner qu'ils pussent être mêlés avec d'insi-
« pides copies condamnées à rester dans l'obscurité. » (Vies
des premiers peintres du Roi, tome II, pages 31 et 32. La
vie d'A. Coypel est de Charles Coypel, son fils et son successeur.)

Un assez grand nombre de montures faites par les soins
d'Antoine Coypel sont parvenues jusqu'à nous. Elles sont simples et de bon goût, et il est rare que les dessins qu'elles ornent
ne soient pas bien choisis. Ce *rebut* dont il les retirait était,
sans aucun doute, la partie non inventoriée de la collection
Jabach, et ce que nous avons dit plus haut prouve combien il
était facile d'y trouver des trésors: Malheureusement A. Coypel
ne dressa aucun inventaire du résultat de ses recherches et ne
laissa aucune trace écrite de ses travaux qui, dans bien des
cas, sont devenus inutiles.

Divers recolements eurent lieu aussi dans les premières années
du XVIIIe siècle. Un assez grand nombre de dessins porte un C
que nous croyons être la marque d'A. Coypel. On trouve assez
souvent les initiales DC, qui sont la marque de Robert de Cotte,
premier architecte du Roi, intendant général des bâtiments,
mort en 1735. Nous ne saurions dire à quelle époque ni dans
quel but ces marques ont été apposées. Elles figurent parfois sur
les mêmes dessins, et beaucoup de pièces n'en portent aucune.
Il est présumable qu'on les mettait un peu au hasard sur les
études que l'on jugeait dignes d'être tirées du rebut, ou sur
quelques acquisitions nouvelles. Rien de complet ne fut tenté,
et dans le long travail de classification auquel il a fallu nous
livrer, nous avons eu la bonne fortune de trouver des paquets

venant de Jabach, restés depuis Louis XIV dans l'oubli le plus entier et contenant encore des œuvres très-remarquables.

X.

A. Coypel acquit, pour le cabinet du Roi, en 1712, à la vente faite après le décès de M. de Montarsis, 168 dessins. Cet amateur était bien connu par sa collection de tableaux et de dessins. Son véritable nom était Laurent Texier Montarsis (ou plutôt Montarcy) : il était, dit Mariette (Cabinet Crozat), garde des pierreries de la couronne. Il habitait au Louvre, et dans le brevet du roi, qui lui accordait ce logement, on lui donnait en 1661 le titre d'*orphèvre du roi en bas-relief*. Dans *l'état de la maison du roi*, de 1652, il porte déjà la même qualification (Archives de l'art français, V, 196), et est compris parmi les *gens de métier* à 30 livres par an. Marolles lui consacre une mention dans son *Paris*. En parlant des orfèvres logés au Louvre, il dit :

« Là, dans la cizeleure excella Debonnaire.
« On y vit exceller le scavant Montarci... »

C'est surtout comme collectionneur que Montarsis était célèbre, Dans son portrait (gravé par Édelinck, d'après A. Coypel), on ne parle pas de lui comme orfèvre du Roi, mais comme ami des beaux-arts (*de bonis artibus optimè meriti*). Nous pouvons citer quelques-uns des tableaux qui faisaient partie de sa collection et qui auraient fait la réputation d'un cabinet de Roi. Ce sont deux P. Véronèse gravés dans le cabinet Crozat, l'hermaphrodite du Poussin, dont il existe une petite estampe de B. Picart, et enfin deux tableaux de Raphaël : l'un est le St-George qui passa en Russie avec la collection Crozat, et qui se trouve à la galerie de l'Ermitage : le second est cette vierge connue sous le nom de madone de Bridgewater, qui figure dans la galerie de lord Ellesmeere. C'est, pensons-nous, le plus beau tableau de Raphaël qui soit en Angleterre.

Les dessins de Montarsis étaient beaucoup moins précieux que ses tableaux, si nous en jugeons par ceux qui se trouvent au Louvre, et qui ne devaient pas être les moindres de la collection. Sur les 168 achetés par A. Coypel, nous en retrouvons environ un tiers, grâce à la signature : *Montarcy*, que porte encore leur monture. Ce sont des ouvrages assez médiocres.

XI.

Le fils aîné d'A. Coypel avait été nommé en survivance directeur des dessins (la conservation des tableaux se trouvant désormais séparée de celle des dessins). Charles Coypel succéda en effet à son père qui mourut le 7 janvier 1722. Il paraît avoir continué les travaux d'Antoine : nous ne pouvons cependant mentionner d'acquisition importante faite sous son administration. Mais il nous a laissé un document très-intéressant sur l'état de la collection des dessins à son époque. C'est une note manuscrite dont la date peut être fixée approximativement à 1730, et que nous reproduisons intégralement (1) :

« Inventaire des desseins du Roi.

« Les desseins du Roi sont aujourd'hui dans un ordre très-
« différent de celui où ils étoient lorsque ce dépôt fut remis à
« la garde de feu mon père et voici pourquoi :

« Les desseins originaux et les copies étoient pêle-mêle
« dans de vieux portefeuilles et malheureusement le nombre
« des copies est sans nulle comparaison plus considérable que
« celui des originaux. Mon père, pour mettre ce dépôt en
« honneur autant qu'il se pouvoit, crut devoir débrouiller ce

---

(1) Le hasard l'a fait tomber entre les mains de MM. de Goncourt, qui l'ont obligeamment mise à notre disposition.

« chaos, et pour rassembler les desseins originaux de chaque
« maître et mesme les belles copies, il fut obligé de changer
« tout l'ordre dans lequel il avoit trouvé les portefeuilles
« qui la pluspart renfermoient cent desseins, et il crut avec
« raison que la totalité se retrouvant toujours, il importoit
« peu que le nombre des dits desseins fut égal dans chaque
« portefeuille.

« Lorsque mon Père mourut, il n'avoit pu donner encore
« à ce nouvel arrangement tout l'agrément désirable, et quel-
« ques soins que je me sois donné depuis pour le perfection-
« ner javouë qu'il s'en faut beaucoup que je n'en sois satisfait;
« mais malheureusement pour séparer entièrement ce qui
« est vraiment beau de ce qui est douteux ou même mauvais,
« il faudrait réduire les desseins du Roi à un trop petit nombre.»

« La totalité des desseins du Roi selon l'inventaire que j'ai
« entre mes mains se monte à huit mille cinq cents quatre
« vingt treize desseins, sans compter les cartons qui ne
« peuvent tenir dans les armoires vu leur grandeur. Ces car-
« tons de très peu de valeur et que feu mon Père trouva
« presque pourris, sont au vieux Louvre dans mon atelier.
« Ainsi il ne doit se trouver chez moi que 8593 desseins,

« Savoir :
« De l'Ecole de Raphael........................ 640
« De l'Ecole des Carraches...................... 652
« De l'Ecole de Venise.......................... 446
« De l'Ecole de Florence........................ 517
« De l'Ecole de Flandre......................... 309
« De l'Ecole françoise.......................... 3082
« Plus quatre caisses de rebuts.
« Une de...................................... 1622
« Une de...................................... 871
« Une de...................................... 112
« Une de...................................... 64

A reporter.... 8315

	Report......	8315
« Plus un portefeuille de desseins de plusieurs « maîtres au nombre de.......................		110
« Plus les desseins achettés à l'inventaire de M. de Montarsis au nombre de.......................		168
	Total...........	8593 »

(Suit le nombre des dessins renfermés dans chaque armoire, détail qui n'a plus d'intérêt.)

Nous remarquerons d'abord qu'à l'époque où C. Coypel rédigeait cette note, dont le résultat fut communiqué à Mariette, on avait fait bien peu d'acquisitions depuis que la collection Jabach était entrée dans le cabinet du Roi. En effet, en ajoutant aux 5542 dessins de Jabach les dessins de l'École française, c'est-à-dire les dessins de Lebrun et de Mignard, et ceux de la vente Montarsis, on trouve presque exactement le chiffre total de 8593, chiffre donné également par Mariette en 1730.

Observons en second lieu que le chiffre des différentes écoles : école de Raphaël, école de Venise, école de Florence, école des Carraches, école de Flandre, est le même que celui des cinq inventaires de Jabach. Il faut bien en conclure qu'A. Coypel, malgré ses bonnes intentions, n'avait nullement réussi à débrouiller le chaos dont parlait son fils. Le nombre des dessins de rebut était primitivement de 2911; il était encore, d'après la note de C. Coypel, de 2669 et n'avait par conséquent été diminué que de 242. C'est vraisemblablement à ce chiffre qu'il faut porter les heureuses trouvailles dues aux soins d'Antoine Coypel. C'était déjà quelque chose, sans doute; mais, comme le reconnaissait son fils, il restait beaucoup à faire.

Est-ce bien réellement la crainte de trop restreindre le nombre des dessins du roi qui paralysa l'ardeur de ce dernier ? Ne faut-il pas plutôt penser qu'il recula devant un travail délicat et pénible? S'il ne se sentait pas le courage et la force nécessaires, que ne s'adressait-il à son ami Mariette? Celui-ci, en quelques mois, serait facilement venu à bout de ce chaos, et les dessins du roi n'auraient nullement diminué. Il y aurait eu moins de grands noms sur le papier, mais que de trésors auraient été pour toujours rendus à la lumière et mis en honneur!

A la mort de Charles Coypel (1752), le cabinet s'enrichit d'un volume de dessins du Carrache (pour la galerie Farnèse), volume réuni avec plusieurs autres par les soins de Mignard, pendant son long séjour à Rome. Il était tombé entre les mains de Coypel qui, dit Mariette, « a prié Sa Majesté de vouloir bien « lui permettre de le joindre aux richesses dont il lui avoit « confié la garde pendant sa vie. » Il s'agit, on le voit, d'un legs fait au roi. Plusieurs de ces études sont exposées et décrites dans le présent catalogue.

« En même temps (continue Mariette) M. le marquis de « Marigny a fait acheter des héritiers de M. C. Coypel deux « superbes dessins de Raphaël, *Jésus-Christ donnant les clefs* « *à saint Pierre* et *saint Paul prêchant à Athènes*, qui seuls « suffiroient pour faire la réputation d'un cabinet. » Ces deux dessins avaient été donnés à Coypel par le Régent. Ils sont en effet fort beaux ; mais le premier est seul de la main du maître.

XII.

Le successeur de Charles Coypel fut C.-N. Cochin fils, le dessinateur à la mode, le compagnon de voyage et le protégé de M. de Marigny. Il *garda* les dessins pendant près de quarante ans, depuis 1752 jusqu'en 1790, et durant ce long intervalle, le cabinet reçut quelques accroissements notables.

Au milieu du siècle, et vers l'époque de la nomination de Cochin, l'intérêt porté par les amateurs et par le public aux collections de dessins paraît avoir augmenté d'une façon sensible. On était assez disposé jusque-là à ne pas attacher une grande importance à ce genre de *curiosité*, comme on disait alors, et on avait laissé en 1741 le merveilleux cabinet Crozat se vendre à des prix d'une modicité vraiment exagérée. Mariette et quelques curieux bien avisés comme lui en avaient profité pour faire de véritables fortunes et pour acquérir à vil prix des dessins qui illustraient leur cabinet et qui devaient un jour leur rapporter vingt fois ce qu'ils les avaient payés. Mais les ventes publiques, en se succédant, attiraient l'attention. On prenait l'habitude de les annoncer au moyen de catalogues rédigés avec soin; elles devenaient un passe-temps et un objet de vogue. Le public s'apercevant que les objets d'art conservaient leur prix et que même, loin de diminuer, ces prix augmentaient avec le temps, se trouvait entraîné à ne plus laisser à quelques grands seigneurs ou à quelques curieux fanatiques le monopole de ces attrayantes acquisitions. Les ventes Coypel, duc de Tallard, Potier, de Julienne, Boucher, Huquier, Lempereur..... (1752-1773) contenaient de beaux dessins en même temps que des tableaux : les amateurs s'y formaient, et les prix étaient déjà bien différents de ceux de la vente Crozat.

C'est aussi vers 1750 que l'on pensa à faire pour le public une exposition des dessins du cabinet royal. Blondel, dans son Architecture française, tome IV, page 21, donne sur ce cabinet une notice succincte et exacte, qu'il termine en ces termes : « M. Cochin, garde de ce précieux dépôt, se propose dans la « suite, pour l'avantage des arts et le bien du public, de faire « voir cette célèbre collection aux amateurs un jour de chaque « semaine, quoique jusqu'à présent elle n'ait pas encore été « publique. »

Le projet de Cochin resta, croyons-nous, à l'état de bonne intention, et il fallut de longues années encore pour en venir à donner au public les jouissances qu'on lui promettait. Un petit nombre de dessins fut cependant exposé au Luxembourg avec une partie des tableaux du Roi. Nous en trouvons la preuve dans la *Description de la ville de Paris*, par Piganiol de la Force (1765) tome VII, pages 166 et 167. Après avoir parlé des peintures, il ajoute qu'on admire aussi au Luxembourg « plusieurs dessins sous glace, des plus grands maîtres et « entre autres de Raphaël. Ils sont d'un prix inestimable. Les « connaisseurs mettent ces dessins fort au-dessus de leurs « tableaux, parce qu'ils les regardent, et avec raison, comme « la première expression de leur pensée, dont il n'est donné « qu'au crayon ou à la plume de rendre ce feu originel, « presque toujours refroidi par la lenteur du pinceau. »

Dargenville, dans son *Voyage pittoresque de Paris*, parle aussi de ces dessins exposés sous des glaces « lesquels, dit-il, « seront renouvelés de temps en temps. » Les choses se passèrent-elles en réalité ainsi que l'annonçait Dargenville? Nous ne saurions rien affirmer à cet égard. Il nous paraît certain toutefois que cette exposition ou plutôt cet essai d'exposition reçut peu d'extension. Nous possédons trois livrets de l'exposition du Luxembourg, l'un de 1751, l'autre de 1768, le troisième de 1777. Nous y trouvons catalogués les pastels de Vivien et les miniatures de W. Bauer, qui étaient placés au milieu des peintures; mais quant au reste, l'avertissement se contente de dire qu'on a ménagé dans la décoration des places pour exposer *quelques* dessins des plus grands maîtres, dessins qu'on *se propose* de varier de temps en temps. Dans le catalogue de 1768, l'avertissement se termine ainsi qu'il suit : « Les amateurs verront avec plaisir plusieurs dessins de Ra- « phaël, nouvellement placés, ainsi que plusieurs morceaux « précieux d'après les tableaux de la grande galerie de Ver- « sailles, représentant les conquêtes de Louis XIV, peintes par « le célèbre Lebrun, dessinés par un des habiles artistes de « ce siècle... » Il est vraisemblable que ce furent là, ou à peu près, les seuls dessins exposés au Luxembourg. Le catalogue de 1777 ne contient plus un mot à ce sujet.

INTRODUCTION.   XXXVII

En 1775, une occasion tout-à-fait extraordinaire se présenta d'enrichir le cabinet des dessins. P.-J. Mariette était mort, et sa collection d'estampes et de dessins, cette collection unique due au travail incessant de trois générations d'hommes dévoués aux arts, connaisseurs émérites en même temps qu'habiles commerçants, allait être livrée aux enchères. On conçut le généreux projet d'empêcher une dispersion aussi regrettable et de faire acquérir le tout par le Roi. Nous possédons une lettre écrite à ce sujet par Joly, garde des estampes de la Bibliothèque, et adressée à Lamoignon de Malesherbes, ministre de la maison du Roi; elle a été imprimée par M. Dumésnil dans l'appendice du volume qu'il a consacré à Mariette.

Joly se plaint avec amertume de ce qu'on a déjà laissé échapper en 1741 le cabinet Crozat. Il prétend (et nous lui laissons toute la responsabilité de son assertion) que lorsqu'on vint parler au cardinal de Fleury, alors premier ministre, de l'utilité que présenterait une acquisition si brillante et si facile (on ne demandait que cent mille livres des 20,000 dessins laissés par Crozat), le cardinal répondit que « le Roi avait « déjà assez de fatras »

Joly paraît craindre d'ailleurs que sa demande n'éprouve un sort pareil, et il s'écrie en terminant : « Voilà, monseigneur, « ce que Joly a cru devoir représenter très humblement aux « yeux de votre grandeur, pour l'honneur de la nation. On « peut acquérir un diamant, une statue, un tableau; mais on « ne pourra jamais, même à prix d'argent, rassembler un cabi- « net de dessins et d'estampes tel que celui de feu M. Mariette. « S'il venait à être divisé et transféré chez une puissance étran- « gère, la France perdrait pour toujours ce que le hasard, la « fortune et le goût avaient pris plaisir à recueillir pendant « près de deux siècles. C'est l'auteur du savant *Traité des* « *pierres gravées* du cabinet de Sa Majesté qui, pour un mo- « ment, est encore entier. C'est à Sa Majesté et au ministre « éclairé dont elle vient de faire choix, qu'il appartient d'ap-

« précier les trésors, qu'on devrait nommer *type universel*, ou
« objet de délices, d'un homme aussi recommandable que
« l'était le savant Mariette. »

Cochin et les amis de Mariette, c'est-à-dire tous les amis des arts, durent appuyer chaleureusement les efforts de Joly. Si le comte de Caylus avait été encore vivant, son ascendant l'aurait peut-être emporté, et Mariette, comme dit naïvement et énergiquement Joly, serait resté tout entier. Mais tout fut inutile; et ces trésors amassés avec tant d'amour, de patience et de savoir, furent dispersés en quelques jours.

M. de Malesherbes cependant fut mieux inspiré que le cardinal de Fleury. Il permit qu'on fît pour le Roi diverses acquisitions à la vente publique de Mariette, qui fut un événement dans l'histoire des arts. Cette vente se fit à des prix jusqu'alors inconnus, et provoqua de véritables folies, bien justifiées par le choix, la belle conservation, l'authenticité de chacune des pièces qui y figurèrent.

Lempereur, amateur éclairé, fut désigné pour choisir les dessins qui devaient entrer dans le cabinet royal; il s'acquitta de sa tâche avec goût et conscience, et acquit à la vente même plus de *treize cents* dessins pour une somme de 52,000 livres. C'était un dixième de la collection entière, et l'on voit que le ministre, ne pouvant tout prendre, avait du moins généreusement accordé les crédits.

Lempereur fit impartialement ses choix dans toutes les écoles, et parmi les dessins soit anciens, soit modernes. Tout ce qu'il acquit était bon, et, à vrai dire, dans ce cabinet les œuvres fausses ou médiocres n'étaient que de bien rares exceptions. On aurait presque pu prendre au hasard. Nous sommes cependant tenté de faire à Lempereur un reproche de son impartialité même. Il ne négligea pas les grands maîtres, loin de là, mais il divisa trop ses ressources, s'adressant avec la même sollicitude à tous les rangs de la hiérarchie. Un peu moins de Bouchardon, un peu moins de Carle Maratte et de Ciro Ferri; un peu plus de Michel-Ange et de Raphaël : nous n'eussions eu que des éloges à lui donner. Mariette possédait quarante dessins ou études de Michel-Ange, toutes ou presque toutes excellentes, qui réunies ont produit 800 livres. Combien n'est-il pas à regretter que Lempereur, sur ce nombre, n'en ait choisi que deux ou trois !....

Nous avons dû nous arrêter un peu sur cette vente célèbre, à cause de son importance. Le lecteur comprendra qu'il nous serait impossible de mentionner, même sommairement, toutes les acquisitions faites vers la même époque. Bien des renseignements sont aujourd'hui perdus, et d'ailleurs nous ne devons parler que de ce qui présente un véritable intérêt. A ce titre, nous ne saurions oublier une collection de dessins qui entra dans le cabinet du Roi pendant les années qui précédèrent la Révolution, et que l'on doit probablement (avec tant d'autres objets précieux) au zèle éclairé du comte d'Angivillier, intendant général des bâtiments, lequel, en 1775, avait succédé à M. de Marigny.

Il existait à Paris un gros volume de dessins de Lesueur, qui avait été réuni dans le XVIIe siècle par un sieur Francanzani, parent de Salvator Rosa et *très bon curieux*, dit Mariette. Ce Francanzani (qui est cité dans la liste de 1692, dont nous avons déjà parlé page XXVII, comme demeurant rue du Petit-Lion) s'était épris du maître français et s'était plu à collectionner toutes les études qu'il avait pu rencontrer de l'histoire de S. Bruno. C'était un œuvre complet et singulier qui était entré chez Crozat, puis chez le marquis de Gouvernet, et qui, après diverses vicissitudes, était tombé entre les mains du marchand P. Lebrun. Celui-ci le vendit au roi Louis XVI, mais nous ne connaissons ni le prix ni la date de vente.

XIII.

Lorsque la Révolution éclata, le peintre Vincent venait de succéder à Cochin. Il ne put guère exercer ses fonctions et dut bientôt remettre le dépôt des dessins entre les mains des commissaires du *Muséum central des Arts*, nouvellement créé.

L'activité prodigieuse qui s'étendait à toutes les branches de l'administration d'alors, se fit sentir aussi dans le cabinet des dessins. On s'empressa d'examiner les moyens d'en faire une exposition publique, et après diverses délibérations, on choisit à cet effet la salle d'Apollon au Louvre. C'est là que fut ouverte, le 28 thermidor de l'an V (1797), cette exposition, et le livret constate fièrement que c'est pour la première fois que les dessins sont montrés au public.

L'exposition de l'an V comprenait, outre le David de Daniel de Volterre, outre quelques tapisseries et quelques marbres, plusieurs cartons de Jules Romain et du Dominiquin, 415 dessins divers des plus grands maîtres, la suite des émaux de Petitot et enfin quelques émaux de Limoges. Le catalogue en était rédigé avec soin, et cependant les conservateurs du musée paraissaient ne pas le trouver suffisant.... « Quant à cette « notice, dit-on dans l'avertissement, elle a été rédigée si rapi- « dement, et l'ancien inventaire des dessins a offert si peu » de ressources, qu'elle ne peut qu'être imparfaite; l'adminis- « tration sollicite à cet égard l'indulgence des artistes et des « amateurs; elle prend, dès ce moment, l'engagement d'en « publier une plus complète et plus détaillée, dans laquelle les « erreurs qui peuvent s'être glissées dans celle-ci seront recti- « fiées; et dans cette vue, elle recevra avec reconnaissance « toutes les notices, anecdotes et renseignements qu'on voudra « bien lui adresser. »

L'agitation de cette époque détermina, pour tous les musées et en particulier pour le département des dessins, une période d'accroissement. Le bouleversement des fortunes, le brusque déclassement de tant d'existences, les ventes volontaires ou forcées qui en étaient la suite, les dons, les saisies, enfin les victoires d'Italie et d'Allemagne firent entrer au Louvre un certain nombre de dessins plus ou moins précieux, dont une partie fut, il est vrai, rendue en 1815 aux commissaires alliés.

Lorsque le carton de l'École d'Athènes, accompagnant les autres chefs-d'œuvre de l'Italie, vint de Milan à Paris, le Conservatoire s'occupa avec sollicitude de le mettre en bon état; plusieurs séances furent consacrées à délibérer sur ce sujet. On réunit en un seul morceau les fragments qui le composaient, on fit disparaître les boursouflures qui s'étaient produites, et on chargea deux artistes habiles, Moreau le jeune et Bouillon, de faire les raccords indispensables. En messidor de l'an X (1802), le précieux carton fut placé dans la galerie d'Apollon : l'exposition de cette galerie fut réorganisée, et l'on publia un second livret qui contient une soixantaine de dessins de plus que celui de l'an V. La nouvelle notice s'exprime ainsi au sujet de l'œuvre de Raphaël : « Les artistes et les
« amateurs verront avec plaisir les soins qu'on s'est donné
« pour tirer ce carton du mauvais état dans lequel il était
« arrivé, et sauront quelque gré à l'administration du musée
« des précautions religieuses qu'elle a prises pour conserver à
« la postérité ce premier trait de la plus belle composition du
« **plus grand peintre du monde.** »

XIV.

Le premier consul, arrivé au pouvoir, avait créé la Direction générale des Musées, et avait judicieusement mis Dominique-Vivant Denon à la tête de cette administration (12 frimaire an XI : 3 décembre 1802). En organisant le musée du Louvre, que l'on appelait à bon droit, dès l'an XII de la République, le musée Napoléon (car c'était bien Napoléon qui y avait réuni et qui devait y accumuler les dépouilles de l'Europe), Denon ne pouvait oublier les dessins qu'il aimait particulièrement, et dont il avait formé pour lui-même, en Italie, une remarquable collection. Ce que demandait avant tout ce département, que les années et des circonstances toutes particulières avaient considérablement enrichi, c'était de l'ordre. L'un des auxiliaires dévoués de Denon fut M. Morel d'Arleux, déjà nommé conservateur des dessins en 1798, qui, pendant de longues années, se consacra à d'humbles et utiles travaux de classification. C'est également M. Morel d'Arleux qui dut organiser les diverses expositions de dessins qui se succédèrent jusqu'en 1827, année de sa mort, et rédiger les diverses notices qui suivirent celle de l'an V. Nous donnerons ici, sans plus tarder, la liste de ces livrets, pour lesquels le premier servit de modèle.

An X (1802). Nous avons dit plus haut quelques mots de ce livret, qui contenait 473 numéros de dessins, 124 pages.

1811. Notice des dessins, des peintures, des bas-reliefs et des bronzes exposés au musée Napoléon, dans la galerie d'Apollon. 645 numéros de dessins mélangés de quelques peintures, telles que : le Combat de l'Amour et de la Chasteté, du Pérugin; la cour d'Isabelle d'Este, de Lorenzo Costa; le David de Daniel de Volterre ; des Cranach..... A la suite de ce livret, notice des tableaux exposés dans le grand salon : les Noces de Cana, de P. Véronèse; les Batailles d'Alexandre, de Lebrun, etc..., en tout 140 pages.

1815. Notice des dessins, des peintures, des bas-reliefs et des bronzes exposés au musée Napoléon, dans la galerie d'Apollon. 505 numéros de dessins. Parmi les sculptures, on remarque les *esclaves* de Michel-Ange. En tout 540 numéros, 102 pages.

1817. Notice des dessins, peintures, émaux et terres cuites émaillées, exposées au musée royal, dans la galerie d'Apollon. 498 numéros de dessins. Les deux peintures de Lorenzo Costa et du Pérugin en font toujours partie. Les esclaves de Michel-Ange n'y figurent plus. En tout, 523 numéros, 155 pages. Les émaux de Petitot ont un numérotage séparé.

1820. Même titre. 626 numéros de dessins, avec les mêmes tableaux. En tout, 652 numéros (les émaux à part), 292 pages.

L'une des plus mémorables acquisitions dont nous ayons encore à parler eut lieu en 1806. Il s'agit de la collection formée dans le XVIIe siècle par Filippo Baldinucci, historien de talent. Elle consistait en quatre gros volumes in-folio, remplis ou plutôt bourrés de dessins, tous rangés suivant le système de l'auteur, par *décennales*, depuis Cimabue jusqu'en 1680. Ces volumes étaient venus entre les mains des Pandolfini et de là dans celles des Strozzi, qui désiraient s'en défaire. Denon en fut averti, en 1803, par le ministre de l'intérieur Chaptal, qui lui demandait des renseignements, et s'empressa d'écrire à cet effet au peintre Fabre, ancien élève de l'Académie de France à Rome, lequel s'était fixé à Florence. Fabre, après avoir examiné le recueil, qui contenait plus de 1,000 dessins, donna à Denon son avis, qui paraissait tendre plutôt à un refus qu'à une conclusion favorable. Il constatait qu'un grand nombre de ces feuilles était médiocre, et que les deux derniers volumes étaient consacrés presque entièrement aux maîtres de la décadence. En outre, le prix de 3,000 sequins (environ 36,000 fr.) que demandait le chevalier Strozzi, paraissait exagéré. Fabre joignit à sa lettre le catalogue de la collection, en notant ce qui lui paraissait bon ou mauvais. Cependant Denon n'abandonna pas l'affaire. Sachant sans doute, par son expérience personnelle, qu'une collection de ce genre, si nombreuse et si anciennement formée, devait nécessairement présenter un véritable intérêt, sinon dans l'ensemble, au moins dans les détails, il poursuivit la négociation qui se termina heureusement, en janvier 1806, par l'acquisition des quatre volumes, au prix de 12,000 fr.

Le jugement sévère porté par Fabre était très-justifiable. En effet, en examinant le recueil de Baldinucci, on est à chaque instant frappé d'étonnement à la vue des dessins qu'il décore des noms les plus illustres, et l'on se demande si vraiment cet

historien connaissait aussi peu les œuvres des maîtres dont il écrivait consciencieusement la vie. Un juge plus habile que Fabre, et qui avait pleinement le droit d'être sévère, avait déjà qualifié assez durement le mérite de Baldinucci comme appréciateur. « Ce fut lui, dit Mariette (Abecedario I, 57), qui com-
« posa pour le cardinal Léopold de Médicis la collection de
« dessins qui se conserve à Florence. Je n'ose dire ce que j'en
« pense, je craindrois de faire tort aux connoissances du col-
« lecteur. »

Et cependant les volumes de Baldinucci contenaient en nombre assez considérable des dessins excellents, et Denon eut mille fois raison de ne pas reculer devant la médiocrité évidente de l'ensemble. En mettant de côté toutes ces œuvres d'une nullité absolue qui paraissent avoir été placées là au hasard et pour remplir un cadre formé à l'avance, il reste encore bien des dessins précieux, surtout parmi les maîtres que nous nommons aujourd'hui les *primitifs*. A l'époque de Baldinucci, ces artistes étaient entièrement oubliés et méconnus, leurs ouvrages dédaignés devaient se trouver sans peine et sans dépense sous sa main, et les décennales n'eussent-elles eu pour tout mérite que de lui avoir fait chercher et mettre à leur place, dans le recueil historique qu'il formait, les dessins si rares aujourd'hui de ces vieux et grands maîtres, nous bénirions de grand cœur les décennales! Les compositions ou les études de Taddeo Gaddi, de Ghiberti, de Luca Signorelli, de Lorenzo di Credi… provenant de ces volumes, et exposées aujourd'hui dans les salles du Louvre, compteront parmi les titres de l'écrivain, d'ailleurs plein de mérite, qui les a sauvées de l'oubli et peut-être de la destruction.

Il nous reste à mentionner un legs considérable fait à l'empereur, en 1808, par M. Girard, neveu d'Edme Bouchardon. Il consistait en 838 dessins de la main de ce sculpteur, si recherché et si admiré dans le XVIIIe siècle. On remarque dans le nombre une quantité extraordinaire d'études faites d'après nature, pour le monument de Louis XV, avec une conscience et un scrupule qu'on ne saurait trop louer et que l'on n'aurait pas attendus d'un artiste souvent un peu superficiel. A ce legs était joint le beau tableau bien connu de Backuysen, représentant le port d'Amsterdam, qui provenait également de l'héritage de Bouchardon.

Enfin, à la suite du Sacre de l'Empereur à Notre-Dame (décembre 1804), on fit une relation de cette cérémonie, et on y joignit des dessins exécutés au lavis de bistre par le célèbre dessinateur et miniaturiste Isabey, et gravés par divers artistes. Ces dessins sont au nombre de 39, dont 31 portraits de divers personnages en grand costume, les 8 autres sont des compositions et représentent la Sortie du Palais des Tuileries, l'Arrivée à Notre-Dame, les Onctions, le Couronnement..., etc.

XV.

Sous la Restauration, le département des dessins s'accrut encore de quelques acquisitions. La plus importante fut le volume du Sacre de Charles X, renfermant des vues d'ensemble et des portraits, dus au talent de MM. Ingres, Dupré, Heim, H. Vernet, Lafitte, V. Adam, Hittorf..., etc.

En avril 1827, à la mort de M. Morel d'Arleux, M. de Cailleux, alors secrétaire général des musées royaux, réunit à ses fonctions celle de conservateur des dessins.

Sous le roi Louis-Philippe, des achats importants eurent lieu, et l'on réorganisa l'exposition des dessins qui avaient été jusqu'alors montrés au public dans la galerie d'Apollon.

On les transporta (vers 1834) dans les anciennes salles du Conseil d'État, donnant sur la cour du Louvre, salles qu'ils occupent encore aujourd'hui; l'on fit aussi plusieurs exhibitions nouvelles, entre autres celles du recueil de Lesueur dont nous avons parlé plus haut, et auquel on consacra une salle entière.

On publia en 1838 un nouveau catalogue comprenant 1298 numéros, savoir : 704 des Écoles d'Italie, 222 des Écoles allemande, flamande et hollandaise, et 372 de l'École française. Les deux tableaux de Costa et du Pérugin ne figuraient plus parmi les dessins, mais on plaça dans ces salles, en le couvrant d'une glace, le chef-d'œuvre de Fra Angelico de Fiesole.

Depuis 1850 jusqu'au moment où nous écrivons, c'est-à-dire sous la présidence et le second Empire, des sommes considérables ont été consacrées à l'accroissement du département qui nous occupe et qui s'est enrichi d'ouvrages très-précieux. Nous citerons les dessins de grands maîtres acquis en 1850 à la vente du roi des Pays-Bas, le fameux volume de Vallardi et le carton de Léonard, provenant de la même collection; les dessins de Prud'hon, Girodet, Géricault, sortant des collections de MM. David d'Angers et de la Salle, les *crayons* des anciens maîtres français..., etc. Le relevé de ces acquisitions et des travaux exécutés dans le département des dessins, se trouve dans le rapport de M. le Surintendant des Beaux-Arts à S. E. le Ministre de la maison de l'Empereur et des Beaux-Arts (1863).

XVI.

Ces acquisitions de natures diverses, ces dons, ces commandes, en se succédant pendant deux siècles, ont fini par porter les dessins, cartons, pastels, émaux du Louvre au chiffre énorme de *trente-six mille*. C'est cette collection formidable dont nous avons essayé de faire le classement, et nous devons en terminant dire quelques mots de notre travail.

Donner à chaque maître tout ce qui lui revient légitimement, ne lui donner que ce qui lui appartient, tel est le problème à résoudre, et la tâche est sans aucun doute facile et agréable, lorsqu'il s'agit de classer quelques centaines de pièces; mais quand les œuvres succèdent sans fin aux œuvres, quand les catégories se multiplient devant vous à mesure que vous avancez, quand les difficultés nouvelles surgissent à chaque pas, les causes d'erreur, augmentant dans une effrayante proportion, vous enferment comme dans un dédale inextricable. Il faut cependant à tout prix marcher en avant, en laissant derrière soi bien des doutes, bien des appréciations que l'on sait fausses, sans pouvoir s'arrêter pour les redresser, sous peine de tout perdre et de n'arriver jamais.

Nous n'avions jamais pu espérer de pouvoir étudier chacun des détails de ce vaste ensemble avec le même soin que nous avons consacré à quelques grands maîtres ou aux dessins exposés; mais nous avions rêvé, lorsque nous avons entrepris notre tâche, un travail, non pas irréprochable sans doute, mais bien autrement complet et harmonieux. Puissent du moins nos successeurs y trouver quelques jalons utiles et bien plantés!

Le temps qui passe nous avertit qu'il faut livrer notre besogne, si imparfaite qu'elle soit. Nous cédons à la nécessité, sans renoncer à l'espoir de faire nous-même, au moins en partie, les corrections que les résultats déjà acquis paraissent devoir rendre faciles. A défaut de l'inventaire général, qui ne pourra probablement jamais être imprimé (le manuscrit forme 15 volumes in-folio), le résumé succinct que nous publions ici donnera un aperçu des richesses de cette collection, vraiment magnifique et digne de la France.

En ce qui concerne la classification proprement dite, nous avons adopté la division par écoles, suivant l'usage communément établi. Toutes les fois que cela était possible, les maîtres ont été placés dans leurs écoles respectives d'après les indications fournies par la naissance. C'est le parti le plus simple et le plus raisonnable, puisqu'il repose sur un fait indiscutable, et non sur des appréciations plus ou moins personnelles, plus ou moins passionnées. Nous citerons pour exemple Philippe de Champaigne. Cet habile artiste a longtemps habité la France, et l'on serait assez disposé à le compter parmi les maîtres français, quoique né et élevé à Bruxelles, et ayant conservé toute sa vie les traces les plus évidentes de son origine flamande. Nous avons même entendu des amateurs reprocher à l'administration du Louvre de maintenir Champaigne dans l'école flamande. Pour répondre à ce reproche, nous n'avons qu'à citer un autre exemple, celui de N. Poussin. Nous avons vu, il y a quelques années, le catalogue d'une galerie importante et publique, dans lequel notre glorieux compatriote figurait comme appartenant à l'école romaine. Le rédacteur de la notice s'était dit : « Voilà un artiste qui a longtemps habité « Rome. Il s'est formé à l'imitation des monuments et des « artistes italiens : c'est un romain. » Le raisonnement était faux, et il n'est pas besoin d'ajouter que depuis longtemps l'erreur est réparée. Mais ne voit-on pas à quels écarts peuvent conduire ces fantaisies diverses, qui s'excusent et se légitiment l'une par l'autre? Dans presque tous les cas, le lieu de naissance doit être le point décisif. Laissons à qui de droit Philippe de Champaigne, et gardons pour nous notre Poussin qui, Dieu merci, est bien à nous.

Nous avons dit : *dans presque tous les cas;* car, on le comprend bien, il ne saurait être question d'une application rigoureuse et mathématique. Nous croyons la règle que nous nous sommes posée excellente, à la condition de ne pas la suivre aveuglément et de ne pas la pousser jusqu'à l'absurde. Ne serait-il pas insensé, en effet, d'enlever à la Flandre son plus illustre maître, sous prétexte qu'il est né en Allemagne? Rubens, né de parents anversois, amené à Anvers dès sa plus tendre enfance, élevé à Anvers, est quoique par hasard venu au monde à Cologne ou à Siegen, le plus Flamand des Flamands. Toute incertitude est impossible, et c'est le cas, ou jamais, de dire que l'exception confirme la règle.

Ces questions n'ont d'ailleurs qu'une importance secondaire, et il faut se bien garder de les exagérer. Quelque parti que l'on adopte, même sous l'empire de la loi la meilleure, il restera toujours un certain nombre de cas difficiles et douteux. Buffon, dans un admirable discours *sur la manière de traiter l'histoire naturelle*, s'exprime ainsi : « La nature marche par « des gradations inconnues..... elle passe d'une espèce à une « autre espèce et souvent d'un genre à un autre genre par des « nuances imperceptibles; de sorte qu'il se trouve un grand « nombre d'espèces moyennes et d'objets mi-partis qu'on ne « sait où placer et qui dérangent nécessairement le projet du « système général... » Ce que Buffon disait de la nature s'applique exactement à l'art. Les problèmes de ce genre se présentent de temps en temps : puisque la vérité absolue n'est pas de ce monde, il faut les aborder et tâcher de les résoudre, non avec irritation, mais dans un esprit de tolérance et de bonne volonté.

Qu'il nous soit donc permis d'en appeler à l'indulgence de ceux qui parcourront ce long travail. Nous savons qu'il contient de nombreuses erreurs, même peut-être dans les parties que nous avons le mieux étudiées. La difficulté de l'œuvre et le désir de bien faire nous serviront d'excuse. Notre prédécesseur de l'an V, le rédacteur du premier catalogue de dessins, en faisant une déclaration du même genre (ce n'était ni pour lui ni pour nous une banale formalité), ajoutait qu'il recevrait avec reconnaissance « toutes les notices, anecdotes et rensei- « gnements qu'on voudrait bien lui adresser. » Nous en pouvons dire autant. La vérité, de quelque côté et sous quelque forme qu'elle se présente, sera toujours pour nous la bienvenue : les documents et les renseignements font la joie de tous ceux qui se livrent à l'étude, et quant aux anecdotes, nous sommes loin de les mépriser.

Février 1866.

RÉSUMÉ

DE

L'INVENTAIRE GÉNÉRAL DES DESSINS.

ÉCOLES D'ITALIE.

École Florentine.

(Florence, Fiesole, Sienne, Pise, Lucques, Pistoja, Prato, Borgo san Sepolcro, Arezzo, San Gimignano, Cortone, Empoli, Volterre, Orvieto.....)

	Nombre de dessins.
ALBERTI (attribué à Cherubino)............	3
ALBERTINELLI (attribué à Mariotto)..........	3
ALLORI (attribué à Alessandro)............	10
ALLORI (Angiolo), dit IL BRONZINO..........	2
ALLORI, dit IL BRONZINO (attribué à).......	6
ALLORI (Cristofano)......................	22
ALLORI (attribué à Cristofano).............	1
AMMANNATTI (Bartolommeo)................	4
AMMANNATTI (attribué à Bartolommeo)......	2
ANGELICO DA FIESOLE (Fra Beato)..........	1
ANGELICO DA FIESOLE (d'après)............	1
BALASSI (Mario)..........................	4
BALDI (Lazzaro)..........................	5
BALDI (attribué à Lazzaro).................	3
BALDINI (attribué à Giovanni)..............	1
BALDINUCCI (Filippo).....................	5
BALDINUCCI (attribué à Filippo)............	1
BANDINELLI (Baccio).....................	61
BANDINELLI (attribué à)...................	30
BANDINELLI (d'après).....................	22
BANDINELLI (école de)....................	9

	Nombre de dessins.
BANDINELLI (à l'imitation de)....................	1
BARBIERE (attribué à Alessandro del)..............	1
BARTOLOMMEO (Fra)................................	31
BARTOLOMMEO (attribué à Fra).....................	13
BARTOLOMMEO (d'après Fra)........................	4
BARTOLOMMEO (école de Fra).......................	2
BARTOLOZZI (Francesco)...........................	1
BATONI (Pompeo)..................................	1
BATONI (attribué à Pompeo).......................	1
BECCAFUMI (Domenico).............................	24
BECCAFUMI (attribué à)...........................	8
BECCAFUMI (d'après)..............................	8
BELLA (Stefano della)............................	168
BELLA (attribué à Stef. della)...................	6
BELLA (d'après Stef. della)......................	2
BENVENUTI (Pietro)...............................	2
BENVENUTI (d'après P.)...........................	1
BERETTINI DA CORTONA (Pietro)....................	32
BERETTINI DA CORTONA (attribué à P.).............	44
BERETTINI DA CORTONA (d'après P.)................	12
BERETTINI DA CORTONA (école de P.)...............	2
BIANCO (Baccio del)..............................	2
BILIVERTI (Giovanni).............................	24
BILIVERTI (attribué à G.)........................	3
BOCINA DEL BORGO.................................	1
BONACCORSI (Pietro) dit PERINO DEL VAGA...........	32
BONACCORSI dit P. DEL V. (attribué à P.)..........	19
BONACCORSI dit P. DEL V. (d'après P.).............	7
BONACCORSI dit P. DEL V. (école de P.)............	3
BONZI (Pietro-Paolo) dit IL GOBBO DE' CARACCI.....	3
BORGO (Giovanni-Paolo del).......................	1
BOSCHI (Benedetto)...............................	1
BOSCHI (Fabbrizio)...............................	4
BOSCHI (Francesco)...............................	2

ÉCOLES D'ITALIE. — ÉCOLE FLORENTINE.

Nombre de dessins.

Boscoli (Andrea)	16
Boscoli (attribué à Andrea)	2
Botticelli (Sandro)	1
Botticelli (attribué à S.)	1
Botticelli (école de S.)	1
Brunelleschi (attribué à Filippo)	1
Bugiardini (attribué à Giuliano)	2
Buonarroti (Michel-Angelo)	33
Buonarroti (attribué à M.-A.)	12
Buonarroti (d'après M.-A.)	107
Buonarroti (école de M.-A.)	17
Buonarroti (à l'imitation de M.-A.)	13
Buontalenti (Bernardo)	2
Cantagallina (Remigio)	4
Cantagallina (attribué à R.)	8
Cardi da Cigoli (Lodovico)	51
Cardi da Cigoli (attribué à)	15
Carrucci da Pontormo (Jacopo)	67
Carrucci da Pontormo (attribué à)	13
Carrucci da Pontormo (d'après)	4
Casolani (Alessandro)	4
Casolani (attribué à A.)	3
Casolani (attribué à Cristofano)	2
Chimenti da Empoli (Jacopo)	6
Chimenti da Empoli (attribué à)	11
Chimenti da Empoli (d'après)	1
Ciampelli (Agostino)	2
Cioli (Valerio)	2
Circignano dalle Pomaranze (Antonio)	1
Circignano dalle Pomaranze (Nicolo)	4
Circignano dalle Pomaranze (attribué à Nicolo)	1
Coccapani (Sigismundo)	2
Commodi (Andrea)	4
Condivi (attribué à Ascanio)	1

RÉSUMÉ DE L'INVENTAIRE GÉNÉRAL.

	Nombre de dessins.
Cosimo (attribué à Pier di)	11
Cresti da Passignano (Domenico)	22
Cresti da Passignano (attribué à)	5
Cungi (Lionardo) dal Borgo	2
Cungi dal Borgo (attribué à L.)	1
Currado (Francesco)	4
Currado (attribué à F.)	3
Dandini (Pietro)	6
Dandini (Vincenzo)	4
Dandini (attribué à V.)	1
Dolci (attribué à Carlo)	14
Dolci (d'après Carlo)	2
Donatello	2
Donatello (attribué à)	2
Donatello (d'après)	2
Dosio (Giovanni Matteo)	1
Dosio (attribué à G. M.)	1
Fiammeri (Giovanni Battista)	1
Fiammeri (d'après Giovanni Battista)	1
Ficharelli (Felice) dit il riposo	2
Foggini (Giovanni Battista)	4
Folli (attribué à Sebastiano)	3
Franceschini (Baldassare), dit il volterrano	31
Franceschini, dit il volterrano (attribué à B.)	2
Franchi (Antonio)	2
Franciabigio	1
Franciabigio (attribué à)	2
Franciabigio (d'après)	1
Furino (Francesco)	5
Furino (attribué à F.)	1
Gabbiani (Antonio-Domenico)	8
Gabbiani (attribué à)	1
Gabbiani (d'après)	1
Gaddi (Taddeo)	1

ÉCOLES D'ITALIE. — ÉCOLE FLORENTINE.

Nombre de dessins.

GAMBERUCCI (Cosimo)	1
GARBO (attribué à Raffaellino del)	2
GARZI (Lodovico)	5
GARZI (attribué à Lodovico)	3
GENTILESCHI (Orazio)	1
GHERARDINI (Alessandro)	3
GHIBERTI (Lorenzo)	1
GHIBERTI (d'après)	3
GHIRLANDAJO (d'après)	1
GIMIGNANI (Giacinto)	1
GIMIGNANI (attribué à Giacinto)	5
GIMIGNANI (Lodovico)	3
GIMIGNANI (attribué à Lodovico)	1
GIMIGNANO (Vincenzo da San)	3
GIOTTO (d'après)	2
GIOTTO (école de)	1
GOZZOLI (d'après Benozzo)	1
LIPPI (Fra Filippo)	1
LIPPI (attribué à Fra Filippo)	4
LIPPI (Lorenzo)	9
LUTI (Benedetto)	14
LUTI (attribué à Benedetto)	2
MACCHIETTI (Girolamo)	1
MACCHIETTI (attribué à Girolamo)	1
MANETTI (Rutilio)	3
MANNOZZI DA SAN-GIOVANNI (Giovanni)	15
MANNOZZI DA SAN GIOVANNI (attribué à Giovanni)	3
MANSUOLI DA SAN-FRIANO (Tommaso)	2
MANZUOLI DA SAN-FRIANO (attribué à Tommaso)	4
MARINARI (Onorio)	4
MARTINO (école de Simone di)	1
MASACCIO (d'après)	6
MASCAGNI (attribué à Donato)	1
MATURINO (attribué à)	1

RÉSUMÉ DE L'INVENTAIRE GÉNÉRAL.

Nombre de dessins.

Mazzieri (attribué à Antonio)........................	1
Melissi (Agostino)...................................	3
Michele da Lucca....................................	1
Mino da Fiesole (attribué à).........................	2
Montelaticci (Francesco), dit Cecco-Bravo...........	19
Montelaticci (attribué à Francesco).................	1
Montorsoli (attribué à Fra-Angelo)..................	1
Morandi (Giovanni-Maria)............................	4
Naldini (Battista)...................................	2
Naldini (attribué à Battista)........................	4
Nasini (Giuseppe)...................................	3
Nasini (attribué à Giuseppe)........................	1
Nebbia (Cesare).....................................	6
Nebbia (attribué à Cesare)..........................	3
Nigetti (Matteo)....................................	1
Pagani (Gregorio)...................................	17
Pagani (attribué à Gregorio)........................	1
Parigi (Giulio).....................................	2
Penni (Luca)..	11
Penni (attribué à Luca).............................	4
Peruzzi (Baldassare)................................	14
Peruzzi (attribué à Baldassare).....................	10
Peruzzi (d'après Baldassare)........................	1
Pesello (attribué à)................................	1
Petrazzi (attribué à Alfonso).......................	1
Pieratti (Giovanni-Battista)........................	5
Pignoni (Simone)....................................	2
Pinacci (Giuseppe)..................................	3
Poccetti (Bernardino)...............................	25
Poccetti (attribué à Bernardino)....................	11
Poccetti (d'après Bernardino).......................	4
Pollajolo (Antonio).................................	1
Pollajolo (attribué à Antonio)......................	1
Porta del Salviati (Giuseppe).......................	2

ÉCOLES D'ITALIE. — ÉCOLE FLORENTINE.

Nombre de dessins.

PULIGO (Domenico)	3
RICCHI (Pietro) DA LUCCA	1
RICCIARELLI DA VOLTERRA (Daniele)	5
RICCIARELLI DA VOLTERRA (attribué à Daniele)	7
RICCIARELLI DA VOLTERRA (d'après Daniele)	22
RICCIARELLI DA VOLTERRA (à l'imitation de Daniele)	2
RONCALLI DALLE POMARANZE (Cristofano)	3
RONCALLI DALLE POMARANZE (attribué à Cristofano)	4
ROSSELLI (Matteo)	34
ROSSETTI (Giovanni-Paolo)	1
ROSSI (Vincenzo)	2
ROSSO	10
ROSSO (attribué à)	11
ROSSO (d'après)	4
ROSSO (école de)	2
RUSTICI (attribué à Francesco) dit IL RUSTICHINO	5
SALIMBENI (Arcangelo)	2
SALIMBENI (attribué à Arcangelo)	2
SALIMBENI (Ventura)	16
SALIMBENI (attribué à Ventura)	13
SALIMBENI (d'après Ventura)	2
SALVIATI (Francesco)	13
SALVIATI (attribué à Francesco)	13
SALVIATI (d'après Francesco)	3
SARTO (Andrea del)	49
SARTO (attribué à Andrea del)	14
SARTO (d'après Andrea del)	41
SARTO (école d'Andrea del)	1
SCHIAMINOSI (Raffaello)	4
SCIARPELLONI DI CREDI (Lorenzo)	13
SCIARPELLONI DI CREDI (attribué à Lorenzo)	1
SCIARPELLONI DI CREDI (d'après Lorenzo)	1
SERMEI (attribué à Cesare)	1
SERVANDONI (Giovanni-Niccolo)	4

RÉSUMÉ DE L'INVENTAIRE GÉNÉRAL.

Nombre de dessins.

SIGNORELLI (Luca)	8
SOGLIANI (Antonio)	1
SOGLIANI (attribué à Antonio)	1
SQUAZZELLA (attribué à Andrea)	1
TEMPESTI (Antonio)	28
TEMPESTI (attribué à Antonio)	36
TEMPESTI (d'après Antonio)	2
TESTA (Pietro)	39
TESTA (attribué à Pietro)	9
TESTA (d'après Pietro)	4
TITO (Santi di)	31
TITO (attribué à Santi di)	3
TODI (Lucio da)	1
TORNIOLI (attribué à Niccolo)	1
TRIBOLO (attribué à)	1
UBERTINI (Francesco) dit IL BACHIACCA	2
UCCELLO (attribué à Paolo)	3
UCCELLO (d'après Paolo)	1
VANNI (Francesco)	56
VANNI (attribué à Francesco)	32
VANNI (d'après Francesco)	2
VANNI (école de Francesco)	1
VANNI (Giovanni-Battista)	5
VANNINI (Ottavio)	8
VASARI (Giorgio)	127
VASARI (attribué à Giorgio)	18
VASARI (d'après Giorgio)	9
VASARI (école de Giorgio)	7
VECCHI (Giovanni de')	1
VECCHI (attribué à Giovanni de')	2
VEROCCHIO (Andrea del)	4
VEROCCHIO (attribué à Andrea del)	1
VIGNALI (Jacopo)	1
VINCI (Lionardo da)	269

ÉCOLES D'ITALIE. — ÉCOLE ROMAINE.

	Nombre de dessins.
VINCI (attribué à Lionardo da)	35
VINCI (d'après Lionardo da)	19
VINCI (école de Lionardo da)	81
VINCI (à l'imitation de Lionardo da)	4
ZOCCHI (attribué à Giuseppe)	4
ZUCCHERELLI (Francesco)	2
ZUCCHI (attribué à Giacomo)	3
ÉCOLE FLORENTINE. XIVe siècle	1
d° XVe siècle	31
d° Fin du XVe siècle	8
d° Commencement du XVIe siècle	8
d° XVIe siècle	94
d° Fin du XVIe siècle	18

École Romaine-Ombrienne.

(Rome, Urbino, Pesaro, Fano, Ancône, Fermo, Ascoli, Cagli, Gubbio, Fabbriano, Spello, San Severino, Foligno, Citta di Castello, Pérouse, Assise, Spoleto, Rieti.....)

ALLEGRINI (attribué à Francesco)	3
ANESI (attribué à Paolo)	3
BAGLIONE (Giovanni)	8
BAGLIONE (attribué à Giovanni)	2
BAROCCI (Federico)	50
BAROCCI (attribué à Federico)	26
BAROCCI (école de Federico)	2
BAROCCI (d'après Federico)	15
BAROCCI (à l'imitation de Federico)	1
BENEFIALE (Marco)	3
BENEFIALE (attribué à Marco)	1
BERRETTONI (Nicolo)	3
BERRETTONI (attribué à Nicolo)	2

RÉSUMÉ DE L'INVENTAIRE GÉNÉRAL.

	Nombre de dessins.
BIANCHI (Pietro)	2
BIANCHI (attribué à Pietro)	1
CADES (attribué à Giuseppe)	2
CAMASSEI (Andrea)	1
CAMASSEI (attribué à Andrea)	5
CAMUCCINI (Vincenzo)	1
CANINI (attribué à Gio-Angelo)	1
CANTARINI (Simone), dit IL PESARESE	15
CANTARINI (attribué à Simone)	4
CATELANI (Pietro)	1
CATELANI (attribué à Pietro)	2
CELIO (Gaspare)	2
CERQUOZZI (Michel-Angelo)	1
CERQUOZZI (attribué à Michel-Angelo)	2
CESI (Carlo)	1
CHIARI (Giuseppe)	3
CHIARI (attribué à Giuseppe)	2
CLOVIO (Giulio)	1
CODAGORA (attribué à Viviano)	1
DANTI (attribué à Vincenzo)	2
DIAMANTINI (Giuseppe)	1
DUGHET, dit le GUASPRE POUSSIN (Gaspard)	3
DUGHET, dit le GUASPRE POUSSIN (attribué à Gaspard)	5
DUGHET, dit le GUASPRE POUSSIN (école de Gaspard)	5
FERRAÙ FENZONE	1
FERRAÙ FENZONE (attribué à)	4
FERRI (Ciro)	23
FERRI (attribué à Ciro)	4
FERRI (d'après Ciro)	2
FETI (Domenico)	5
FETI (attribué à Domenico)	6
FETI (d'après Domenico)	2
GABRIELI DA FADO (Girolamo)	1
GENGA (Girolamo)	1

ÉCOLES D'ITALIE. — ÉCOLE ROMAINE. LXI

	Nombre de dessins.
GHERARDI DA RIETI (attribué à Antonio)	1
GHEZZI (Leone)	157
GHEZZI (attribué à Leone)	2
GHEZZI (Sebastiano)	1
GHEZZI (attribué à Sebastiano)	1
GUGLIELMI (attribué à Gregorio)	1
LAUDATI (attribué à Giuseppe)	1
LAURI (Filippo)	7
LAURI (attribué à Filippo)	6
LENARDI (Giovanni-Battista)	3
LIONI (Ottavio)	36
LIONI (attribué à Ottavio)	4
MANOCCHI (Giuseppe)	2
MARATTA (Carlo)	47
MARATTA (attribué à Carlo)	40
MARATTA (école de Carlo)	1
MARATTA (d'après Carlo)	4
MASSUCCI (Agostino)	1
MONTANINI (Pietro)	1
MONTANO (Giovanni-Battista)	1
ONOFRIO (Crescenzio)	1
ONOFRIO (attribué à Crescenzio)	1
PANDOLFI (attribué à Giovanni-Giacomo)	6
PASSERI (Giovanni-Battista)	2
PASSERI (attribué à Giovanni-Battista)	3
PASSERI (Giuseppe)	8
PINTURICCHIO (Bernardino)	3
PIPPI (Giulio), dit GIULIO ROMANO	126
PIPPI (attribué à Giulio)	12
PIPPI (d'après Giulio)	174
PIPPI (école de Giulio)	20
PIRANESI (attribué à Giovanni-Battista)	1
PO (Jacopo del)	2
POZZI (Stefano)	1

RÉSUMÉ DE L'INVENTAIRE GÉNÉRAL.

Nombre
de dessins.

PUGLIA (attribué à Giuseppe)	1
ROMANELLI (Francesco)	13
ROMANELLI (attribué à Francesco)	15
SACCHI (Andrea)	14
SACCHI (attribué à Andrea)	6
SACCHI (d'après Andréa)	2
SALVI DA SASSOFERRATO (Giovanni Battista)	2
SALVI DA SASSOFERRATO (attribué à Giovanni Battista)	1
SALVI DA SASSOFERRATO (d'après Giovanni Battista)	2
SALVI DA SASSOFERRATO (à l'imitation de G. Battista)	1
SANI (Domenico)	1
SANTI (Raffaello)	36
SANTI (attribué à Raffaello)	7
SANTI (d'après Raffaello), copies du XVIe siècle	151
SANTI (d'après Raffaello), par VASARI	9
SANTI (d'après Raff.), copies du XVIIe et XVIIIe siècles	206
SANTI (école de Raffaello)	88
SANTI (à l'imitation de Raffaello)	8
SCARAMUCCIA (Giovanni Antonio)	1
SCARAMUCCIA (Luigi)	1
TASSI (Agostino)	8
TASSI (attribué à Agostino)	2
VANNUCCI (Pietro), dit PIETRO PERUGINO	10
VANNUCCI (attribué à Pietro)	2
VANNUCCI (d'après Pietro)	6
VANNUCCI (école de Pietro)	4
VILLAMENA (attribué à Francesco)	2
VITI (Timoteo)	1
VIVIANI (Antonio), dit IL SORDO	1
ZUCCHERO (Taddeo)	89
ZUCCHERO (attribué à Taddeo)	42
ZUCCHERO (d'après Taddeo)	13
ZUCCHERO (Federigo)	96
ZUCCHERO (attribué à Federigo)	7

ÉCOLES D'ITALIE. — ÉCOLE VÉNITIENNE.

	Nombre de dessins.
Zucchero (d'après Federigo)........................	1
Zucchero (école des)................................	6

École Vénitienne.

(Venise, Padoue, Vérone, Vicence, Brescia, Bergame, Udine, Trévise, Bassano, Conegliano, Pordenone, San Daniele, Bellune...)

Arighini (Giuseppe)................................	1
Barbarelli dit il Giorgione (Giorgio)..............	4
Barbarelli (attribué à)............................	1
Barbarelli (d'après)...............................	2
Bellino (Gentile)..................................	2
Bellino (d'après Gentile)..........................	2
Bellino (d'après Giovanni).........................	1
Bellino (attribué à l'un des)......................	2
Bordone (Paris)....................................	1
Bordone (d'après Paris)............................	1
Caliari dit Paolo Veronese (Paolo).................	18
Caliari (attribué à Paolo).........................	3
Caliari (d'après Paolo)............................	31
Caliari (école de Paolo)...........................	7
Caliari (à l'imitation de Paolo)...................	3
Campagnola (Domenico)..............................	47
Campagnola (attribué à Domenico)...................	13
Campagnola (d'après Domenico)......................	10
Canaletti (Antonio)................................	1
Carpaccio (attribué à).............................	2
Carriera (Rosalba).................................	5
Cignaroli (Giovanni Bettino).......................	1
Damini (Pietro)....................................	1
Diziani (Gasparo)..................................	2
Farinati (Paolo)...................................	85
Farinati (attribué à Paolo)........................	6

RÉSUMÉ DE L'INVENTAIRE GÉNÉRAL.

Nombre de dessins.

Farinati (d'après Paolo)........................	18
Fontana (Battista)...............................	1
Fontebasso (Francesco)..........................	2
Franco (Battista)................................	82
Franco (attribué à Battista).....................	8
Franco (d'après Battista)........................	4
Gambara (attribué à Lattanzio)..................	1
Gandini (Antonio)...............................	1
Giovanni da Udine..............................	1
Guarana (attribué à Giacomo)...................	1
Lazzarini (Grégorio)............................	1
Liberi (Pietro)..................................	6
Ligozzi (Jacopo).................................	24
Ligozzi (attribué à Jacopo)......................	4
Luciani (Sebastiano), dit Fra Sebastiano del Piombo.	4
Luciani, dit Sebastiano del Piombo (attribué à)....	3
Luciani, dit Sebastiano del Piombo (d'après)......	7
Maganza (Alessandro)..........................	1
Malombra (Pietro)..............................	1
Malombra (attribué à Pietro)....................	2
Mantegna (Andrea)..............................	1
Mantegna (d'après Andrea)......................	2
Mantegna (école de Andrea).....................	2
Marchesini (attribué à Alessandro)..............	1
Michielli, dit A. Vicentino (Andrea)..............	2
Michielli, dit A. Vicentino (attribué à)...........	1
Mondella (Galleazzo)............................	2
Montagna (Bartolommeo)........................	1
Moro (Battista del)..............................	3
Moro (Giulio del)................................	1
Moro (Marco del)................................	2
Morto da Feltro (attribué à)....................	1
Muziano (Girolamo).............................	35
Muziano (attribué à Girolamo)...................	19

ÉCOLES D'ITALIE. — ÉCOLE VÉNITIENNE.

Nombre de dessins.

MUZIANO (d'après Girolamo)....................	5
NOVELLI (Pier-Antonio).......................	1
NOVELLI (attribué à Pier-Antonio)...............	5
OTTINO (attribué à Pasquale)...................	1
PALMA (Jacopo), dit PALMA GIOVANE..............	95
PALMA Giovane (attribué à).....................	18
PALMA Giovane (d'après).......................	5
PIAZZETTA (Giovanni Battista)...................	4
PIAZZETTA (attribué à G.-B.)....................	4
PITTONI (Giovanni-Battista).....................	1
PITTONI (attribué à G.-B.).......................	3
PONTE (Jacopo da), dit il Bassano...............	14
PONTE (attribué à J. da)........................	12
PONTE (d'après J. da)..........................	10
PROSPERO Bresciano (attribué à).................	1
RICCI (Marco)................................	4
RICCI (Sebastiano)............................	15
RICCI (attribué à Sebastiano)....................	6
RICCI (d'après Sebastiano).....................	1
RICCIO, dit IL BRUSASORCI (attribué à Felice)......	15
RIDOLFI (attribué à Claudio)....................	2
ROBUSTI (Domenico)...........................	1
ROBUSTI (Jacopo), dit IL TINTORETTO.............	30
ROBUSTI (attribué à Jacopo)....................	9
ROBUSTI (d'après Jacopo)......................	25
ROMANINI (Girolamo).........................	1
SACCHIENSE (Gio. Ant.), dit IL PORDENONE........	9
SACCHIENSE, dit IL PORDENONE (attribué à).......	1
SACCHIENSE, dit IL PORDENONE (d'après).........	14
SANDRINI (Tommaso)..........................	1
SCAMOZZI (Vincenzo)..........................	2
SCHIAVONE (Andrea)..........................	3
SCHIAVONE (attribué à Andrea)..................	6
SERAFINO da Verona...........................	2

		Nombre de dessins.
TIEPOLO (Giovanni Battista)		10
TIEPOLO (attribué à G.-B.)		2
TIEPOLO (d'après G.-B.)		2
TREVISANI (Francesco)		3
TREVISANI (attribué à Francesco)		17
TURCHI (Alessandro), dit A. VERONESE		6
TURCHI (attribué à Alessandro)		2
VASSILACCHI (Antonio), dit L'ALIENSE		3
VECELLI (Cesare)		4
VECELLI (d'après Cesare)		5
VECELLI (Tiziano)		36
VECELLI (attribué à Tiziano)		7
VECELLI (d'après Tiziano)		25
VECELLI (école de Tiziano)		14
ZANETTI (attribué à A. M.)		1
ZELOTTI (G.-Battista)		1
ZELOTTI (attribué à G.-B.)		1
ÉCOLE VÉNITIENNE. Fin du XVe siècle et commencement du XVIe		6
ÉCOLE VÉNITIENNE OU LOMBARDE. Fin du XVe siècle et commencement du XVIe		14
ÉCOLE VÉNITIENNE. XVIe siècle		112
d° fin du XVIe siècle		83
d° XVIIe siècle		9

Ecole Lombarde.

(Milan, Lodi, Crémone, Côme, Pavie, Mantoue, Parme, Plaisance Modène, Reggio.....)

ABBATE (Nicolo dell')		77
ABBATE (attribué à Nicolo dell')		6
ABBATE (d'après Nicolo dell')		5
ALLEGRI (Antonio), dit IL CORREGGIO		28

ÉCOLES D'ITALIE. — ÉCOLE LOMBARDE.　　LXVII

	Nombre de dessins.
ALLEGRI (attribué à Antonio)	7
ALLEGRI (d'après Antonio)	70
ALLEGRI (école d'Antonio)	9
ALLEGRI (à l'imitation d'Antonio)	5
AMERIGHI (Michel Angelo), dit MICHEL ANGELO DA CARAVAGGIO	3
AMERIGHI (attribué à Michel Angelo)	1
AMERIGHI (d'après Michel Angelo)	5
ANDREASI (Ippolito)	8
ANDREASI (d'après Ippolito)	1
ARETUSI (attribué à Cesare)	1
AVANZINI (Pier-Antonio)	1
BADALOCCHIO (Sisto)	2
BADALOCCHIO (attribué à Sisto)	11
BERTOJA (Jacopo)	1
CALDARA (Polidoro), dit POLIDORO DA CARAVAGGIO	42
CALDARA (attribué à Polidoro)	20
CALDARA (d'après Polidoro)	132
CAMPI (Antonio)	4
CAMPI (Bernardino)	1
CAMPI (attribué à Bernardino)	2
CAMPI (Giulio)	3
CANE (attribué à Carlo)	1
CASTELLINI (Giuseppe-Antonio)	1
CAVEDONE (Giacomo)	12
CAVEDONE (attribué à Giacomo)	6
CITTADINI (Pier-Francesco)	6
CIVERCHIO (Vincenzo)	1
COLONNA (attribué à Michel Agnolo)	1
CRESPI (Daniele)	1
CRETI (Donato)	2
CRETI (attribué à Donato)	4
FERRARI (attribué à Gaudenzio)	2
FIGINO (attribué à Ambrogio)	1

RÉSUMÉ DE L'INVENTAIRE GÉNÉRAL.

	Nombre de dessins.
Francesco Maria, dit il Zoppino	2
Lanfranco (Giovanni)	28
Lanfranco (attribué à Giovanni)	10
Lanfranco (d'après Giovanni)	8
Lomazzo (attribué à G. Paolo)	3
Luini (Bernardino)	2
Maino (attribué à Angelo)	13
Manfredi (attribué à Bartolomeo)	1
Mazzuchelli da Morazzone (Pier-Francesco)	1
Mazzuoli (Francesco), dit il Parmigianino	103
Mazzuoli (attribué à Francesco)	64
Mazzuoli (d'après Francesco)	115
Mazzuoli (école de Francesco)	13
Mazzuoli (à l'imitation de Francesco)	3
Mazzuoli (attribué à Girolamo)	1
Motta (Raffaello), dit Raffaellino da Reggio	5
Motta (attribué à Raffaello)	2
Motta (d'après Raffaello)	1
Orsi da Novellara (attribué à Lelio)	10
Pannini (Francesco)	16
Pannini (Giovanni Paolo)	23
Quaglia (Giulio)	1
Scpidone (Bartolommeo)	13
Schidone (attribué à Bartolommeo)	4
Schidone (d'après Bartolommeo)	3
Serafini (attribué à Serafino)	1
Sesto (Cesare da)	2
Simonini (Francesco)	4
Solario (Andrea)	1
Simonini (d'après Francesco)	1
Spolverini (Ilario)	1
Tarasco (Giovanni)	1
Trotti (Giovanni Battista), dit il Malosso	1
Trotti, dit il Malosso (attribué à)	1

ÉCOLES D'ITALIE. — ECOLE BOLONAISE.

	Nombre de dessins
ÉCOLE LOMBARDE. Commencement du XVIe siècle.......	5
d° XVIe siècle.....................	26
d° Fin du XVIe siècle.................	4

Ecole Bolonaise.

(Bologne, Cento, Ferrare, Bagnacavallo, Imola, Ravenne, Rimini, Cesena, Forli.....)

AGRESTI (attribué à Livio)...........................	1
ALBANI (Francesco)................................	6
ALBANI (attribué à Francesco)......................	2
ALBANI (d'après Francesco)........................	13
ALGARDI (Alessandro).............................	5
ALGARDI (attribué à Alessandro)....................	4
ALGARDI (d'après Alessandro)......................	1
ASPERTINI (attribué à Amico)......................	2
BARBIERI (Giov.-Francesco), dit IL GUERCINO..........	85
BARBIERI (attribué à Giov.-Francesco)..............	34
BARBIERI (d'après Giov.-Francesco).................	35
BARBIERI (école de Giov.-Francesco)................	30
BARBIERI (à l'imitation de Giov.-Francesco)..........	5
BEZZI (Giovanni Francesco), dit IL NOSADELLA........	5
BIANCONI (Carlo)..................................	1
BONASONE (d'après Giulio).........................	1
BONASONE (attribué à Giulio)......................	1
BONATTI (Giovanni)...............................	1
BONATTI (attribué à Giovanni).....................	1
BRIZIO (Francesco)................................	1
BRIZIO (attribué à Francesco).....................	4
BURRINI (Giovanni Antonio)........................	3
BURRINI (attribuée à Giovanni Antonio).............	2
CANUTI (Domenico Maria).........................	8
CANUTI (attribué à Domenico Maria)................	2
CAPPELLINI (Gabrielle), dit IL CALIGARINO (attribué à)..	1

RÉSUMÉ DE L'INVENTAIRE GÉNÉRAL.

	Nombre de dessins.
CARPI (attribué à Girolamo)........................	8
CARRACCI (Agostino)...............................	15
CARRACCI (attribué à Agostino)....................	4
CARRACCI (d'après Agostino).......................	5
CARRACCI (Annibale)..............................	358
CARRACCI (attribué à Annibale)....................	42
CARRACCI (d'après Annibale).......................	112
CARRACCI (Antonio)...............................	2
CARRACCI (attribué à Antonio).....................	1
CARRACCI (d'après Antonio)........................	1
CARRACCI (Lodovico)..............................	84
CARRACCI (attribué à Lodovico)....................	67
CARRACCI (d'après Lodovico).......................	13
CARRACCI (attribué à l'un des)....................	73
CARRACCI (école des).............................	312
CESI (attribué à Bartolommeo).....................	1
CIGNANI (Carlo)..................................	4
CIGNANI (attribué à Carlo)........................	3
CIGNANI (d'après Carlo)..........................	1
CURTI (attribué à Girolamo).......................	1
CRESPI (Giuseppe)................................	2
CRESPI (attribué à Giuseppe)......................	1
DANARELLI (attribué à Giorgio)....................	1
DONDUCCI, dit IL MASTELLETTA (attribué à G. Andrea)...	2
DOSSI (Dosso)....................................	1
DOSSI (attribué à Dosso)..........................	2
FACINI (Pietro)..................................	21
FAGIUOLI (attribué à Girolamo)....................	1
FIALETTI (attribué à Odoardo).....................	1
FONTANA (Prospero)...............................	1
FONTANA (attribué à Prospero).....................	1
FONTANA (attribué à Lavinia)......................	1
FRANCESCHINI (Marc-Antonio).......................	6
FRANCIA (Francesco)..............................	2

ÉCOLES D'ITALIE. — ÉCOLE BOLONAISE.

	Nombre de dessins.
Francia (attribué à Francesco)	2
Francucci da Imola (Innocenzo)	2
Francucci da Imola (attribué à Innocenzo)	1
Galli da Bibiena	37
Garbieri (Lorenzo)	4
Garbieri (attribué à Lorenzo)	2
Gennari (Benedetto)	4
Gennari (Cesare)	3
Gessi (attribué à Francesco)	2
Grandi (d'après Ercole)	1
Grimaldi (Francesco), dit il Bolognese	54
Grimaldi (attribué à Francesco)	8
Ingoli (attribué à Matteo)	2
Lodi (attribué à Carlo)	1
Marchesi da Cotignola (Girolamo)	1
Mascherini (Ottaviano)	6
Massari (Lucio)	4
Massari (attribué à Lucio)	1
Melloni (attribué à Francesco-Antonio)	1
Milani (Aureliano)	1
Minozzi (Bernardo)	3
Miruoli (Girolamo)	1
Mitelli (attribué à Agostino)	3
Mola (Pier-Francesco et Giovanni-Battista) (1)	48
Monti (Francesco)	1
Passarotti (Bartolommeo)	34
Passarotti (attribué à Bartolommeo)	12
Passarotti (d'après Bartolommeo)	2
Pinariccio (Felice)	2
Pinariccio (attribué à Felice)	2

(1) Les dessins de ces deux artistes ont été provisoirement laissés ensemble.

RÉSUMÉ DE L'INVENTAIRE GÉNÉRAL.

	Nombre de dessins.
PRIMATICCIO (Francesco)	111
PRIMATICCIO (attribué à Francesco)	56
PRIMATICCIO (d'après Francesco)	37
PRIMATICCIO (à l'imitation de F.)	1
PRIMATICE (école de) et école de Fontainebleau	125
PROCACCINI (Camillo)	4
PROCACCINI (attribué à Camillo)	6
PROCACCINI (Ercole)	2
PROCACCINI (attribué à Ercole)	2
PROCACCINI (Giulio-Cesare)	6
PROCACCINI (attribué à Giulio-Cesare)	7
PROCACCINI (attribué à l'un des)	2
PUPPINI (Biagio)	50
RAMENGHI (Bartolommeo), dit IL BAGNACAVALLO	3
RAMENGHI (d'après Bartolommeo)	1
RAMENGHI (Giovanni-Battista)	1
RENI (Guido)	33
RENI (attribué à Guido)	22
RENI (d'après Guido)	39
RENI (école de Guido)	19
SABBATINI (Lorenzo)	1
SCARSELLA (Ippolito), dit LO SCARSELLINO	2
SIRANI (Andrea)	3
SIRANI (attribué à Andrea)	2
SIRANI (Elisabetta)	1
SIRANI (attribué à Elisabetta)	3
SOLE (attribué à Giuseppe dal)	1
SOMACCHINI (Orazio)	6
SOMACCHINI (attribué à Orazio)	5
SPADA (attribué à Lionello)	5
TIARINI (Alessandro)	12
TIBALDI (Pellegrino)	6
TIBALDI (attribué à Pellegrino)	9
TIBALDI (d'après Pellegrino)	4

ÉCOLES D'ITALIE. — ÉCOLE PIÉMONTAISE.

	Nombre de dessins.
Tisio (Benvenuto), dit Il Garofalo	6
Valesio (attribué à Luigi)	1
Viani (attribué à Giovanni)	1
Zampieri (Domenico), dit Il Domenichino	37
Zampieri (attribué à Domenico)	7
Zampieri (d'après Domenico)	48

École Piémontaise et Génoise.

(Turin, Vercelli, Albe, Gênes....)

Bazzi (Antonio), dit il Sodoma	7
Bazzi, dit il Sodoma (attribué à A.)	4
Bazzi, dit il Sodoma (d'après A.)	2
Benaschi (Gio.-Battista)	
Biscaino (Bartolommeo)	12
Biscaino (attribué à Bartolommeo)	3
Borzoni (Francesco)	1
Cambiaso (Luca)	181
Cambiaso (attribué à Luca)	18
Cambiaso (d'après Luca)	33
Castelli (Bernardo)	4
Castelli (attribué à Bernardo)	5
Castelli (Valerio)	2
Castiglione (Gio.-Benedetto)	28
Castiglione (attribué à Benedetto)	10
Castiglione (d'après Benedetto)	7
Castiglione (Francesco)	3
Gauli (Gio-Batisa), dit il Baccicio	33
Gauli dit il Baccicio (attribué à)	5
Lanino (Bernardino)	1
Magnasco (Alessandro), dit Lissandrino	1
Paggi (attribué à Gio.-Batista)	3
Palmieri (Giuseppe)	15

RÉSUMÉ DE L'INVENTAIRE GÉNÉRAL.

Nombre de dessins.

Piola (attribué à Domenico)	2
Rossi (Angelo de')	2
Scorza (attribué à Sinibaldo)	6
Semino (Ottavio)	5
Strozzi (attribué à Bernardo)	1
Tavarone (attribué à Lazzaro)	1

École Napolitaine et Sicilienne.

Antonello da Messina (attribué à)	1
Antonello da Messina (d'après)	1
Aquila (Pietro)	2
Avellino (Onofrio)	1
Bernini (Giovanni-Lorenzo)	7
Bernini (attribué à Giovanni-Lorenzo)	2
Bernini (d'après Giovanni-Lorenzo)	2
Brandi (Giacinto)	8
Brandi (attribué à Giacinto)	3
Caffa (attribué à Melchiore)	1
Calendrucci (Giacinto)	5
Caracciolo (Giovanni-Batista)	1
Cesari d'Arpino (Giuseppe)	40
Cesari d'Arpino (attribué à Giuseppe)	32
Cesari d'Arpino (d'après Giuseppe)	1
Conca (Sebastiano)	8
Correnzio (Belisario)	3
Correnzio (attribué à Belisario)	3
Falcone (Aniello)	2
Falcone (attribué à Aniello)	2
Giordano (Luca)	15
Giordano (attribué à Luca)	5
Giordano (d'après Luca)	2
Juvara (Filippo)	2

ÉCOLES D'ITALIE. — ÉCOLE NAPOLITAINE. LXXV

	Nombre de dessins.
LIANO (Filippo), dit IL NAPOLETANO................	35
LIANO, dit IL NAPOLETANO (attribué à Filippo)........	2
LIGORIO (Pirro)................................	11
LIGORIO (attribué à Pirro)........................	5
MARCHIS (Alessio de')...........................	10
MASTROLEO (attribué à Giuseppe)..................	1
MATTEIS (Paolo de').............................	6
NOVELLI (Pietro)................................	1
PRETI (Mattia), dit IL CALABRESE...................	5
PRETI, dit IL CALABRESE (attribué à Mattia)..........	1
PULZONE DA GAETA (Scipione).....................	1
ROSA (Salvatore)................................	26
ROSA (attribué à Salvatore).......................	14
ROSA (d'après Salvatore).........................	3
ROSSI (attribué à Niccolo-Maria)...................	2
SANTAFEDE (Fabrizio)............................	1
SCILLA (attribué à Agostino)......................	3
SOLIMENA (Francesco)...........................	38
SOLIMENA (attribué à Francesco)..................	4
SOLIMENA (d'après Francesco)....................	8
STANZIONI (Massimo)............................	1
ÉCOLES D'ITALIE non déterminées. XIVe siècle........	5
do Fin du XIVe siècle.................	2
do Commencement du XVe siècle.......	4
do XVe siècle.......................	13
do Fin du XVe siècle.................	16
do Commencement du XVIe siècle......	17
do XVIe siècle......................	1290
do Fin du XVIe siècle................	911
do Commencement du XVIIe siècle......	211
do XVIIe siècle.....................	2727
do Fin du XVIIe siècle...............	3131
do XVIIIe siècle....................	143

RÉSUMÉ DE L'INVENTAIRE GÉNÉRAL.

Nombre de dessins.

ÉCOLES D'ITALIE Fin du XVIIIe siècle.................. 58
    d°   Inconnus........................ 52

ÉCOLE ESPAGNOLE.

BERRUGUETTE (attribué à Alonzo).....................	2
BOCANEGRA (Pedro-Athanase), dit ATHANASIO..........	1
CANO (Alonzo).......................................	4
CANO (attribué à Alonzo)............................	1
CARDUCHO (attribué à)...............................	1
COELLO (attribué à Claudio).........................	6
HENRIQUEZ DE LAS MARINAS (attribué à)..............	1
HERRERA LE JEUNE (attribué à).......................	1
MURILLO (Esteban)...................................	15
MURILLO (attribué à Esteban)........................	6
MURILLO (d'après Esteban)...........................	1
RIBALTA (Juan)......................................	1
RIBERA (Josef)......................................	4
RIBERA (attribué à Josef)...........................	15
RIBERA (d'après Josef)..............................	3
RODRIGUEZ (attribué à)..............................	1
VALDEZ (don Lucas de)...............................	4
VARGAS (attribué à Luis)............................	1
VELASQUEZ (don Diego)...............................	3
VELASQUEZ (attribué à Diego)........................	2
VELASQUEZ (d'après Diego)...........................	1
ZURBARAN (attribué à)...............................	1
ÉCOLE ESPAGNOLE. XVIe siècle....................	1
d° Fin du XVIe siècle................	1
d° XVIIe siècle.....................	8
d° Fin du XVIIe siècle..............	2

ÉCOLE ALLEMANDE.

	Nombre de dessins.
ALDEGRAEVER (Heinrich)...........................	2
ALDEGRAEVER (d'après)..............................	1
AMMAN (attribué à Jost).............................	3
BAUER (Wilhelm)....................................	13
BAUER (attribué à Wilhelm).........................	5
BEHAM (Hans Sebald)................................	1
BEHAM (d'après Hans Sebald).......................	6
BINCK (attribué à Jakob)............................	1
BOCK (attribué à Hans)..............................	1
BOCKS-BERGER (attribué à Hans)...................	2
BRAUN (Augustin)...................................	1
BRÜN (attribué à Isaack)............................	1
BRY (attribué à Theodor de)........................	4
BURGKMAIR (attribué à Hans).......................	4
DEUTSCH (Hans-Rudolf-Emmanuel)..................	1
DIETERLING (attribué aux)..........................	11
DIETRICH (Christian-Wilhelm-Ernst)................	17
DIETRICH (attribué à C.-W.-Ernst)..................	8
DUNKER (Balthasar).................................	2
DÜRER (Albrecht)...................................	20
DÜRER (attribué à Albrecht)........................	14
DÜRER (d'après Albrecht)..........................	27
DÜRER (école d'Albrecht)...........................	12
ELZHEIMER (Adam)..................................	15
ELZHEIMER (attribué à Adam).......................	1
ELZHEIMER (d'après Adam).........................	4
ERMELS (Johann-Franz).............................	1
FAES, dit LELY (attribué à Peter van der)..........	1
FISCHER (attribué à Jakob).........................	6
FISCHER (attribué à Peter).........................	2
FREUDENBERG (Sigmund)...........................	1

LXXVIII   RÉSUMÉ DE L'INVENTAIRE GÉNÉRAL.

	Nombre de dessins.
GRANDHOMME (attribué à Jakob)...............	1
GRIMMER (attribué à A.)........................	1
GRÜN (Hans, Baldung)...........................	2
GRÜNEWALD (attribué à Mathias)................	2
HAAS (Gabriel)..................................	1
HACKERT (Jakob-Philipp)........................	3
HEINTZ (Abraham)...............................	1
HOLBEIN (Hans).................................	7
HOLLAR (Wenceslas)............................	2
HOLLAR (attribué à Wenceslas)..................	4
HOLTZMANN (attribué à Hans)...................	1
KAENDEL (David)................................	2
KASTEN (F.-E.)..................................	2
KAUFFMANN (Angelica),.........................	1
KILIAN (Lucas)..................................	1
KILIAN (Nicolas).................................	4
KNELLER (Gottfried)............................	1
KRANACH (Lucas)...............................	4
KRANACH (attribué à Lucas)....................	3
KRAUS (Johann-Ulrich)..........................	1
LINDMEYER (Daniel)............................	2
LORCH (Melchior)...............................	1
LORCH (d'après Melchior).......................	1
LOTH (Carl)....................................	1
LUBIENSKI (Theodor von).......................	1
MAIR...	1
MAIR (attribué à Alexander).....................	2
MAJOR (Isaack).................................	1
MALACH (Christoph)............................	1
MAYER (Lys)...................................	1
MENGS (Raphael)...............................	2
MULLER (F.)....................................	1
PALCKO (Franz-Xaver)..........................	2
RESCHI, de Dantzig (Pandolfo)...................	1

ÉCOLE ALLEMANDE. LXXIX

Nombre de dessins.

RIEDINGER (attribué à Johann-Elias)	1
RING, de Zurich (attribué à)	1
Roos (attribué à Ant.)	1
Roos (Johann-Heinrich)	6
Roos (attribué à Johann-Heinrich)	2
Roos (Philipp), dit ROSA DE TIVOLI	1
Roos (Theodor)	1
ROTTENHAMMER (Johann)	10
ROTTENHAMMER (attribué à Johann)	8
RUGENDAS (Georg-Philipp)	3
RUTHART (attribué à Andreas)	1
SAITER (Daniel)	2
SAITER (attribué à Daniel)	2
SANDRART (attribué à)	1
SCHMUTZER	1
SCHONGAUER (Martin)	1
SCHONGAUER (attribué à Martin)	2
SCHONGAUER (d'après Martin)	5
SCHONGAUER (école de Martin)	1
SCHWARTZ (Christoph)	3
SCHWARTZ (attribué à Christoph)	3
SCHWEND (Hans Paulus)	1
SOLIS (attribué à Virgil)	4
STAR (Dirck Van)	1
STOER (attribué à Lorenz)	1
SWISTER (attribué à Joseph)	1
THIER (Bernhard-Heinrich)	2
TIEDEMAN (attribué à)	1
TROSCHEL (Hans)	16
WAGNER (Johann-Georg)	1
WERNER (Joseph)	3
WEYER (Gabriel)	1
WOHLGEMUTH (Michael)	2
WOHLGEMUTH (d'après Michael)	1

RÉSUMÉ DE L'INVENTAIRE GÉNÉRAL.

		Nombre de dessins.
ÉCOLE ALLEMANDE.	XIᵉ siècle....................	4
do	Commencement du XVᵉ siècle......	1
do	XVᵉ siècle....................	6
do	Fin du XVᵉ siècle................	4
do	Commencement du XVIᵉ siècle.....	4
do	XVIᵉ siècle....................	172
do	Maître aux initiales P. V.........	47
do	Fin du XVIᵉ siècle...............	54
do	Commencement du XVIIᵉ siècle.....	4
do	XVIIᵉ siècle...................	43
do	Fin du XVIIᵉ siècle..............	1
do	XVIIIᵉ siècle...................	7
do	Fin du XVIIIᵉ siècle.............	1

École allemande ou flamande.

Commencement du XVIᵉ siècle....................	6
XVIᵉ siècle..................................	34
Fin du XVIᵉ siècle............................	18
Commencement du XVIIᵉ siècle..................	14
XVIIᵉ siècle.................................	35
Fin du XVIIᵉ siècle...........................	3
XVIIIᵉ siècle................................	3

ECOLE FLAMANDE.

AKEN (Jan van)................................	6
BACKER (attribué à Jakob de)....................	40
BALEN (attribué à Hendrick van).................	2
BALTEN (Pieter)...............................	1
BAREN (Jan Anthonie van der)..................	1
BLARENBERGH (van)...........................	25
BLOEMEN (Jan Frans van), dit l'ORRIZONTI.......	1

ÉCOLE FLAMANDE.

	Nombre de dessins
BLOEMEN, dit l'ORRIZONTI (attribué à Jan Frans van)..	1
BLOEMEN (Pieter van)...........................	2
BLOEMEN (attribué à Pieter van).................	4
BLYHOOFT (Zacharias)...........................	1
BOEL (Pieter)...................................	213
BOL (Hans).....................................	4
BOUT (Pieter)...................................	1
BOUT (attribué à Pieter).........................	2
BRÉE (Martin van)..............................	119
BREUGHEL (Pieter), dit le VIEUX.................	20
BREUGHEL LE VIEUX (attribué à Pieter)...........	3
BREUGHEL (Jan), dit BREUGHEL DE VELOURS.......	13
BREUGHEL DE VELOURS (attribué à)..............	10
BREUGHEL DE VELOURS (d'après).................	1
BREUGHEL DE VELOURS (école de)................	4
BRIL (Paulus)..................................	41
BRIL (attribué à Paulus).........................	17
BRIL (d'après Paulus)...........................	2
BRIL (école de Paulus)..........................	2
BROECKE (attribué à Krispyn van der)............	3
CALVAERT (Denys)..............................	4
CALVAERT (attribué à Denys)....................	7
CALVAERT (d'après Denys).......................	1
CANDIDE (Pieter)...............................	8
CANDIDE (attribué à Pieter).....................	2
CHAMPAIGNE (Philip de)........................	12
CHAMPAIGNE (attribué à Philip de)...............	2
CHAMPAIGNE (d'après Philip de).................	3
CHAMPAIGNE (à l'imitation de Philip de)..........	1
CLEEF (Hendrik van)............................	1
CLERCK (Hendrik de)...........................	3
CLERCK (attribué à Hendrik de).................	3
COCK (Hieronymus).............................	2
COCK (attribué à Hieronymus)...................	1

d.

RÉSUMÉ DE L'INVENTAIRE GÉNÉRAL,

	Nombre de dessins.
Coxie (attribué à Michael)	1
Crabbe (attribué à Frans)	2
Craesbecke (attribué à Jozef)	2
Crayer (Caspar de)	1
Cruyl	2
Diepenbeke (Abraham van)	9
Diepenbeke (attribué à A.)	1
Douai, dit Jean de Bologne (attribué à Jan de)	3
Douai, dit Jean de Bologne (d'après Jan de)	1
Dyck (Anthonie van)	17
Dyck (attribué à Anthonie van)	8
Dyck (d'après Anthonie van)	22
Dyck (école d'Anthonie van)	5
Edelinck (attribué à G.)	1
Eyck (Jan van)	1
Falens (Karel van)	1
Falens (attribué à Karel van)	2
Flamen (Aelbert)	6
Fouquières (Jakob)	4
Fouquières (attribué à Jakob)	3
Franck (Ambrosius)	1
Franck (Frans)	2
Franck (Jan)	1
Franck (l'un des)	4
Fyt (attribué à Jan)	1
Geldersman (attribué à Vincentius)	1
Geldorp (attribué à)	1
Gendt (attribué à Jooris van)	1
Genoels (Abraham)	1
Genoels (attribué à Abraham)	3
Gerats (attribué à Marc)	1
Gheyn (Jakob de)	4
Gheyn (attribué à Jakob de)	3
Gossaert, dit Jean de Mabuse (Jan)	1

ÉCOLE FLAMANDE. LXXXIII

	Nombre de dessins.
GRIMMER (attribué à Jakob)	1
HELMONT (attribué à van)	1
HOECK (attribué à Robbert van)	1
ISAAC (Pieter)	1
JANSSENS (attribué à Victor-Honorius)	5
JODE (attribué à Pieter de)	2
JORDAENS (Jacob)	22
JORDAENS (attribué à Jakob)	4
JORDAENS (d'après Jakob)	3
KEY (attribué à Willem)	1
LAIRESSE (Gérard)	11
LAIRESSE (attribué à Gérard)	8
LAIRESSE (d'après Gérard)	1
LEFEBVRE (Valentyn)	3
LOO (Jakob van)	1
MAES	2
MANDER (Carl van)	1
MEHUS (Lieven)	4
MEHUS (attribué à Lieven)	1
MEMLINC (Hans)	1
METSYS (attribué à Jan)	1
MEULEN (Anthonie-Frans van der)	39
MEULEN (attribué à A.-F. van der)	8
MEULEN (d'après A.-F. van der)	11
MIEL (Jan)	1
MILLET (Frans), dit FRANCISQUE	2
MILLET, dit FRANCISQUE (attribué à Frans)	5
MOMPER (Joost de)	2
MOMPER (attribué à Joost de)	3
NEVE (attribué à Frans de)	1
NIEULANDT (attribué à Willem)	1
NOORT (Adam van)	18
OMMEGANCK (Balthazar-Paulus)	1
OBLEY (Bernardus van)	23

LXXXIV RÉSUMÉ DE L'INVENTAIRE GÉNÉRAL.

Nombre
de dessins.

PORBUS (Frans)	1
PORBUS (attribué à Frans)	2
PORBUS (d'après)	1
QUELLYN (Erasmus)	2
QUELLYN (attribué à Erasmus)	1
RUBENS (Petrus-Paulus)	49
RUBENS, d'après différents maîtres (P.-P.)	46
RUBENS (attribué à P.-P.)	32
RUBENS (d'après P.-P.)	46
RUBENS (école de P.-P.)	84
RYSBRAECK (attribué à Michel)	1
SADELER (Gillis)	2
SADELER (attribué à Gillis)	2
SAVERY (Roeland)	3
SAVERY (attribué à Roeland)	2
SCHUT (Kornelis)	4
SCHUT (attribué à Kornelis)	1
SNEYDERS (Frans)	4
SNEYDERS (attribué à Frans)	7
SPRANGER (Bartholomé)	8
SPRANGER (attribué à Bartholomé)	15
SPRANGER (d'après Bartholomé)	2
STRADAN (Jan)	33
STRADAN (attribué à Jan)	3
SUSTERMANS (Justus)	2
TENIERS (David)	15
TENIERS (attribué à David)	1
TENIERS (d'après David)	10
TENIERS (école de David)	6
TYSSENS (Pieter)	1
UDEN (Lucas van)	2
UDEN (attribué à Lucas van)	1
VALDOR (Jan)	2
VADDER (Ludolf de)	1

ÉCOLE FLAMANDE OU HOLLANDAISE. LXXXV

Nombre de dessins.

VERDUSSEN (Jan Pieter)...........................	3
VERDUSSEN (attribué à)...........................	3
VEREYCKEN (attribué à Hans)......................	1
VINCKENBOONS (David)..............................	3
VINCKENBOONS (attribué à David)..................	3
VOS (Martinus de).................................	34
VOS (attribué à Martinus de).....................	13
VOS (d'après Martinus de)........................	1
VRIENDT, dit FRANCK FLORIS (attribué à Frans de)....	13
VRIENDT (attribué à Jakob de)....................	1
WAEL (Kornelis de)................................	11
WAEL (attribué à Kornelis de).....................	2
WAEL (J.-B. de)...................................	1
WEERDT (attribué à Adriaan de)...................	1
WEYDEN (Rogier van der)..........................	1
WEYDEN (attribué à Rogier van der)...............	1
WILDENS (Jan).....................................	1
ÉCOLE FLAMANDE. XVe siècle...................	50
— Commencement du XVIe siècle.....	9
— XVIe siècle....................	213
— Fin du XVIe siècle..............	339
— Commencement du XVIIe siècle....	129
— XVIIe siècle...................	887
— Fin du XVIIe siècle.............	36
— XVIIIe siècle..................	43

Ecole flamande ou hollandaise.

Commencement du XVIe siècle......................	1
XVIe siècle...................................	4
Fin du XVIe siècle.............................	4
Commencement du XVIIe siècle.....................	4
XVIIe siècle..................................	44
Fin du XVIIe siècle............................	3
XVIIIe siècle.................................	5

RÉSUMÉ DE L'INVENTAIRE GÉNÉRAL.

ÉCOLE HOLLANDAISE.

	Nombre de dessins.
Asselyn (Jan)	2
Asselyn (attribué à Jan)	5
Backuisen (Ludolf)	1
Backuisen (attribué à Ludolf)	2
Bailly (attribué à David)	1
Barentzen (Dirck)	1
Bega (Kornélis)	6
Bega (attribué à Kornélis)	5
Berchem (Nikolaas)	13
Berchem (attribué à Nikolaas)	7
Berchem (d'après Nikolaas)	10
Berchem (école de Nikolaas)	1
Bloemart (Abraham)	16
Bloemart (attribué à Abraham)	19
Bloemart (d'après Abraham)	3
Both (Andreas)	1
Both (attribué à Andreas)	1
Both (attribué à Jan)	1
Both (d'après Jan)	3
Bramer (Leonardus)	17
Bramer (attribué à Leonardus)	2
Brauwer d'après Adriaan)	2
Brauwer (à l'imitation d'Adriaan)	1
Bray (Salomon de)	1
Breenbergh (Bartholomé)	10
Breenbergh (attribué à Bartholomé)	11
Cabel (Adriaan van der)	4
Cabel (attribué à Adriaan van der)	2
Cops ?	1
Cuyp (Aelbert)	7
Does (Jakob van der)	3

ÉCOLE HOLLANDAISE.　　　　LXXXVII

Nombre de dessins.

Does (Simon van der)....................	1
Domer (attribué à).......................	1
Dov (Gerard)............................	1
Dov (attribué à Gerard)..................	2
Dov (d'après)............................	1
Dusart (Kornelis)........................	3
Engelbrechtsen (Kornelis)................	1
Esselens (Jakob).........................	1
Everdingen (Aelbert van).................	1
Everdingen (attribué à Aelbert)..........	2
Fargue (J.-E.)...........................	1
Gelder (A. de)..........................	1
Glauber (attribué à Jan).................	1
Goerée (Jan)............................	2
Goltzius (Hendrik).......................	6
Goltzius (attribué à Hendrik)............	8
Goudt (Hendrik).........................	2
Goyen (Jan van).........................	6
Goyen (attribué à Jan van)...............	3
Grenwood................................	3
Hagen (Jan van).........................	3
Hagen (attribué à Jan van)...............	2
Helmbreker (Théodor)....................	1
Hemskerck (Egbert van)..................	2
Hemskerck (attribué à Egbert van)........	1
Hemskerck (Martin)......................	13
Hemskerck (attribué à Martin)............	15
Hoet (Gerard)...........................	1
Hoet (attribué à Gerard).................	1
Honthorst (attribué à Gerard)............	1
Hooge (attribué à Romyn de).............	1
Houbraken...............................	1
Houbraken (attribué à)..................	1
Hugtenburg (Jan van)....................	1

LXXXVIII RÉSUMÉ DE L'INVENTAIRE GÉNÉRAL.

Nombre
de dessins.

Huctenburg (d'après Jan van)............................	1
Huysum (Jan van)..	6
Huysum (attribué à Jan van).............................	1
Jacobs (Lucas), dit Lucas de Leyde.....................	1
Jacobs, dit Lucas de Leyde (attribué à Lucas).........	5
Jacobs, dit Lucas de Leyde (d'après Lucas)............	2
Jacobs, dit Lucas de Leyde (école de Lucas)..........	6
Jardin (attribué à Karel du).............................	3
Koning (Philip de).......................................	2
Koning (attribué à Philip de)............................	1
Koning (d'après Philip de)..............................	1
Laer (Pieter de)...	1
Laer (attribué à Pieter de)..............................	5
Lastman (Pieter)...	1
Lievens (Jan),...	4
Lievens (attribué à Jan).................................	1
Limborg (Hendrik van)...................................	4
Lingelbach (Jan)...	2
Lingelbach (attribué à Jan)..............................	1
Luycken (Jan)..	7
Luycken (attribué à Jan).................................	4
Mathan (Jakob)..	1
Meer de Young (Van der)...............................	1
Meyer (Hendrik)...	3
Mieris le jeune (Frans)..................................	1
Mieris (Willem van)......................................	2
Mieris (d'après Willem van).............................	1
Molenaer (attribué à Jan)................................	1
Molyn (Pieter)..	9
Moor (attribué à Karel de)..............................	1
Moreelse (Paulus)..	1
Moucheron (Frederik)...................................	1
Moucheron (Isaak)......................................	1
Noyaart (attribué à Nikolaas)............................	2

ÉCOLE HOLLANDAISE.

	Nombre de dessins.
Neer (Aart van der)	1
Netscher (attribué à Constantyn)	1
Netscher (Gaspard)	1
Neyts (Egidius)	9
Ostade (Adriaan van)	6
Ostade (d'après Adriaan van)	7
Ostade (école d'Adriaan van)	2
Ostade (à l'imitation d'Adriaan van)	3
Ostade (Isaak van)	8
Ostade (d'après Isaak van)	3
Overlaet (Anthonie)	4
Overlaet (d'après A.)	1
Palamedes (attribué à)	1
Passe (attribué à Kryspyn de)	4
Pinas (Jan)	2
Poelemburg (attribué à Kornelis)	4
Potter (Paulus)	2
Potter (attribué à Paulus)	1
Potter (d'après Paulus)	3
Potter (à l'imitation de Paulus)	1
Pinacker (Adam)	1
Pinacker (attribué à Adam)	1
Quast (Pieter)	37
Quast (attribué à Pieter)	4
Rademacker (attribué à Abraham)	4
Rembrandt van Rhyn	33
Rembrandt van Rhyn (attribué à)	9
Rembrandt van Rhyn (d'après)	25
Rembrandt van Rhyn (école de)	58
Rembrandt van Rhyn (à l'imitation de)	6
Romeyn (Willem)	2
Ruysdael (Jakob)	6
Ruysdael (attribué à Jakob)	1
Ruysdael (à l'imitation de Jakob)	1

RÉSUMÉ DE L'INVENTAIRE GÉNÉRAL.

	Nombre de dessins.
SCHELLINGS (Willem)	3
SCHELLINGS (attribué à Willem)	1
SCHOOREL (Jan)	1
SCHOUMAN (A.)	1
STEEN (attribué à Jan)	1
STRUDEL (George)	1
SWANEVELD (Herman)	7
SWANEVELD (attribué à Herman)	5
SWART, DE GRONINGUE (attribué à Jan)	1
TERBURG (attribué à Gerard)	1
TER-HIMPEL (A.)	2
THULDEN (Theodor van)	4
TOORNVLIET (Jakob)	2
TROOST (Kornelis)	1
ULFT (Jakob van der)	5
ULFT (attribué à Jakob van der)	2
VELDE (Adriaan van de)	7
VELDE (attribué à Adriaan van de)	1
VELDE (d'après Adriaan van de)	1
VELDE (attribué à Jesaïas van de)	7
VELDE (Willem van de)	17
VELDE (attribué à Willem van de)	2
VELDE (d'après Willem van de)	2
VELDE (à l'imitation de Willem van de)	1
VERKOLIE (attribué à Jan)	2
VERSCHURING (attribué à Hendrik)	5
VIANEN (Paulus van)	1
VISSCHER (Kornelis de)	7
VISSCHER (d'après Kornelis de)	1
VLIEGER (Simon de)	2
VRIES (Hans-Fredeman de)	1
WATERLOO (Anthonie)	5
WATERLOO (attribué à Anthonie)	2
WIERIX	1

ÉCOLE FRANÇAISE.

	Nombre de dessins.
WILKENS (Theodoor)	3
WILLARTS (A.)	1
WITEL (Gaspard van)	5
WITEL (attribué à Gaspard van)	1
WITT (Jakob de)	12
WITT (attribué à Jakob de)	4
WOUVERMANS (d'après Philip)	7
WOUVERMANS (à l'imitation de Philip)	3
WTENBROUCK (Mozes van)	3
WICK (Thomas)	5
WICK (attribué à Thomas)	1
ZACHTLEVEN (Kornelis)	1
ZACHTLEVEN (Herman)	14
ZEEMAN (R.)	2
ZEEMAN (attribué à R.)	3
ZEEMAN (d'après R.)	1
ZUSTRIS (Frederik)	2
ZUSTRIS (attribué à Frederik)	1
ÉCOLE HOLLANDAISE. XVIe siècle	3
d° Fin du XVIe siècle	1
d° Commencement du XVIIe siècle	3
d° XVIIe siècle	247
d° Fin du XVIIe siècle	32
d° Commencement du XVIIIe siècle	2
d° XVIIIe siècle	26
d° Fin du XVIIIe siècle	2

ÉCOLE FRANÇAISE.

ADAM (Victor)	1
ALAUX (Mademoiselle Aline)	2

RÉSUMÉ DE L'INVENTAIRE GÉNÉRAL.

Nombre de dessins.

ALAVOINE	10
ALLEGRAIN (attribué à)	1
AMAND (Jacques-François)	19
AMAND (attribué à Jacques-François)	2
ANGO	40
ARLAUD (Jacques-Antoine)	1
AUBRY	1
AUBRY (Etienne)	2
AUBRY (Louis-François)	1
AUGUSTIN	2
BACLER d'ALBE	1
BAGETTI	95
BAILLY	1
BAR (de)	1
BARDE (le vicomte de)	6
BARROIS (Frédéric)	1
BAUDOUIN (Pierre-Antoine)	5
BAUGIN (Lubin)	2
BAUGIN (attribué à Lubin)	1
BAULLERY	8
BELLANGE (Jacques)	4
BELLANGE (attribué à Jacques)	1
BELNOS (Madame)	1
BENOUVILLE (Léon)	1
BERAIN (Jean)	24
BERTAUX (Jacques)	17
BERTHELEMY	1
BERTIN (Nicolas)	2
BIARD	2
BIDA (Alexandre)	1
BIENNOURY	2
BIRAT (Mme)	1
BLANCHARD (Jacques)	8
BLANCHARD (attribué à Jacques)	4

ÉCOLE FRANÇAISE. XCIII

	Nombre de dessins.
Blanchard (d'après Jacques)	1
Blanchet (Thomas)	16
Blanchet (attribué à Thomas)	4
Boher	11
Boichot	1
Boissieu (Jean-Jacques de)	18
Boissieu (attribué à Jean-Jacques de)	2
Boitard (François)	8
Boizot	1
Borelli	1
Bosse (Abraham)	3
Bosse (attribué à Abraham)	1
Bouchardon (Edme)	846
Bouchardon (attribué à Edme)	20
Bouchardon (d'après Edme)	2
Bouchardon (école de Edme)	37
Boucher (François)	17
Boucher (attribué à François)	6
Boucher (d'après François)	12
Boucher (école de François)	28
Boucher fils (attribué à)	1
Boulanger (Madame Elise)	2
Boullée	1
Boulogne (Bon)	2
Boulogne (attribué à Bon)	2
Boulogne (J. de)	1
Boulogne le Père (Louis)	2
Boulogne le Jeune (Louis)	163
Boulogne le Jeune (attribué à Louis)	2
Bourdon (Sébastien)	29
Bourdon (attribué à Sébastien)	4
Bourdon (d'après Sébastien)	5
Bourdon (école de Sébastien)	1
Bourgeois (Constant)	5

RÉSUMÉ DE L'INVENTAIRE GÉNÉRAL.

	Nombre de dessins.
Bouzonnet Stella (Antoine)	2
Bouzonnet Stella (attribué à Antoine)	1
Bouzonnet Stella (Claudine)	1
Bouzonnet Stella (attribué à Claudine)	1
Boze (Joseph)	6
Bréa	2
Brebiette (attribué à Pierre)	2
Brenet	1
Brouard	1
Bunel (Jacques)	2
Bunel (attribué à Jacques)	2
Callot (Jacques)	62
Callot (attribué à Jacques)	18
Callot (d'après Jacques)	2
Cany (de)	1
Caron (Antoine)	6
Caron (attribué à Antoine)	3
Casanova (Jean-François)	5
Casanova (attribué à J.-F.)	3
Cazes (Pierre-Jacques)	30
Cazes (attribué à P.-J.)	2
Cazes le Fils	2
Challe (M.-C.)	1
Chamisso (Ch. de)	1
Chantereau	2
Chantereau (attribué à)	3
Chaperon (Nicolas)	4
Chaperon (attribué à Nicolas)	5
Chaperon (d'après Nicolas)	1
Chardin (Jean-Baptiste-Siméon)	3
Chardin (attribué à)	1
Charlet (Toussaint)	12
Charpentier (Réné)	1
Chasles (attribué à)	1

ÉCOLE FRANÇAISE. XCV

Nombre de dessins.

CHASTEAU (Antoinette)...............................	1
CHAUFOURIER (Jean)..................................	3
CHAUVEAU (François).................................	9
CHAUVEAU (attribué à François).......................	1
CHAVANNE..	1
CHRISTOPHE (attribué à).............................	1
CICÉRI (Eugène).....................................	1
CLERISSEAU (Ch.-Louis)..............................	3
CLOUET (François), dit JANET........................	1
CLOUET, dit JANET (attribué à François).............	1
COCHIN (Charles-Nicolas)............................	9
COCHIN (attribué à Ch.-N.)..........................	1
COGNIET (Léon)......................................	1
COLLIN DE VERMONT (Hyacinthe).......................	11
CONSTANTIN (Jean-Antoine)...........................	11
CONSTANTIN (attribué à J.-A.).......................	1
CORNEILLE (Jean-Baptiste)...........................	4
CORNEILLE (Michel), l'ancien........................	1
CORNEILLE (Michel)..................................	375
CORNEILLE (attribué à Michel).......................	11
COTELLE (Jean)......................................	1
COTELLE (attribué à Jean)...........................	2
COUDER (Auguste)....................................	2
COURTOIS (Guillaume)................................	1
COURTOIS (attribué à Guillaume).....................	1
COURTOIS (Jacques), dit LE BOURGUIGNON..............	13
COURTOIS, dit LE BOURGUIGNON (attribué à Jacques)...	2
COUSIN (Jean).......................................	2
COUSTOU (d'après)...................................	1
COYPEL (Antoine)....................................	241
COYPEL (d'après Antoine)............................	85
COYPEL (Charles)....................................	2
COYPEL (attribué à Charles).........................	4
COYPEL (Noël).......................................	1

RÉSUMÉ DE L'INVENTAIRE GÉNÉRAL.

	Nombre de dessins.
COYPEL (attribué à Noël)	5
COYPEL (attribué à Noël-Nicolas)	2
COYPEL (attribué à l'un des)	1
COZETTE (attribué à)	1
DANDRÉ-BARDON (Michel-François)	29
DANDRÉ-BARDON (attribué à Michel-François)	3
DAUBIGNY (J.)	1
DAUZATS (Adrien)	5
DAVID (Louis)	105
DAVID (Maxime)	3
DAVID (de Marseille)	2
DEFAVANNE	1
DEJUINNE	2
DELACAZETTE (Sophie-Clémence)	1
DELAUNE (Étienne)	3
DELORME	2
DESFRICHES (attribué à)	1
DESHAYES (Jean-Baptiste)	16
DESHAYES (attribué à J.-B.)	1
DESMAREST (Martin)	1
DESPORTES (François)	2
DESPRÉS	1
DEVÉRIA (Mademoiselle Laure)	3
DEVÈZE	1
DIEU (Antoine)	4
DIEU (attribué à Antoine)	4
DORIGNY (Louis)	5
DOYEN (Gabriel-François)	3
DOYEN (attribué à G.-F.)	2
DROUAIS (Jean-Germain)	1
DUBOIS (Ambroise)	2
DUBOIS (Jean-Etienne-Franklin)	1
DUBREUIL (Toussaint)	44
DUBREUIL (attribué à Toussaint)	3

ÉCOLE FRANÇAISE.

	Nombre de dessins.
Ducreux...	2
Ducros..	1
Duflocq...	2
Dugourc...	1
Dulin (Pierre)..	58
Dulin (d'après Pierre)..................................	1
Du Monstier (Daniel)...................................	9
Du Monstier (attribué à Daniel)........................	1
Du Monstier (Geoffroy).................................	1
Du Monstier (attribué à Geoffroy)......................	1
Dumont, dit le Romain (Jean)...........................	2
Du Pérac (Estienne)....................................	106
Dupré (L.)...	11
Durameau (Louis).......................................	7
Durameau (attribué à Louis)............................	1
Dutertre...	38
Duvivier...	1
Echard...	1
Eisen (Charles)..	3
Elye (M.)...	2
Elye (attribué à M.)...................................	1
Errard (Charles).......................................	1
Fabre (François-Xavier)................................	3
Flipart..	1
Fontenay (de)..	1
Forest (Jean)..	2
Forest (attribué à Jean)...............................	1
Fort (Siméon)..	83
Fouchereau...	1
Fournier (Charles).....................................	1
Fournier, d'Ajaccio....................................	3
Fragonard (A.)...	3
Fragonard (Honoré).....................................	17
Fragonard (attribué à Honoré)..........................	2

e

RÉSUMÉ DE L'INVENTAIRE GÉNÉRAL.

	Nombre de dessins.
FRÉDOU..	1
FRÉMINET (attribué à Martin)........................	2
FREUDEBERG...	2
GALLOCHE (Louis).....................................	5
GALLOCHE (attribué à Louis)........................	2
GAMELIN (Jacques)....................................	1
GARREZ...	1
GAUTIER (Rodolphe)..................................	7
GELLÉE (Claude), dit LE LORRAIN....................	20
GELLÉE, dit LE LORRAIN (attribué à Claude)........	7
GELLÉE, dit LE LORRAIN (à l'imitation de Claude)....	1
GENET (le capitaine)..................................	1
GÉRARD (François)....................................	23
GÉRICAULT (Théodore)...............................	7
GILLOT (Claude)......................................	33
GIRARDON (François).................................	1
GIRARDON (d'après François).......................	2
GIRAULT (J.-B.).......................................	1
GIRODET-TRIOSON (Anne-Louis)....................	3
GOMIEN (P.)...	1
GOUBAUD..	3
GOUJON (attribué à Jean)............................	1
GRANET (François-Marius)...........................	165
GRANGER..	1
GRAVELOT...	1
GREUZE (Jean-Baptiste)..............................	55
GREUZE (attribué à J.-B.)............................	9
GREUZE (d'après J.-B.)..............................	4
GROS (père)...	1
GROS (Antoine-Jean)..................................	5
GUÉRIN (Jean)..	1
GUÉRIN (Louis).......................................	1
GUÉRIN (Pierre)......................................	3
GUERRIN (François)..................................	1

ÉCOLE FRANÇAISE.

Nombre de dessins.

Guillemot..	1
Guyard, née Labille (Madame)................................	6
Hall..	1
Hallé...	2
Hallé (attribué à Claude Guy)...................................	1
Hallé (attribué à Noël)...	2
Heim (François-Joseph)...	88
Hennequin...	3
Herbelin (Madame Mathilde).....................................	1
Himely...	2
Houasse (attribué à)...	2
Houasse le fils (attribué à).......................................	3
Houel (Jean-Pierre-Louis)..	51
Hubert...	1
Hue (J.-F.)..	1
Huet (Jean-Baptiste)..	3
Huret (Grégoire)...	1
Ingres (Jean-Auguste-Dominique)..............................	29
Isabey (Jean-Baptiste)..	5
Jacques..	2
Jeaurat (Étienne)..	1
Jollet...	1
Jorand...	2
Joubert...	63
Jouffroy...	1
Jouvenet (Jean)..	4
Jouvenet (attribué à Jean).......................................	1
Jouvenet (d'après Jean)..	1
Julien (de Parme)..	1
Julien (Simon)...	1
Jullier de Savault...	1
Jung (Théodore)...	5
Knip (Madame)..	2
Lafage (Raymond de)...	67

RÉSUMÉ DE L'INVENTAIRE GÉNÉRAL.

	Nombre de dessins.
Lafage (attribué à Raymond de)	9
Lafage (d'après Raymond de)	12
Lafitte	5
Lafosse (Charles de)	16
Lafosse (attribué à Ch. de)	5
Lagneau	15
Lagneau (attribué à)	1
Lagrenée (Jean-Jacques)	17
Lagrenée (Louis-Jean-François)	3
La Hyre (Laurent de)	38
La Hyre (attribué à Laurent de)	3
Lallemand (Jean-Baptiste)	3
La Monce (Ferdinand de)	13
Lancrenon	2
Lancret (Nicolas)	9
Lantara (Simon-Mathurin)	3
Largillière (Nicolas)	1
Larivière (Charles-Philippe)	1
Larrieu (Pierre)	15
La Rue (de)	33
La Rue (attribué à de)	3
Lassus (Jean-Baptiste-Antoine)	7
La Tour (Maurice-Quentin de)	14
La Tour (attribué à Maurice-Quentin de)	1
Lavallée-Poussin	2
Le Blanc (Théodore)	1
Le Blond (J.-B. Alexandre)	4
Le Brun (Charles)	2389
Le Brun (attribué à Charles)	44
Le Brun (d'après Charles)	137
Le Brun (école de Charles)	220
Leclerc (Sébastien)	20
Leclerc (d'après Sébastien)	1
Leclerc fils (Sébastien)	4

ÉCOLE FRANÇAISE.

	Nombre de dessins.
LECOMTE (Hippolyte)	2
LEFORT	1
LEGOUAZ	46
LEGROS (Pierre)	4
LELU (Pierre)	10
LEMAIRE (attribué à Jean)	2
LEMOINE (François)	84
LEMOINE (attribué à François)	7
LEMOINE (d'après François)	1
LEMORT	1
LEMPEREUR (Jean-Baptiste-Denis)	2
LENAIN	1
LENAIN (d'après)	1
LEPAON	1
LEPAON (attribué à)	1
LEPAUTRE (attribué à Jean)	3
LEPICIÉ (Nicolas-Bernard)	8
LEPICIÉ (attribué à Nicolas-Bernard)	1
LEPRINCE (Jean-Baptiste)	12
LEPRINCE (attribué à Jean-Baptiste)	4
LESPINASSE (Louis-Nicolas de)	2
LESUEUR (Eustache)	191
LESUEUR (attribué à Eustache)	9
LESUEUR (d'après Eustache)	12
LITTRET DE MONTIGNY	1
LOIR (Nicolas)	6
LOIR (attribué à Nicolas)	2
LOIR (Mademoiselle)	2
LOUIS	2
LOUTHERBOURG	3
LUNDBERG	2
MACHY (attribué à de)	1
MAISSIAT	1
MANGLARD (Adrien)	7

RÉSUMÉ DE L'INVENTAIRE GÉNÉRAL.

	Nombre de dessins.
Manglarb (attribué à Adrien)	1
Mansson	1
Mariette	1
Martel-Ange (attribué à)	1
Martin	2
Martin (attribué à)	1
Martinet	1
Martinière	1
Marvie	1
Masquelier (Claude-Louis)	1
Massard (Léopold)	1
Massé (Jean-Baptiste)	56
Masson (Antoine)	1
Mathieu (Auguste)	2
Mauperché	1
Maurice (Louis-Joseph)	1
Mauzaisse	2
Mellan (Claude)	3
Mellan (attribué à Claude)	1
Melling	12
Mettey (Pierre)	3
Mettey (attribué à Pierre)	1
Meunier	1
Meynier (Charles)	14
Michel	6
Mignard (Nicolas)	9
Mignard (Pierre)	324
Mignard (attribué à Pierre)	6
Mignard (d'après Pierre)	2
Mirbel (Madame de)	5
Moitte	2
Monnet (Charles)	1
Monsiau	7
Montbelliard	1

ÉCOLE FRANÇAISE.

	Nombre de dessins
Morage	1
Moreau le jeune (J.-M.)	5
Morel	6
Muller (C.)	1
Nanteuil (Robert)	8
Nanteuil (attribué à Robert)	1
Natoire (Charles)	80
Natoire (attribué à Charles)	7
Natoire (d'après Charles)	1
Nicolet (Pierre)	1
Noel (J.)	14
Nolau	1
Noray (de)	1
Nousveaux	1
Oppenord (F.)	2
Oppenord (attribué à F.)	1
Oudry (Jean-Baptiste)	13
Oudry (attribué à Jean-Baptiste)	3
Ouvrié (Justin)	1
Ozanne	679
Pajou fils	1
Papety (Dominique)	12
Parent	5
Parisot	1
Parrocel (Charles)	34
Parrocel (attribué à Charles)	3
Parrocel (Joseph)	12
Parrocel (attribué à Joseph)	6
Parrocel (J.-F.)	23
Pasquieri	3
Patel (Pierre)	4
Pater (Jean-Baptiste)	4
Pater (attribué à Jean-Baptiste)	2
Pecheux (L.)	1

RÉSUMÉ DE L'INVENTAIRE GÉNÉRAL

	Nombre de dessins.
Pelletier.	1
Percier (Charles).	4
Percier (attribué à Charles).	1
Perelle.	17
Pérignon.	15
Perin (Lié-Louis).	10
Pernot (F.-A.).	5
Perrier (François).	2
Perrier (attribué à François).	2
Perroneau.	2
Pesne (attribué à Antoine).	2
Peyre (Antoine-François).	1
Peyron (P.).	1
Philippoteaux.	2
Picart (Bernard).	18
Picart (attribué à Bernard).	19
Pierre (Jean-Baptiste-Marie).	7
Pierre (attribué à J.-B.-M.).	2
Pillement (Jean).	7
Pilon (Germain).	1
Pilon (attribué à Germain).	1
Platte Montagne (Nicolas de).	1
Poerson (Charles).	5
Portail (Jacques-André).	3
Poussin (Nicolas).	62
Poussin (attribué à Nicolas).	41
Poussin (d'après Nicolas).	42
Poussin (école de Nicolas).	5
Pradier (James).	13
Prudhon (Pierre-Paul).	5
Puget (Pierre).	8
Puget (d'après Pierre).	1
Quesnel (François).	2
Quillard.	1

ECOLE FRANÇAISE.

	Nombre de dessins.
RABEL (Daniel)...	92
RABÉL (attribué à Daniel).............................	1
RADEL...	2
RAMONDON (A.)...	1
RAUCH..	4
RAVENET...	1
REDOUTÉ...	4
RENOUX...	1
RESTOUT (Jean)..	2
RESTOUT (attribué à Jean)...........................	5
RESTOUT le fils (attribué à).........................	2
REVOIL..	5
RIGAUD (Hyacinthe)......................................	1
RIGAUD (attribué à Hyacinthe).....................	1
RIGAUD (d'après Hyacinthe).........................	2
RIVALZ (attribué à Antoine)..........................	3
RIVALZ (Pierre)...	1
ROBERT (Hubert)..	3
ROBERT LE LORRAIN...................................	1
ROETTIERS (François)..................................	2
ROSLIN (Madame)...	1
ROUSSEAU (Edme)..	1
ROUX, de Marseille.......................................	2
SAINT (Daniel)..	2
SAINT-AUBIN (Gabriel de)............................	13
SAINT-FAR..	3
SAINT-IGNY (Jean de)...................................	1
SAINT-MORYS (de Bourgevin Viallart de)......	42
SAINT-QUENTIN..	1
SARABBAT (Daniel)......................................	3
SARABBAT (attribué à Daniel)......................	2
SARRAZIN (attribué à Jacques).....................	3
SCHENAU (attribué à)...................................	1
SCHNEIDER..	4

e.

	Nombre de dessins.
SCHNETZ (Victor)	1
SERRE (Michel)	1
SEVIN (P.)	21
SIMPOL (Claude)	2
SLODTZ (Michel-Ange)	15
SLODTZ (attribué à Michel-Ange)	7
SPIERRE (Claude)	1
SPIERRE (attribué à Claude)	1
STANISLAS, roi de Pologne	1
STELLA (François)	15
STELLA (Jacques)	21
STELLA (attribué à Jacques)	6
STORELLI	3
STUREL-PAIGNÉ (Madame)	2
SUBLEYRAS (Pierre)	65
SUBLEYRAS (attribué à Pierre)	2
SUBLEYRAS (d'après)	1
SUVÉE	8
SYLVESTRE (Israël)	115
SYLVESTRE (attribué à Israël)	3
SYLVESTRE (d'après Israël)	3
SYLVESTRE (Louis de)	2
TAILLASSON (Jean-Joseph)	3
TARAVAL (Hugues)	3
TARAVAL (attribué à Hugues)	1
TARÉ	1
TAUNAY (d'après)	1
THEVENIN (Charles)	1
THIBAULT (Jean-Thomas)	2
THIÉBAULT (attribué à Nicolas)	1
THOURON	1
TIERCE fils	1
TOCQUÉ (Louis)	1
TOFANELLI	1

ÉCOLE FRANÇAISE.

	Nombre de dessins.
Toutin..	1
Trémollière (Pierre-Charles)..................	3
Trémollière (attribué à P.-C.)................	3
De Troy (François)............................	2
De Troy (attribué à François).................	2
Ubeleski (Alexandre)..........................	1
Valentin du XVIIe siècle (attribué à)......	1
Valentin du XVIIIe siècle..................	1
Valentin, de Guingamp.........................	1
Vanloo (Carle)................................	19
Vanloo (attribué à Carle).....................	8
Vanloo (attribué à François)..................	1
Vanloo (Jean-Baptiste)........................	4
Vapsé (L.-C.).................................	3
Verdier (François)............................	56
Verly...	1
Vernansal.....................................	5
Vernansal (attribué à)........................	1
Vernet (Carle)................................	2
Vernet (Joseph)...............................	2
Vernet (à l'imitation de Joseph)..............	2
Vernet (Horace)...............................	1
Vidal (Vincent)...............................	3
Vien (attribué à Joseph-Marie)................	2
Vien (Madame).................................	1
Vigée-Lebrun (Louise-Élisabeth)...............	2
Vigée-Lebrun (attribué à Louise-Élisabeth)....	2
Vignon (Claude)...............................	6
Vignon (attribué à Claude)....................	4
Vincent (François-André)......................	1
Viollet-le-Duc (Eugène).......................	5
Vivien (Joseph)...............................	6
Vleughels (Nicolas)...........................	13
Volaire.......................................	1

RÉSUMÉ DE L'INVENTAIRE GÉNÉRAL.

	Nombre de dessins.
Vouet (Simon)	15
Vouet (attribué à Simon)	4
Vouet (d'après Simon)	2
Vouet (école de Simon)	11
Vouillemont (attribué à Sébastien)	1
Wailly (de)	14
Watteau (Antoine)	31
Watteau (d'après Antoine)	5
Watteau (à l'imitation de)	2
Wicar	1
Wille (Jean-George)	3
Wille Fils (P.-A.)	1
Wille Fils (attribué à P.-A.)	1
Zix (Benjamin)	10
Ecole Française. Fin du XIe siècle	1
d° XIIIe siècle	2
d° Fin du XIIIe siècle	1
d° XVe siècle	1
d° Fin du XVe siècle	1
d° Commencement du XVIe siècle	5
d° XVIe siècle	112
d° Fin du XVIe siècle	70
d° Commencement du XVIIe siècle	60
d° XVIIe siècle	636
d° Fin du XVIIe siècle	81
d° Commencement du XVIIIe siècle	11
d° XVIIIe siècle	783
d° Fin du XVIIIe siècle	75
d° XIXe siècle	32

ECOLE ANGLAISE.

Nombre de dessins

Bonington (Richard Parkes)	1
Callow (William)	1
Kellin	2
Roberts	3
Sasse (Richard)	4

Écoles non déterminées.

XVIe siècle	4
Fin du XVIe siècle	5
Commencement du XVIIe siècle	2
XVIIe siècle	83
Fin du XVIIe siècle	11
XVIIIe siècle	26
Fin du XVIIIe siècle	2
XIXe siècle	5
Inconnus	60

Dessins indiens	82
Dessins chinois	9

ÉMAUX EN PEINTURES SUR PORCELAINE.

Augustin	1 émail.
Beciseisen (attribué à)	1 émail.
Boit (Charles)	4 émaux.
Carbonel (Madame)	1 porcelaine.

RÉSUMÉ DE L'INVENTAIRE GÉNÉRAL.

Constantin (Abraham).................	1	émail.
Duchesne, de Gisors..................	9	émaux.
Guerrier.............................	1	émail.
Jaquotot (Madame Victoire)...........	52	porcelaines.
Kugler (Louise)......................	3	émaux.
Laurent (Madame)....................	1	porcelaine.
Oudry (d'après)......................	9	do
Petitot (Jean).......................	45	émaux.
Petitot (attribué à Jean)............	11	do
Petitot (école de)....................	4	do
Renaudin (Madame)...................	1	porcelaine.
Sturm...............................	1	émail.
Thouron.............................	2	émaux.
Weyler (Jean-Baptiste)................	1	émail.

Inconnus.	XVIIᵉ siècle..................	8	émaux.
do	Commencement du XVIIIᵉ siècle..	2	do
do	XVIIIᵉ siècle..................	21	do
do	XVIIIᵉ siècle..................	3	porcelaines.
do	Fin du XVIIIᵉ siècle............	2	émaux.
do	Commencement du XIXᵉ siècle....	2	do
do	XIXᵉ siècle....................	4	do
do	XIXᵉ siècle....................	1	porcelaine.

RÉCAPITULATION.

	Nombre de dessins.
Écoles d'Italie...............................	18,203

Savoir :

École florentine.......................	2,635
— romaine-ombrienne................	1,764
— vénitienne........................	1,186
— lombarde.........................	975
— bolonaise.........................	2,336
— piémontaise et génoise............	398
— napolitaine et sicilienne...........	329
Écoles d'Italie non déterminées............	8,580
	18.203

École espagnole................................	87
— allemande................................	802
— flamande.................................	3,152
— hollandaise..............................	1,071
— française................................	11,738
— anglaise.................................	11
Écoles non déterminées..........................	198
Dessins indiens.................................	82
— chinois.................................	9
Émaux et peintures sur porcelaine.................	191
Total...........	35,544

Suit la description des **DESSINS EXPOSÉS.**

Les dessins exposés dans la salle des Boîtes sont visibles le samedi de 2 à 4 heures.

Les dessins suivis de l'abréviation *Chal. Nat.*, sont ceux qui ont été gravés en fac-simile, et dont les planches appartiennent à la CHALCOGRAPHIE DES MUSÉES NATIONAUX.

Le Bureau de la Chalcographie se trouve au rez-de-chaussée, cour du Louvre.

ÉCOLES D'ITALIE.

ABATI *ou* **DELL' ABATE** (Nicolo), *né à Modène en 1512 ? mort en France en 1571 ?*

Voir pour les détails biographiques, l'**Appendice** du présent volume, p. 149.

1. *Prophète assis et écrivant sur une grande tablette posée sur ses genoux.*

A la pierre noire et rehaussé de blanc sur papier gris. — H. 0,160. — L. 0,136.

Ce dessin a été tiré aux carreaux.

2. *L'Annonciation.*

La Vierge est à droite, agenouillée sur son prie-Dieu et vue de profil : l'ange est du côté opposé, volant sur les nuages, le bras levé vers le ciel.

A la sanguine, lavé et rehaussé de blanc sur papier gris. — H. 0,176. — L. 0,312.

Cette composition était destinée à l'ornement d'un cintre.

3. *Mariage de sainte Catherine.*

La Vierge, assise au pied d'un arbre, tient sur ses **genoux** l'Enfant-Jésus, qui prend la main de la sainte martyre et va lui donner l'anneau nuptial.

> À la pierre noire et légèrement rehaussé de blanc sur papier gris. — H. 0,300. — L. 0,237.

Vient de Modène.

ALBERTINELLI (MARIOTTO), *peintre, né à Florence le 13 octobre 1474, mort à Florence le 5 novembre 1515.*

Voir, pour les détails biographiques, le **Catalogue des peintures, Écoles d'Italie.**

Attribué à **Mariotto Albertinelli.**

4. *La sainte Vierge debout et vue de face, le haut du corps incliné vers la gauche, levant les mains en signe d'étonnement.*

> À la mine d'argent et rehaussé de blanc sur papier teinté de couleur jaunâtre. — H. 0,274. — L. 0,189.

Si ce dessin est de Mariotto Albertinelli, il est probablement de l'époque où cet artiste travaillait de moitié avec Fra Bartolommeo.

Collection Baldinucci.

5. *Personnage agenouillé, vu de profil et tourné vers la gauche; il est drapé de longs vêtements. Un enfant est debout devant lui et appuyé sur son genoux.*

> Étude peinte sur papier huilé. — H. 0,269. — L. 0,221

On lit sur ce dessin l'inscription suivante :

NICOLO DI MARCO DI LUCA GUIDONE...., etc.

Collection Baldinucci.

ALLEGRI (ANTONIO), *dit* IL CORREGGIO, *peintre, né à*

Correggio, dans le duché de Modène, vers 1494, mort à Correggio, le 5 mars 1534.

Voir, pour les détails biographiques, le **Catalogue des peintures, Écoles d'Italie.**

6. *La Vierge assise et tenant sur ses genoux l'Enfant-Jésus. Marie est vue de face, la tête de profil et inclinée à droite. L'Enfant tend le bras droit.*

A la sanguine, avec quelques touches de blanc sur papier gris. — H. 0,301. — L. 0,208.

Collection de Modène.

7. *Le martyre de saint Placide et de sainte Flavie.*

A gauche, un bourreau va frapper une seconde fois le saint agenouillé, dont le cou a déjà été entamé par le glaive; à droite un autre bourreau enfonce le fer dans la poitrine de sainte Flavie. Entre ces deux groupes, les corps, encore agenouillés de deux autres martyrs; des jets de sang s'échappent de leur cou, et leurs têtes gisent à terre; un ange porté sur les nuages porte la couronne céleste.

A la sanguine et rehaussé de blanc. — H. 0,212. — L. 0,305.

Le Corrége peignit, en 1524, cette composition, en même temps que celle du Christ déposé de la croix, pour une chapelle de l'église Saint-Jean de Parme. — La peinture présente avec notre dessin des différences assez notables. Elle se voit aujourd'hui au Musée de Parme.

8. *La Vierge assise sur les nuages et portée par un ange; elle se penche vers la gauche, portant une main sur sa poitrine et tendant l'autre vers le ciel.*

A la sanguine. — H. 0,151. — L. 0,124.

Ce dessin a été tiré aux carreaux.

9. *Étude d'homme nu porté sur les nuages par un ange; la tête regarde en haut, et est vue en raccourci.*

A la sanguine. — H. 0,169. — L. 0,149.

Pour une des figures d'apôtres de la coupole de l'église Saint-Jean, à Parme.

10. *La sainte Vierge assise sur les nuages et portée par trois anges; elle est vue presque de face, le corps penché à droite, la tête de trois quarts, les mains croisées sur la poitrine.*

A la sanguine. — H. 0,255. — L. 0,182.

Quoique ce dessin n'ait presque aucun rapport avec la figure de la Vierge peinte à la coupole de la cathédrale de Parme, il est permis de supposer qu'il nous conserve la première pensée du maître pour cette peinture.

11. *Saint Jean-Baptiste porté sur les nuages que soutiennent plusieurs anges; il est assis, à moitié nu, et tient de ses deux mains son mouton.*

A la sanguine. — H. 0,299. — L. 0,202.

Première pensée de l'un des pendentifs de la coupole de la cathédrale, à Parme.

12. *Vénus portée par trois amours.*

Elle est nue, vue presque de face, et tient de sa main droite un flambeau. La main gauche repose sur une boule que soutient la tête de l'un des enfants.

A la sanguine et lavé de sanguine. — H. 0,247. — L. 0,190.

Gravé en fac-simile par M. Alph. Leroy (Chal. nat.).

13. *Femme nue couchée et endormie à terre.*

Près d'elle dort un enfant; plusieurs amours voltigent au-dessus de ce groupe.

A la sanguine et lavé de sanguine. — H. 0,256. — L. 0,200.

Des collections du comte de Cholmondeley et de Modène.

14. *Homme nu, assis, vu de face jusqu'aux genoux, la tête levée et jouant de la flûte de Pan. A droite, étude détachée de l'un des genoux.*

Étude pour une figure de Marsyas, faisant partie d'une composition représentant la fable d'Apollon et de Marsyas; composition gravée en 1562 par Giulio Sanuto, en trois planches et avec quelques additions. Le père Pungileoni nous apprend que ce sujet avait été peint un peu avant 1520 par le Corrége, et par conséquent à l'âge de vingt-cinq ans environ, sur un couvercle de clavecin. Le tableau est actuellement conservé au palais Litta, à Milan. Il est à remarquer que le maître a changé dans la peinture l'instrument qu'il avait mis dans les mains de Marsyas, et qu'au lieu d'une flûte de Pan, celui-ci tient une sorte de trompette.

A la sanguine. — H. 0,254. — L. 0,182.

15. *Enfant ailé assis et tenant un aigle. Au dessous, enfant tenant un lion ailé.*

A la sanguine. — H. 0,205. — L. 0,178.

Ce dessin paraît avoir été retouché du temps de Mariette, à qui il a appartenu.

16. *La Charité.*

Elle est représentée sous les traits d'une femme tenant deux enfants entre ses bras; un troisième enfant est vu en buste dans le bas du dessin, à gauche.

A la sanguine. — H. 0,183. — L. 0,185.

Collection du comte de Colmondeley.

17. *La Vertu.*

Assise au milieu de la composition, le corps ceint d'une cuirasse, tenant d'une main un casque et de l'autre une lance brisée, la Vertu foule aux pieds un dragon qu'elle vient de mettre à mort. La Victoire la couronne. A gauche est une femme tenant dans sa main une épée, un frein, la dépouille d'un lion, et portant un serpent enlacé dans sa chevelure : ce sont les emblèmes de la justice, de la modération, de la force et de la prudence. Du côté opposé, une autre femme également assise, levant un bras vers le ciel et mesurant de l'autre main un globe à l'aide d'un compas, paraît personnifier la Science ; un enfant est debout près d'elle. Au-dessus de ce groupe, trois femmes ailées volent dans un ciel éclatant de lumière, ce sont : la Poésie tenant une lyre ; la Renommée, sa trompette à la main ; la troisième, dont la main touche aussi à la trompette de la Renommée, et qui est entièrement nue, paraît être la Vérité. Le fond représente un paysage et un berceau de verdure.

Peint à la gouache sur toile. — H. 1,420. — L. 0,855.

Gravé par E. Picart en 1672.

18. *Le Vice.*

Dans cette composition allégorique, qui forme le pendant de la précédente, le maître a représenté le Vice sous la figure d'un homme barbu couché sous un arbre, au tronc duquel ses membres sont liés. Trois femmes nues l'entourent : l'une, la Volupté, fait résonner à son oreille les chants d'une flûte qui paraissent l'enchanter ; une seconde renforce les liens qui attachent déjà toutes les parties de son corps : elle représente l'Habitude ; une troisième furie, personnifiant le Remords, a les mains pleines de vipères, qui vont ronger la poitrine du malheureux. Sur le premier plan, un jeune satyre, vu en buste et riant, tient une grappe de raisin symbole de l'ivresse.

Peint à la gouache sur toile. — H. 1,420. — L. 0,855.

Gravé par E. Picart en 1676.

Il est probable que ces deux admirables peintures ont été exécutées pour Frédéric de Gonzague Ier, duc de Mantoue, qui commanda au Corrège d'autres ouvrages. Il est certain du moins qu'elles faisaient partie de la collection des ducs de Mantoue, lorsque le roi d'Angleterre Charles Ier l'acquit en entier (probablement du cardinal Ferdinand de Gonzague et vers 1626) au prix de 80,000 livres sterling. — Après la mort tragique du roi Charles, les objets d'art qu'il avait accumulés dans ses palais à grands frais furent mis en vente par ordre du Parlement, et nos deux gouaches furent estimées 1,000 livres sterling chacune. C'est à ce prix qu'elles furent acquises par Jabach avec d'autres trésors de tous genres, qui enrichirent depuis les collections de Louis XIV.

Les deux peintures ne furent pas vendues ensemble au roi de France. En effet, celle représentant le Vice figure dans l'inventaire fait après la mort de Mazarin, en 1661, sous la désignation du *Supplice de Marsyas*. Elle y est estimée seulement 4,000 livres, et le roi ne la paya pas davantage. Quant au pendant, il n'avait pas été acheté par Mazarin, et Jabach le vendit sans doute à Louis XIV en 1671 avec presque tout ce qui lui restait de son immense collection.(1).

19. *Trois croquis sur une feuille :*

1° Quatre enfants jouant avec une guirlande; deux d'entre eux se tiennent embrassés.

A la sanguine. — H. 0,047. — L. 0,039.

2° Trois enfants ; l'un d'eux, à droite, est agenouillé et soutient une guirlande.

A la sanguine. — H. 0,047. — L. 0,039.

3° Trois enfants; l'un d'eux est couché sur une

---

(1) Voyez l'*Introduction*, page XIX, en note.

guirlande ; un autre, agenouillé, la soutient.

A la sanguine. — H. 0,046. — L. 0,100.

Collection Mariette.

20. Six études de figures nues. Toutes sont assises, se renversant en arrière, vues en raccourci et plafonnant.

A la sanguine. — H. 0,123. — L. 0,194.

Collection Crozat.

21. Huit études de figures de femmes, nues, assises sur les nuages et plafonnant. Six d'entre elles sont vues de face ou de trois quarts, les deux autres sont de profil.

A la sanguine. — H. 0,122. — L. 0,188.

Collection Crozat.

22. Huit études de figures nues; trois d'entre elles plient un genou et joignent les mains; les cinq autres sont assises, vues en raccourci et plafonnant.

A la sanguine. — H. 0,125. — L. 0,181.

23. Huit études de figures nues, posées sur les nuages et ayant un genou plié; presque toutes joignent les mains et plafonnent.

A la sanguine. — H. 0,138. — L. 0,185.

24. Tête de femme ou d'ange, vue de trois quarts et

dirigée vers la droite. On voit le haut de l'épaule droite et la naissance du bras.

A la sanguine et au crayon blanc. — H. 0,351. — L. 0,259.

L'authenticité de ce dessin nous paraît douteuse.

Collections Crozat et Mariette.

25. *Tête colossale d'ange, vue de trois quarts et tournée vers la droite, les yeux au ciel et la bouche souriante.*

A la sanguine, à la pierre noire et aux crayons de couleur. — H. 0,388. — L. 0,304.

Collection Mariette.

26. *Tête d'ange, de grandeur colossale, tournée de face, le regard dirigé à droite. On voit la naissance de l'épaule gauche qui est de profil.*

Au charbon et au pastel. — H. 0,365. — L. 0,294.

Collection Mariette.

27. *Tête d'ange, vue de face, les yeux tournés en haut et vers la gauche; on aperçoit la naissance de l'épaule droite.*

A la sanguine, avec quelques touches de crayon noir et rehaussé de blanc. — H. 0,255. — L. 0,226.

Ce dessin a souffert.

Attribué au **Corrége.**

28. *Enfant vu à mi-corps et de profil, tournant la tête vers le spectateur, le bras droit tendu en avant.*

A la sanguine. — H. 0,106. — L. 0,111.

D'après le Corrége, par F. ZUCCHERO.

29. *Le sommeil d'Antiope.*

A la pierre noire et à la sanguine. — H. 0,208. — L. 0,135.

Cette étude est faite avec beaucoup de soin, d'après le beau tableau, acquis par Louis XIV, qui fait partie du Musée du Louvre A l'époque de F. Zucchero, il appartenait aux ducs de Mantoue.

École du **Corrége.**

30. *Trois enfants, nus et debout, soutiennent une ample draperie, et lèvent chacun un bras vers le ciel ; les deux premiers sont de face, le troisième est vu de dos. A gauche, un quatrième enfant assis et vu par derrière.*

A la sanguine estompée. — H. 0,236. — L. 0,287.

AMMANNATI (Bartolommeo), *sculpteur, architecte, ingénieur, né à Florence en* 1511, *mort à Florence en avril* 1592.

oir, pour les détails biographiques, l'**Appendice** du présent volume, **p.** 166.

31. *Statue d'Hercule debout, tenant la massue de la main droite, et la main gauche appuyée sur la hanche.*

Cette statue repose sur un piédestal à six pans, décorés chacun d'une tête d'animal, faisant allusion aux travaux d'Hercule. Plusieurs hommes dessinent ou examinent cette figure, et leur tête n'atteignant pas à la hauteur du piédestal, on voit qu'il s'agit ici d'un ouvrage colossal.

A la pierre noire. — H. 0,535. — L. 0,415.

Cette statue est probablement celle dont parle Baldinucci, t. VI, p. 9.

et qui fut exécutée en pierre, l'an 1550, pour un célèbre médecin de Padoue, nommé Marco Mantova Benavides. Elle avait, dit-on, 40 palmes de proportion.

Collection Vasari et Inventaire Jabach, n° 377 de l'École florentine.

ANDREA D'AGNOLO, dit ANDREA DEL SARTO,
peintre, né à Florence en 1487, mort à Florence en 1531.

Voir, pour les détails biographiques, le **Catalogue des peintures, Écoles d'Italie.**

32. *Saint-Jean; figure drapée, debout et vue jusqu'au-dessous du genou. Il est tourné vers la gauche, et tient de la main droite une plume, de la main gauche un livre.*

A la sanguine. — H. 0,350. — L. 0,225.

Il est coupé à pans aux deux côtés du haut.
Cette étude a servi pour le beau tableau du maître (représentant la Vierge debout sur un piédestal, entre saint François et saint Jean), qui se trouve à la galerie Degli Uffizi, à Florence.

Collections J. Barnard et Richardson.

33. *Tête de religieux, vue de trois quarts et tournée vers la droite.*

A la pierre noire. — Forme ovale. — H. 0,295. — L. 0,230.

Cette étude a servi pour la tête du saint François qui figure dans le tableau mentionné au numéro précédent.

Au verso, une étude de mains.

H. 0,130. — L. 0,115.

Collections Vasari et Mariette.

34. *Jeune homme nu, vu de profil, à mi-corps et tournée vers la droite; il est assis et appuyé du* bras droit sur un sac, tenant de la main gauche un livre ouvert.

A la sanguine. — H. 0,145. — L. 0,155.

Etude pour la peinture de la Madonna del Sacco, qui décore le cloître de l'Annonciade, à Florence.

Gravé en fac-simile par M. Desperet. (Chal. nat.)

35. *Le Christ mort, étendu à terre et pleuré par sa mère, qui soutient sa tête sur ses genoux. Derrière la Vierge, à gauche, se voit saint Jean-Baptiste; à droite, un autre saint.*

A la sanguine. — H. 0,175. — L. 0,155.

Inventaire Jabach, n° 39 de l'École florentine.

36. *Études de pieds.*

A la pierre noire. — H. 0,280. — L. 0,220.

Collections Vasari et Mariette.

37. *Homme assis, vu de profil et écrivant. La tête n'est qu'indiquée.*

A la pierre noire. — H. 0,250. — L. 0,150.

Ce dessin est une étude pour le Zacharie de la composition représentant la naissance de saint Jean, peinte par Andrea dans le cloître de la confrérie du Scalzo, à Florence.

Au verso, tête d'homme chauve, tournée à gauche.

A la sanguine.

Collections Vasari et Mariette.

38. *Étude d'homme debout et drapé, vu de profil et tourné à gauche.*

A la pierre noire. — H. 0,280. — L. 0,170.

Cette figure est celle d'un des assistants, qui se voient à droite de la composition d'Hérodiade dansant devant Hérode, dans le cloître de la confrérie du Scalzo, à Florence.

Collection Mariette.

39. *Deux dessins sur la même feuille* :

    1° *Deux mains jointes ; étude.*

        A la sanguine. — H. 0,095. — L. 0,155

    Au verso, étude de mains écartant une draperie.

    2° *Une main tenant des fruits.*

        A la pierre noire. — H. 0,165. — L. 0,150.

Collection Mariette.

40. *Deux études d'après la tête d'un jeune homme, vue de face ; au verso deux autres études d'après la même tête.*

    A la sanguine. — H. 0,330. — L. 0,260.

41. *Tête d'homme, vue de profil, tournée vers la droite et regardant le ciel.*

    A la sanguine. — H. 0,195. — L. 0,155.

42. *Tête de femme, vue de trois quarts, et penchée vers la gauche ; elle est coiffée d'une espèce de turban.*

    A la sanguine. — H. 0,245. — L. 0,200.

43. *Deux études, d'après un chien descendant un degré, et tourné vers la gauche ; croquis séparés de la tête et des pattes. — Au verso, deux autres* *études d'après le même chien, l'une de face, l'autre dirigée vers la droite.*

A la sanguine. — H. 0,190. — L. 0,250.

Cette étude a été employée par le maître dans la fresque peinte en 1521 dans la villa de Poggio a Cajano, et représentant les Égyptiens apportant en tribut à César des animaux rares. Andrea del Sarto l'ayant laissée inachevée, elle fut terminée en 1582 par A. Allori.

44. *L'adoration des Mages.*

La Vierge est assise au centre, sous un portique en ruine ; derrière elle se tiennent saint Joseph et deux anges. Sur le premier plan, quatre Mages apportent des présents ; le plus âgé, agenouillé à gauche, adore l'Enfant-Jésus.

A la sanguine. — H. 0,295. — L. 0,245.

Une esquisse peinte de la même composition se trouve au palais Guadagni, à Florence. Le dessin et la peinture pourraient avec vraisemblance être donnés au Pontormo.

Inventaire Jabach, n° 44 de l'École florentine.

45. *Figure académique d'homme nu, debout et tourné vers sa gauche; sa tête, un peu inclinée, est coiffée d'une draperie.*

A la sanguine. — H. 0,395. — L. 0,200.

46. *Tête d'homme chauve, vue de profil et tournée à droite.*

A la sanguine. — H. 0,195. — L. 0,150.

Cette étude a servi pour la tête du saint Zacharie, de la composition de la Visitation de la Vierge, peinte dans le cloître de la confrérie du Scalzo, à Florence. Le dessin qui se trouve au verso du n° 37 est une étude d'après le même modèle, mais tourné vers la gauche.

Au verso, se voit une étude de draperie, pour

une figure assise ; les deux mains à droite et à gauche, sortent de la draperie.

A la pierre noire.

Collection Jabach.

47. *Figure drapée à mi-corps d'un homme vu de profil, tenant un livre de ses deux mains et dont la tête est vue de face.*

A la sanguine. — H. 0,095. — L. 0,070.

Collections Delanoue et Jabach.

48. *Étude d'enfant nu, vu en buste et priant, la tête au ciel, les mains jointes.*

A la sanguine. — H. 0,185. — L. 0,135.

49. *Cinq dessins sur une feuille.*

1° *Quatre études de mains ; à droite, étude de bras et de mains soutenant un autre bras. — Au verso, étude de draperies.*

A la sanguine. — H. 0,157. — L. 0,240.

2° *Étude de bras et de mains jointes ; à droite, étude d'un bras sortant d'une draperie ; la main est fermée, et tient une pierre ou un œuf.*

A la sanguine. — H. 0,165. — L. 0,200.

3° *Étude de la partie inférieure d'une figure d'homme nu ; la jambe gauche est pliée, la droite est tendue en avant.*

A la sanguine. — Forme irrégulière. — H. 0,127. — L. 0,115.

4° *Quatre études de pieds.*

A la sanguine. — H. 0,148. — L. 0,280.

5° *Étude de jambes et de pieds vus de face.*

A la sanguine. — H. 0,138. — L. 0,065.

Ces divers fragments ont été ainsi réunis par Vasari, à qui ils ont appartenu. Ils ont ensuite fait partie de la collection du comte de Fries, de celle de sir Thomas Lawrence, et ont été achetés en dernier lieu à la vente du roi des Pays-Bas, Guillaume II. N° 234 du catalogue ; vendu 105 florins, c'est-à-dire, avec les frais de 7 1/2 p. cent, 237 fr. 15 c.

50. *Étude de figure nue pour un Christ mort, assis, vu de profil et le bras gauche tendu en avant.*

A la sanguine. — H. 0,200. — L. 0,262.

Pour la belle composition du Christ au tombeau, exécutée par Andrea del Sarto en 1523, et dont la peinture fait actuellement partie de la galerie du palais Pitti.

Gravé en fac-simile par M. A. Leroy. (Chal. nat.)

Collections Lagoy et sir Thomas Lawrence. Vente du roi de Hollande n° 271 du catalogue ; payé 150 florins, c'est-à-dire avec les frais de 7 1/2 pour cent, 340 fr. 25 c.

51. *Deux dessins sur une feuille :*

1° *Tête de femme vue de trois quarts et tournée vers la gauche, le regard dirigé vers la droite ; les cheveux sont partagés au-dessus du front et les ornements de la coiffure forment une espèce de turban.*

A la pierre noire. — H. 0,131. — L. 0,110.

2° *Tête de femme, vue également de trois quarts et tournée du même côté, regardant de face ; la coiffure est analogue à celle du précédent des-*

sin, mais les cheveux tombent à droite et à gauche.

A la pierre noire. — H. 0,132. — L. 0,110.

Ces deux belles études ont servi pour le tableau de la Mise au tombeau, et pour la figure de la sainte Catherine agenouillée qui se trouve à droite de la composition. — Elles paraissent reproduire les traits de Lucrezia Fede.

Collection de sir Thomas Lawrence et vente du roi de Hollande, n° 243 du catalogue; payé 200 florins, c'est-à-dire, avec les frais, 453 fr. 65 c.

52. *Tête d'enfant riant, vu de profil, tourné vers la droite, et le regard dirigé en haut.*

A la sanguine, avec quelques touches de blanc. — H. 0,255, — L. 0,190.

Pour le tableau de la Charité, peint en France et en 1518 pour **François I**^{er}.

Collections Mariette et Lawrence; acheté à la vente du roi des Pays-Bas au prix de 245 florins, c'est-à-dire avec les frais, 555 fr. 70 c. N° 272 du catalogue.

Gravé en fac-simile par M. Lefman. (Chal. nat.)

ANDREA DEL SARTO *et* FRA BARTOLOMMEO.

53. *Quatre dessins sur une feuille :*

1° *Tête de moine, vue de profil et tournée vers la gauche.*

A la sanguine. — Forme ronde. — Diam. 0,080.

2° et 3° *Études de mains.*

A la sanguine. — H. 0,080. — L. 0,045.

4° *Étude du corps du Christ mort, assis sur une pierre.*

A la pierre noire. — H. 0,150. — L. 0,230.

Ce dernier dessin est de Fra Bartolommeo, et a servi pour l'exécution du beau tableau de ce maître, représentant le Christ déposé de la croix, qui fait actuellement partie de la collection du palais Pitti.

Ces quatre dessins ont été ainsi réunis par Mariette, à qui ils ont appartenu.

Attribué à Andrea del Sarto.

54. *Sainte Anne agenouillée. La tête est de profil, les mains sont jointes.*

> A la pierre noire, sur papier gris. — H. 0,290. — L. 0,215.

55. *Tête de vieillard, vue de profil et tournée vers la gauche.*

> A la sanguine. — Forme ovale. — H. 0,240. — L. 0,185.

Elle a été découpée et ajustée sur une feuille, qui paraît avoir fait partie du livre de Vasari.

Ce dessin a beaucoup souffert.

Collection Jabach.

BANDINELLI (Bartolommeo di Michelagnolo, *dit* BACCIO), *sculpteur né à Florence en 1493, mort à Florence en 1560.*

Voir l'Appendice, p. 169.

56. *Ane debout, vu de profil, tourné vers la doite, la tête à terre et paissant.*

> A la pierre noire. — H. 0,195. — L. 0,226.

Vasari nous apprend que, dans sa jeunesse, Bandinelli se plaisait à dessiner d'après nature les animaux d'une ferme qui appartenait à son père, près de Prato. Le dessin que nous venons de décrire et les trois suivants sont évidemment de cette époque.

Collection Baldinucci.

57. *Bœuf debout, vu de profil, tourné à droite et se dirigeant vers le fond.*

A la sanguine. — H. 0,207. — L. 0,199.
Collection Baldinucci.

58. *Ane debout, vu presque de trois quarts, tourné a droite et se dirigeant vers le fond.*

A la pierre noire. — H. 0,217. — L. 0,171.
Collection Baldinucci.

59. *Étude de bœuf debout, vu de profil, tourné à droite; la tête manque. — Au verso, autre étude de bœuf, vu presque de face, s'avançant vers la droite.*

A la pierre noire. — H. 0,194. — L. 0,256.
Collection Baldinucci.

60. *Tête de femme, vue de trois quarts et tournée vers la gauche; les cheveux sont partagés sur le haut du front et nattés en couronne sur le sommet de la tête; la bouche est souriante.*

A la sanguine. — H. 0,243. — L. 0,190.

Baldinucci nous apprend que ce dessin très-étudié est le portrait de Jacopa Doni, femme du célèbre sculpteur et dessinateur.

Collection Baldinucci.

61. *Sujet inconnu. Plusieurs figures réunies autour d'une femme étendue à terre; sur la droite, femme assise dans l'attitude de la douleur.*

A la pierre noire.

Au verso, croquis de figures diverses.

A la plume. — H. 0,160. — L. 0,230.
Collection Jabach.

62. *Figure académique d'homme assis, vu de face et appuyé sur son bras gauche; sa jambe droite est relevée et fuit en arrière.*

A la sanguine. — H. 0,390. — L. 0,255.

Collection Mariette.

63. *Femme assise à terre et cousant; derrière elle sont deux enfants, l'un debout, l'autre assis*

A la sanguine. — H. 0,225. — L. 0,202.

Inventaire Jabach, n° 62 de l'École florentine.

64. *Hercule nu, debout et vu de face sur un piédestal, ayant à ses pieds des monstres à queue de poisson.*

A la pierre noire. — H. 0,230. — L. 0,174.

Projet destiné sans doute à l'ornement d'une fontaine.
Les ornements à la plume qui se trouvent encore au haut de ce dessin, nous font supposer qu'il a fait partie de la collection de Vasari.

Attribué à **Bandinelli.**

65. *Figure d'homme debout, vêtu à la mode du temps; le coude de son bras gauche s'appuie sur sa jambe, qui pose sur un degré; il tient de l'autre main un livre sur sa jambe droite.*

A la sanguine.

Au verso, deux études de mains à la plume.

H. 0,364. — L. 0,224.

Collections Zoomers, Mariette et Destouches.

BARBARELLI (Giorgio), *dit* **IL GIORGIONE**, *pein-*

tre, né à Castelfranco, sur le territoire de Trévise, en 1478, mort à Venise en 1511.

Voir le **Catalogue des peintures, Écoles d'Italie.**

Attribué au **Giorgione.**

66. *Sujet inconnu. Dans le haut, cinq femmes debout ou couchées, les unes drapées, les autres nues; dans le bas, à gauche, deux femmes drapées et à moitié couchées. Derrière elles est un enfant. A droite, deux figures d'hommes et une figure d'enfant sont seulement indiquées.*

A la sanguine. — H. 0,353. — L. 0,297.

BARBIERI (Giovanni Francesco), *dit* **IL GUERCINO,** *peintre, né à Cento, dans la province de Bologne, le 8 février 1591, mort à Bologne, le 22 décembre 1666.*

Voir le **Catalogue des peintures, Écoles d'Italie.**

67. *Saint Joseph découvrant l'Enfant-Jésus couché devant lui sur une draperie.*

A la sanguine. — H. 0,167. — L. 0,200.

Collection John Barnard.

68. *Tête de jeune homme coiffée d'un bonnet à plumes, vue de trois quarts et se retournant vers le spectateur ; le buste est indiqué de profil.*

A la sanguine. — H. 0,340. — L. 0,257.

BAROCCI (Federigo), *peintre, né à Urbin en 1528, mort à Urbin le 30 septembre 1612.*

Voir le **Catalogue des peintures, Écoles d'Italie.**

69. *Jésus-Christ porté au tombeau.*

Saint Jean, saint Joseph d'Arimathie et un autre personnage soutiennent sur le linceul le corps du Sauveur. A droite sur le premier plan, la Madeleine agenouillée ; à gauche, un peu en arrière, la Vierge et les deux saintes femmes.

> Aux crayons rouge et noir, lavé de bistre et rehaussé de blanc sur papier gris. — Forme cintrée. — H. 0,570. — L. 0,360.

Composition de neuf figures connue par l'estampe qu'en a gravée Sadeler, et peinte par Baroche pour Sinigaglia.

Ce dessin très-arrêté paraît avoir été exécuté pour l'estampe, et n'est très-probablement que retouché par le maître.

Collections Jabach, Crozat et Mariette.

70. *Tête de jeune femme, vue de trois quarts et tournée vers la droite.*

> A la sanguine et à la pierre noire. — H. 0,202. — L. 0,148.

71. *Tête de jeune femme, vue de trois quarts et penchée à droite, les yeux baissés.*

> Aux trois crayons et au pastel. — H. 0,237. — L. 0,212.

Collections Crozat et Mariette. L'inscription ajoutée par ce dernier amateur nous apprend que Crozat avait rapporté ce dessin d'Urbin. C'est l'étude de la tête de la Vierge, dans le tableau connu sous le nom de *la Vierge au Chat*, qui fait actuellement partie de la *National Gallery*, à Londres.

72. *Tête de jeune garçon ou de jeune fille, vue de profil et tournée à droite ; le cou est entouré d'une collerette.*

> A la pierre noire et au pastel sur papier gris verdâtre. — H. 0,330. — L. 0,247.

73. *Tête d'homme à barbe, vue presque de profil, penchée à gauche, et le regard dirigé en bas.*

> A la pierre noire et au pastel sur papier gris verdâtre. — H. 0,283. — L. 0,216.

74. *Tête de vieillard; il est vu de profil perdu, tourné à gauche et porte barbe.*

> Aux crayons rouge et noir. — H. 0,376. — L. 0,275.

Vient de Modène.

BARTOLOMMEO (Fra) **DELLA PORTA**, *peintre, né à Savignano, près de Florence, en 1475, mort à Florence le 3 août 1517.*

Voir le **Catalogue des peintures, Écoles d'Italie**.

75. *Figure drapée de femme à genoux et priant, tournée vers la gauche.*

Étude pour une composition de la Vierge adorant l'Enfant-Jésus.

> A la pierre noire, rehaussé de blanc sur papier gris. — H. 0,250. — L. 0,160.

76 *La Vierge debout sur les nuages et vue de face, tient entre ses bras l'Enfant-Jésus, qui lève le bras droit pour donner la bénédiction.*

On lit au bas : *Regalo del S. Ant° Politi fior°*.

> A la pierre noire sur papier gris. — H. 0,224. — L. 0,182.

Ce dessin a été piqué. Il a fait partie des collections de lord Somers et de M. de Saint-Morys, et a été gravé par ce dernier amateur comme étant de Guillaume de Marseille.

77. *La fuite en Égypte.*

La Vierge, montée sur l'âne que conduit saint Joseph,

tient sur ses genoux et entre ses bras l'Enfant-Jésus, qui saisit en passant une branche de palmier.

Aux crayons noir et blanc sur papier gris. — H. 0,248. — L. 0,203.

78. *Tête de vieillard, vue de trois quarts et inclinée vers la gauche.*

A la sanguine. — H. 0,135. — L. 0,165.

79. *La sainte Vierge assise est vue jusqu'aux genoux; elle est de face, drapée d'un manteau qui lui recouvre aussi la tête, et tient sur ses genoux l'Enfant-Jésus, qui se tourne vers la droite.*

Aux crayons noir et blanc sur papier gris-brun. — H. 0,302. L. 0,222.

Collection Baldinucci.

80.. *Sainte-Famille.*

La sainte Vierge assise à terre, tient sur ses genoux l'Enfant-Jésus, qui se penche vers saint Jean agenouillé et lui donne sa main à baiser. A gauche de ce groupe, un moine agenouillé et deux personnages debout ; à droite, une sainte religieuse à genoux et deux saints debout. Quelques arbres sont indiqués dans le fond.

A la sanguine. — H. 0,194. — L. 0,162.

Collection Baldinucci.

81. *Figure d'homme debout et drapé, vu de profil, la tête tournée vers le spectateur ; il tient de sa main droite un grand livre appuyé contre son corps.*

Aux crayons noir et blanc sur papier gris-brun. — H. 0,335. — L. 0,161.

Collection Baldinucci.

82. *Sainte Famille.*

La Vierge, un genou en terre, soutient l'Enfant-Jésus, qui joue avec le petit saint Jean; elle tourne la tête vers saint Joseph, assis à gauche.

A la pierre noire sur papier teinté de rose. — H. 0,154. — L. 0,198.

Collection Baldinucci.

83. *Étude de figure debout et drapée, vue de face et tenant une épée à la main, le pied droit levé et posé en avant sur un degré. — Au verso, trois autres études pour la même figure et croquis de draperie.*

Aux crayons noir et blanc sur papier gris. — H. 0,382. — L. 0,208.

Ce dessin est la première pensée d'une figure de saint Paul, peinte à Rome par le maître dans la courte visite qu'il fit à cette ville. Il avait aussi commencé une figure de saint Pierre, qui en est le pendant; mais, soit pour le motif indiqué par Vasari, soit plutôt, croyons-nous, à cause de sa mauvaise santé, il se hâta de retourner à Florence, laissant le soin de terminer cet ouvrage à son illustre ami Raphaël.

84. *Sainte Famille.*

La Vierge, agenouillée, adore son divin Fils, assis à terre et appuyé contre un coussin. Saint Jean, soutenu par saint Joseph, se penche sur l'Enfant-Jésus pour l'embrasser.

A la plume. — H. 0,114. — L. 0,105.

Ce dessin a été gravé en fac-simile dans l'ouvrage d'Ottley : *italian school of design*. Il a fait partie des collections de Charles Rogers, Thomas Dimsdale et Lawrence. Acheté à la vente du roi des Pays-Bas au prix de 300 florins, ce qui fait, avec les frais, la somme de 680 fr. 45 c.; n° 202 du catalogue. Il y est porté par erreur sous le nom de Corrège.

Exposé salle des Boîtes.

85. *Composition de Sainte famille.*

La Vierge est assise sur un trône et vue de face, tenant sur ses genoux l'Enfant-Jésus assis. A droite et à gauche, un saint debout. Le petit saint Jean, tenant une croix, est assis au pied des degrés du trône.

Aux crayons noir et blanc sur papier teinté de rose. — H. 0,209. — L. 0,165.

Collection de Thomas Lawrence. Vente du roi des Pays-Bas, n° 186 du catalogue; payé 215 florins, c'est-à-dire avec les frais 487 fr. 65 c.

Attribué à **Fra Bartolommeo** *ou à* **Andréa del Sarto**.

86. *Figure d'homme debout, vu jusqu'à mi-jambe; il est de profil et tourné vers la droite. Son costume est celui du temps.*

Croquis à la sanguine. — H. 0,250. — L. 0,160.

BAZZI (Giovanni Antonio), *dit* **IL SODOMA**, *né à Vercelli vers 1477, mort à Sienne le 14 février 1549.*

Voir l'**Appendice**, p. 173.

87. *Tête de religieuse couverte de son voile; elle est vue de profil, tournée à droite, les yeux au ciel, et les traits exprimant la douleur.*

Au fusain et au crayon blanc sur papier gris. — H. 0,309. — L. 0,239.

Collection Mariette.

88. *Femme debout et drapée, le corps de trois quarts et dirigé vers la gauche, la tête de face et baissée vers un enfant qu'elle tient de la main gauche; elle* porte dans sa main droite un objet qu'il est difficile de reconnaître.

A la pierre noire. — H. 0,385. — L. 0,165.

Collection Baldinucci.

89. *Deux dessins sur une feuille :*

1° *Jules César.*

Tête laurée tournée à gauche. C. I. CÆSAR DICTATOR.
Revers : une couronne et les mots : VENI VIDI VICI.
Devise du cartel : SOLEBAT OBLIVISCI NIHIL PRÆTER INIURIAS.

A l'aquarelle et à la gouache, rehaussé d'or sur vélin. —
H. 0,142. — L. 0,094.

2° *Auguste.*

Tête laurée, tournée à gauche. DIVUS AUGUSTUS PATER.
Revers. Auguste assis tenant une branche de laurier. CONSENSU. SENAT. ET EQ. ORDIN. P. Q. R.

Devise du cartel : NULLUS AUT BELLIS FOELICIOR AUT PACE MODERATIOR.

A l'aquarelle et à la gouache, rehaussé d'or sur vélin. —
H. 0,142. — L. 0,091.

Cette feuille et celles portant les n°s 90, 91, 92 et 93 contiennent des miniatures exécutées d'après les médailles des célèbres graveurs du xvi° siècle, connus sous le nom de Padouans. Chacune de ces miniatures, qui paraissent devoir être attribuées avec certitude au Sodoma, puisque l'une d'elles est signé de son nom : ANTONIUS VERCELLENSIS, présente, outre une médaille d'empereur romain et son revers, un cartel contenant une inscription applicable au personnage qui en fait le sujet. Le tout est entremêlé d'ornements composés de fleurs ou d'épis, et variés avec beaucoup d'art, quoique d'un effet uniforme. Le goût du xv° siècle domine encore dans ces détails. On sait du reste que Sodoma était un très-habile peintre d'arabesques. Vasari nous apprend même que Raphaël respecta une partie des ornements exécutés au plafond d'une des chambres du

Vatican par le peintre de Vercelli, qui figure avec tant d'éclat parmi les maîtres de l'école siennoise.

90. *Deux dessins sur une feuille :*

1° *Tibère.*

Tête tournée à gauche. TIB. CÆSAR. DIVI. AVG. F. AVGVST. IMP. VIII.

Revers. Tibère assis tenant une patère : CIVITATIBVS. ASIÆ RESTITVTIS.

Devise du cartel : INGENIO PESSIMO, TRVCI, AVARO ET INSIDIOSO.

A l'aquarelle et à la gouache, rehaussé d'or sur vélin. — H. 0,144. — L. 0,093.

2° *Caligula.*

Tête laurée, tournée à gauche : C. CÆSAR. AVG. GERMANICVS..... POT.

Revers. Caligula parlant à ses soldats. ADLOCVT.

Devise du cartel : NEC MELIOR AB INITIO PRINCEPS NEC PEIOR POSTEA FVIT.

A l'aquarelle et à la gouache, rehaussé d'or sur vélin. — H. 0,141. — L. 0,093.

91. *Deux dessins sur une feuille :*

1° *Claude.*

Tête laurée, tournée à droite. TI. CLAVDIVS CÆSAR. AVG. P. M. TR. P. IMP. PP.

Revers : une couronne de chêne. P. P. OB. CIVES SERVATOS S. C.

Devise du cartel : FORTVNÆ LVDIBRIO AD IMPERIVM VENIT.

A l'aquarelle et à la gouache, rehaussé d'or sur vélin. — H. 0,145. — L. 0,093.

ÉCOLES D'ITALIE. — BAZZI.

2° *Néron.*

Tête laurée, tournée à gauche : NERO. CLAVD. CÆSAR. AVG. GER. P. M. TR. P. IMP. P. P.

Revers : figure de Rome assise. S. C. ROMA.

Devise du cartel : SOLUS HABET SCELERV̄ QVICQVID POSSIDET ORBIS.

A l'aquarelle et à la gouache, rehaussé d'or sur vélin. —
H. 0,140. — L. 0,093.

92. *Deux dessins sur une feuille :*

1° *Vespasien.*

Tête laurée, tournée à gauche. IMP. T. CÆS. VESP. AVG. P. M. TR. POT. P. P. COS. VIII.

Revers : deux figures au pied d'un palmier. IVDÆA CAPTA
Devise du cartel : AMOR ET DELITIÆ HVMANI GENERIS.

A l'aquarelle et à la gouache, rehaussé d'or sur vélin. —
H. 0,140. — L. 0,092.

2° *Nerva.*

Tête laurée, tournée à droite. IMP. NERVA. CÆS. AVG. P. M. TRIB. POT. P. P. COS. IIII.

Revers : la Fortune. FORTVNÆ AVGVST.

Devise du cartel : ÆQVISSIMVM SE. ET VTILISSIMVM. PRÆBVIT MODERATVS PRINCEPS.

A l'aquarelle et à la gouache, rehaussé d'or sur vélin. —
H. 0,142. — L. 0,093.

93. *Deux dessins sur une feuille :*

1° *Trajan.*

Tête laurée, tournée à droite. IMP. CÆS. NERVÆ. TRAIANO. AVG. GER. DAC. P. M. TR. P. COS. VI. P. P.

ÉCOLES D'ITALIE. — BECCAFUMI.

Revers : la colonne Trajane. S. P. Q. R. OPTIMO. PRINCIPI S. C.

Devise du cartel : DOMI SANCTVS. IN ARMIS FORTIS. VTROBIQVE PRVDENS.

À l'aquarelle et à la gouache, rehaussé d'or sur vélin. — H. 0,140. — L. 0,093.

2° Adrien.

Tête laurée, tournée à droite. HADRIANVS. AVG. COS. III. P. P.

Revers : la Fortune. FELICITAS AVGVSTA. S. C.

Devise du cartel : INVIDEBAT MAGIS QVAM ÆMVLABATVR.

À l'aquarelle et à la gouache, rehaussé d'or sur vélin. — H. 0,142. — L. 0,090.

C'est au verso de ce dessin que se trouve la signature du maître écrite, sur trois lignes, en belles majuscules d'or :

ANTONIVS VERCELLENSIS PINGEBAT.

Attribué au **Sodoma**.

94. *Tête de femme, vue de trois quarts, penchée vers la droite et regardant en bas.*

À la sanguine et à la pierre d'Italie. — H. 0,249. — L. 0,197.

95. *Tête de femme, vue presque de face, les yeux baissés et dirigés vers la gauche ; une draperie légèrement indiquée couvre le haut du front.*

Aux crayons rouge et noir. — H. 0,264. — L. 0,195.

Collection Baldinucci.

BECCAFUMI (DOMENICO MECARINO, *dit*), *peintre et stucateur, né près de Sienne en 1486 (?), mort à Sienne en mai 1551.*

Voir le Catalogue des peintures, Écoles d'Italie.

96. *Figure d'homme nu, couché à terre de gauche à droite, appuyé sur son coude droit, et la tête tournée vers le fond.*

A la plume et rehaussé de blanc sur papier jaune. — H. 0,250. — L. 0,392.

Collection Vasari et collection Mariette, n° 180 du catalogue.

BELLA (STEFANO DELLA), *dessinateur et graveur, né à Florence en 1610, mort en 1664.*

Voir l'**Appendice**, p. 176.

97. *Jeune prince à cheval, tête nue, vu de profil et se dirigeant vers la droite.*

Au crayon et à la plume, lavé d'encre de Chine. — H. 0,267. — L. 0,202.

98. *Jeune prince à cheval, vu de face et tête nue.*

Au crayon et à la plume, lavé d'encre de Chine. — H. 0,240. — L. 0,158.

BELLINI (GENTILE), *peintre, né à Venise en 1426, mort à Venise le 23 février 1507.* — **BELLINI** (GIOVANNI), *peintre, né à Venise en 1427, mort à Venise le 29 novembre 1516.*

Voir le **Catalogue des peintures, Écoles d'Italie.**

Attribué à l'un des **Bellin**.

99. *Tête de jeune homme, vu de profil, tourné à gauche et coiffé d'une toque; ses cheveux sont longs et retombent sur ses épaules.*

Au fusain et au crayon blanc sur papier gris. — H. 0,319. — L. 0,223.

Collection Jabach.

100. *Portrait de jeune homme, vu de profil, tourné à gauche; ses cheveux sont longs et recouverts d'une toque ornée d'une médaille qui représente un buste de femme.*

Au fusain et rehaussé de blanc sur papier gris. — H. 0,355. — L. 0,281.

BERNINI (Giovanni Lorenzo), *sculpteur et architecte, né à Naples en 1598, mort à Rome en 1680.*

Voir l'**Appendice**, p. 178.

101. *Portrait d'homme vu de trois quarts et tourné vers la droite, le regard dirigé du côté opposé; les cheveux sont longs et bouclés, la moustache est fine; le buste est à peine indiqué.*

Au pastel. — H. 0,190. — L. 0,147.

Ce dessin porte l'inscription suivante, de la main du Bernin ou d'une main contemporaine : Gio. Pietro Verney.

Collection Mariette.

BISCAINO (Bartolommeo), *peintre et graveur à l'eau forte, né à Gênes en 1632, mort à Gênes en 1657.*

Voir l'**Appendice**, p. 184.

102. *Sainte Famille.*

La Vierge tient sur ses genoux l'Enfant-Jésus, à qui saint Jean présente un oiseau. A droite, saint Joseph.

Croquis à la sanguine et rehaussé de blanc sur papier gris brun — Forme ronde. — Diam. 0,184.

Collection Mariette.

BOSCOLI (Andrea), *peintre, né à Florence vers le milieu du 16ᵉ siècle, mort à Florence vers 1606.*

Voir l'**Appendice**, p. 184.

103. *La Vierge, assise sur un siége de pierre, tient l'Enfant-Jésus qui joue avec le petit saint Jean; saint Joseph est assis à gauche, derrière ce groupe.*

A la sanguine; l'architecture du fond au crayon noir. — H. 0,270. — L. 0,207.

Collection Mariette.

BOTTICELLI (SANDRO), *peintre, orfévre et graveur, né à Florence vers 1447, mort à Florence le 17 mai 1510.*

Voir le Catalogue des peintures, Écoles d'Italie.

104. *Tête d'homme coiffé d'un bonnet et tourné vers la droite. Figure de jeune homme debout, drapé et avançant le bras droit. — Au verso, deux figures d'homme debout et drapés, tournés en sens contraire.*

Au crayon d'argent et largement retouché de blanc au pinceau sur papier teinté de rose foncé. — H. 0,200. — L. 0,280.

Gravé en fac-simile par M. de Saint-Morys.

Collections de Vasari et de Saint-Morys.

BRONZINO (ANGIOLO DI COSIMO, *dit* IL), *peintre, né à Florence en 1502, mort en 1572.*

Voir le Catalogue des peintures, Écoles d'Italie.

105. *Tête de femme, vue de trois quarts et inclinée vers la gauche, les yeux baissés, la bouche souriante.*

Aux crayons noir et blanc. — H. 0,288. — L. 0,218.

Collection Baldinucci.

106. *Tête de jeune homme vue de profil, tournée à*

droite et regardant en haut; ses cheveux sont relevés sur le front et retombent sur les épaules.

A la pierre noire. — H. 0,272. — L. 0,213.

Collection Baldinucci.

BUONACORSI (Piero), *dit* **PERINO DEL VAGA**, *peintre, né à Florence en 1499, mort à Rome le 17 octobre 1547.*

Voir l'**Appendice**, p. 186.

107. *Le triomphe de Bacchus.*

On voit, à la gauche du dessin, ce dieu sur un char traîné par des lions que l'amour conduit. Il est entouré de faunes et de bacchantes. Silène, chevauchant sur son âne et soutenu par deux bacchants, s'approche d'Ariane, endormie sur le premier plan, et dont un amour écarte le vêtement. Le fond est occupé par la colonnade d'un temple, décorée de draperies flottantes.

A la plume, lavé de bistre et d'encre de Chine, et rehaussé de blanc sur papier gris. — Forme ovale. — H. 0,200. — L. 0,265.

Ce dessin, très-terminé, a été gravé par Georges Ghisi. La composition en est serrée et surchargée de figures comme celles de quelques camées antiques; mais c'est par erreur que Bartsch, en décrivant l'estampe de G. Ghisi, dit qu'elle pourrait être gravée d'après un bas-relief antique ou d'après un dessin de Jules Romain.

Collections Crozat et Mariette.

Exposé salle des Boîtes.

108. *Thésée combattant les Amazones.*

A la plume, lavé d'encre de Chine et rehaussé de blanc sur papier gris. — Forme ovale. — H. 0,200. — L. 0,270.

Ce dessin, qui est le pendant du précédent, n'est pas exécuté avec **moins** de soin et de talent. Il a été gravé en 1543 par Enea Vico.

Bartsch commet encore une erreur en disant qu'on attribue cette composition à Raphaël ou à Jules Romain. Les figures principales ont été piquées avec beaucoup de soin, sans doute par le graveur.

Ces deux dessins réunis ont été vendus à la vente de Mariette, en 1775, pour la somme, qui serait encore considérable aujourd'hui, de 3,100 livres. Les mêmes faisaient chez Crozat, trente-quatre ans auparavant, partie d'un lot de douze dessins que Mariette n'avait payé que 15 livres.

Les compositions du Triomphe de Bacchus et de la Bataille des Amazones avaient été demandées à Perino del Vaga par le cardinal Farnèse, pour l'ornement d'un coffret d'argent, qui se voit aujourd'hui au musée de Naples. Elles furent gravées, sur des cristaux de roche de forme ovale enchâssés dans ce coffret, par Giovanni Bernardi de Castel-Bolognese, célèbre graveur en pierres dures (Vasari, *Vita di Valerio Vicentino*). Cette destination explique le fini extraordinaire de nos deux dessins.

Le cardinal avait demandé pour le même ouvrage des dessins à d'autres artistes, et il paraît que le Phaëton de Michel-Ange, composition bien connue dont Mariette possédait la première pensée en faisait partie. Perino del Vaga ayant vu les sujets dessinés par Michel-Ange, refusa, par un rare scrupule de modestie, de donner d'autres dessins pour le coffret.

Collections Crozat et Mariette.

Exposé salle des Boîtes.

BUONARROTI (MICHEL-ANGELO), *peintre, sculpteur, architecte, ingénieur, poète, né au château de Caprese, diocèse d'Arezzo, le 6 mars 1475, mort à Rome, le 18 février 1564.*

Voir l'**Appendice**, p. 189.

109. *Tête de satyre, vue de profil.*

A la plume et à la sanguine. — H. 0,280. — L. 0,210.

Ce dessin a appartenu à Mariette, qui en parle ainsi (notes ajoutées à la vie de Michel-Ange par Condivi, p.187) : *J'ai un très-beau dessin de Michel-Ange assez singulier, c'est une tête d'un faune ou satyre vue de profil et de grandeur presque naturelle, que Michel-Ange a dessinée à la plume avec tout l'art et la science dont il était capable; sur une autre tête de femme au crayon rouge, qui avait été dessinée précédemment sur le même papier par un pauvre ignorant, peut-être le fameux Minghella de Valdarno dont parle Vasari. L'on voit encore paraître au travers du beau travail de Michel-Ange cette tête de femme au crayon rouge qui était aussi de profil, et il y a apparence que celui qui l'aura faite étant venu demander à Michel-Ange qu'il la lui corrigeât, celui-ci pour se réjouir, transforma la tête de femme en une tête de faune, parce que effectivement l'autre était si mauvaise, qu'il n'était pas possible de l'améliorer en y ajoutant seulement quelques traits. Peut-être aussi que Michel-Ange se sera réjoui ainsi aux dépens de quelqu'un de ses condisciples qui travaillait en dépit de Minerve, car examinant la manœuvre du dessin, je trouve que le maniement de la plume tient beaucoup de la manière de Michel-Ange dans sa jeunesse. Il arrangeait alors ses tailles avec plus de soin, son dessin imitait davantage la gravure que lorsqu'il fut parvenu à un âge plus mûr. Quoi qu'il en soit, ce badinage de Michel-Ange est une chose curieuse.*

Ce qui reste de la sanguine est en effet d'une main bien moins habile que les retouches faites à la plume.

La monture de Mariette contenait l'inscription suivante : *Quod imperitior artifex laboriosè deturpaverat, joculans ridiculè reformavit Michael Angelus.*

Exposé salle des Boîtes.

110. *Sainte Anne assise, tenant sur ses genoux la Vierge, qui allaite l'Enfant-Jésus.*

On lit près de ce groupe les mots suivants de la main de Michel-Ange: *Chi dire mai chella fo(sse) di mie mano.*

> *Dans le bas, étude d'homme nu.— Au verso, figure de Salomé agenouillée, et tenant dans un plat la tête de Saint-Jean.*
>
> A la plume — H. 0,325. — L. 0,260.

Plusieurs lignes d'écriture (qui ne sont pas de la main de Michel-Ange) font supposer que la feuille de papier sur laquelle sont faites ces études, a été détachée d'un livre de commerce appartenant à des marchands changeurs du Marché-Neuf, dont l'un portait le nom de Bonarotto di Simone, et était probablement le frère de Michel-Ange. Voici le commencement de cette inscription :

Per l'anima e per lo chorpo. Amen. Questo libro sie di donato di Bertino e di Bonarotto di Simone merchatanti chanbiatori il quale tengniamo alla tavola nostra di merchato nuovo.

Le reste, que nous n'avons pu bien comprendre, paraît se rapporter à la pagination du livre.

Collection Mariette.

Exposé salle des Boîtes.

111. *Étude d'homme nu debout, le corps posant sur le pied droit ; la tête est tournée vers la droite. — Au verso, étude pour l'un des tombeaux de la chapelle des Médicis, à Florence.*

Très-légèrement exécuté à la pierre noire. — H. 0,385. — L. 0,240.

Collection Jabach.

112. *Deux dessins sur une feuille :*

1° *Femme tenant entre ses genoux un enfant endormi.*

Très-légèrement exécuté à la sanguine. — H. 0,190. — L. 0,105.

2° *Étude pour une composition du Christ sortant du tombeau.*

A la sanguine. — H. 0,155. — L. 0,170.

Ce croquis est la première pensée du tableau que Marcello Venusti, de Mantoue, ami de Michel-Ange, peignit d'après le dessin du maître. (Voyez Vasari, édition de Sienne, tome X, page 276.)

Collection Jabach.

113. *La Vierge assise, vue de profil et tournée vers la gauche ; elle tient l'Enfant-Jésus sur ses bras* *étendus. A droite se voit l'indication d'un autre enfant, vu de face. — Au verso, croquis pour une composition de Sainte Famille, comprenant la Vierge, l'Enfant-Jésus, saint Joseph et le petit saint Jean.*

A la sanguine. — H. 0,290. — L. 0,210.

Gravé en fac-simile par M. A. Leroy (Chal. Nat.)

Collection Jabach.

114. *Étude d'homme nu debout, vu de profil; le corps porte sur la jambe gauche, la droite est ployée. — Au verso, étude d'homme nu debout; le corps est vue de face, la tête est de profil et tournée vers la droite.*

A la plume. — H. 0,330. — L. 0.170.

Collection Jabach.

Exposé salle des Boîtes.

115. *Femme assise et vue de profil, tenant un enfant debout contre ses genoux. Trois autres figures sont indiquées derrière ce groupe.*

A la pierre noire sur papier gris. — H. 0,380. — L. 0,245.

Ce beau dessin paraît avoir été terminé et alourdi par une main étrangère.

116. *Étude d'homme nu, debout, les bras levés au-dessus de la tête, la jambe droite ployée et croisée sur la gauche.*

Très-légèrement exécuté à la pierre noire.

Au verso, études diverses à la plume de figures et

ÉCOLES D'ITALIE. — BUONARROTI.

de draperies et plusieurs lignes d'écriture qui paraissent de la main même de Michel-Ange.

Quoique peu lisibles et ne se suivant pas, on distingue que ce sont des essais de poésie. On lit entre autres :

> ... Vidi dona bella
> chi... la sorte mia...
> io mi setti tuto chosolatto.

H. 0,310. — L. 0,210.

Collection Jabach.

117. *Faune dansant et frappant sur le tympanum. Près de lui est un jeune satyre.*

A la sanguine. — H. 0,275. — L. 0,170.

Ce dessin a souffert.

Collection Jabach.

118. *Figure de saint Jean debout, les bras pressés contre sa poitrine.*

A la pierre noire. — H. 0,250. — L. 0,085.

Pour la composition du Christ en croix.

Collection Jabach.

119. *Étude d'homme nu, les bras levés; la tête est de face, le corps porte sur la jambe gauche.*

A la plume. — H. 0,325. — L. 0,130.

Étude pour l'une des nombreuses figures d'esclaves qui devaient orner le tombeau de Jules II.

Exposé salle des Boîtes.

120. — *Le Christ crucifié.*

La Vierge et saint Jean sont au pied de la croix, et ont tous deux la tête baissée.

A la pierre noire et largement retouché de blanc sur papier gris. — H. 0,435. — L. 0,290.

Ce dessin a souffert. Il diffère de la composition bien connue qui a été plusieurs fois gravée.

Collection Jabach.

121. *La Vierge assise, vue de face, tenant dans ses bras l'Enfant-Jésus qui s'endort.*

Léger croquis à la sanguine. — H. 0,170. — L. 0,120.

Collection Jabach.

122. *Trois hommes portant un cadavre sur leurs épaules. — Au verso, sainte Famille. L'Enfant-Jésus est debout entre les genoux de la sainte Vierge, qui, tenant de ses deux mains un livre ouvert sur une table de pierre placée à droite, tourne la tête du côté opposé vers un enfant qui lui parle.*

Légèrement exécuté à la sanguine. — H. 0,290. — L. 0,180.

Collection Jabach.

123. *Études pour la statue colossale de David.*

A la plume. — H. 0,264. — L. 0,185.

Ce dessin a appartenu à Mariette, qui l'a décrit lui-même dans les termes suivants (voyez Notes ajoutées à la vie de Condivi, pages 181 et 182) :

« J'ay le dessein ou première pensée que M. Ange a faite
« pour cette admirable statue. Dans ce dessein David a
« sous le pied droit la teste de Goliath, ce qui luy fait
« lever la jambe et par conséquent avancer le genou ; mais
« il y a apparence que Michel-Ange a été obligé d'abandon-
« ner cette idée, qui paroist plus heureuse que celle qu'il a
« suivie, par les défauts ou manque de marbre. Sur la
« même feuille où est cette figure, est une étude pour le
« bras droit du David, tel qu'il a été exécuté, et l'on y lit le
« nom de Michel-Ange, et ce commencement de vers écrit de
« sa main :

> *Davicte cholla fromba*
> *e io chollarcho*
> *Michel Agnio.....*

ÉCOLES D'ITALIE. — BUONARROTI.

« *Le verso du même dessein est occupé par d'autres études*
« (de figures nues) *pour un autre ouvrage, et l'on y lit encore*
« *écrit par Michel-Ange lui-même :*

> *Al dolce mormorar dū fiumiciello*
> *chaduggia di verdōbra ū ciaro fonte...*

« *Ces vers font la preuve de ce qu'on trouve écrit dans la*
« *vie de Michel-Ange, que non-seulement il avait du goût*
« *pour la poésie, mais qu'il en faisait alors une partie de*
« *son occupation.* » (1).

Nous ajouterons ici les trois mots suivants qu'on lit au recto, non loin de l'inscription ci-dessus rapportée : *Rocte lalta cholonna el...*

Cabinets de Crozat, Mariette, Lagoy, Dimsdale et Lawrence. Acheté à la vente du roi des Pays-Bas au prix de 180 florins, c'est-à-dire, avec les frais, 408 fr. 30 c.; n° 166 du catalogue.

Exposé salle des Boîtes.

124. *La Vierge assise, tenant sur ses genoux l'Enfant-Jésus.*

Étude pour le groupe en marbre, non entièrement achevé, qui fait partie de la décoration de la chapelle Saint-Laurent, à Florence.

> *Au verso, autre étude pour le même groupe, pris d'un autre côté; figure d'homme nu, vu de dos; deux têtes de satyre, l'une vue de face, l'autre de profil; trois études de mains et une tête de chien.*

A la plume. — H. 0,367. — L. 0,250.

Collections Crozat, Mariette, de Claussin, Dimsdale et Lawrence. Vente du

---

(1) Dans un travail spécial, publié en 1853, nous avons cherché à établir que l'un des croquis qui se trouve sur le dessin n° 123 était une étude pour une autre figure de David : figure en bronze, de petites proportions, à laquelle, par une coïncidence toute particulière, Michel-Ange travaillait en même temps qu'au colosse de marbre, principal ornement de la place du Palais-Vieux, à Florence.
Ce bronze, destiné d'abord par la seigneurie de Florence au maréchal de Gié, fut envoyé en 1508 à Florimond Robertet, qui le plaça dans sa maison de campagne, près de Blois. Il s'y trouvait encore dans le XVIIe siècle, et vraisemblablement il n'existe plus aujourd'hui.

roi des Pays-Bas, n° 172 du catalogue, acheté au prix de 625 florins, c'est-à-dire, avec les frais, 1,417 fr. 65 c.

Nous rapporterons ici un passage des notes du Condivi, où Mariette parle de ce dessin (pages 184 et 185) :... *J'ose dire qu'on ne peut rien désirer de plus fini et de plus savant que les deux dessins que j'ai, et que Michel-Ange a faits pour les statues d'hommes qui accompagnent ce tombeau. J'ai aussi le dessin de la Vierge, qui est d'une grande beauté. Il est trop fini, comme le sont presque toutes les études de Michel-Ange. Je ne sache même aucun maître qui ait terminé davantage ses études. Quand il cherche quelque attitude, il jette avec impétuosité sur le papier ce que lui fournit son imagination. Il dessine alors à grands traits, il devient en quelque façon créateur. Mais veut-il étudier la nature, pour la représenter ensuite avec vérité dans sa sculpture ou dans sa peinture? Il suit une toute autre méthode; il caresse ce qu'il fait, il y met plus d'ouvrage. Son dessin n'est plus une esquisse, c'est un morceau terminé dans lequel aucun détail n'est omis, c'est la chair même; aussi n'en fallait-il pas davantage à Michel-Ange pour modeler. J'ai plusieurs dessins où l'on voit les repaires ou différents points que Michel-Ange y a mis, et qui sont autant d'indices que ces dessins lui ont servi pour modeler.....*

Gravé en fac-simile par M. A. Leroy (Chal Nat.)

Exposé salle des Boîtes.

125. *Étude d'après nature pour un Christ mort, assis.*

Le torse est vu de face et terminé avec un grand art; la tête est penchée en arrière et tombe sur l'épaule droite, les jambes sont vues de profil et ne sont qu'indiquées. Près de cette étude, on voit deux croquis différents pour le bras droit de la même figure.

A la pierre noire. — H. 0,255. — L. 0,320.

Collections de M. Buonarroti, du chevalier Vicar et de sir Thomas Lawrence. Acheté à la vente du roi Guillaume II, des Pays-Bas, au prix de 510 florins, c'est-à-dire, avec les frais de 7 1/2 p. 100, 1,156 fr. 80 c.; n° 118 du catalogue.

D'après **Michel-Ange**.

126. *Etude d'après l'une des figures de la chapelle des Médicis, à Florence. Figure de femme nue, à moitié couchée, représentant, dit-on, le matin.*

Au crayon noir sur papier gris. — H. 0,260. — L. 0,360.

Ce dessin rappelle la manière de Pellegrino Tibaldi.

Collections Lanchring et Thomas Hudson.

127. *Buste de Cléopâtre.*

A la pierre noire sur papier gris. — H. 0,250. — L. 0,200.

Le dessin original a été gravé dans l'ouvrage de W. Y. Ottley, intitulé *Italian school of design*.

Collection de Jean Barnard.

128. *Le prophète Jonas. Voûte de la chapelle Sixtine.*

A la pierre noire. — H. 0,405. — L. 275.

Inventaire Jabach, n° 31 de l'École florentine.

129. *La Nuit, d'après l'une des figures des tombeaux de Saint-Laurent.*

A la pierre noire sur papier gris. — H. 0,260. — L. 0,305.

Inventaire Jabach, n° 471 de l'École florentine.

130. *Figure d'homme couché que l'on croit représenter le Jour, tirée de l'un des tombeaux de la chapelle Saint-Laurent.*

A la pierre noire. — H. 0,170. — L. 0,340.

Collection Jabach.

131. *Deux figures, l'une accroupie et le bras droit étendu, l'autre debout et passant un vêtement*

A la sanguine. — H. 0,390. — L. 0,200.

Ce beau dessin est une étude d'après un fragment du célèbre carton de Pise.

Collection Jabach.

132. *La Sybille lybique, de la chapelle Sixtine.*

A la pierre noire. — H. 0,260. — L. 0,180.

École de **Michel-Ange.**

133. *Crucifixion; composition de neuf figures.*

A la sanguine. — H. 0,190. — L. 0,140.

Inventaire Jabach, n° 27 de l'École florentine.

CALDARA (POLIDORO), *dit* **POLIDORE DE CARAVAGE,** *né à Caravaggio en 1495? mort à Messine en 1543.*

Voir le **Catalogue des peintures, Écoles d'Italie.**

134. *Groupe de femmes assises ou couchées à terre, et paraissant plongées dans l'affliction. A droite une figure debout, vue de dos, le bras droit étendu. Sur le premier plan, deux figures, dont une couchée sur le dos; l'autre est agenouillée, la face contre terre. — Au verso, trois figures, dont deux sont assises; une quatrième, à peine indiquée, est représentée volant dans les airs. A droite, étude d'homme portant le costume du 16ᵉ siècle. Il est debout, marchant vers la gauche,* enveloppé de son manteau et coiffé d'un chapeau à larges bords.

A la sanguine. — H. 0,193. — L. 0,266.

Collection Mariette.

135. Trois hommes portant dans leurs bras des objets pesants, qui paraissent être des candélabres, marchent en se dirigeant vers la droite. L'un d'eux parle à un homme assis et à moitié nu.

A la sanguine. — H. 0,184. — L. 0,279.

Collection Lempereur.

136. Sujet inconnu.

Un homme endormi et couché à terre repose sa tête sur les genoux d'une femme assise, qui, aidée d'une autre femme, lui coupe les cheveux.

A la sanguine. — Forme cintrée. — H. 0,163. — L. 0,188.

Collection Mariette.

137 Études de figures diverses. A gauche, deux femmes debout et drapées ; l'une porte un enfant, l'autre est chargée d'un paquet. A droite, sur le second plan, deux figures de femmes couchées et à moitié nues.

A la sanguine. — H. 0,194. — L. 0,274.

Collection Mariette.

138. Deux hommes jouant aux cartes. Tous deux sont assis sur la table même dont ils se servent ; trois figures debout complètent le groupe.

A la sanguine. — H. 0,168. — L. 0,211.

Collection Mariette

139. *Fragment de bas-relief antique représentant un bras gauche, nu jusqu'à l'épaule, et paraissant appartenir à une figure de guerrier. Au-dessous à droite, le buste de Polydore lui-même, représenté vu de dos et dessinant d'après le bas-relief.*

C'est ce que Mariette a exprimé en ces mots, écrits sur la monture du dessin : *Polidorus sculpturæ antiquæ studiosus.* Cependant ces deux études nous paraissent avoir été originairement séparées et avoir été ajustées ainsi par Mariette lui-même Près du buste d'homme dessinant, on lit, d'une écriture ancienne : RETRATO DE POLIDORO.

A la sanguine. — H. 0,165. — L. 0,259.
Collection Mariette.

CALIARI (PAOLO), *dit* **PAOLO VERONESE**, *peintre, né à Vérone en* 1528, *mort à Venise le* 19 *avril* 1588.

Voir le **Catalogue des peintures**, École d'Italie.

140. *Sainte Famille.*

La Sainte-Vierge, debout, entoure de ses deux bras l'Enfant-Jésus, placé sur un piédestal, et se dispose à couper, au moyen de ciseaux qu'elle tient de sa main droite, une portion du vêtement qui le recouvre, tandis que Jésus caresse de sa main le visage de sa mère. Sept anges, jouant de divers instruments, entourent ce groupe.

Au verso, on lit, de la main du maître, l'inscription suivante, que nous rapporterons ici fidèlement, en rétablissant les mots qui, dans l'original, sont représentés par des abréviations :

« Pittura quarta,

« Infiniti sono i modi, et l'attitudine che sono state dipinte di
« Maria Vergine, et sopra tutte da Alberto Durero, et queste quasi
« tutte a un'modo co il fig^{lo} in braccio, alpetto et sempre nudo. I
« greci, tutti lo facevano fasciato, forse per non saper far nudj, et

« ancora per piu divotione. Qua si possano imaginare tutti coloro i
« quali dipingono, et son valenti huomini di disegno, che ogni atto
« puerile, si può dipingere; cosi vestito come nudo; Michiel
« Agnolo Buonarroti ultimamete l'ha fato adormētato mentre che la
« Vergine legge. Resta (?) adunque come mai loveduto; che la
« Vergine sia in piedi a una culla; et lo vadia vestendo; et farli
« attorno angeli, cō fiori et frutti in mano o cō istrumenti musi-
« cali, et cosi mezzo vestito e mezzo spogliato, o in cuna, o fuori ;
« senza altro Joseph, o Anna; ma angeli solamēte; »

« Peinture quatrième. — Infinies sont les attitudes dans les-
« quelles les peintres ont représenté la Vierge Marie. Albert Durer
« surtout a composé un grand nombre de sujets de ce genre; mais
« presque toujours avec l'enfant Jésus dans les bras et contre le
« sein. L'Enfant est toujours nu. Les Grecs le faisaient emmailloté,
« peut-être parce qu'ils ne savaient pas dessiner le nu, et aussi pour
« plus de dévotion. Tous ceux qui peignent et qui sont d'habiles
« dessinateurs peuvent donner carrière à leur imagination. Toute
« action d'enfant se peut reproduire. Qu'il soit nu ou habillé, peu
« importe. Dernièrement Michel-Ange Buonarroti l'a représenté
« dormant, pendant que la Vierge lit. Reste donc à faire ce que je
« n'ai jamais vu. La Vierge sera debout près du berceau, occupée à
« habiller son enfant. Alentour seront des anges avec des fruits et
« des fleurs en main, ou avec des instruments de musique. Et ainsi
« l'Enfant sera à demi-nu, à demi-vêtu, soit dans le berceau, soit
« dehors : sans figures de Joseph ou d'Anne, mais seulement des
« anges. »

Lavé à l'encre de Chine et rehaussé de blanc sur papier teinté de gris. — H. 0,378. — L. 0,290.

Ridolfi nous apprend que ce dessin appartenait de son temps, avec d'autres tableaux et dessins de Paul Véronèse, aux frères Muselli de Vérone; il rapporte fort inexactement (tome Ier, page 307) l'inscription du verso.

Gravé en fac-simile par M. de Saint Morys; gravé aussi par M. A. Leroy (Chal. Nat.)

Collections Crozat, Mariette et Saint-Morys.

141. *Tête de nègre penchée en avant et vue de profil.*

<blockquote>A la pierre noire, avec quelques touches de sanguine et de crayon blanc sur papier gris brun. — H. 0,278. — L. 0,205.</blockquote>

Basan (catalogue Mariette, page 42) nous apprend que cette étude a été employée par le maître dans le célèbre tableau du Martyre de sainte Justine, conservé à Padoue, qui a été gravé par Augustin Carrache, et dont l'esquisse se voit à la galerie degli Uffizi, à Florence.

Il est très-probable que c'est une erreur de Basan, et que cette tête de nègre est celle qui se trouve à gauche du grand tableau du Repas chez Lévi, aujourd'hui à l'Académie de Venise.

Gravé en fac-simile par M. A. Leroy (Chal. Nat.)

Collections de l'abbé de Camps, de Crozat et de Mariette.

CAMBIASO (LUCA), *peintre et sculpteur, né près de Gênes le 18 octobre 1527, mort en Espagne en 1585.*

Voir l'**Appendice**, p. 200.

142. *Figure de femme debout et drapée, vue de trois quarts, la tête de profil et penchée, le genou gauche ployé.*

<blockquote>A la sanguine et à la plume, lavé et rehaussé de blanc sur papier gris verdâtre. — H. 0,394. — L. 0,190.</blockquote>

Collection Mariette.

CAMPAGNOLA (DOMENICO), *né à Padoue vers 1482, mort à Padoue en* ....

Voir l'**Appendice**, p. 205.

Attribué à **Campagnola.**

143. *Sujet inconnu.*

Près d'une figure de fleuve est assise une femme tenant dans sa main droite, levée au-dessus de sa tête, des rameaux de laurier et d'olivier. Sur ses genoux est placé un enfant près de qui s'avancent deux femmes portées sur les nuages, et que l'une

ÉCOLES D'ITALIE. — CARRACCI.

d'elles paraît vouloir enlever. A gauche, quelques figures debout, légèrement indiquées, complètent la composition.

A la sanguine, et au crayon blanc. — H. 0,206. — L. 0,374.

Ce dessin a été tiré aux carreaux. Ont lit au verso les indications suivantes, écrites par une main qui paraît être du 17e siècle : « *Domenico Campagnola Veneziano scolaro del famoso Ti-* « *ziano, lasciò belle memorie dalla sua mano dipinte in va-* « *rie chiese, e Palagi. Lavorò con diligenza à olio, ed à* « *fresco : toccò i paesi per eccelenza alla Tizianesca : non* « *si trovà di qual anno nascesse, ò morisse, si trovano però* « *opere sue intagliate nell' anno* 1519. »

Nous ferons remarquer que D. Campagnola est né à Padoue et non à Venise. Quant à la date de ses estampes, Bartsch n'en cite pas d'autre que celle de 1517.

Collection Crozat.

CAMPI (BERNARDINO) *peintre, né à Crémone en* 1522, *vivait encore en* 1590.

Voir le **Catalogue des peintures, Écoles d'Italie**.

144. *Le démon s'approchant du Christ pour le tenter.*

Le Sauveur est assis à gauche, Satan est debout devant lui, vêtu d'une longue robe.

A la pierre noire, lavé de bistre et d'encre de Chine et rehaussé de blanc sur papier gris-verdâtre. — H. 0,349. — L. 0,243.

Ce dessin, qui a été tiré aux carreaux, porte la signature : $\overline{B}nardinus\ Campus\ fa.$ 1580.

CARRACCI (ANNIBALE), *peintre et graveur, né à Bologne le* 3 *novembre* 1560, *mort à Rome le* 16 *juillet* 1609.

Voir le **Catalogue des peintures, Écoles d'Italie**.

145. *Sainte Famille.*

La Vierge, assise à gauche de la composition, tient sur ses genoux l'Enfant Jésus, qui, aidé de sa mère, donne à boire au jeune saint-Jean agenouillé.

A la plume, lavé et gouaché de noir et de blanc sur papier gris. — H. 0,144. — L. 0,180.

Ce sujet, connu sous le nom de la Vierge à l'Écuelle, a été gravé en contre-partie par Annibal Carrache en 1606 (Bartsch, tome XVIII, n° 9).

146. *Sainte Famille.*

La Vierge, assise sur un piédestal au milieu de la composition, tient sur ses genoux l'Enfant-Jésus, dont la Madeleine baise les pieds. Quatre anges, placés à droite et à gauche, jouent de divers instruments. A gauche, sur le premier plan, trois religieux, debout ou agenouillés, sont en adoration; à droite, une sainte agenouillée et le rosaire à la main.

A la pierre noire, lavé et gouaché sur papier gris. — H. 0,350. — L. 0,262.

L'inventaire Jabach, n° 227, Carrache et Modernes, attribue ce dessin à Louis Carrache.

147. *Buste de Vierge, de grandeur naturelle.*

Elle est penchée sur la droite et a les mains croisées sur la poitrine. A gauche, tête d'enfant.

Aux crayons noir et blanc sur papier gris bleu. — H. 0,502. — L. 0,375.

Cette belle figure est malheureusement coupée par le milieu.

148. *La Vierge assise tient appuyé contre ses genoux le haut du corps du Christ, qu'elle embrasse avec* *douleur. Près d'elle est saint Jean également assis.*

Au crayon, à la plume et lavé. — H. 0,186. — L. 0,257.
Collection Thomas Hudson.

149. *Le Christ debout, ayant près de lui la sainte Vierge également debout, bénit saint François que lui présente un ange.*

Aux crayons noir et blanc sur papier gris verdâtre. — H. 0,403. — L. 0,356.

L'inventaire Jabach, n° 276 de l'école des Carrache et Modernes attribue ce dessin au Dominiquin.

150. *Faune debout et dansant, vu jusqu'aux genoux et se dirigeant vers la droite ; il porte la main droite derrière son dos et tient un bâton de l'autre bras, qui est tendu en avant.*

Aux crayons noir et blanc sur papier gris bleu. — H. 0,424. — L. 0,362.

Pour une des figures qui se trouvent près du char, dans le grand tableau représentant le Triomphe de Bacchus et d'Ariane, peint à la galerie Farnèse.

151. *Satyre assis et vu de profil, tourné à gauche et courbé.*

Aux crayons noir et blanc sur papier gris bleu. — H 0,381. — L. 0,236.

Peint à la galerie Farnèse au-dessus du tableau représentant Polyphème jouant de la flûte de Pan.

152. *Figure de satyre assis et vu de profil, tourné à droite, courbé et le bras droit pendant.*

Aux crayons noir et blanc sur papier gris bleu. — H. 0,368. — L. 0,246.

Exécuté par le maître dans la galerie Farnèse, au-dessus du tableau représentant Polyphème jouant de la flûte de Pan.

153. *Etude de satyre debout, vu de profil, tourné à droite et la main droite levée.*

Aux crayons noir et blanc sur papier gris bleu. — H. 0.545. — L. 0,315.

Pour la figure de Pan dans la fresque de la galerie Farnèse, où ce dieu est représenté offrant une Toison à Diane.

154. *Étude de satyre, assis sur un appui en pierre richement décoré ; il est tourné vers la droite et lève la tête.*

Aux crayons noir et blanc sur papier gris bleu. — H. 0,354. — L. 0,227.

Peint à la galerie Farnèse, au-dessus du tableau représentant la Fureur de Polyphème.

155. *Ulysse reçoit des mains de Circé le breuvage enchanté que Mercure rend inoffensif en y trempant l'herbe appelée* Moly.

Aux crayons noir et blanc sur papier gris verdâtre. — H. 0,376. — L. 0,526.

Première pensée de la composition cintrée peinte dans les appartements du palais Farnèse.

Au verso, tête de vieillard de grandeur naturelle, et croquis d'homme ramant.

156. *Ulysse reçoit de Circé le breuvage enchanté, dont Mercure détruit l'effet en y mêlant l'herbe dite* Moly.

Aux crayons noir et blanc sur papier gris. — H. 0,287. — L. 0,568.

Cette étude, pour la fresque du palais Farnèse, se rapproche plus de la peinture que le dessin précédent. Ici nous trouvons sur le premier plan un des compagnons d'Ulysse déjà transformé par la puissance de la Magicienne, figure que l'artiste a conservée lors de l'exécution.

157. *Étude de femme drapée, debout, vue de face, la tête penchée vers la droite et tenant ses mains l'une dans l'autre.*

Aux crayons noir et blanc sur papier gris. — H. 0,405 — L. 0,180.

Pour la composition de la Nativité de la Vierge, qui a été gravée en contre-partie par R. V. Auden Aerd.

158. *Étude d'homme nu, debout, marchant à droite, tournant la tête vers le haut et levant le bras droit.*

Aux crayons noir et blanc sur papier gris. — H. 0,546. — L. 0,283.

Pour l'une des figures de faunes qui soutiennent Sylène, dans la fresque de la galerie Farnèse, représentant le Triomphe de Bacchus et d'Ariane.

159. *Étude d'homme nu, debout, le haut du corps penché vers la droite, les jambes croisées et les deux bras autour de la tête.*

Aux crayons noir et blanc sur papier gris verdâtre. — H. 0,529. — L. 0,292.

Peint à fresque à la galerie Farnèse et avec quelques changements. C'est la figure de cariatide qui se trouve à gauche du tableau représentant Vénus et Anchise.

160. *Étude d'homme presque nu, assis et penché vers la gauche, avançant la main droite. Étude séparée de la main gauche tenant un bâton.*

Aux crayons noir et blanc sur papier gris bleu. — H. 0,505. — L. 0,364.

Pour la figure de Pâris dans la fresque de la galerie Farnèse, où il est représenté recevant la pomme des mains de Mercure.

161. *Étude d'homme nu, assis, vu de face, penché en arrière et à droite, jouant de la flûte de Pan. Dans le bas, étude séparée de la main droite.*

Pour la figure de Polyphème, dans la composition où il est représenté assis sur un rocher et cherchant à charmer Galathée par les sons de sa musique. Peint à la galerie Farnèse.

Au verso, études diverses de bras et de mains.

Aux crayons noir et blanc sur papier gris. — H. 0,523. — L. 0,388.

162. *Étude d'après nature d'homme agenouillé se dépouillant de sa chemise.*

A la sanguine.

Au verso, diverses études pour une figure de Madeleine.

A la pierre noire. — H. 0,360. — L. 0,221.

163. *Étude d'homme nu couché dans l'attitude de la mort, le bras gauche posé sur une pierre, le bras droit étendu à terre et touchant le genou.*

Aux crayons noir et blanc sur papier gris bleu. — H. 0,216. — L. 0,397.

164. *Étude de jeune homme agenouillé et penché vers la droite, tenant de la main gauche une guirlande de fruits.*

Pour l'une des figures qui supportent le tableau de forme circulaire représentant le Supplice de Marsyas. Peint à la galerie Farnèse.

Au verso, croquis de figure accroupie.

Aux crayons noir et blanc sur papier gris bleu. — H. 0,415. — L. 0,410.

165. *Étude d'homme nu, accroupi, le bras droit passant sur le corps et appuyé sur la cuisse gauche; la main gauche à la hauteur de la tête, qui est vue de face.*

Aux crayons noir et blanc sur papier gris bleu. — H. 0,427. — L. 0,373.

Pour l'une des figures qui se trouvent à la droite du tableau représentant la Fureur de Polyphème, de la galerie Farnèse.

166. *Étude de deux rameurs, vus de dos.*

Aux crayons noir et blanc sur papier gris verdâtre. — H. 0,248. — L. 0,386.

Pour la composition d'Ulysse échappant aux syrènes, peinte au palais Farnèse.

167. *Étude d'homme nu, assis, tourné vers la gauche, la main droite sur la cuisse gauche, le bras gauche ployé et porté à la hauteur de la tête, qui est levée. Croquis séparé du bras gauche.*

Aux crayons noir et blanc sur papier gris bleu. — H. 0,498. — L. 0,386.

Cette figure forme le pendant de celle décrite sous le n° 164, et se trouve à droite du tableau représentant le Supplice de Marsyas, peint à la galerie Farnèse.

168. *Étude d'homme nu debout et vu de profil, tourné à gauche; il porte un fardeau sur son épaule.*

Aux crayons noir et blanc sur papier gris verdâtre. — H. 0,400. — L. 0,188.

169. *Étude d'homme nu, assis à terre et les jambes*

ployées ; il est appuyé sur le bras gauche et a le bras droit tendu.

Aux crayons noir et blanc sur papier gris bleu. — H. 0,263. — L. 0,329.

Le maître n'a pas été content de cette étude, et en a biffé la tête.

170. *Figure d'homme nu vu de dos, volant dans les airs et dirigé vers la droite. Près de lui est indiquée une autre figure tenant une lyre.*

Aux crayons noir et blanc sur papier gris bleu. — H. 0,225. — L. 0,247.

Pour la composition représentant Apollon changeant Hyacinthe en fleur, peinte à la galerie Farnèse.

171. *Étude d'homme nu vu de face, paraissant se soutenir dans les airs, et les bras portés en avant, comme pour tenir une lyre.*

Aux crayons noir et blanc sur papier gris bleu. — H. 0 495. — L. 0,305.

172. *Études diverses pour une figure de vieillard, couché à terre et traçant à l'aide d'un compas des lignes sur une tablette. Etude du bas du corps, drapé : croquis du torse qui est nu ; dans le haut, étude séparée du pied.*

Aux crayons noir et blanc sur papier gris verdâtre. — H. 0,371. — L. 0,480.

Cette figure se trouve à droite de la composition représentant Hercule soutenant sur ses épaules la boule du monde, peinte dans les appartements du palais Farnèse.

173. *Croquis de paysage. Sur le premier plan, à droite, un homme couché au bord de l'eau et vu de dos.*

ÉCOLES D'ITALIE. — CARRACCI.

Sur le second plan et sous les arbres, on distingue les têtes de deux nageurs.

A la pierre noire et rehaussé de blanc sur papier gris. — H. 0,205. — L. 0,334.

Ce dessin a probablement appartenu à Jabach, quoique ne portant pas la marque habituelle de ce collectionneur. Il a été gravé avec quelques changements par J.-B. Corneille, dans le volume consacré à la reproduction d'une partie de ses dessins.

174. *Figure de guerrier à moitié nu, appuyé sur sa lance et vu à mi-corps; il étend le bras gauche.*

Aux crayons noir et blanc sur papier gris verdâtre. — H. 0,239. — L. 0,256.

175. *Étude d'homme drapé, vu à mi-corps, sonnant de la trompette.*

Aux crayons noir et blanc sur papier gris bleu. — H. L. 0,203.

176. *Tête de femme vue de trois quarts et les yeux levés vers le ciel.*

Au fusain et au crayon blanc sur papier bleu. — H. L. 0,260.

177. *Étude d'après nature de deux jeunes filles vues en buste et de trois quarts, regardant vers la droite; l'une d'elles a le bras passé sur l'épaule de l'autre.*

A la sanguine. — H. 0,304. — L. 0,251.

178. *Tête de jeune garçon vue de profil, tournée à*

droite; *une collerette est indiquée autour de son cou.*

A la sanguine. — H. 0,257. — L. 0,192.

Collections du cardinal de Sainte-Croix, Crozat et Mariette.

179. *Tête de jeune homme, vue de profil et tournée à droite, légèrement indiquée; on voit la collerette et une partie du buste, qui est de face.*

A la sanguine. — H. 0,381. — L. 0,242.

Collection de Modène.

180. *Tête de jeune garçon, de grandeur naturelle, légèrement inclinée et vue presque de profil, tournée à droite; le haut du buste est seulement indiqué.*

A la sanguine, avec quelques touches de crayon blanc sur papier gris. — H. 0,373. — L. 0,253.

Collections Crozat et Mariette.

181. *Portrait d'homme vu de face et regardant fixement le spectateur; ses cheveux sont courts; il porte barbe pointue et moustache fine; son expression est souriante.*

Aux crayons noir et blanc sur papier gris verdâtre. — H. 0,314. — L. 0,214

Ce portrait paraît être celui d'Annibal Carrache lui-même.

Inventaire Jabach, n° 615, Carrache et Modernes.

182. *Étude de main gauche, de grandeur naturelle, posée et à moitié fermée. — Au verso, étude de deux enfants ailés s'embrassant; ils représentent* *l'amour céleste et l'amour humain, et font partie de la décoration de la galerie Farnèse.*

Aux crayons noir et blanc sur papier gris bleu. — H. 0,271. — L. 0,391.

183. *Étude de main droite à moitié fermée.*

Aux crayons noir et blanc sur papier gris brun. — H. 0,138. — L. 0,229.

CARRIERA (ROSALBA), *peintre et miniaturiste, née à Venise le 7 octobre 1675, morte à Venise le 15 avril 1757.*

Voir l'**Appendice**, p. 207.

184. *Buste de jeune fille blonde, les épaules découvertes, la tête inclinée et de trois quarts, tournée vers la droite.*

Pastel. — H. 0,390. — L. 0,280.

Mariette, à qui cette jolie étude a appartenu, a écrit derrière le cadre les mots suivants : « Ce pastel, de l'illustre Mlle Rosalba, vient « de M. Crozat, et m'a été donné après sa mort par M. le marquis « du Châtel. — MARIETTE. »

185. *Portrait de jeune fille tenant un singe.*

Pastel. — H. 0,550. — L. 0,420.

186. *Portrait de jeune femme portant un bouquet blanc dans ses cheveux; elle est vue de trois quarts et tournée vers la droite.*

Pastel — H. 0,560. — L. 0,420.

187. *Jeune fille tenant une couronne de laurier.*

Pastel. — H. 0,610. — L. 0,590.

Rosalba Carriera présenta ce pastel pour sa réception à l'Académie Royale de peinture, en 1720.

Attribué à **Rosalba Carriera**.

188. *L'Amour présidant un concert que forment un jeune homme jouant de la flûte, et une jeune femme jouant du clavecin.*

Miniature sur ivoire. — Forme ronde. — Diam. 0,100.

CARUCCI (Jacopo), *dit* **IL PONTORMO**, *peintre, né à Pontormo, sur le territoire florentin, en 1494, mort à Florence en 1557.*

Voir le **Catalogue des peintures, Écoles d'Italie**, p. 92.

189. *Groupe composé de quatre femmes et d'un vieillard. Sur le premier plan, à gauche, est assise une femme vue de dos, et dont la tête est appuyée sur le bras gauche.*

A la sanguine. — H. 0,280. — L 0,180.

Pontormo (**Angiolo Bronzino**, *d'après*).

190. *Cadavres étendus à terre et couchés les uns sur les autres; quelques-uns flottent sur l'eau. Vers la gauche de la composition, un homme se tient à une branche d'arbre.*

A la pierre noire. — H. 0,265. — L. 0,748.

Fragment d'une grande composition représentant le Déluge universel, peinte par Jacopo da Pontormo dans la grande chapelle de l'église Saint-Laurent, à Florence. On sait que ce maître, déjà âgé, travailla pendant onze ans consécutifs aux peintures de cette chapelle, sans en rien laisser voir à qui que ce fût, et qu'à la fin, lorsqu'il fallut les découvrir, elles encoururent le blâme universel. C'est du moins ce qu'affirme Vasari, qui paraît croyable en ce point, puisqu'il prodigue des éloges mérités à plusieurs des autres ouvrages du Pontormo.

Notre dessin, exécuté avec grand soin par l'élève chéri du Pontormo, est d'autant plus précieux que ces fresques, dont la gravure, à ce que nous croyons, n'a rien conservé, ont été couvertes de blanc dans le 18e siècle.

Collection Baldinucci.

CAVEDONE (Jacopo), *né dans le duché de Modène en avril 1577, mort à Bologne en 1660.*

Voir le **Catalogue des peintures, Écoles d'Italie.**

191. *La sainte Vierge tenant de la main gauche l'Enfant-Jésus debout sur ses genoux; l'autre main est appuyée sur un livre. A gauche, la tête de saint Joseph.*

A la plume, lavé et rehaussé de blanc sur papier teinté de roux. — H. 0,198. — L. 0,167.

Collections Jabach, Crozat et Mariette.

192. *La sainte Vierge tenant de la main droite l'Enfant-Jésus assis sur ses genoux, et de l'autre un livre ouvert. A gauche, la tête de saint Joseph.*

A la plume, lavé et rehaussé de blanc sur papier teinté de roux — H. 0,203. — L. 0,175

Collections Jabach, Crozat et Mariette.

CESARI (Giuseppe), *dit* **IL CAVALIERE D'ARPINO** *ou* **LE JOSÉPIN**, *né en 1560, mort à Rome en 1640.*

Voir le **Catalogue des peintures, Écoles d'Italie.**

193. *Le martyre de saint Paul. Le saint est à genoux sur le premier plan, les mains croisées sur la poitrine. Derrière lui se tient debout le bourreau* qui va le frapper. A gauche, plusieurs figures debout.

A la sanguine. — H. 0,316. — L. 0,256.

Collection Mariette.

194. *Trois figures nues. Celle que l'on voit sur le devant représente un vieillard agenouillé. Les deux autres sont assises et vues de dos.*

A la pierre noire. — H. 0,313. — L. 0,232.

Attribué au **Josépin**.

195. *Petite fille vue en buste et de grandeur naturelle, tenant entre ses bras un chat.*

Aux crayons noir et rouge et au pastel. — H. 0,403. — L. 0,276.

Inventaire Jabach, n° 640, Carrache et Modernes.

CHIMENTI (Jacopo) **DA EMPOLI**, *peintre, né à Empoli, près de Florence, en* 1554, *mort en* 1640.

Voir le **Catalogue des peintures, Écoles d'Italie.**

196. *Figure d'homme nu debout, vu de face et jusqu'aux genoux; il a la main à sa ceinture, un manteau sur les épaules et la tête levée. Au-dessus de son épaule, une étude de main tenant un bâton.*

A la pierre noire sur papier gris. — H. 0,400. — L. 0,270.

Collection Mariette.

CIGOLI (Lodovico Cardi da), *peintre, né à Cigoli, sur le territoire florentin, en septembre* 1549, *mort à Rome en juin* 1613.

Voir le **Catalogue des peintures, Écoles d'Italie.**

197. *Tête de vieille femme coiffée d'une draperie, et inclinée vers la droite; elle est vue presque de face.*

A la sanguine. — H. 0,275. — L. 0,205.

CLOVIO (Giulio), *miniaturiste, né en Croatie en 1498, mort à Rome en 1578.*

Voir l'**Appendice**, p. 210.

198. *Saint Pierre recevant les clefs des mains du Christ; composition de dix-neuf figures. Au fond, un paysage et un temple en ruine.*

Aquarelle sur vélin. — H. 0,375. — L. 0,290.

Ce sujet paraît être de l'invention de G. Muziano.

CREDI (Lorenzo di), *peintre, sculpteur, orfévre, né à Florence en 1459, mort à Florence le 12 janvier 1537.*

Voir le **Catalogue des peintures, Écoles d'Italie.**

199. *Tête de vieillard vu de face; il est coiffé d'une toque.*

A la pierre noire et rehaussé de blanc sur papier teinté de rose (les blancs sont modernes). — H. 0,300. — L. 0,215.

Collection Mariette.

200. *Tête de vieillard, vue de trois quarts et penchée vers la gauche.*

A la pierre noire et rehaussé de blanc sur papier teinté de rose (les blancs sont modernes). — H. 0,215. — L. 0,175.

Ce dessin est l'étude de la tête de saint Joseph, dans le tableau de l'Adoration des Bergers, peint pour les religieuses de Sainte-Claire, et conservé aujourd'hui à l'Académie des beaux-arts de Florence.

Collection Mariette.

201. *Tête de jeune homme vu de face et regardant en haut.*

A la pierre noire et rehaussé de blanc sur papier teinté de couleur rougeâtre (les blancs sont ajoutés).

Au verso, tête d'ange vue de trois quarts.

A la plume sur papier blanc. — H. 0,245. — L. 0,190.

Collection Mariette.

202. *Tête de jeune homme coiffé d'une calotte ; il est vu de face, le regard tourné vers la droite.*

A la pierre noire et rehaussé de blanc sur papier teinté de rose. — H. 0,245. — L. 0,190.

Ce dessin a été retouché et les blancs sont ajoutés.

Gravé en fac-simile par M. Butavand. (Chalc. Nat.)

Collection Mariette.

203. *Tête de femme vue de trois quarts; les cheveux sont retenus par un filet.*

A la pierre noire et rehaussé de blanc sur papier teinté de rose (les blancs sont modernes). — H. 0,295. — L. 0,210.

Collections Vasari et Mariette.

204. *Un vieillard : buste vu de trois quarts; la tête est coiffée d'un bonnet rond.*

A la pierre noire et largement rehaussé de blanc sur papier teinté de rose. — H. 0,235. — L. 0,175.

Collection Jabach.

205. *L'Annonciation. L'ange et la Vierge sont agenouillés.*

A la pierre noire. — H. 0,260. — L. 0,300.

Ce beau dessin a été piqué.

Collection Mariette.

206. *Figure de saint Barthélemy debout et vu de face. La draperie seule est faite et terminée avec un grand art; le reste n'est qu'indiqué.*

Étude à l'huile sur papier. — H. 0,389. — L. 0,272.

Vasari nous apprend que Lorenzo di Credi peignit, dans sa jeunesse, la figure dont nous voyons ici l'étude, sur un pilier de l'église d'Orsanmichele.

Cette peinture s'y voit encore.

Attribué à **Lorenzo di Credi.**

207. *Trois dessins sur une feuille :*
1° *Étude d'enfant nu et assis, le corps dirigé vers la gauche, la jambe droite étendue, la tête tournée à droite.*

A la mine d'argent sur papier teinté de couleur rougeâtre. — Forme ovale. — H. 0,088. — L. 0,070.

2° *La Vierge assise, tenant de ses deux mains l'Enfant-Jésus à moitié soulevé et donnant la bénédiction.*

A la mine d'argent sur papier teinté de couleur rougeâtre. — H. 0,116. — L. 0,078.

3° *Étude d'enfant nu et assis, la jambe droite étendue, la tête et le bras droit levés et tournés vers la droite.*

A la mine d'argent sur papier teinté de couleur rougeâtre. — Forme ovale. — H. 0,085. — L. 0,070.

L'arrangement de ces trois dessins et les ornements qui les entourent encore, nous font supposer qu'ils ont fait partie du livre de Vasari. On pourrait peut-être aussi les donner à Andrea Verocchio, maître de Lorenzo di Credi.

DOSIO (Giovanni Matteo) **DA SAN GIMIGNANO,** *peintre.*

Nous ne trouvons de renseignements sur cet artiste ni dans le livre du chanoine Pecori (*Storia della Terra di San Gimignano*), ni dans aucun autre ouvrage qu'il nous ait été possible de consulter. Cependant la mention écrite par Vasari, au bas du dessin que nous allons décrire, ne peut laisser de doute sur l'existence d'un peintre de ce nom, vers le milieu du 16e siècle.

Borghini, dans son Riposo, parle avec détails d'un Giovanni Antonio Dosio, florentin, sculpteur et architecte, né en 1533; serait-ce le même que notre Giovanni Matteo? Cela est peu vraisemblable.

208. *La Vierge, assise et vue de face, tient sur son genou droit l'Enfant-Jésus entouré de langes, sa tête est drapée d'un long voile.*

A la pierre noire et rehaussé de blanc sur papier bleu. — H. 0,438. — L. 0,289.

Collection de Vasari ; inventaire Jabach, n° 458 de l'École florentine.

Attribué à **Dosio da San Gimignano,**

209. *La Vierge, assise sur un fragment de rocher, tient entre ses bras l'Enfant-Jésus, qui est endormi et entièrement nu. Un livre est ouvert à terre près d'elle.*

Lavé et rehaussé de blanc sur papier teinté de gris. — H. 0,372. — L. 0,297.

Ce dessin portait, comme le précédent, le nom de **G.-M.** Dosio. Il ne vient cependant pas de Vasari. L'inventaire Jabach le donne à un autre maître, et l'exécution paraît différente.

Inventaire Jabach, n° 11 de l'École florentine (sous le nom de *P. Pernessin*, probablement Pérugin!)

FIESOLE (Fra Giovanni da), *dit* **IL BEATO ANGELICO**, *peintre et miniaturiste, né dans la province de Mugello, en Toscane, l'an 1387, mort à Rome en 1455.*

Voir le **Catalogue des peintures, Écoles d'Italie.**

210. *Saint debout. La tête nimbée est tournée vers la droite; la main droite est levée, la gauche tient un livre.*

<small>Lavé et rehaussé de blanc sur papier teinté de jaune verdâtre.</small>

Au verso, un cerf, la tête baissée et tournée vers la gauche. Étude très-arrêtée et faite d'après nature.

<small>A la plume et lavé de bistre sur papier blanc. — H. 0,170. — L. 0,120.</small>

<small>Collections de Lord Somers et de P. H. Lanchrinck.</small>

FRANCIABIGIO (Francesco di Cristofano, *dit* IL), *peintre, né à Florence en 1482, mort à Florence en 1525.*

Voir l'**Appendice**, p. 213.

211. *Projet pour la décoration d'une chapelle.*

Dans la niche principale se voit la figure de saint Antoine de Padoue, tenant un livre et une branche de lys, et couronné par deux anges. Dans deux niches latérales sont deux statues d'anges tournées vers le saint; deux bas-reliefs surmontant les niches des anges, représentent les deux figures de l'Annonciation. Au-dessus du couronnement architectural de la chapelle sont deux anges tenant des livres.

<small>A la plume, lavé de bistre. — H. 0,355. — L. 0,280.</small>

<small>Collection Vasari et inventaire Jabach, n° 403 de l'École florentine.</small>

Attribué à **Franciabigio.**

212. *Tête d'homme, vue de face et coiffée d'un bonnet.*

A la pierre noire. — H. 0,310. — L. 0,250.

Inventaire Jabach, n° 615 des Écoles de Raphaël.

FRANCO (Battista), *dit* **IL SEMOLEI**, *peintre et graveur, né à Venise en 1498? mort à Venise en 1561.*

Voir l'**Appendice**, p. 215.

213. *Composition de six figures debout, dont le sujet paraît être le Christ appelant à lui les apôtres. La figure du Sauveur et celle du disciple qui est près de lui sont nues; les autres sont drapées.*

A la sanguine. — H. 0,295. — L. 0,432.

Collection Mariette.

214. *Faune nu jouant d'un instrument de musique, suivi d'une bacchante dansant. D'après une peinture antique.*

A la sanguine. — H. 0,180. — L. 0,245.

Inventaire Jabach, n° 590 de l'École de Raphaël.

215. *Faune nu jouant de la double flûte, entre deux bacchantes dansant.*

A la sanguine. — H. 0,181. — L. 0,346.

Ce dessin fait d'après l'antique, et probablement d'après la peinture dont le numéro précédent reproduit un autre fragment, a été gravé par Audran sous le nom de Raphaël. Il fait partie de l'inventaire Jabach, n° 591 de l'Ecole de Raphaël.

GADDI (TADDEO), *peintre et architecte, né à Florence vers 1300, vivait encore en août 1366.*

Voir le **Catalogue des peintures, Écoles d'Italie.**

216. *La Sainte Vierge montant les degrés du temple.*

Marie se retourne vers saint Joachim et sainte Anne, que l'on voit debout à gauche, la tête ceinte d'une auréole. Au haut des degrés, sous un portique avancé, se voit le grand-prêtre accompagné de deux vieillards. A droite, plusieurs figures agenouillées ou debout. Sur le devant, au bas de l'escalier, une vieille femme et trois enfants.

Gouaché de bleu, de couleur brune, de noir et de blanc sur papier teinté de couleur verdâtre. — H. 0,366. — L. 0,285.

Ce dessin est la première pensée de la fresque peinte par Taddeo Gaddi, dans l'église de Santa-Croce, à Florence, chapelle Baroncelli. Les autres peintures de cette chapelle représentent différents sujets tirés de la vie de la Sainte-Vierge.

Collection Baldinucci.

GENGA (GIROLAMO), *peintre, sculpteur, architecte, né à Urbin vers 1476, mort près d'Urbin le 11 juillet 1551.*

Voir l'**Appendice,** p. 219.

217. *Étude arrêtée par une composition de Sainte Famille.*

La Sainte Vierge, assise sur un piédestal, tient debout entre ses genoux l'Enfant-Jésus, qui bénit saint Jean. De chaque côté de ce groupe se voient cinq figures de saints et de saintes, assises ou debout. Sur le premier plan, trois enfants assis, vus de face et chantant. En tout seize figures, qui toutes sont nues.

A la sanguine sur un premier trait à la pierre noire. — H. 0,311. — L. 0,275.

Le tableau dont notre dessin est l'étude fait partie de la galerie

Brera, à Milan. M. Rosini en a donné (Storia della Pittura Italiana, tome V, page 21) une petite gravure au trait.

Inventaire Jabach, n° 5 de l'École florentine.

GHIBERTI (Lorenzo), *sculpteur et orfévre, né à Florence en 1378, mort à Florence en 1455.*

Voir l'**Appendice**. p. 221.

218. *Figure de saint Étienne debout dans une niche.*

Il est drapé de longs vêtements qui recouvrent ses pieds, et tient la palme de la main droite. On lit sur le piédestal :

SCS. ESTEFANUS P. MAR.

Colorié en détrempe et rehaussé d'or sur toile. — H. 0,693. — L. 0,305.

Ce beau dessin est l'étude de la figure de bronze qui fut commandée un peu après 1420 à Lorenzo Ghiberti par les syndics de l'*Arte della Lana*, pour orner l'une des niches qui se trouvent à l'extérieur de l'église d'Orsanmichele. On l'y voit encore aujourd'hui.

Collection Baldinucci.

D'après **Ghiberti.**

219. *Jacob et Esaü.*

A la pierre noire et rehaussé de blanc sur papier gris brun. — H. 0,340. — L. 0,470.

Ce dessin a été exécuté par un maître bien postérieur à Ghiberti, d'après l'un des bas-reliefs des portes du baptistère de Saint-Jean, à Florence.

Collection John Barnard.

GRANDI (Ercole), *peintre né à Ferrare vers 1460, mort à Ferrare en juillet 1531.*

Voir l'**Appendice** p. 222.

D'après **E. Grandi**.

220. *Le Christ allant au Calvaire; composition très-riche en figures.*

Le Sauveur est debout au milieu du dessin, il porte au cou une corde que tire un soldat. D'autres bourreaux, groupés autour de lui, le frappent. Simon le Cyrénéen le précède en portant la croix. A gauche, les deux larrons également entourés de bourreaux et marchant. L'un d'eux boit dans une coupe que lui présente un soldat. A droite, la sainte Vierge debout, évanouie, et soutenue par les saintes femmes qui s'empressent auprès d'elle.

A la sanguine et à la pierre noire. — H. 0,370. — L. 1,185.

Gravé par Jérôme David en 1630.

Ercole Grandi peignit ce sujet, avec deux autres, sur la *predella* du maître-autel de l'église S.-Giovanni in Monte, à Bologne. La peinture fut vendue en 1749, par les soins du chanoine Crespi, au roi de Pologne, et passa dans la galerie de Dresde. Crespi en parle avec le plus grand éloge dans une lettre à Bottari, du 4 août 1751. (Lettere pittoriche, tome IV, p. 389, édition de 1822.)

LIGORIO (PIRRO), *peintre et architecte, né à Naples, mort à Pérouse vers 1580, n'étant pas encore très-âgé.*

Voir l'**Appendice**, p. 225.

221. *Une femme, aidée de plusieurs enfants qui l'entourent, porte un grand tympanum dans lequel l'un d'eux s'est glissé; deux autres soutiennent au milieu du tympanum deux grands masques, l'un tragique, l'autre comique.*

A la sanguine. — H. 0,251. — L. 0,280.

Ce dessin est ainsi signé en caractères grecs : ΠΥΡΡΟΣ Ο' ΛΙΓΟΡΙΟΣ ΕΠΟΙΕΙ.

Inventaire Jabach, n°536 de l'École de Raphaël

LIONI (OTTAVIO), *dit* **IL PADOANINO**, *peintre et graveur né à Rome en 1574? mort à Rome après juin 1628.*

Voir l'**Appendice**, p. 226.

222. *Portrait de Galilée. Il est vu en buste et de trois quarts; il porte des cheveux courts, une longue barbe blanche et des moustaches.*

A la sanguine, à la pierre noire et au pastel sur papier gris-bleu. — H. 0,233. — L. 0,156.

Ce portrait porte la date : *Maggio* 1624, et l'inscription : *Galileo galilei fiorentino*. Il a été gravé par l'artiste lui-même et dans la même année (Bartsch, tome XVII, n° 27).

223. *Portrait de Frédéric Zucchero. Il est vu de face, tête nue, portant barbe et collerette.*

Aux crayons noir et blanc sur papier gris. — H. 0,241. — L. 0,170.

Au bas du dessin on lit : FEDERICO SUCCARO D'URBINO.

Collection Mariette.

224. *Portrait d'homme. Sa tête est vue de trois quarts, tournée vers la droite, l'œil fixé sur le spectateur; ses cheveux sont rares; il porte moustache et royale; un col rabattu sort de son vêtement.*

Aux crayons noir et blanc sur papier gris. — H. 0,242. — L. 0,170.

Au bas du dessin, on lit la date 1614 et le nom du personnage représenté : *S^e Anticeduto de la grammatica Romano*.

Collection Mariette.

225. *Portrait d'homme vu en buste et presque de face, un peu tourné vers la gauche; il est coiffé d'un*

ÉCOLES D'ITALIE. — LIONI.

bonnet carré et porte royale et moustache très-fines.

Aux crayons noir et blanc sur papier gris bleu. — H. 0,229. — L. 0,157.

Ce dessin porte l'inscription : *Eminet^{mo} sig. card. Orsino.*

226. *Portrait de jeune homme, vu en buste et de trois quarts, tourné vers la droite; il ne porte d'autre barbe qu'une très-légère moustache; une énorme fraise entoure son cou.*

Aux crayons noir et blanc sur papier gris bleu. — H. 0,232. — L. 0,155.

Ce dessin porte la date : 14 *aprile* 1615, et l'inscription : *S. Pietro Paolo Melchiore.*

227. *Portrait d'homme vu en buste et de trois quarts, tourné vers la gauche; ses cheveux sont courts et relevés, sa barbe pointue; sa bouche est entr'ouverte; il porte un petit col uni et rabattu, et son manteau passe sur son épaule gauche.*

Aux crayons noir et blanc sur papier gris bleu. — H. 0,241. — L. 0,168.

Ce dessin porte la date de 1614 et l'inscription : *Gio. Ambrosio magg^r Milanese.*

Collection Mariette.

228. *Portrait de femme vue à mi-corps et presque de face, un peu tournée vers la droite. Ses cheveux sont frisés en petites boucles; elle porte une large collerette et une grosse chaîne sur sa poitrine.*

Aux crayons noir et blanc sur papier gris bleu. — H. 0,233 — L. 0,157.

Ce dessin porte la date de 1614 et l'inscription : *D. Ippolita Colonna.*

4

LIPPI (Fra Filippo), *peintre, né à Florence vers 1412, mort à Spolète le 8 octobre 1469.*

Voir le **Catalogue des peintures, Écoles d'Italie.**

229. *Deux têtes de jeunes hommes, vues de trois quarts; celle de droite a des cheveux épais et bouclés, et ses yeux regardent en haut; la seconde est penchée vers la gauche. — Au verso, étude d'homme nu tenant de ses deux mains un long bâton; la tête est de profil et tournée à droite.*

A la mine d'argent et rehaussé de blanc sur papier teinté de gris perle. — H. 0,186. — L. 0,262.

Ce dessin a beaucoup souffert, et plusieurs morceaux en ont été enlevés.

Collection Baldinucci.

230. *Homme drapé, assis et la tête appuyée sur la main gauche. — Au verso, étude d'ange pour un tableau de l'Annonciation.*

A la mine d'argent et rehaussé de blanc sur papier teinté de gris. — Forme octogone. — H. 0,185. — L. 0,127.

Collection Jabach.

Attribué à **Fra Filippo Lippi.**

231. *Étude de jeune homme renversé à terre, portant sa main gauche à sa tête. — Au verso, étude de deux chevaux tournés à droite.*

A la mine d'argent et rehaussé de blanc sur papier teinté de gris. — H. 0,205. — L. 0,170.

Collection Baldinucci.

232. *Étude d'après nature de deux jeunes gens assis; l'un d'eux est vu de face, drapé d'un long manteau et les jambes croisées; le second joue de la mandoline. — Au verso, étude d'homme assis, vu de profil, travaillant de ses deux mains sur une espèce d'établi.*

A la mine d'argent et rehaussé de blanc sur papier teinté de gris. — H. 0,196. — L. 0,185.

Collection Baldinucci.

LOMAZZO (Giovanni-Paolo), *peintre, né à Milan le 26 avril 1538, mort à Milan en 1600.*

Voir l'**Appendice**, p. 228.

Attribué à **Lomazzo**.

233. *Étude académique d'homme nu, le torse vu de face, la tête tournée au ciel et en partie cachée par le bras droit, la jambe droite repliée. — Au verso, étude d'homme nu, vu de profil, s'élançant vers la gauche dans l'attitude d'un combattant.*

A la pierre noire sur papier teinté de gris perle. — H. 0,311. — L. 0,214.

234. *Étude de deux hommes nus, vus de dos; l'un d'eux a les deux mains croisées sur sa tête; son corps porte sur la jambe droite, la gauche est repliée. Le second a les deux jambes croisées.*

A la pierre noire sur papier teinté de violet. — H. 0,314. — L. 0,185.

LUCIANO (Sebastiano), *dit* **SEBASTIANO DEL PIOMBO**, *peintre, né à Venise en* 1485, *mort à Rome en* 1547.

Voir le **Catalogue des peintures, Écoles d'Italie**.

235. *La Visitation.*

La Vierge est debout, vue de profil jusqu'aux pieds, la main gauche placée sur son ventre, et portant la droite sur l'épaule de sainte Élisabeth, qui prend Marie entre ses bras.

A la pierre noire sur papier gris verdâtre. — H. 0,380. — L. 0,236.

La disposition est la même que dans le beau tableau de ce maître, qui fait depuis longtemps partie du Musée du Louvre; mais, dans la peinture, les figures ne sont vues que jusqu'aux genoux.

Collections Pierre Lely et Richardson.

Attribué à **Sebastiano del Piombo**.

236. *Études diverses pour une figure de Christ en croix. En haut, étude du haut du torse et des bras. Un peu au-dessous, étude de la figure entière. A gauche, le torse et les genoux. A droite, le bas du corps. Au bas du dessin, le torse.*

Aux crayons noir et blanc sur papier gris verdâtre. — H. 0,406. — L. 0,268.

LUINI (Bernardino), *peintre, né vers* 1460? *à Luino, sur le lac Majeur, vivait encore en* 1530.

Voir le **Catalogue des peintures, Écoles d'Italie**.

Attribué à **B. Luini**.

237. *Tête d'enfant vue de trois quarts et tournée à*

droite, la bouche souriante ; le haut du buste a la même direction que la tête.

Aux crayons noir et blanc avec quelques touches de sanguine sur papier gris. — H. 0,215. — L. 0,189.

238. *Tête d'enfant vue de trois quarts et tournée vers la droite, le regard dirigé en haut, la bouche entr'ouverte ; le haut du buste est penché vers la gauche et vu de face.*

Aux crayons noir et blanc avec quelques touches de sanguine sur papier gris. — H. 0,205. — L. 0,170.

D'après le même modèle que le dessin précédent.

MANNETTI (RUTILIO), *peintre, né à Sienne le 1er janvier 1571, mort à Sienne en 1639.*

Voir l'**Appendice**, p. 231.

239. *Le repos en Égypte.*

La Sainte Vierge, assise à terre, fait boire l'Enfant-Jésus qu'elle tient sur ses genoux. On aperçoit dans le fond saint Joseph avec l'âne.

Grisaille à l'huile sur papier. — H. 0,230. — L. 0,203.

Ce dessin a été gravé à l'eau-forte par Bernardino Capitelli, élève de Mannetti.

Collection Mariette.

MANNOZZI (GIOVANNI), dit **GIOVANNI DA SAN GIOVANNI**, *peintre, né à San-Giovanni, près de Florence, en 1590, mort à Florence le 9 décembre 1636.*

Voir l'**Appendice**, p. 232.

240. *La Charité ; elle est assise et tient deux enfants, l'un debout contre elle, l'autre sur ses genoux ; un troisième est indiqué à droite.*

A la sanguine et à la pierre noire. — H. 0,223. — L. 0,123.

Collection Mariette.

MANTEGNA (Andrea), *peintre, graveur, né à Padoue en 1431, mort à Mantoue en septembre 1506.*

Voir le **Catalogue des peintures, Écoles d'Italie,**

241. *Le jugement de Salomon ; composition de onze figures.*

Le roi est assis à droite sur un trône élevé et richement orné, au pied duquel se voit un guerrier debout et tenant un bouclier. De l'autre côté du trône se tiennent trois soldats, également debout et armés de lances. Les deux mères et les exécuteurs des ordres du roi remplissent la gauche de la composition.

Peint en grisaille sur toile très-fine. Le fond, qui représente un mur garni de marbres, est colorié. — H. 0,466. — L. 0,370.

242. *Judith ; elle est debout, la main droite armée d'un glaive, et remet de l'autre main la tête d'Holopherne dans le sac qu'entr'ouvre sa suivante. Une écharpe, dont les longs plis voltigent derrière elle, forme un bandeau qui retient sa chevelure bouclée. La suivante, le corps penché en avant, regarde sa maîtresse en souriant.*

A la plume et lavé de bistre, avec quelques touches de couleur verdâtre, sur vélin. — H. 0,310. — L. 0,235.

Donné en décembre 1864 par M. Gatteaux, de l'Institut.
Gravé en fac-simile par M. A. Leroy. (Chal. Nat.)

MARATTA (Carlo), *peintre, né à Camerano (dans la marche d'Ancône) en 1625, mort à Rome le 15 décembre 1713.*

Voir le **Catalogue des peintures, Écoles d'Italie,**

243. *Portrait de Carle Maratte; il est vu en buste et de trois quarts, regardant le spectateur et levant la main droite.*

Croquis à la pierre noire. — Forme ovale. — H. 0,229. — L. 0,190.

Collection Mariette.

MAZZOLA (FRANCESCO), *dit* **IL PARMIGIANINO**, *peintre et graveur, né à Parme le 11 janvier 1504, mort à Casal Maggiore le 24 août 1540.*

Voir le **catalogue des peintures, Écoles d'Italie.**

244. *Sainte Famille.*

La sainte Vierge assise tient sur ses genoux l'Enfant-Jésus, qui étend la main vers saint Jean agenouillé et montrant le Sauveur. A droite, sur le second plan, saint Joseph debout.

A la sanguine. — H. 0,144. — L. 0,113.

Collection Mariette.

245. *La Vierge, assise et vue de face, la tête souriante et légèrement penchée, tient sur ses genoux l'Enfant-Jésus, qui tend le bras pour caresser le petit saint Jean. Dans le haut du dessin, à gauche, étude séparée de la tête de la Vierge.*

A la sanguine. — H. 0,240. — L. 0,121.

246. *Deux dessins sur une feuille :*

1° *Buste de jeune femme, la tête vue de face et légèrement inclinée en avant; les cheveux sont* noués et en partie relevés sur le sommet de la tête; une draperie est indiquée sur l'épaule.

A la sanguine. — H. 0,074. — L. 0,069.

2° *Tête de jeune femme, vue de face et penchée en avant; ses cheveux ne sont pas noués et tombent sans apprêt à droite et à gauche.*

Très-terminé à la sanguine avec quelques touches de blanc. — H. 0,108. — L. 0,095.

247. *Deux femmes debout et se donnant la main; chacune d'elles porte un vase sur sa tête. Le fond représente un pan de mur richement orné, et divisé en deux compartiments; formant ouvertures, et décorés de figures d'enfants.*

A la plume et à la sanguine, lavé et rehaussé de blanc. — H. 0,196. — L. 0,142.

Étude pour la décoration de l'église *della Steccata*, à Parme.

248. *Tête d'homme vu presque de face, le regard dirigé vers la gauche; il est coiffé d'un bonnet à larges bords et porte des cheveux longs.*

A la pierre noire sur papier gris. — H. 0,345. — L. 0,293.

Étude pour un portrait qui se trouve en Angleterre.

Attribué au **Parmesan**.

249. *Étude de femme assise et vue de face, la tête renversée et appuyée sur un coussin, le bras droit passé sur la tête. Au-dessus de cette figure, étude de bras étendu.*

A la sanguine. — H. 0,182. — L. 0,136.

Ce dessin a fait partie de la collection de M. de Saint-Morys, qui l'a gravé sous le nom du Corrége.

A l'imitation du **Parmesan**.

250. *Dessin d'ornementation destiné probablement à la décoration d'un coffre.*

Au centre d'un cartouche bleu se voit une figure de femme, peinte en or sur fond noir, représentée debout et écrivant sur une tablette. A l'entour du cartouche, qui est d'un style assez tourmenté, se voient diverses figures d'hommes et d'animaux disposés dans le goût dit *arabesque*. On remarque des fleurs de lys au milieu de ces détails, qui sont exécutés en or et sur fond brun.

Gouaché et rehaussé d'or. — H. 0,318. — L. 0,211.

Ce dessin, dans lequel l'imitation du Parmesan est évidente, pourrait avoir été fait à Venise, où l'on sait que le style de ce maître fut très en vogue pendant la seconde moitié du XVIe siècle. On pourrait peut-être l'attribuer au Schiavone.

MUZIANO (Girolamo), *né près de Brescia en* 1528, *mort à Rome le* 27 *avril* 1590.

Voir l'**Appendice**, p. 236.

251. *Le portement de croix.*

Le Sauveur, succombant sous le poids de son fardeau, est insulté par trois bourreaux ; à gauche, sainte Véronique agenouillée et deux saintes femmes debout.

A la sanguine, avec quelques touches à l'huile. — H. 0,470 — L. 0,589.

Ce dessin a été retouché par Rubens.

Inventaire Jabach, n° 302 de l'École florentine.

4.

252. *Deux femmes agenouillées et vues de dos; l'une d'elles tient un enfant qui joint les mains.*

A la sanguine. — H. 0,272. — L. 0,222.

Inventaire Jabach, n° 295 de l'École florentine.

PALMA (Jacopo), *dit* **PALMA GIOVINE**, *peintre et graveur à l'eau-forte, né à Venise en* 1544, *mort à Venise en* 1628.

Voir le **Catalogue des peintures, Écoles d'Italie.**

253. *Le Christ mort soutenu par les anges; composition de six figures.*

Le Sauveur est vu de face, la tête renversée à droite; deux des anges tiennent ses mains; deux enfants ailés sont agenouillés à ses pieds.

Lavé de couleur brune et rehaussé de blanc à l'huile sur papier gris. — H. 0,343. — L. 0,270.

Ce dessin a été piqué.

254. *Sainte agenouillée et couronnée par un évêque. A droite de ce groupe, la Religion portant la croix et le calice, et levant la main vers la Vierge et l'Enfant-Jésus assis sur les nuages.*

Grisaille à l'huile sur papier gris. — H. 0,371. — L. 0,231.

Collection de Thomas Hudson.

PINTURICCHIO (Bernardino), *peintre, né à Pérouse en* 1454, *mort à Sienne en* 1513.

Voir le **Catalogue des peintures, Écoles d'Italie.**

255. *Groupe de sept guerriers debout.*

L'un d'eux, vu de face et en avant, couvert d'une armure complète, porte une aigrette à son casque, et, quoique tout jeune, tient en main le bâton de commandement. Un second, tenant la main droite élevée, la main gauche placée à la ceinture, porte une cuirasse sur laquelle on remarque une tête de chérubin.

> Lavé et rehaussé de blanc avec quelques touches de gouache et d'aquarelle sur papier teinté de jaune. — H. 0,254. — L. 0,149.

Collection Jabach.

256. *Un personnage à cheval couvert de son armure, et coiffé d'un bonnet surmonté d'une aigrette, est vu de trois quarts vers la droite. Derrière lui, trois hommes paraissant également à cheval. A gauche, trois vieillards, dont deux sont à peine indiqués*

> A la mine d'argent et rehaussé de blanc sur papier teinté de gris. — H. 0,219. — L. 0,286.

PIOLA (Domenico), *peintre, né à Gênes en 1628, mort à Gênes le 8 avril 1705.*

Voir l'**Appendice**, p. 238.

Attribué à **Domenico Piola**.

57. *Jeune homme à genoux vu de profil et tourné à droite, la main gauche appuyée contre la poitrine. Une seconde figure est indiquée sur un plan plus reculé.*

> A la sanguine. — H. 0,405

Nous n'avons pas d'autres renseignements sur ce dessin que le nom de *Piola Genovese* écrit d'une main ancienne sur la monture.

PIPPI (Giulio), *dit* **GIULIO ROMANO**, *peintre, architecte* *ingénieur, né à Rome en 1492, mort à Mantoue le 1ᵉʳ novembre 1546.*

Voir le **Catalogue des peintures, Écoles d'Italie.**

258. *La sainte Vierge assise, tenant l'Enfant-Jésus; elle avance la main sur le front de saint Étienne agenouillé: près de lui saint Jérôme debout. A droite, saint Antoine abbé, et saint Georges le pied sur le monstre.*

A la plume, lavé de bistre. — H. 0,385. — L. 0,315.

Collections Vasari et Jabach.

259. *Vénus et Vulcain.*

La déesse, assise près de Vulcain, dont le bras est passé autour de son corps, prend d'une main des fleurs dans une corbeille que lui présentent deux enfants, et de l'autre dépose une flèche dans le carquois de l'Amour, qui se tient debout devant elle. Deux autres enfants, l'un debout, l'autre assis, complètent la composition.

Lavé et largement rehaussé de blanc sur papier gris. — H. 0,351. — L. 0,376.

Ce dessin, qui vient de la collection Jabach, a été piqué avec soin pour servir à l'exécution de la peinture. La composition qui en fait le sujet a été sans doute plusieurs fois répétée. Un tableau semblable, mais de proportions plus petites que notre carton, fait partie de la collection du Musée. D'un autre côté, Vasari nous apprend que Vincenzo da san Gimignano avait peint à Rome, *d'après le dessin de Raphaël*, sur la façade de la maison du notaire Battiferi, ami et compatriote du peintre d'Urbin, deux sujets représentant: l'un, les Cyclopes forgeant le foudre de Jupiter, et l'autre, *Vulcain fabriquant les flèches de l'Amour*. Enfin, Augustin Vénitien a gravé en 1530 notre composition, en ajoutant sur son estampe les mots: RAPH. VRB. DVM VIVERET INVEN. (Bartsch, tome XIV, nº 349).

Si nous devons prendre à la lettre les indications données par Vasari et par Augustin Vénitien, il est néanmoins permis de penser que Raphaël n'aura contribué à l'exécution de ces sujets que par un léger croquis. On peut croire même que, vers la fin de sa vie, il dut quelquefois *faire faire* à ses élèves les dessins qu'on lui demandait, et qu'avec sa bonté habituelle il accordait toujours. Un inventeur aussi facile et aussi fécond que Jules Romain dut souvent, en ces occasions, être au maître qui l'inspirait et le guidait, d'une grande utilité.

La charmante composition de Vénus et Vulcain nous paraîtrait en effet, malgré les renseignements historiques que nous avons cités, devoir être attribuée à l'élève plutôt qu'au maître. Quant à notre carton et au petit tableau du Louvre, ils ont toujours été considérés comme étant de la main de Jules Romain.

Nous devons ajouter que Jules avait peint à Mantoue, sur une cheminée, dans la maison de son ami messer Girolamo, organiste du Dôme, une fresque représentant Vénus et Vulcain, qui, d'après la description de Vasari, devait avoir beaucoup d'analogie avec le sujet décrit sous le présent numéro.

260. *Danse de bacchantes.*

A droite de la composition, deux bacchantes se tenant par la main et soutenant une couronne. Un jeune faune joue de la double flûte tout en dansant. Derrière cette figure et à gauche, une troisième bacchante tenant un vase; un petit satyre et un enfant sont près d'elle.

A la plume et lavé de bistre sur papier gris. — H. 0,490. — L. 0,690.

Ce dessin a été piqué et a servi de carton.

Inventaire Jabach, n° 237 des Écoles de Raphaël.

Exposé salle des Boîtes.

261. *Les prisonniers.*

Deux guerriers armés, l'un d'une sorte de massue, l'autre d'une pique, font marcher des prisonniers chargés de lourds fardeaux. A gauche, un cavalier vu de dos. Sur le second plan, des murs en ruines, et, dans le fond, une ville que parcourent de nombreux soldats.

Grand carton colorié en détrempe. — H. 3,500. — L. 3,340.

Voyez le numéro suivant.

262. *La ville prise et incendiée.*

De nombreux personnages fuient en désordre une ville incendiée que l'on voit au second plan. On remarque à gauche une femme portant sur sa tête un enfant dans son berceau et donnant la main à une petite fille nue; son mari tient un troisième enfant sur ses épaules. Plus loin, un homme porte une vieille femme; un vieillard marche péniblement, appuyé sur un jeune homme. Parmi les figures de droite, plusieurs se retournent et contemplent avec désespoir la ville en flammes.

Grand carton colorié en détrempe. — H. 3,500. — L. 5,740.

Ces deux morceaux font, ainsi que le suivant, partie d'une tenture intitulée *les fruits de la guerre*, exécutée à Bruxelles en huit pièces de 55 aunes de cours.

263. *Un triomphe.*

Sur un char richement orné et traîné par quatre chevaux blancs, est assis un guerrier couronné et tenant d'une main le bâton de commandement, et de l'autre une branche de laurier. A ses pieds se voit un vase dans lequel brûle de l'encens. A gauche, devant le char, des soldats portant des trophées et des étendards, et escortant des prisonniers, se dirigent vers la porte d'une ville que l'on voit dans le fond. A droite, des guerriers à cheval. Des hommes, des femmes et des enfants placés, au second plan, sur un mur à moitié ruiné, contemplent le triomphateur.

Grand carton colorié en détrempe. — H. 3,500. — L. 8,290.

Le livret de l'an V dit que ce sujet faisait *peut-être* partie du Triomphe de Sigismond, et cette assertion dubitative, nombre de fois répétée, a été acceptée sans contrôle. Nous devons remarquer cependant que Jules Romain avait fait exécuter en stuc, à Mantoue, par le Primatice et par un autre de ses élèves, une frise représentant réellement le triomphe de Sigismond, et que cette frise (gravée par

P. S. Bartoli) n'a aucun rapport avec la composition que nous venons de décrire. D'un autre côté, parmi les nombreux sujets exécutés en tapisserie d'après les dessins de Jules Romain, nous ne rencontrons aucune mention du triomphe de Sigismond. Enfin, et l'argument est sans réplique, nous trouvons, ainsi que nous venons de le dire, notre composition dans la suite des « fruits de la guerre ».

264. *Fragment de triomphe.*

Sur un pont orné de statues dorées et de sphynx accroupis, passent des licteurs et un porte-étendard suivis de nombreux musiciens. L'un joue du tympanum, un second des cymbales; d'autres, les joues gonflées, les yeux contractés, soufflent de tous leurs poumons dans de longues trompettes droites ou recourbées, garnies de draperies flottantes.

Sur les étendards et sur le pont se lisent les lettres s. p. q. r. écrites à rebours.

Grand carton colorié en détrempe. — H. 3,500. — L. 6.310.

Ce fragment fait partie de la suite des Triomphes de Scipion.

Voyez à l'**Appendice**, p. 239 une note sur les nos 261, 262, 263 et 264.

265. *Quatre dessins sur la même feuille, placés en forme pyramidale :*

    1° *Un chien à longs poils.*

    2° *Une femme drapée, assise, les bras enchaînés ; elle est entourée de trophées et vue de profil, tournée vers la gauche.*

    3° *Une figure ailée, assise au milieu d'attributs de guerre, et écrivant.*

    4° *David portant la tête de Goliath.*

A la plume, lavé de bistre. — H. 0,588 — L. 0,445.

Collections **Vasari** et **Jabach**.

POCCETTI (Bernardino Barbatelli, dit), *peintre, né à Florence en 1548, mort à Florence le 9 novembre 1612.*

Voir l'**Appendice**, p. 248.

266. *Jeune homme en costume du temps, tête nue et l'épée au côté; il marche vers la droite et tient sur ses cuisses un manteau dont l'extrémité traîne à terre.*

Au crayon noir sur papier bleu. — H. 0,323. — L. 0,187.

Collection Mariette.

PRIMATICCIO (Francesco), *peintre, sculpteur, architecte, né à Bologne en 1504, mort à Paris après le 15 mai 1570.*

Voir le **Catalogue des peintures, Écoles d'Italie**.

267. *Sujet de plafond.*

Le Père Éternel, porté au milieu de la composition, commande aux génies de soulever le voile de ténèbres qui couvre l'univers.

A la sanguine et rehaussé de blanc sur papier gris légèrement teinté de rose. — H. 0,283. — L. 0,369.

Ce dessin vient de Mariette; il a été tiré aux carreaux.

268. *Rebecca présente à boire à Éliézer qui, vu de face et s'inclinant, soutient de sa main le vase rempli d'eau. Plusieurs figures d'hommes et d'animaux complètent la composition. On distingue dans le fond quatre têtes de chameaux.*

A la sanguine, lavé de sanguine et rehaussé de blanc sur papier gris légèrement rosé. — Ovale en travers dans un parallélogramme. — H. 0,206. — L. 0,328.

269. *Jacob est présenté par Rebecca à Isaac, qui, couché sur un lit et aveugle, tâte les mains de son fils, pour s'assurer qu'il parle bien à Ésaü. Sur le second plan, à droite, on voit ce dernier portant le produit de sa chasse.*

A la sanguine et rehaussé de blanc sur papier gris. — Ovale en travers dans un parallélogramme. — H. 0,260. — L. 0,311.

270. *Sujet de plafond.*

Phœbus et Diane sur leurs chars; le premier monte, tandis que l'autre descend. De nombreux enfants, formant un cercle et se tenant par la main, semblent représenter les Heures. D'autres figures enrichissent la composition. On remarque entre autres, devant le char du Soleil, une femme tenant une corne d'abondance. A gauche, un vieillard ailé, soulevant une draperie, est sans doute Saturne.

Ce plafond est de forme oblongue et arrondi des deux bouts.

A la sanguine et rehaussé de blanc sur papier gris teinté de rose en certaines parties. — H. 0,293. — L. 0,509.

Inventaire Jabach, n° 162 de l'École florentine.

271. *Sujet de plafond.*

Les Heures accompagnent le Soleil. Les chevaux et le char sont vus absolument en dessous et en raccourci.

Ce plafond est à ressauts et arrondi sur deux de ses côtés.

A la sanguine et rehaussé de blanc sur papier gris légèrement teinté de rose. — H. 0,345. — L. 0,461.

272. *Sur le premier plan, une femme nue et couchée. Des enfants portant des fruits et soutenant une* corne d'abondance s'approchent d'elle. *Le fond représente une treille disposée en berceau.*

A la sanguine et rehaussé de blanc sur papier légèrement teinté. — H. 0,215. — L. 0,291.

273. *Plusieurs nymphes couchées ou assises; celle qui est sur le premier plan paraît retenir un jeune garçon, qu'elle enlace de ses bras.*

Ce sujet représente probablement l'enlèvement d'Hylas, compagnon d'Hercule.

A la sanguine et rehaussé de blanc sur papier légèrement teinté. — Forme ovale. — H. 0,155. — L. 0,215.

Mariette, à qui ce dessin a appartenu, nous apprend dans une note, ajoutée au verso de la monture, qu'il avait été peint à fresque à Fontainebleau.

274. *Sujet de plafond.*

Des génies et des déesses, les bras levés et paraissant soutenir une couronne de nuages.

Pour une composition de forme octogone.

A la sanguine. — H. 0,374. — L. 0,319.

Le père Dan nous apprend que le tableau *de milieu*, peint à la voûte de la galerie d'Ulysse, à Fontainebleau, représentait *une danse de déesses*. Notre dessin est peut-être la première pensée de cette fresque, depuis longtemps détruite.

Collections Delanoue, Crozat et Mariette.

275. *Cupidon couché et dormant près d'un enfant ailé également endormi. A gauche, une femme dans l'attitude de la douleur.*

A la sanguine et rehaussé de blanc. — H. 0,174. — L. 0,291.

Ce sujet a été peint à fresque à Fontainebleau dans la galerie de

Henri II. Le père Dan le décrit ainsi : « *Deux Cupidons couchez et une nymphe toute désolée.* »

276. *Jeune femme nue assise à terre, tournée à gauche et appuyée sur le bras droit.*

A la sanguine et rehaussé de blanc. — H. 0,159. — L. 0,211.

Exécuté à Fontainebleau dans la galerie de Henri II, et décrit par le père Dan en ces termes : « *Une naiade parmy les eaux.* » Dans la fresque, l'artiste a ajouté un monstre marin.

Collection Desneux de Lanoue.

277. *Femme drapée, assise et tournée à droite; la tête est penchée en avant et vue de trois quarts.*

A la sanguine et rehaussé de blanc. — H. 0,171. — L. 0,189.

Destiné à la décoration de la galerie de Henri II.

Collection Desneux de Lanoue.

278. *Homme drapé assis sur un siége à bras élevés, et à moitié retourné en arrière.*

A la sanguine et rehaussé de blanc sur papier grisâtre. — H. 0,133. — L. 0,106.

Peint à Fontainebleau dans la galerie de Henri II, et décrit en ces termes par le père Dan : « *Jupiter assis dans un trône.* »

Collection Jabach.

279. *Deux hommes à moitié drapés et assis à terre, tournés à gauche; l'un d'eux tient le manche d'un gouvernail.*

A la sanguine et rehaussé de blanc sur papier légèrement teinté. — H. 0,168. — L. 0,195.

Peint à Fontainebleau dans la galerie de Henri II, et décrit par le père Dan en ces termes : « *Charon accompagné d'un autre nautonnier.* »

280. *Deux vieillards à moitié drapés et tournés vers la gauche : tous deux ont la tête appuyée sur la main.*

A la sanguine et rehaussé de blanc. — H. 0,179. — L. 0,207

Ce sujet, peint à Fontainebleau dans la galerie de Henri II, est décrit ainsi par le père Dan : « *Deux vieillards qui sont couchez.* » L'abbé Guilbert ajoute que ces deux vieillards représentent *le Conseil*.

281. *Groupe de deux vieillards assis et les jambes étendues. L'un d'eux tient le manche d'un gouvernail et paraît représenter Neptune ; le second, que désignent les trois têtes de Cerbère ajoutées dans la fresque, est Pluton.*

A la sanguine et rehaussé de blanc sur papier légèrement teinté. — H. 0,138. — L. 0,212.

Peint dans la galerie de Henri II, à Fontainebleau. Le père Dan décrit ainsi ce sujet : « *Charon ayant à ses pieds Cerbère, son chien à trois testes.* »

282. *Deux vieillards assis à terre et tournés à gauche ; la draperie de l'un d'eux lui recouvre la tête.*

A la sanguine et rehaussé de blanc sur papier légèrement teinté. — H. 0,172. — L. 0,264.

Destiné à la décoration de la galerie Henri II.

283. *Figure à moitié drapée, assise et tournée à droite.*

A la sanguine et rehaussé de blanc. — H. 0,118. — L. 0,169.

Destiné probablement à la décoration de la galerie de Henri II, connue également sous les noms de *Salle de Bal, Salle des Cent-Suisses.* »

ÉCOLES D'ITALIE. — PRIMATICCIO.

284. *Deux dessins sur une feuille :*

1° Pan porté sur les nuages; quatre génies l'entourent.

<small>A la sanguine et rehaussé de blanc.— H. 0,165. — L. 0,285.</small>

2° Figure allégorique qui nous est inconnue; elle est assise sur une espèce de char, tenant des rames dans ses mains, portant une étoile sur sa tête.

<small>A la sanguine et rehaussé de blanc. — H. 0,173. — L. 0,284.</small>

Collection Vasari et inventaire Jabach, n° 173 de l'École florentine.

285. *Vieillard nu couché à terre; il tient de sa main gauche la tête d'un serpent, qui s'enroule autour de son corps. Deux autres serpents sortent d'une urne posée sous son bras droit. A droite, une femme couchée et deux enfants.*

<small>A la sanguine et rehaussé de blanc sur papier légèrement teinté. — H. 0,138. — L. 0,255.</small>

286. *Étude d'homme nu, étendu à terre sur une draperie, la tête reposant sur un coussin, dans l'attitude de la mort.*

<small>A la sanguine et rehaussé de blanc sur papier gris légèrement teinté de rose. — H. 0,120. — L. 0,235.</small>

Cette figure était évidemment destinée à la décoration d'un tombeau.

Collection Jabach.

287. *Étude de figures nues, l'une debout et paraissant* s'élancer dans les airs; la seconde, vue seulement en buste et levant les bras.

A la sanguine et rehaussé de blanc sur papier gris. — H. 0,199. — L. 0,185.

Collection Desneux de Lanoue.

Attribué au **Primatice**.

288. *Figure de femme debout et drapée, tenant une lyre; le corps est vu de face, la tête de profil.*

A la sanguine. — H. 0,242. — L. 0,108.

PROCACCINI (CAMILLO), *peintre et graveur, né à Bologne vers* 1545, *mort à Milan vers* 1625.

Voir l'**Appendice,** p. 250.

Attribué à **C. Procaccini**.

289. *Deucalion et Pyrrha jetant derrière eux les pierres qui doivent repeupler la terre.*

Aux crayons noir et blanc sur papier gris verdâtre. — H. 0,294. — L. 0,236.

Ce dessin a été tiré aux carreaux.

RAMENGHI (BARTOLOMMEO), *dit* **IL BAGNACAVALLO**, *né à Bagnacavallo, dans la Romagne, en* 1484, *mort à Bologne en août* 1542.

Voir le **Catalogue des peintures, Écoles d'Italie,**

290. *L'Enfant-Jésus, debout sur son berceau et soutenu par sa mère assise, prend des fruits que lui pré-*

sente saint Joseph. Un saint abbé, debout à droite, contemple la sainte famille.

<small>Au pinceau, lavé de bistre et largement rehaussé de blanc sur papier gris. — H. 0,290. — L. 0,215.</small>

Ce dessin est la première pensée d'un tableau qui fait partie de la Pinacothèque de Bologne, et qui se trouve gravé dans l'ouvrage de Rosaspina.

Collection Jabach.

RENI (Guido), *peintre et graveur, né près de Bologne le 4 novembre 1575, mort à Bologne le 18 août 1642.*
Voir le **Catalogue des peintures. Écoles d'Italie.**

291. *Tête de Christ. Il est vu de trois quarts, couronné d'épines, la bouche entr'ouverte, les yeux au ciel.*

<small>Aux crayons rouge et noir, avec quelques touches de crayon blanc sur papier gris. — H. 0,320. — L. 0,259.</small>

292. *Figure de saint drapé et agenouillé, les deux mains croisées sur la poitrine, la tête au ciel.*

<small>Croquis à la pierre noire, avec quelques touches de crayon blanc sur papier gris verdâtre. — H. 0,308. — L. 0,220.</small>

Ce dessin a appartenu à Mariette qui, par l'inscription suivante ajoutée sur la monture, nous apprend quel saint il représente et en quel endroit le peintre l'avait exécuté : *Hanc D. Dominici figuram, in fornice sacelli eid. sancto dicati, Bononiæ depinxit Guidus Reni.*

293. *Tête d'évêque, vue de profil et tournée à droite.*

<small>Croquis à la pierre noire sur papier gris bleu. — H. 0,325. — L. 0,232.</small>

Collection Mariette.

294. *Tête d'enfant, vue presque de face, les yeux baissés regardant vers la droite.*

A la sanguine et à la pierre noire sur papier gris clair. — H. 0,272. — L. 0,219.

Collection Mariette.

295. *Tête de vieille femme, vue de profil et tournée à gauche, enveloppée d'une draperie.*

A la pierre noire, avec quelques touches de blanc sur papier gris. — H. 0,328. — L. 0,249.

Collection Mariette.

296. *Tête d'homme criant. Il est vu de trois quarts, levant la tête vers la droite, ouvrant la bouche avec effort.*

Aux crayons rouge, noir et blanc sur papier gris verdâtre. — H. 0,375. — L. 0,264.

Collections Malvasia, Crozat et Mariette.

297. *Tête de vieillard, vue presque de profil et tournée à gauche; les yeux sont levés vers le ciel, l'expression est celle de l'extase.*

Aux trois crayons sur papier gris. — H. 0,366. — L. 0,270.

Mariette, à qui ce dessin a appartenu, nous apprend qu'il représente saint André Corsini.

RICCIARELLI (Daniello), *dit* **DANIELLO DA VOLTERRA,** *peintre et sculpteur, né à Volterra vers* 1509, *mort à Rome le* 4 *avril* 1566.

Voir le **Catalogue des peintures, Écoles d'Italie.**

298. *Études de bras et de mains.*

A la pierre noire. — H. 0,235. — L. 0,165.

Collection Mariette.

ÉCOLES D'ITALIE. — RICCIARELLI.

299. *Étude d'après nature d'homme nu, vu jusqu'aux genoux. Il a le bras gauche levé, et sa main est dans la main d'un autre homme qui paraît l'aider à se soulever.*

A la pierre noire. — H. 0,280. — L. 0,210.

Collection Mariette.

300. *Figure académique d'homme qui paraît se dépouiller de son vêtement ; la tête penchée entre les deux bras qui tiennent encore la draperie, laisse apercevoir les épaules et tout le haut du dos. Les deux jambes sont écartées ; l'une est étendue vers la droite, celle de gauche est repliée.*

A la pierre noire. — H. 0,420. — L. 0,305.

Attribué à **Daniel de Volterre**.

301. *Le Christ nu et sortant de son tombeau ; une draperie flotte derrière ses épaules.*

Au crayon noir. — H. 0,373. — L. 0,225.

Collection Jabach.

D'après **Daniel de Volterre**.

302. *Figure d'homme à moitié nu, vu de dos, se retenant du bras droit à l'échelle, et tendant le bras gauche pour soutenir le corps du Christ.*

A la pierre noire. — H. 0,500. — L. 0,410.

Tiré de la fresque célèbre représentant la Descente de croix peinte à la Trinité-du-Mont, à Rome.

303. *Soldat debout revêtu d'une cotte d'armes; il est vu de dos, bien que ses jambes soit tournées vers la gauche, et soutient ou soulève un arbre, qui est sans doute l'arbre de la croix.*

A la pierre noire. — H. 0,640. — L. 0,355.

Cette étude est, ainsi que les deux suivantes, tirée de la composition de l'Invention de la sainte croix, peinte par Daniel de Volterre à l'église Saint-Augustin, à Rome.

304. *Figure d'homme debout revêtu d'une cotte d'armes; la tête et le bras gauche manquent.*

A la pierre noire sur papier gris. — H. 0.570. — L. 0,245.

305. *Figure assise et drapée d'un officier romain; sa main gauche est appuyée sur sa jambe gauche étendue; de sa main droite il tient la baguette du commandement.*

A la pierre noire sur papier gris. — H. 0,490. — L. 0,350.

ROBUSTI (JACOPO), *dit* **IL TINTORETTO**, *peintre, né à Venise en 1512, mort à Venise le 31 mai 1594.*
Voir le **Catalogue des peintures, Écoles d'Italie.**

306. *Le Christ descendu de la croix.*

Le corps inanimé du Sauveur est étendu sur les genoux de la Vierge, assise au pied de la croix. Quatre saintes femmes l'entourent; l'une d'elles soutient le haut du corps du Christ. Derrière ce groupe, saint Joseph d'Arimathie et trois saints personnages.

Grisaille à l'huile. — H. 0,248. — L. 0,165.

Collection Vasari et inventaire Jabach, n° 150 de l'École de Venise et de Lombardie.

ROSSO (Giovanni Battista di Jacopo, *dit* **IL**), *peintre, né à Florence vers la fin du 15e siècle, mort à Fontainebleau en 1541, âgé d'environ 45 ans.*

Voir le **Catalogue des peintures**, **Écoles d'Italie**.

307. *Mars et Vénus.*

On voit sur la droite le dieu de la guerre que l'Amour dépouille de son vêtement. Il s'approche du lit sur lequel est assise Vénus, que les Grâces ornent de sa ceinture. Plusieurs enfants ailés voltigent au-dessus de ce groupe, répandant des fleurs ou lançant des flèches. A terre, trois autres enfants se sont emparés du sabre, du casque et du bouclier.

A la plume et rehaussé de blanc sur papier teinté de gris brun. — H. 0,430. — L. 0,340.

Ce dessin, très-étudié, paraît être celui que Rosso fit en passant par Venise pour l'Arétin. La description qu'en donne Vasari paraît, quoique un peu confuse, le désigner d'une manière certaine : *...Andò à Vinezia, dove essendo da M. Pietro Aretino trattenuto, gli disegnò in una carta, che poi fu stampata, un Marte che dorme con Venere e gli Amori e le Grazie che lo spogliano e gli traggono la corrazza.*

Il a été gravé plusieurs fois avec des changements.

Inventaire Jabach, n° 185 de l'École florentine.

SACCHIENSE (Giovanni Antonio), *dit* **IL PORDENONE**, *peintre, né à Pordenone, dans le Frioul, en 1483, mort à Ferrare, en 1540.*

Voir l'**Appendice**, p. 251.

Attribué au **Pordenone.**

308. *Homme à cheval vu par derrière et en raccourci, sa tête, coiffée d'une toque à plumes, s'incline*

ECOLES D'ITALIE. — SANTI.

vers la gauche, et il paraît lever la main droite. On ne voit du cheval que la croupe.

A la sanguine. — H. 0,197. — L. 0,086.

309. *Satyre et satyresse debout, portant l'un et l'autre une corbeille de fruits.*

A la sanguine. — H. 0,293. — L. 0,196.

L'attribution donnée à ce dessin est fort incertaine. Nous le croirions plutôt lombard que vénitien.

SANTI ou **SANZIO** (Raffaello), *peintre et architecte, né à Urbin le 6 avril 1483, mort à Rome le Vendredi-Saint 6 avril 1520.*

Voir le **Catalogue des peintures. Écoles d'Italie**.

310. *Le passage de la mer Rouge.*

Composition pour l'un des sujets des loges du Vatican.

A la pierre noire et à la plume, lavé de bistre et rehaussé de blanc. — H. 0,200. — L. 0,286.

Ce dessin a été tiré au carré pour servir à la fresque dont quelques personnes ont attribué l'exécution à Perino del Vaga

Collections Pierre Lély, Crozat, Chev. Jennings, Richardson, Willet, Duroveray, Dimsdale et Thomas Lawrence. Vente du roi des Pays-Bas, n° 76 du catalogue, acheté au prix de 400 florins, c'est-à-dire, avec les frais, 907 fr. 30 c.

Exposé salle des Boîtes.

311. *La Coupe de Joseph trouvée dans le sac de Benjamin.*

L'envoyé de Joseph est debout au milieu de la composition tenant en main la coupe accusatrice. Les fils de Jacob l'entourent protestant de leur innocence. Deux d'entre eux sont agenouillés.

A la plume. — H. 0,212. — L. 0,3

Ce dessin, quoique ne portant pas la marque de Jabach, est marqué des initiales de Jean Prioult.

Gravé par Caylus. (Chal. Nat.)

Exposé salle des Boîtes.

312. *Tête de jeune homme vu de trois quarts, les cheveux flottant en arrière, les traits agités par la colère.*

Pour l'un des anges vengeurs qui chassent Héliodore du Temple dans la fresque du Vatican.

Au fusain et à la pierre noire. — H. 0,268. — L. 0,329.

Ce dessin et le suivant (n° 313) ont été piqués, et nous paraissent être des fragments du carton qui a servi à l'exécution de la peinture. Ils ont malheureusement beaucoup souffert et ont été retouchés, probablement par Mariette, qui a rajusté avec beaucoup d'adresse et rétabli des morceaux entiers qui manquaient.

Collection Mariette.

313. *Tête de jeune homme vu de profil, la bouche entr'ouverte, les cheveux jetés en arrière.*

Pour le second ange de la composition d'Héliodore.

Au fusain et à la pierre noire, avec quelques touches de crayon blanc. — H. 0,277. — L. 0,341.

Collection Mariette.

314. *Étude d'après nature d'homme à moitié nu, debout, le corps de trois quarts, la tête de profil et légèrement penchée, le bras gauche levé vers le ciel.*

A la sanguine. — H. 0,253. — L. 0,134.

Cette étude était la première pensée de la figure du Christ, pour la composition de l'un des cartons d'Hampton-Court, le Christ remettant les clefs à saint Pierre. La collection des dessins du château de Windsor possède le dessin du sujet entier, dans lequel se retrouve notre figure. Mais, en peignant le carton, Raphaël en a complétement changé les lignes, l'expression et le mouvement.

Gravé en fac-simile par M. Dien. (Chal. Nat.)

315. *La Vierge assise donne le sein à l'Enfant-Jésus.*

Lavé de bistre sur un trait à la pierre noire, rehaussé de blanc. — H. 0,249. — L. 0,185.

Gravé par M. Henriquel Dupont et en fac-simile par M. A. Leroy.

Collection Jabach.

Exposé salle des Boîtes.

316. *Étude pour une Sainte-Famille.*

La sainte Vierge, assise et vue de trois quarts, soutient de sa main gauche, au moyen d'un anneau et d'une légère ceinture, l'Enfant-Jésus à moitié debout sur ses genoux. Dans le haut, tête de vieillard, vue de trois quarts et tournée vers la droite.

A la mine d'argent sur papier teinté de jaune. — H. 0,226. — L. 0,154.

Ce croquis était destiné au tableau de la Vierge au Palmier, qui faisait autrefois partie de la célèbre collection du duc d'Orléans, régent, et qui se trouve maintenant en Angleterre chez lord Ellesmeere. Il a été tiré au carreau, et Raphaël a lui-même indiqué par quelques coups de crayon la forme circulaire qu'il voulait donner au panneau. Dans la peinture, le saint Joseph est agenouillé et vu de profil. Les lignes du groupe de la Vierge et de l'Enfant sont restées à peu près les mêmes que dans le dessin.

Gravé en fac-simile par M. Bein (Chal. Nat.)

Collections Lagoy, Thomas Dimsdale et Lawrence. Vente du roi de Hollande, n° 33 du catalogue; payé 690 florins, c'est-à-dire, avec les frais, 1,567 fr. 25 c.

317. *Femme assise et à moitié nue, se penchant pour prendre dans ses bras un enfant.*

ÉCOLES D'ITALIE. — SANTI.

Étude d'après nature, pour la figure de la Vierge dans le grand tableau de Sainte-Famille, peint en 1518, pour François Ier.

A la sanguine. — H. 0,173. — L. 0,119.

Gravé en fac-simile par M. Butavand. (Chal. Nat.)

Collections J. Stella, Crozat et Mariette.

318. *Deux hommes nus debout, vus de profil, tournés vers la droite; l'un d'eux s'incline et porte les deux mains à sa poitrine, l'autre lève le bras gauche vers le ciel.*

A la sanguine. — H. 0,341. — L. 0,221.

Étude pour deux figures d'apôtres qui se trouvent au bas de la montagne, dans le tableau de la Transfiguration.

Gravé par Caylus. (Chal. Nat.)

Collection Jabach.

319. *Le Christ mort; composition de huit figures.*

La sainte Vierge, assise à terre, soutient la tête du Sauveur. L'excès de la douleur a vaincu ses forces, et elle tomberait en arrière, si deux saintes, agenouillées près d'elle, ne lui prêtaient secours. Une autre femme debout s'approche de Marie, et soulève le voile qui enveloppe sa tête. Sainte Marie Madeleine, assise et les jambes repliées, retenant de son bras gauche la partie inférieure du corps du Christ, et la main droite posée sur celle du Sauveur, tourne ses regards avec tendresse vers la Vierge, et l'on voit qu'elle s'élancerait aussi à son aide, si le précieux fardeau qui porte tout entier sur ses genoux ne l'en empêchait. A droite, saint Jean debout et les mains jointes, est absorbé dans son affliction; à gauche, saint Joseph d'Arimathie, vu de face et levant la main droite; il porte une longue barbe, et sa tête est coiffée d'un turban.

A la plume. — H. 0,335. — L. 0,397.

On lit dans l'excellent ouvrage de M. J.-D. Passavant, *Rafael von Urbino*, tome 2, page 558, que ce dessin a été exécuté en **1505 ou 1506**. En l'absence de tout document indiquant une date précise, et réduits que nous sommes aux conjectures, nous n'hésitons pas à dire qu'il nous paraît être d'une époque postérieure. La force des expressions, la hardiesse du raccourci du bras de la Madeleine, la perfection des pieds et des mains, la beauté des formes du corps du Christ, beauté telle, que, nous ne craignons pas de le dire, Raphaël ne s'est jamais élevé plus haut; toutes ces qualités réunies nous font croire que la date de 1508 doit approcher davantage de la vérité.

Un des plus beaux dessins du précieux musée Wicar, à Lille, nous semble appuyer notre conjecture. C'est une Sainte Famille que Raphaël envoya à Pérouse à son ami Domenico di Paris Alfani, et qui fut mise en œuvre par ce dernier. Derrière ce dessin se trouve la lettre d'envoi, qui est des plus intéressantes, et dont le contenu paraît indiquer avec certitude la date de 1508 et les derniers moments du séjour de Raphaël à Florence. Notre incomparable dessin du Christ mort, et celui donné à Domenico di Paris offrent une similitude de faire tellement complète, que l'exécution en paraît presque devoir être considérée comme *simultanée*.

Nous ajouterons que notre dessin a dû être, ainsi que celui de Lille, fait pour quelque ami ou offert à quelque protecteur; car Raphaël n'avait pas l'habitude de finir à ce point les études qu'il faisait pour son propre usage. Tout indique ici un ouvrage mûrement réfléchi, et pour les détails duquel le maître a consulté avec soin la nature. Marc-Antoine a gravé (Bartsch, tome XIV, n° 37) un dessin qui paraît être la première pensée de cette noble composition.

Gravé en 1817 par C. Agricola à Vienne, et à Londres en fac-simile, chez M. Woodburn; gravé aussi en fac-simile par M. A. Leroy (Chal. Nat.)

Collections Mariette, Zanetti, comte de Fries, Borduge et T. Lawrence. Vente du roi des Pays-Bas, n° 49 du catalogue, acheté au prix de 6,900 florins, c'est-à-dire, avec les frais, 15,650 fr. 90 c. Il s'était vendu en 1775, chez Mariette, n° 691 du catalogue, 230 livres 1 sou (acheté par Lachaise).

Exposé salle des Boites.

320. *Jésus-Christ dans sa gloire, assis sur les nuages, les bras levés. A gauche, la Sainte-Vierge, à* *droite saint Jean. Dans le bas, sainut Pal debout et sainte Catherine agenouillée.*

Composition connue sous ce titre : *les cinq Saints.*

<blockquote>Lavé de bistre sur trait à la plume, rehaussé de blanc. — H 0,417. — L. 0,290.</blockquote>

Notre dessin a souffert. Il a été gravé par Marc-Antoine (B. 113) et par M. Henriquel.

Gravé en fac-simile par M. Chenay. (Chal. Nat.)

Exposé salle des Boîtes.

321. *Buste du Père-Éternel, vu de face, la main droite levée pour donner la bénédiction.*

<blockquote>Au charbon et à la pierre noire, avec quelques touches de blanc sur papier gris brun. — Forme hexagone. — H. 0,348. — L. 0,377.</blockquote>

Fragment du carton de la Dispute du Saint-Sacrement, première fresque peinte par Raphaël au Vatican en arrivant à Rome en 1508.

Piqué et passé à la pointe.

Ce dessin appartenait, du temps de Richardson, à M. Ten Kate d'Amsterdam (Traité de la peinture, tome 3, page 631).

Gravé par M. de Saint-Morys, et en fac-simile par M. Chenay. (Chal. Nat.)

Collection Saint-Morys.

322. *Études diverses pour la figure de Bramante qui se trouve dans la partie de gauche de la célèbre composition représentant la Théologie, connue sous le nom de Dispute du Saint-Sacrement.*

La tête est vue de profil, tournée vers la droite, et Bramante a posé évidemment pour ce croquis. Au-dessous de la tête sont quatre études de mains, également prises sur la nature, et dont deux ont servi pour la fresque.

Dans le bas du dessin, et dans un sens opposé, se trouve indiqué le mouvement de la figure entière, drapée et appuyée sur une espèce de balustrade. Tout en haut, on voit l'étude détaillée du cou, tel qu'il a été peint. Raphaël a exécuté cette fresque à son arrivée à Rome, en 1508.

A la mine d'argent sur papier teinté de gris pâle. L'artiste a ajouté quelques traits de plume au portrait de Bramante pour augmenter la vivacité de la ressemblance. — H. 0,413. — L. 0,278.

Gravé en fac-similé par M. Bein. (Chal. Nat.)

Collections Vicar, W. Y. Ottley et Lawrence. Vente du roi de Hollande, n° 67 du catalogue, payé 420 florins, soit avec les frais de 7 1/2 pour cent, 952 fr 65 c.

323. *Sainte Catherine d'Alexandrie ; elle porte la main droite sur sa poitrine et appuie son bras gauche sur la roue. Le corps est de face, la tête est de trois quarts, tournée à gauche.*

A la pierre noire rehaussé de blanc (les contours sont piqués). — H. 0,587. — L. 0,436.

Carton du tableau, provenant de la collection Aldobrandini, qui se voit dans la *National Gallery* de Londres.

Gravé en fac-similé par M. Dien. (Chal. Nat.)

Inventaire Jabach, n° 592 des Écoles de Raphaël.

324. *La bataille de Constantin.*

Première pensée de la fresque peinte, après la mort de Raphaël, par Jules Romain, dans une des salles du Vatican.

Dessin comprenant environ 80 figures principales, d'anges, d'hommes et de chevaux, outre un grand nombre de figures accessoires.

A la plume, vigoureusement lavé de bistre et rehaussé de blanc sur papier gris. — H. 0,377. — L. 0,857.

Collections Malvasia et Crozat.

Acquis, en mars 1852, par l'entremise de M. Audenet, banquier, des héritiers de M. de Labensky, ancien directeur de la galerie de l'Ermitage, à Saint-Pétersbourg, au prix de 6,000 fr.

Voyez à l'**Appendice**, p. 256, une note sur ce dessin.

Exposé salle des Boites.

325. *Apparition de saint Pierre et de saint Paul à Attila.*

Le roi des Huns marchant contre Rome, s'arrête, frappé

d'épouvante, à la vue des deux apôtres armés d'épées qui s'avancent dans les airs à sa rencontre.

Première pensée de la fresque peinte en 1513 ou 1514 dans la chambre d'Héliodore au Vatican. Dans la peinture, Raphaël a supprimé plusieurs figures de soldats qui forment la partie gauche de la composition, et les a remplacées par le pape Léon, qui, suivi d'un nombreux cortége, s'approche monté sur une mule et donnant la bénédiction.

Lavé de bistre, rehaussé de blanc sur vélin. — H. 0,362. — L. 0,592.

Ce superbe dessin, qu'une longue exposition à la lumière a altéré, se trouvait en 1530 à Venise, dans la collection de Gabriel Vendramin. L'anonyme de Morelli en fait foi. Nous ne saurions dire ce qu'il devint ensuite. Dans le XVIIe siècle, il tomba entre les mains de Jabach et fit partie de la collection vendue en 1671 à Louis XIV.

Gravé en Italie dans le XVIIe siècle, et à l'eau-forte par Caylus. (Chal. Nat.)

Inventaire Jabach, n° 128 des Écoles de Raphaël.

Exposé salle des Boîtes.

326. *Le pape Jules II porté sur la Sedia gestatoria.*

Il est précédé de la croix, accompagné de hallebardiers et suivi d'un cardinal monté sur une mule. Le cortége se dirige vers la droite.

A la plume. — H. 0,420. — L. 0,288.

Ce dessin a appartenu à M. de Saint-Morys, qui l'a gravé en fac simile. M. Dien l'a également gravé. (Chal. Nat.)

Exposé salle des Boîtes.

327. *Psyché présentant à Vénus le vase contenant l'eau du Styx.*

Étude d'après nature et très-arrêtée pour la fresque peinte sous la direction du maître, à la loge d'Agostino Chigi, connue sous le nom de la Farnésine, à Rome.

A la sanguine. — H. 0,265. — L. 0,197.

Gravé en fac-simile par M. Butavand. (Chal. Nat.)

Collections Malvasia, Crozat et Mariette.

328. *Figure allégorique de femme debout, représentant le Commerce; elle est légèrement vêtue; le corps est de profil, la tête de face, les jambes nues, le bras gauche levé.*

Pour une des cariatides peintes en grisaille qui ornent le bas de la chambre d'Héliodore, au Vatican.

A la sanguine. — H. 0,260. — L. 0,132.

Gravé par Audran, et en fac-simile par Caylus et par M. Butavand. L'estampe et les deux fac-simile se trouvent à la Chalcographie Nationale.

Collection Jabach.

329. *Portrait de Maddalena Doni; elle est vue en buste et de trois quarts, les deux mains posées l'une sur l'autre.*

A la plume. — H. 0,222. — L. 0,159.

Étude pour la peinture du palais Pitti.
Gravé en fac-simile par M. J. Bein. (Chal. Nat.)

Collection Jabach.

D'après **Raphael.**

330. *Adam et Ève chassés du Paradis et marchant vers la droite.*

D'après la fresque des Loges. L'ange manque.

A la sanguine. — H. 0,325. — L. 0,187.

Ce beau dessin nous paraît être de la main d'Andrea del Sarto. Le verso, qui représente un croquis de trois hommes nus, vus de dos et s'enfuyant, est également de sa main et de son invention.

Collections Delanoue et Jabach.

331. *Tête d'homme de grandeur naturelle, vue de profil et tournée à gauche.*

Aux crayons rouge et noir et au pastel. — H.) 401. — L. 0,334.

D'après l'un des apôtres du carton d'Hampton-Court : Jésus donnant les clefs à saint Pierre.

Collection Jabach.

332. *Le portement de croix, dit* Lo Spasimo.

A la plume, lavé de bistre et rehaussé de blanc. — H. 0,500. — L. 0,413.

Le tableau original fait partie du Musée de Madrid.

Collection Jabach.

333. *Buste de femme de grandeur naturelle: la tête est tournée de trois quarts vers la droite, les cheveux sont en partie relevés et noués en tresses au-dessus du front.*

A la pierre noire et au pastel. — H. 0,524. — L. 0,362.

D'après une figure de femme agenouillée et exprimant la terreur, qui fait partie du carton de la mort d'Ananie, conservé au château d'Hampton-Court.

L'inventaire Jabach, n° 612 de l'École de Raphaël, attribue ce dessin au Fattore.

334. *Buste d'homme de grandeur naturelle; il est vu de profil, tourné à droite et la tête levée.*

A la pierre noire et au pastel. — H. 0,524. — L. 0,361.

D'après une figure de chrétien recevant l'aumône de la main des Apôtres, dans le carton représentant la mort d'Ananie, conservé au château d'Hampton-Court.

L'inventaire Jabach, n° 613 de l'École de Raphaël, attribue ce dessin au Fattore.

École de **Raphael**.

335. *La Vierge assise, ayant entre ses genoux l'Enfant-Jésus debout, se penche pour embrasser* *le petit saint Jean, qui présente un oiseau au Sauveur.*

A la pierre noire, lavé et légèrement rehaussé de blanc sur papier gris. — H. 0,281. — L. 0,245.

Il est facile de voir, malgré quelques changements assez remarquables, que l'auteur de ce dessin a pris la première pensée de son groupe à l'admirable tableau de Raphaël, *la Madonna del Cardellino,* qui orne la tribune de la galerie degli Uffizi, à Florence.

Inventaire Jabach, n° 415 de l'École de Raphaël.

336. *Femme assise, représentant la Modération.*

A la pierre noire — H. 1,780. — L. 1,140.

Carton de l'une des figures peintes dans la salle de Constantin, à Rome.

Provient de l'église Saint-Louis-des-Français, à Rome.

SANTI DI TITO, *peintre et architecte, né à Borgo-San-Sepolcro en 1538, mort à Florence le 25 juillet 1603.*

Voir l'**Appendice**, p. 258.

337. *Portrait de femme assise et vue de trois quarts; les cheveux sont courts et redressés suivant la mode du temps, la main droite est posée sur la poitrine*

A la sanguine. — H. 0,284. — L. 0,208.

Baldinucci possédait plusieurs dessins de Santi di Tito, qu'il avait acquis, nous dit-il lui-même, pour un prix considérable, du capitaine Francesco Siretti, petit-fils de l'artiste.

Collection Baldinucci.

SCHIAVONE (ANDREA), *dit* **MELDOLA,** *peintre, né à Sebenico, en Dalmatie, en 1522, mort à Venise en 1582.*

Voir le **Catalogue des peintures, Écoles d'Italie.**

338. *La Cène.*

Camaïeu de couleur verdâtre, avec rehauts de blanc. — H. 0,320. — L. 0,547.

Collections Vasari et Jabach.

SCHIDONE (BARTOLOMMEO), *peintre, né à Modène en 1580? mort en 1615.*

Voir le **Catalogue des peintures, Écoles d'Italie.**

339. *Figure de saint Jean nu et assis, le corps de profil et tourné à droite, la tête de trois quarts.*

A la pierre noire sur papier gris. — H. 0,241. — L. 0,264.

Ce dessin a appartenu à Crozat, puis à Mariette, qui y a joint la note suivante : « *Étude pour la figure de saint Jean-Baptiste, « que le Schedon a employée dans un dessin de Sainte « Famille qui est à Capo di Monte, à Naples, qui était autre- « fois à Parme, et qui est un des plus beaux tableaux qu'ait « exécutés le Schedon.* »

SIGNORELLI (LUCA), *peintre, né à Cortone vers 1441, mort à Cortone en 1523.*

Voir le **Catalogue des peintures, Écoles d'Italie.**

340. *Étude de quatre figures nues. A gauche, un groupe de deux femmes, dont l'une paraît entraîner la seconde ; à droite deux hommes, l'un vu de face, l'autre de dos.*

A la pierre noire. — H. 0,295. — L. 0,370.

On voit sur ce dessin un monogramme à la plume paraissant aussi ancien que le dessin, et composé des lettres L et S entrelacées.

Ces deux groupes offrent une telle analogie avec plusieurs de ceux du Jugement dernier d'Orvieto, qu'il est permis de penser qu'ils étaient destinés à cette composition.

Collection Baldinucci.

341. *Deux saints debout. Celui de gauche est un moine vu presque de face, portant la main droite à son côté ; la tête de celui de droite est de profil et tournée à gauche, le corps est de trois quarts, enveloppé dans une ample draperie.*

Aux crayons noir et blanc, avec quelques touches de crayon de couleur. — H. 0,391. — L. 0,352.

Ces deux figures étaient séparées et ont été ajustées sur une feuille.

Collection Baldinucci.

342. *Saint debout et drapé, vu de face, la tête de profil et tournée à droite, les deux mains réunies sur la poitrine.*

Aux crayons rouge, noir et blanc. — H. 0,467. — L. 0,255.

Ce dessin a été à la fois piqué et tiré au carreau.

Collection Baldinucci.

343. *Étude d'homme nu vu de dos et de trois quarts ; il se dresse sur la pointe des pieds, et ses deux mains sont élevées au-dessus de sa tête et jointes, comme pour frapper avec force.*

A la pierre noire. — H. 0,412. — L. 0,253.

Ce dessin, qui porte le monogramme L S à la plume, est évidemment une première pensée pour une figure de démon du Jugement dernier d'Orvieto, figure qui ne se retrouve pas dans la fresque.

Collection Baldinucci.

344. *Figure de sainte debout et drapée, vue de face, et tenant un vase de la main droite.*

A la pierre noire. — H. 0,354. — L. 0,215.

Tiré au carreau pour l'exécution de la peinture.
Collection Baldinucci.

345. *Étude de deux hommes nus debout; l'un est vu de face et a sa main placée sur sa hanche, l'autre est vu de profil et avance le bras gauche sur l'épaule du premier.*

A la pierre noire. — H. 0,412. — L. 0,266.

Ce dessin a été taché par l'humidité dans sa partie de droite.
Collection Baldinucci.

346. *La Crucifixion.*

Plusieurs figures d'hommes à cheval sont réunies au pied de la croix, qu'embrasse la Madeleine. Saint Jean est debout à gauche, la tête levée et les mains jointes. Sur le premier plan, la sainte Vierge évanouie entre les bras de trois saintes femmes, dont d'une lui tâte le pouls. La figure du Christ manque.

A la pierre noire et à la plume. — H. 0,510. — L. 0,833.

Collection Baldinucci.

347. *Étude d'homme nu, debout et vu de dos, portant sur ses épaules un cadavre.*

A l'aquarelle et à la gouache sur papier gris verdâtre. — H. 0,355. — L. 0,225.

Donné en juin 1858 par M. Morris Moore.

Ces deux figures ont été placées par le maître au second plan de la composition représentant les damnés, composition faisant partie du Jugement dernier de la cathédrale d'Orvieto. Dans la fresque, on ne voit que la partie supérieure du groupe. Le reste est caché par les figures du premier plan.

SOLARIO (Andrea), *peintre, né à Milan, vers* 1458. *mort vers* 1530.

Voir le **Catalogue des peintures, Écoles d'Italie.**

348. *Tête de saint Jean; les yeux sont à moitié fermés, la bouche est entr'ouverte.*

A la pierre noire, lavé de bistre. — H. 0,195. — L. 0,265.

Le tableau dont ce dessin très-terminé est l'étude, se trouvait dans la galerie Pourtalès. Il a été donné au Musée du Louvre par M. E. Lecomte.

Exposé salle des Boites.

TEMPESTI (Antonio), *peintre et graveur, né à Florence vers* 1555, *mort à Rome le* 5 *août* 1630.

Voir l'**Appendice**, p. 260.

349. *Grande bataille à la porte d'une ville incendiée; dont on aperçoit les murailles au second plan à droite. Sur le premier plan à gauche, un cavalier porte-étendard, galopant presque de face, précède un flot de fuyards.*

A la pierre noire et à la plume, vigoureusement lavé de bistre et rehaussé de blanc. — H. 0,435. — L. 0,725.

TESTA (Pietro), *peintre et graveur, né à Lucques après* 1610, *mort à Rome en* 1650.

Voir l'**Appendice**, p. 262.

350. *L'éducation d'Achille.*

On voit sur le premier plan le centaure Chiron apprenant à son élève à jouer de la lyre. Vers la droite du dessin, et sur un plan plus reculé, Achille est monté sur le dos du centaure qui court, et lui enseigne à lancer le javelot.

Au crayon et lavé d'encre de Chine. — H. 0,270. L. 0,418.

Ce dessin a été gravé en contre-partie par Gio. Cesare Testa.

Collection Mariette.

TIBALDI (PELLEGRINO), *peintre, sculpteur, architecte, ingénieur, né à Bologne en 1527, mort à Milan après 1595.*

Voir l'**Appendice**, p. 265.

Attribué à **P. Tibaldi**.

351. *Sujet inconnu.*

Sur le premier plan, une femme soutient un homme assis et endormi, tenant des fleurs d'une main. Ce groupe est accompagné d'un enfant et d'un chien. A droite, un homme vu de dos et une femme debout. Toutes ces figures sont nues, ainsi que celles de plusieurs nymphes qui se voient à gauche, sur le second plan.

A la sanguine. — H. 0,349. — L. 0,287.

UBERTINI (FRANCESCO), dit **IL BACHIACCA**, *peintre, né à Florence (?), mort à Florence en 1557.*

Voir l'**Appendice**, p. 269.

352. *L'envoyé de Joseph emmenant le jeune Benjamin dans le sac duquel on vient de retrouver la coupe; composition de quatorze figures portant le costume de la fin du 15e siècle.*

L'envoyé de Joseph porte un turban; on remarque à gauche

deux gardes armés de hallebardes. Les frères de Joseph expriment leur douleur.

Aux crayons noir et blanc. — H. 0,338. — L. 0,700.

Ce dessin a été piqué; il porte dans l'inventaire Jabach le n° 48 de l'École florentine.

Il était réuni au suivant, et tous deux formaient le carton de l'une des peintures que le Bachiacca peignit dans la fameuse chambre nuptiale des Borgherini.

Chacun sait avec quel luxe Salvi Borgherini, gentilhomme florentin, avait fait orner l'ameublement de cette chambre pour les noces de son fils Pier Francesco avec Margherita Acciauoli. Outre les sculptures de Baccio d'Agnolo et les peintures du Bachiacca, on y admirait des ouvrages d'Andrea del Sarto, du Pontormo et de Granacci, représentant presque tous des sujets de la vie de Joseph.

Les deux tableaux d'Andrea del Sarto et ceux du Pontormo se trouvent à Florence, au palais Pitti, et à la galerie degli Uffizi; ceux du Bacchiacca sont en Angleterre chez M. Sandfort.

M. Rosini a donné (Storia della pittura Italiana, tavola CXXXIII) une gravure au trait du tableau dont nos deux dessins forment le carton; la seconde peinture représente Joseph renvoyant ses frères chargés de présents à la maison paternelle pour prendre le vieux Jacob et l'amener en Égypte.

On peut voir dans Vasari (vie du Pontormo) avec quelle énergie Margherita Acciauoli sut défendre, pendant le siége de Florence, les précieux ornements de sa chambre contre la rapacité de G. Battista della Palla, qui venait, muni de la permission du gonfalonier, dans l'intention de les enlever et de les porter en France au roi François 1er.

353. *Benjamin et ses frères aux pieds de Joseph, et implorant sa miséricorde.*

Joseph est debout à droite; près de lui se voient un guerrier et des hommes coiffés de turbans. Les fils de Jacob remplissent la gauche de la composition et sont représentés agenouillés ou plongés dans la douleur.

Aux crayons noir et blanc. — H. 0,330. — L. 0,092.

Ce dessin a été piqué; il est décrit dans l'inventaire Jabach sous le n° 49 de l'École florentine.

Voyez la note du numéro précédent.

VANNI (Francesco), *peintre et graveur, né à Sienne en 1563, mort à Sienne le 25 octobre 1609.*

Voir le **Catalogue des peintures, Écoles d'Italie.**

354. *La Visitation.*

La sainte Vierge et sainte Élisabeth sont dans les bras l'une de l'autre. A gauche, saint Joseph et une femme portent des colombes; à droite, Zacharie sur le seuil de sa maison.

Grisaille à l'huile sur papier. — H. 0,220. — L. 0,176.

355. *La Sainte-Vierge, tenant l'Enfant-Jésus et couronnée par deux anges, donne à un saint religieux, agenouillé sur les nuages, un objet qui paraît être un scapulaire. A droite, plusieurs figures en adoration. Dans le bas du dessin, les flammes du purgatoire.*

A la pierre noire et lavé de bistre. — Forme cintrée. — H. 0,251. — L. 0,155.

Ce dessin a été mis aux carreaux.

356. *Saint Antoine de Padoue agenouillé tient dans ses bras l'Enfant-Jésus, que la Vierge, debout sur un nuage, vient de confier à ses caresses. A gauche, sur le second plan, un saint religieux agenouillé.*

A la pierre noire, avec quelques touches de sanguine. — H. 0,267. — L. 0,206.

Ce dessin vient de la collection Mariette; il a été mis aux carreaux.

357. *Saint Antoine de Padoue agenouillé, tient entre ses bras l'Enfant-Jésus, qu'il regarde avec amour. La sainte Vierge est debout sur un nuage près de ce groupe.*

Aux crayons rouge et noir, avec quelques touches de lavis et quelques rehauts de blanc sur papier gris. — H. 0,445. — L. 0,301.

Même composition que le numéro précédent.

358. *Mort de saint Antoine.*

Il expire dans les bras d'un ange et est assisté de deux religieux, dont l'un soutient un crucifix que sa main défaillante laisse échapper. Dans le ciel entr'ouvert, on aperçoit la Vierge et l'Enfant-Jésus, sainte Catherine et un ange.

Grisaille à l'huile sur papier. — H. 0,266. — L. 0,181.

Vanni peignit ce sujet pour la compagnie de Saint-Antoine, à Sienne.

359. *Saint Hyacinthe ressuscitant un enfant.*

Le saint agenouillé, et tenant la main de l'enfant qui déjà se relève, a le regard fixé sur la sainte Vierge, qui lui apparaît, portée sur les nuages et couronnée par un ange. A droite, la mère agenouillée et entourée de plusieurs femmes debout; à gauche, un page tenant un cheval.

Grisaille à l'huile sur papier collé sur bois. — H. 0,404. — L. 0,285.

Collection Mariette.

360. *Tête de religieuse, vue de profil et tournée à gauche; son voile entoure sa tête et sa guimpe passe sous son menton.*

Aux crayons rouge, noir et blanc sur papier gris. — H. 0,229. — L. 0,183.

Collection Jabach.

361. *Une religieuse, soutenue par deux de ses compagnes, porte le saint viatique. Sur le devant, deux cadavres étendus à terre.*

A la pierre noire, avec quelques touches de couleur violette. — H. 0,300. — L. 0,182.

Collection Mariette.

362. *Tête de religieuse, exécutée d'après nature et après la mort du modèle. Les yeux sont fermés. L'artiste a seulement indiqué le voile et le bandeau.*

Aux trois crayons et au pastel sur papier gris verdâtre. — H. 0,193. — L. 0,149.

Une inscription contemporaine nous apprend que c'est le portrait de *la beata Pasitea Crogi*, religieuse morte en odeur de sainteté au temps du peintre.

363. *Étude d'après nature de religieux debout, la tête baissée, tenant un rosaire dans ses mains jointes. Dans le bas du dessin, étude séparée de la tête.*

A la pierre noire. — H. 0,304. — L. 0,158.

Collection Mariette.

VANNUCCI (Pietro), *dit* **PIETRO PERUGINO**, *peintre, né à Città della Pieve, près de Pérouse, en 1446, mort au château de Fontignano, près de Pérouse, en 1524.*

Voir le **Catalogue des peintures, Écoles d'Italie.**

364. *Tête de Vierge, vue de profil, tournée à gauche et inclinée.*

A la pierre noire.

Étude pour le tableau du mariage de la Vierge, qui fut peint en 1495 pour l'une des chapelles de l'église Saint-Laurent, à Pérouse, et qui, donné en 1803 par le Musée du Louvre à la ville de Caen, fait depuis cette époque le plus bel ornement du musée de cette ville.

Au verso, étude d'homme debout et drapé, vu de face, tenant de ses deux mains un bâton.

A la plume. — H. 0,280. — L. 0,177.

L'expression de cette figure paraît indiquer qu'elle était destinée à représenter un des prétendants à la main de la Vierge ; mais elle n'a pas été employée par le maître dans la composition dont nous venons de parler.

Collection Jabach.

365. *Le Baptême de Jésus.*

Saint Jean et le Sauveur sont debout à la gauche du dessin. Dix personnages, également debout et vêtus à la mode du 15e siècle, complètent la composition.

A la plume, lavé de bistre et rehaussé de blanc. — H. 0,170. — L. 0,333.

Exposé salles des Boites.

366. *Tête de jeune femme vue de face, légèrement inclinée vers la gauche. Le voile qui entoure les cheveux retombe sur le cou et recouvre les épaules.*

Lavé et rehaussé de blanc sur papier teinté de jaune. — H. 0,250. — L. 0,187.

Ce dessin a été piqué ; il vient de Jabach.

367. *La sainte Vierge agenouillée et priant.*

Au pinceau, lavé de bistre sur trait au crayon et rehaussé de blanc. — H. 0,210. — L. 0,167.

Ce beau dessin pourrait aussi être attribué avec quelque vraisemblance au Spagna.

Inventaire Jabach, n° 585 des Écoles de Raphaël.

Exposé salle des Boites.

368. *Saint Jérôme debout, le corps nu jusqu'à la ceinture; une draperie qui s'enroule autour de son bras droit recouvre en partie ses jambes; il tient une pierre dans la main droite. Le corps est vu de face, la tête de profil à gauche, le regard dirigé vers le haut.*

A la plume, lavé de bistre sur papier gris. — H. 0,310. — L. 0,159.

Donné en décembre 1864 par M. Gatteaux, membre de l'Institut. Gravé en fac-simile par M. A. Leroy.

Collection Rutxhiel.

Attribué au **Pérugin**.

369. *Tête de vieillard entièrement chauve, vu de trois quarts et tourné vers la droite, les yeux au ciel.*

A la mine d'argent sur papier teinté de gris jaunâtre. — H. 0,180. — L. 0,122.

Ce dessin pourrait aussi être attribuée à Lorenzo di Credi.

D'après le **Pérugin**.

370. *Figure de Vierge agenouillée et les mains jointes, tirée d'une composition de la Nativité.*

A la mine d'argent, lavé et rehaussé de blanc sur papier teinté de gris brun. — H. 0,233. — L. 0,158.

Une inscription ancienne, placée au dos de ce dessin, l'attribue à Domenico Beccafumi. Il est certain cependant qu'il n'a aucun rapport avec les ouvrages bien connus de ce maître; mais comme les historiens nous apprennent que Beccafumi étudia avec ardeur pendant sa jeunesse les peintures du Pérugin, cette inscription, évidemment sincère, sinon éclairée, nous paraît mériter d'être conservée.

École du **Pérugin**.

371. *Sainte Famille.*

L'Enfant-Jésus, assis sur les genoux de sa mère, bénit le petit saint Jean et reçoit la croix de ses mains. A gauche, saint Joseph debout tenant une longue pièce de bois; à droite, saint Jérôme.

<blockquote>A la mine d'argent et rehaussé de blanc, avec quelques touches de lavis, sur papier teinté de gris pâle. — Forme octogone. — H. 0,197. — L. 0,193.</blockquote>

Ce dessin vient de Jabach. Il paraît devoir être attribué à B. Pinturicchio.

372. *Tête de vieillard à longue barbe, vue de face et penchée à gauche, les yeux dirigés vers le haut. Les épaules sont couvertes d'un manteau qui s'enroule autour du corps.*

<blockquote>Lavé et rehaussé de blanc, avec quelques touches de gouache, sur papier teinté. — H. 0,247. — L. 0,190.</blockquote>

Cette tête est prise dans le beau tableau du Pérugin, représentant le Christ au tombeau, qui se voit au palais Pitti; c'est celle de saint Joseph d'Arimathie.

Collection Jabach.

373. *Figure de jeune homme debout et vu de face, la tête inclinée vers la gauche, les mains à la ceinture; les pieds sont nus.*

<blockquote>A la mine d'argent et rehaussé de blanc sur papier teinté de jaune. — H. 0,151. — L. 0,059.</blockquote>

Ce dessin vient de Jabach. Il a été mis aux carreaux.

VECELLI (Tiziano), *peintre, né à Pieve di Cadore en* 1477, *mort à Venise le* 27 *août* 1576.

Voir le **Catalogue des peintures, Écoles d'Italie.**

ECOLES D'ITALIE. — VECELLI.

374. *Groupe d'Apôtres.*

Les onze apôtres sont réunis autour du tombeau, les yeux levés au ciel.

A la plume. — H. 0,231. — L. 0,302.

Première pensée du tableau représentant l'Assomption de la Vierge, peint pour le maître-autel de l'église des Frari, à Venise, et conservé aujourd'hui à l'Académie des beaux-arts de cette ville.

Gravé en fac-simile par M. A. Leroy (Chal. Nat.)

Collection Mariette.

Exposé salle des Boites.

375. *Le jugement de Pâris.*

Pâris est assis sur un tertre à gauche; les trois déesses, debout devant lui, le sollicitent. L'Amour pose une couronne sur la tête de Vénus.

A la plume. — H. 0,247. — L. 0,200.

Exposé salle des Boites.

376. *Homme debout appuyé contre un mur et tenant de ses deux mains une hallebarde; la tête est levée vers la gauche et vue en raccourci.*

A la sanguine.

Gravé en fac-simile par M. A. Leroy. (Chal. Nat.)

Au verso, figure de saint Sébastien attaché à un arbre.

Croquis à la plume. — H. 0,319. — L. 0,215.

Collection Crozat.

377. *Tête de vieillard; il est vu de face, les yeux baissés, portant une longue barbe blanche, et appuyé sur la main droite.*

Au fusain et aux crayons noir et blanc sur papier gris. — H. 0,369. — L. 0,270.

Collection Mariette.

378. *Tête de vieillard vue de profil et tournée à droite ; sa barbe est longue et encore noire.*

Au fusain et au crayon blanc sur papier gris. — H. 0,315. — L. 0,230.

Collection Jabach.

379. *L'enlèvement d'Europe; paysage.*

Sur le premier plan, Europe est emportée par le taureau, qui se précipite dans les flots. Une nymphe a été renversée en voulant le retenir ; une seconde s'élance à sa poursuite ; une troisième est assise à la gauche de la composition. A droite, de l'autre côté de la rivière qui traverse le paysage, des bergers gardant leurs troupeaux. Une ville au fond, entre des montagnes escarpées.

A la plume. — H. 0,395. — L. 0,620.

Exposé salle des Boîtes.

Attribué au **Titien.**

380. *Guerrier armé et cuirassé, debout, la tête tournée vers la gauche, et marchant vers la droite.*

Au pinceau trempé dans l'encre de Chine et rehaussé de blanc sur papier gris verdâtre. — H. 0,455. — L. 0,199.

VERROCCHIO (Andrea di Michele Cioni, *dit* **ANDREA DEL**), *peintre, sculpteur, orfévre, architecte, né à Florence en 1435, mort à Venise en 1488.*

Voir l'**Appendice**, p. 270.

381. *Cheval vu de profil et tourné vers la gauche, les pieds portent sur deux piédestaux.*

A la plume et au crayon légèrement lavé de bistre. — H. 0,225. — L. 0,165.

Ce dessin très-arrêté est une étude d'après l'un des chevaux de Venise.

Collection Mariette.

Exposé salle des Boites.

VINCI (Lionardo da), *peintre, sculpteur, ingénieur, musi-cien, né au château de Vinci, sur le territoire florentin, en* 1452, *mort au château de Cloux, près d'Amboise, le* 2 *mai* 1519.

Voir le **Catalogue des peintures, Écoles d'Italie.**

382. *Tête de jeune homme vu de profil et coiffé d'une calotte. A gauche, trois autres indications de figures.*

Ce dessin très-terminé est à la plume et lavé d'encre. — H. 0,180. — L. 0,155.

Gravé par Caylus (Chal. Imp.), et en fac-simile par M. Chenay.

Vient de Jabach.

Exposé salle des Boîtes.

383. *Tête d'enfant, vue de profil et tournée à gauche.*

Au crayon d'argent et rehaussé de blanc sur papier teinté de vert pâle. — H. 0,120. — L. 0,100.

Cette étude a servi pour l'Enfant-Jésus de la composition connue sous le nom de la Vierge aux Rochers, dont l'original, acquis par François Ier, fait partie du Musée du Louvre.

384. *Tête de jeune homme vu de profil et tourné vers la droite; une couronne de feuilles de chêne est mêlée à sa chevelure.*

Dessin très-terminé au crayon d'argent et à la pierre noire sur papier préparé. — H. 0,185. — L. 0,120.

Il paraît avoir été exécuté d'après le même modèle que celui décrit sous le n° 382.

Collection Jabach.

385. *Tête d'homme âgé, vu de trois quarts et se tournant vers la gauche.*

A la sanguine. — H. 0,095. — L. 0,060.

Gravé par Caylus (Chal. Nat.)

386. *Jeune homme vu en buste et de trois quarts, tourné vers la droite: sa chevelure est énorme.*

A la sanguine. — H. 0,100. — L. 0,085.

387. *Tête de femme vue presque de face, le regard dirigé vers la gauche. Dans le haut, à droite, profil de jeune homme.*

Au crayon d'argent, sur papier teinté de bleu pâle. — H. 0,160. — L. 0,140.

388. *Buste de femme vue de face; le regard est dirigé vers la droite. Une draperie entoure la tête et forme, en retombant, un nœud de chaque côté.*

A la mine d'argent, lavé et rehaussé de blanc sur papier teinté de vert pâle. — H. 0,240. — L. 0,170.

389. *Étude très-arrêtée d'une ample draperie enveloppant le bas du corps d'un personnage assis.*

Peint de noir et de blanc sur une toile très-fine. — H. 0,266. — L. 0,234.

Vasari nous apprend que Léonard fit souvent dans sa jeunesse des études de ce genre. La galerie de Florence en possède en effet plusieurs semblables à la nôtre. Nous devons citer ici le passage du biographe, qui s'applique exactement à ces dessins merveilleux :

...Studiò assai in ritrar di naturale, e qualche volta in far modelli di figure di terra; e a dosso a quelli metteva cenci molli interrati, e poi con pazienza si metteva a ritrargli sopra a certe tele sottilissime di rensa o di panni lini adoperati, e gli lavorava di nero e bianco con la punta del pennello, che era cosa miracolosa ; come ancora ne fa fede alcuni che ne ho di sua mano in sul nostro libro de disegni..., etc. (Vita di Leonardo).

« Il s'appliqua beaucoup à dessiner d'après nature, et quelquefois
« modela des figures en terre sur lesquelles il mettait de vieux linges
« mouillés enduits de terre ; ensuite il se mettait avec patience à les
« dessiner sur du linon très-fin, ou sur de la toile qui avait déjà
« servi, et les terminait à la pointe du pinceau avec du blanc et du
« noir. C'était chose admirable, comme en font foi les dessins de ce
« genre contenus dans notre recueil. »

390. *Portrait grand comme nature de jeune femme vue en buste.*

La tête est de profil, tournée vers la droite ; la chevelure est ondulée et retombe sur les épaules. Le buste, vu de trois quarts, est couvert d'une robe rayée et à manches larges. La main droite est posée sur le bras gauche.

> Ce carton, qui a été piqué avec le plus grand soin et par le maître lui-même, est exécuté à la pierre noire et à la sanguine, et rehaussé de touches de pastel. — H. 0,630. — L. 0,460.

Il provient de la galerie Calderara Pino, de Milan, et de la collection Vallardi.

Acquis en décembre 1860 en vente publique au prix de 4,200 fr. plus les frais, soit 4,410 fr.

391. *Étude très-arrêtée de la draperie de la sainte Vierge, pour le tableau de sainte Famille, représentant la Vierge sur les genoux de sainte Anne, qui fait partie du Musée du Louvre.*

> A la pierre noire, vigoureusement lavé d'encre de Chine et rehaussé de blanc sur papier légèrement bistré. — Forme octogone. — H. 0,231. — L. 0,246.

Ce beau dessin nous paraît entièrement retravaillé par la main d'un maître plus moderne.

Il a fait partie de la collection de sir Thomas Lawrence et de la vente du roi des Pays-Bas, n° 182 du catalogue.

Acquis de M. Samuel Woodburn au prix de 750 fr. (30 livres sterling), décembre 1851.

Attribué à **Léonard de Vinci.**

392. *Tête de vieillard presque chauve, vue de trois quarts.*

      Au crayon d'argent sur papier préparé. — H. 0,170. — L. 0,150.

Collection Jabach.

D'après **Léonard de Vinci.**

393. *Tête de sainte Anne.*

      Aux crayons rouge et noir. — H. 0,390. — L. 0,270.

Cette copie a été attribuée à Daniel de Volterre.

Collection Jabach.

École de **Léonard de Vinci.**

394. *Apôtre étendu à terre et dormant.*

      A la plume, lavé et rehaussé de blanc sur papier teinté de vert. — H. 0,145. — L. 0,240.

395. *Tête de femme coiffée d'un turban.*

      Au crayon noir et rehaussé de blanc sur papier gris brun. — H. 0,265. — L. 0,205.

Ce dessin paraît devoir être attribué à Bernardino Luini.

396. *Buste de femme portant de longs cheveux; la tête est souriante et se tourne vers le spectateur.*

      Aux crayons noir et blanc, et lavé sur papier gris; le fond est teinté de couleur brune. — H. 0,275. — L. 8,220.

Collection Jabach.

ZAMPIERI (Domenico), dit **IL DOMENICHINO**, *peintre, né à Bologne le 21 octobre 1581, mort à Naples le 15 avril 1641.*

Voir le **Catalogue des peintures, Écoles d'Italie.**

397. *Le pape Urbain donne sa bénédiction à sainte Cécile expirante.*

Une femme debout témoigne son effroi; deux autres recueillent le sang de la sainte (dont la figure manque).

A la pierre noire et rehaussé de crayon blanc sur papier gris. — H. 2,200. — L. 1,470.

Fragment du carton qui a servi pour l'une des peintures exécutées à Rome dans l'église Saint-Louis-des-Français.

Ce carton et les trois suivants viennent de l'église Saint-Louis-des-Français.

398. *Une jeune fille à genoux, un vieillard, une femme debout tenant un enfant par la main, expriment l'horreur qu'ils éprouvent à l'aspect des angoisses de sainte Cécile. La figure de la sainte manque.*

A la pierre noire et rehaussé de crayon blanc sur papier gris. — H. 2,180. — L. 1,470.

Portion du carton précédent.

399. *Sainte Cécile portée au ciel; elle est soutenue par des anges qui portent l'orgue, la palme et l'épée.*

Au crayon noir, rehaussé de crayon blanc sur papier gris. — H. 2,270. — L. 1,910.

Portion du carton qui a servi au Dominiquin pour peindre la voûte de la chapelle de sainte Cécile, dans l'église Saint-Louis-des-Français, à Rome.

6.

400. *Adam et Ève chassés du paradis terrestre; un lion est couché sur le premier plan à droite.*

> Au crayon noir, lavé et rehaussé de blanc sur papier gris. — H. 1,240. — L. 1,740.

401. *Tête de vieillard à longue barbe, exprimant la colère; elle est vue presque de face.*

> A la pierre noire, rehaussé de blanc sur papier gris bleu. — H. 0,355. — L. 0,255.

Collections Odescalchi, Crozat et Mariette.

ZUCCHERO (FEDERIGO), *peintre, né dans le duché d'Urbin en 1543, mort à Ancône en 1609.*

Voir l'**Appendice**, p. 273.

402. *Intérieur de la chapelle Saint-Laurent, à Florence.*

Onze artistes sont occupés à travailler d'après les statues de Michel-Ange.

> A la pierre noire et à la sanguine. — H. 0,200. — L. 0,263.

403. *Intérieur de la chapelle Saint-Laurent, à Florence.*

Plusieurs personnes contemplent les sculptures de Michel-Ange. On remarque principalement un artiste debout et vu de face, la tête levée et dessinant, qui paraît être Federigo Zucchero lui-même.

> A la pierre noire et à la sanguine. — H. 0,188. — L. 0,265.

404. *Portrait de Taddeo Zucchero. Il est vu en buste*

et de trois quarts, retenant d'une main son manteau.

Aux crayons rouge et noir. — H. 0,175. — L. 0,116.

Ce portrait est entouré d'une bordure ovale que supporte une tête de chérubin.

Collection Baldinucci.

405. *Portrait d'homme vu de face et jusqu'aux genoux, pesant sur une table sa main droite, dans laquelle est passé son chapelet.*

A la pierre noire et à la sanguine. — H. 0,187. — L. 0,124.

On lit sur ce dessin l'inscription suivante : *D° Tiberio di Zanobi C..., fiorentino a Vall' ombrosa a 10 d'agosto 1576.*

406. *Portrait d'homme vu de face et à mi-corps. Il porte barbe et moustache; ses cheveux sont rares. Un manteau à col rabattu couvre ses épaules. Sa main droite est posée en avant sur une table.*

Aux crayons rouge et noir. — H. 0,219. — L. 0,171.

Collection Baldinucci.

407. *Deux dessins sur une feuille :*

1° *Portrait de jeune fille vue à mi-corps et de trois quarts, tournée vers la droite et posant la main sur une table. Un jeune garçon est derrière elle, à gauche, riant et la montrant du doigt.*

Aux crayons rouge et noir. — H. 0,201. — L. 0,171.

2° *Portrait de deux jeunes filles vues de face et à mi-*

corps; toutes deux sont assises : l'une d'elles tient un livre.

Aux crayons rouge et noir. — H. 0,200. — L. 0,175.

Collection Baldinucci.

408. Buste de femme tournant la tête de face, et regardant en bas vers la gauche; la bouche est entr'ouverte. Le buste n'est qu'indiqué et vu de profil.

A la sanguine et à la pierre noire. — H. 0,158. — L. 0,131.

409. Étude de deux chiens, l'un debout et vu de profil, l'autre couché et vu par derrière. Dans le bas du dessin, études séparées de deux têtes de chien.

A la pierre noire et à la sanguine. — H. 0,229. — L. 0,156.

410. Étude de deux chiens lancés au galop et vus par derrière.

A la pierre noire et à la sanguine. — 0,197. — L. 0,138.

D'après un ancien maître flamand.

411. Sainte Catherine, agenouillée et les mains jointes, va recevoir la mort de la main du bourreau debout près d'elle et tenant son épée. Sur le second plan, à gauche, plusieurs personnages à cheval; à droite, la sainte près de la roue. — *Au verso, contre-épreuve d'une composition représentant la tour de Babel.*

A la pierre noire et à la sanguine. — H. 0,222. — L. 0,163.

L'original de ce dessin fait partie du fameux bréviaire Grimani, conservé à la bibliothèque Saint-Marc, à Venise.

412. *Une sibylle montre dans le ciel entr'ouvert la Vierge à un roi agenouillé et tenant l'encensoir. Plusieurs figures d'hommes et de femmes debout complètent la composition. Dans le fond, divers monuments d'architecture gothique.*

A la pierre noire et à la sanguine. — H. 0,226. — L. 0,165.

L'original fait partie du bréviaire Grimani.

Collection Jabach.

Voyez le n° 29 ci-dessus.

ZUCCHERO (TADDEO), *peintre, né dans le duché d'Urbin le 1ᵉʳ septembre 1529, mort à Rome le 2 septembre 1566.*

Voir l'**Appendice**, p. 278.

413. *L'empereur Charles V se prosternant devant le pape Paul III.*

A la plume et au crayon. — H. 0,318. — L. 0,480.

C'est la première pensée d'une composition peinte au château de Caprarola. Les figures sont plus nombreuses dans la fresque.

INCONNUS.

ÉCOLE FLORENTINE, XVᵉ SIÈCLE.

414. *Tête de jeune homme vu de trois quarts et penché vers la gauche.*

A la pierre noire et rehaussé de blanc sur papier teinté de jaune (les blancs sont modernes).

> *Au verso, étude de femme drapée et marchant, vue de la ceinture aux pieds.*
>
> A la plume sur papier blanc. — H. 0,120. — L. 0.100

Le croquis à la plume qui se trouve au verso rappelle S. Botticelli.

Ce dessin et les trois suivants paraissent être de la même main.

Collection Jabach.

415. *Étude d'homme drapé et assis; il est vu de trois quarts et tient un livre de ses deux mains.*

> A la mine d'argent et rehaussé de blanc sur papier teinté de jaune verdâtre (les blancs sont ajoutés). — H. 0,195. — L. 0,130.

Collection Jabach.

416. *Étude d'homme debout et drapé; la tête est vue de face et coiffée d'une calotte.*

> A la pierre noire et rehaussé de blanc sur papier teinté de jaune (les blancs sont ajoutés). — H. 0,210. — L. 0,095.

Collection Jabach.

417. *Figure d'homme debout, vu de profil et tourné vers la gauche; il lit en marchant.*

> A la pierre noire et rehaussé de blanc sur papier teinté de jaune (il a été retouché et les blancs sont modernes). — H. 0,220. — L. 0,115.

Collection Jabach.

418. *Tête de jeune homme, regardant en bas.*

> A la pierre noire et rehaussé de blanc sur papier teinté de rose (les blancs sont ajoutés). — H. 0,175. — L. 0,145.

Collection Jabach.

419. *Étude du torse d'un homme nu et vu de face; la*

ceinture est enveloppée d'une draperie. La naissance des bras est seule indiquée.

Très-terminé à la mine d'argent, et rehaussé de blanc sur papier légèrement teinté de rose. — H. 0,203. — L. 0,146

Collection Baldinucci.

420. *Tête de jeune homme vu de face et coiffé d'une calotte.*

A la plume, lavé de bistre et d'aquarelle, et rehaussé de blanc sur papier gris. — H. 0,275. — L. 0,210.

Ce beau dessin pourrait être attribué à Filippino Lippi.

Collection Jabach.

Exposé salle des Boîtes.

421. *Étude d'homme drapé et assis, vu de face et regardant le spectateur. Il est coiffé d'une draperie retombant par derrière sur les épaules. Sa main droite est placée sur son genou; la gauche retient les plis du manteau.*

A la mine d'argent et rehaussé de blanc sur papier teinté de jaune. — H. 0,261. — L. 0,165.

422. *Étude d'homme debout, vu de face et entièrement couvert d'une armure de fer; les deux bras sont levés. La tête n'est qu'indiquée.*

Peint à l'aquarelle et à la gouache sur papier gris. — H. 0,334. — L. 0,208.

Collection Baldinucci.

423. *Le Christ mené devant Pilate.*

Il est nu, les mains liées derrière le dos, et l'un des bourreaux le frappe. Pilate se lave les mains dans le bassin que lui présente un serviteur. On remarque à gauche une figure d'homme debout, tenant la main levée, et vêtu, comme les autres personnages qui entourent le Sauveur, à la mode du 15e siècle.

Colorié sur vélin. — H. 0,194. — L. 0,168.

Cette miniature a beaucoup souffert. Baldinucci, à qui elle a appartenu, l'attribuait à Andrea del Castagno. On pourrait aussi, avec quelque vraisemblance, y voir l'œuvre d'un artiste ferrarais, tel que Cosimo Tura.

424. *Sujet inconnu.*

Un roi soulève le linceul qui enveloppait deux jeunes gens, qu'un saint debout à droite vient de ressusciter. Cinq figures d'assistants, exprimant leur admiration de ce miracle, complètent la composition.

A la plume sur tissu de soie très-fin. — H. 0,296. — L. 0,230.

Plusieurs parties de ce beau dessin rappellent la manière de Sandro Botticelli. Il a aussi été attribué à Baldovinetti.

425. *Deux hommes debout et drapés, vus de profil et tournés vers la gauche; tous deux retournent la tête vers le spectateur; celui de droite paraît relever les plis de son manteau.*

A la mine d'argent et rehaussé de blanc sur papier teinté de rose foncé.

Au verso, étude de la draperie d'un homme debout.

A la mine d'argent et rehaussé de blanc sur papier teinté de couleur jaunâtre — H. 0,196. — L. 0,221.

426. *Saint debout et vu presque de face jusqu'aux genoux; la tête est inclinée à droite et vue de* *trois quarts ; les deux mains sont croisées sur la poitrine et tiennent une croix.*

A la mine d'argent et rehaussé de blanc sur papier teinté de couleur jaunâtre. — H. 0,202. — L. 0,136.

Ce dessin a souffert. Il vient de Baldinucci. On pourrait l'attribuer à Botticelli.

427. *Tête de vieillard, vue de profil et tournée à droite.*

A la mine d'argent et rehaussé de blanc sur papier teinté de rose. — H. 0,138. — L. 0,109.

Collection Baldinucci.

428. *Deux dessins sur une feuille.*

1° *Étude d'homme nu debout, vu de face et les mains jointes derrière le dos; la tête n'est pas indiquée.*

A la mine d'argent et rehaussé de blanc sur papier teinté de couleur brunâtre. — H. 0,184. — L. 0,093.

2° *Jeune homme debout et drapé; il est vu de profil, se dirigeant vers la gauche et retourne sa tête de face.*

A la mine d'argent et rehaussé de blanc sur papier teinté de couleur brunâtre. — H. 0,183. — L. 0,083.

Baldinucci attribuait ces deux dessins à Filippino Lippi. La belle figure drapée offre en effet une grande analogie de style avec quelques-unes de celles que l'on admire dans les fresques de la chapelle del Carmine, authentiquement restituées aujourd'hui à Filippino.

Collection Baldinucci.

429. *Homme assis et drapé; la tête est de face.*

A la pierre noire et rehaussé de blanc sur papier teinté de rose. — H. 0,190. — L. 0,140.

430. *Étude d'homme drapé et assis; il est vu de trois quarts et tourné vers la gauche.*

> A la mine d'argent, à la pierre noire et rehaussé de blanc sur papier teinté de rose (ce dessin a été retouché et les blancs sont modernes). — H. 0,185. — L. 0,110.

Collection Jabach.

431. *Homme drapé et assis vu de face, les mains croisées sur les genoux.*

> A la pierre noire et à la mine d'argent et rehaussé de blanc sur papier teinté de rose. — H. 0,200. — L. 0,110.

Collection Jabach.

432. *Figure d'homme drapé; il est assis et vu de face.*

> A la mine d'argent et rehaussé de blanc sur papier teinté de rose. — H. 0,190. — L. 0,100.

Ce dessin paraît être de la même main que les trois précédents.

Collection Jabach.

ÉCOLE FLORENTINE, XVIe SIÈCLE.

433. *Homme presque nu, emportant des vêtements et regardant derrière lui d'un air effrayé.*

> A la pierre noire. — H. 0,240. — L. 0,145.

ÉCOLE VÉNITIENNE, COMMENCEMENT DU XVIe SIÈCLE.

434. *Saint debout et drapé, vu presque de trois quarts et tourné vers la droite; il porte une longue barbe taillée en pointe, ses yeux sont baissés, et ses deux mains, croisées sur la poitrine, tiennent une longue banderole. Derrière ses pieds,* *à terre, on voit un livre. A droite, un fond de paysage légèrement indiqué.*

Lavé et rehaussé de blanc sur papier gris verdâtre. — H. 0,237. — L. 0,120.

Ce dessin porte le nom de Lorenzo Lotto. Il rappelle en effet la première manière de ce maître.

ÉCOLE VÉNITIENNE, XVIᵉ SIÈCLE.

435. *Jeune homme vu en buste et de profil, tourné à gauche; il est coiffé d'un bonnet à bords étroits et rabattus.*

Au fusain et à la pierre noire, avec quelques touches très-légères de sanguine et de crayon blanc sur papier gris. — H. 0,340. — L. 0,245.

On lit sur ce dessin la date: 1538-21 (april?). On pourrait l'attribuer à l'un des Bassan.

Gravé en fac-simile par M. A. Masson (Chal. Nat.)

ÉCOLE VÉNITIENNE OU LOMBARDE, FIN DU XVᵉ SIÈCLE OU COMMENCEMENT DU XVIᵉ.

436. *Judith mettant dans le sac de sa suivante la tête d'Holopherne, qu'elle vient de couper.*

Le corps d'Holopherne est vu en raccourci sur le premier plan.

A la plume, lavé et rehaussé de blanc sur vélin. — H. 0,326 — L. 0,267.

Baldinucci attribuait ce dessin à A. Mantegna. C'est une erreur évidente; mais nous y voyons l'œuvre d'un habile artiste vénitien ou lombard de la même époque.

On pourrait peut-être aussi penser au maître ferrarais Lorenzo Costa.

Collection Baldinucci.

Exposé salle des Boites.

437. *Le triomphe de Vespasien et de Titus.*

Au milieu de la composition, un jeune homme nu foule aux pieds des trophées de guerre. Il a près de lui deux prisonniers enchaînés, et l'on suppose qu'il représente le génie de Rome. Une jeune femme drapée se penche sur lui. Vers la droite, deux guerriers revêtus de riches armures doivent être Titus et Vespasien. Une Victoire tenant une couronne s'approche de ces deux personnages, qu'entourent de nombreuses figures d'hommes, de femmes et d'enfants. Au second plan, on remarque un groupe de soldats portant un monument qui est évidemment la représentation d'une province subjuguée. Dans le fond, garni de trophées et d'étendards, se voient un temple et des palais.

Très-terminé à la plume et lavé de bistre. — H. 0,325. — L. 0,492.

Ce superbe dessin a été gravé avec beaucoup de soin et de talent par Marc-Antoine (Bartsch, n° 213). Il a fait partie des collections Delanoue et Jabach, et a longtemps porté le nom de Mantègne ; mais il n'est certainement pas de ce maître.

Tout le monde est à cet égard du même avis ; mais les divergences surgissent et les conjectures abondent dès qu'il s'agit de la substitution à opérer. Le nom de Sodoma, proposé par M. Passavant, ne nous paraît pas plus admissible que le premier, et nous croyons que ceux de F. Francia, de Lorenzo Costa ou de Pellegrino di san Daniele, pourraient être présentés avec plus de vraisemblance.

Proposer trois noms, c'est n'en proposer aucun; nous le savons fort bien, et nous avouons que tous nos efforts n'ont réussi qu'à nous prouver la difficulté d'une solution définitive (1). Nous nous contenterons donc d'appeler sur cette œuvre énigmatique et merveilleuse les investigations des érudits.

Inventaire Jabach, n° 219 des Écoles de Venise et de Lombardie.

Exposé salle des boîtes.

---

(1) Dans un travail plein d'intérêt, M. Frizzoni a, de son côté, attribué notre dessin à la jeunesse de B. Peruzzi.

ÉCOLE LOMBARDE, COMMENCEMENT DU XVIe SIÈCLE.

438. *La sainte Vierge, vue de face et en buste, tient devant elle l'Enfant-Jésus assis sur un coussin; il est nu et joue avec la main droite de sa mère.*

>Ce joli dessin a été attribué à Solaric. Il est à la mine d'argent et rehaussé de blanc sur papier teinté de gris perle. — H. 0,148. — L. 0,120.

ÉCOLE LOMBARDE, XVIe SIÈCLE.

439. *Femme assise à terre et appuyée sur son bras droit. A droite de cette figure se voit le croquis d'une tête de roi. — Au verso, trois figures nues ou drapées; l'une d'elles tient une corne de la main droite.*

>A la sanguine et rehaussé de blanc sur papier bleu. — H. 0,170. — L. 0,200.

Collection Jabach.

ÉCOLES D'ITALIE, XIVe SIÈCLE.

440. *Saint debout, probablement saint Jacques : il est vu presque de face et tient de sa main droite le bâton de pèlerin. — Au verso, la Vierge assise et vue de face, tenant sur ses genoux l'Enfant-Jésus. Sa tête est couronnée et ceinte de l'auréole. Derrière elle est indiqué un édifice de style gothique.*

>Lavé et rehaussé de blanc sur papier teinté de gris bleu foncé. — H. 0,259. — L. 0,114.

Collection Baldinucci.

ÉCOLES D'ITALIE, COMMENCEMENT DU XVe SIÈCLE.

441. *Vieillard assis et vu de face, tenant d'une main un livre et de l'autre une plume; il est drapé d'un long manteau qui tombe jusqu'à ses pieds et les recouvre.*

Lavé et rehaussé de blanc sur papier teinté de brun. — H. 0,256. — L. 0,174.

ÉCOLES D'ITALIE, XVe SIÈCLE.

442. *Huit fragments de miniature réunis sur une feuille, savoir :*

1° Lettre D. *l'Enfant-Jésus dans les langes.*
H. 0,038. — L. 0,037.

2° Lettre O. *Saint Pierre vu en buste, tenant d'une main la clef et de l'autre un livre.*
H. 0,042. — L. 0,044.

3° Lettre N. *Sainte debout entourée de quatre têtes de chérubins.*
H. 0,032. — L. 0,033.

4° *Dans un appartement dont la porte est surmontée de l'écu de France se tiennent debout deux personnages : l'un est un vieillard les bras croisés, l'autre est une femme également âgée, levant la main droite et parlant.*
H. 0,106. — L. 0,112.

Au-dessous de ce sujet on lit : Cy commance le tiers livre on **quel** phie (Philosophie?) entent a demonstrer les plus fors remedes quelle avoit promis. Cestas...

5º Lettre E. *Saint vu en buste tenant un livre; il est tourné vers la droite.*

H. 0,048. — L. 0,047.

6º Lettre U. *L'Annonciation.*

H. 0,025. — L. 0,028.

7º Lettre D. *Saint debout tenant une palme et un livre; il est vu en buste et tourné vers la gauche.*

H. 0,025. — L. 0,028.

8º Lettre D. *Deux saints vus en buste; l'un d'eux, à barbe blanche, tient un livre.*

H. 0,048. — L. 0,046.

Toutes ces miniatures sont à l'aquarelle et à la gouache, avec rehauts d'or sur vélin. Les nos 1, 2, 3, 5, 6, 7 et 8 sont de l'école italienne, et proviennent d'un livre d'heures. Le nº 4 est de l'école française.

Collection Baldinucci.

443. *Onze fragments de miniature réunis sur une feuille, savoir :*

1º *L'évangéliste saint Mathieu écrivant, l'ange lui tient l'encrier.*

H. 0,055. — L. 0,048.

2º *Deux têtes de saints, l'un jeune et vu de profil, l'autre âgé et vu de face.*

H. 0,029. — L. 0,029.

3º *Saint Barthélemy vu en buste, tourné vers la droite.*
   H. 0,045. — L. 0,031.

4º *L'évangéliste saint Jean, la tête appuyée sur la main. On voit devant lui la tête de l'aigle.*
   H. 0,030 — L. 0,030.

5º *L'évangéliste saint Marc, vu en buste, la main appuyée sur le lion.*
   H. 0,046. — L. 0,040.

6º *Pilastre entouré de fleurs et d'ornements. Quatre enfants ailés sont assis sur les montants.*
   H. 0,075. — L. 0,045.

7º *Plusieurs saints vus en buste. On remarque au milieu saint Pierre (?) tenant la croix.*
   H. 0,067. — L. 0,068.

8º *Pilastre faisant pendant au 6º. Deux enfants debout se voient dans le bas.*
   H. 0,090. — L. 0,046.

9º *Lettre F. Saint debout vu en buste, tenant la croix.*
   H. 0,045. — L. 0,040.

10º *La vocation de saint Pierre. Le Christ est debout à droite. Saint Pierre et saint André sont dans la barque. Fond de paysage.*
   H. 0,075. — L. 0,089.

ÉCOLES D'ITALIE. — INCONNUS.

11° *Saint vu en buste, écrivant.*

H. 0,051. — L. 0,045.

Toutes ces miniatures sont à l'aquarelle et à la gouache, avec rehauts d'or, sur vélin; elles ont été détachées d'un livre d'heures.

Collection Baldinucci.

444. *Homme drapé assis sur un escabeau, et levant la main droite. Le corps est vu de profil, tourné vers la gauche; la tête est de face. — Au verso, autre étude d'homme drapé et assis. Il est vu de face et retient de ses deux mains les plis de son manteau.*

A la mine d'argent et rehaussé de blanc sur papier teinté de jaune. — H. 0.215. — L. 0,133.

Les blancs sont retouchés. Ce dessin porte le nom de Jean Bellin.

Collection Crozat.

ÉCOLES D'ITALIE, FIN DU XVᵉ SIÈCLE OU COMMENCEMENT DU XVIᵉ.

445. *Buste de vieillard; la tête est vue de trois quarts et tournée vers la droite, la barbe est très-longue et hérissée.*

Lavé et rehaussé de blanc sur papier teinté de gris violâtre.

Au verso, tête de vieillard vue de trois quarts et coiffée d'une espèce de turban.

Levé et rehaussé de blanc sur papier teinté de gris. — H. 0,115. — L. 0,090.

Collection Baldinucci.

446. *Figure d'évêque debout, vu de trois quarts et*

tourné vers la gauche. Il s'appuie de la main droite sur un bâton et tient un livre de la main gauche.

Lavé rehaussé de blanc sur papier légèrement teinté. — H. 0,129. — L. 0,079.

Ce dessin a beaucoup souffert. Il a fait partie de la collection Lagoy.

Vente Sylvestre, décembre 1851.

447. *Buste d'homme enveloppé d'un manteau; la tête est vue de profil et coiffée d'une toque.*

A la pierre noire sur papier gris. — H. 0,105. — L. 0,085.

448. *Tête d'enfant, vue de trois quarts et tournée vers la droite.*

A la mine d'argent et rehaussé de blanc sur papier teinté de couleur verdâtre. — H. 0,135. — L. 0,095.

Collection Baldinucci.

ÉCOLES D'ITALIE, XVIe SIÈCLE.

449. *Évêque debout et vu presque de face ; il tient sa crosse de la main droite et un livre ouvert de la main gauche.*

Grisaille à l'huile sur papier. — H. 0,232. — L. 0,138.

Collection Baldinucci.

450. *Six anges debout paraissant former un concert. Cinq d'entre eux sont vus de face, un seul, à l'extrémité du dessin, à droite, est vu de dos.*

A la sanguine.

Au verso, croquis divers à la sanguine et à la

ÉCOLES D'ITALIE. — INCONNUS.

pierre noire. On remarque, entre autres, un masque viril dont la barbe se termine en feuilles d'acanthe.

H. 0,189. — L. 0,260.

451. *La Cène. Le Christ est au fond, saint Jean repose sur sa poitrine, les apôtres sont étendus autour de la table. A droite, figures d'hommes portant des vases.*

Grisaille à l'huile. — H. 0,300. — L. 0,355.

452. *Descente de croix. Le corps du Christ est descendu et soutenu par trois disciples. La Vierge, assise au pied de la croix, est entourée de saintes femmes. A droite, un soldat debout et d'autres disciples.*

Grisaille à l'huile sur toile. — H. 0,450. — L. 0,360.

Cette esquisse a été attribuée, sans beaucoup de fondement, à G. F. Penni, dit le Fattore.

453. *Peintre assis à son chevalet, vu de profil et peignant; il est coiffé d'un bonnet à bord étroit et relevé, et son manteau est drapé sur son épaule.*

A la sanguine. — H. 0,115. — L. 0,176.

454. *Tête de femme vue de trois quarts, tournée vers la droite, et légèrement inclinée à gauche.*

Aux crayons noir et blanc sur papier gris bleuâtre. — H. 0,145. — L. 0,112.

Ce dessin porte le nom du Corrège; il paraît être de l'école lombarde.

ÉCOLES D'ITALIE, XVIIe SIÈCLE.

455. *Portrait de femme vue presque de face, un peu tournée vers la droite ; elle porte une robe **noire** montante et une collerette blanche.*

Pastel. — H. 0,380. — L. 0,270.

Ce portrait porte le nom de la duchesse de Bracciano. Il **présente** une analogie de faire assez marquée avec les ouvrages d'Ottavio Lioni.

456. *Portrait de jeune homme tourné à droite et vu seulement jusqu'aux épaules, il est entouré d'une bordure ovale, également au pastel.*

Pastel. — H. 0,370. — L. 0,270.

ÉCOLES D'ITALIE.

APPENDICE

Niccolo dell' Abbate, *peintre, né à Modène en 1512? mort en France en 1571?*

(ÉCOLE DE MODÈNE.) (1).

Voir nᵒˢ 1 à 3.

Nous ne saurions dire quel fut le maître de Niccolo dell' Abbate. Tiraboschi pense qu'il reçut de son père Giovanni dell' Abbate, modeleur de crucifix en stuc, les premières notions de l'art, et qu'il dut se perfectionner en travaillant avec le célèbre sculpteur Begarelli, son compatriote, et avec le Corrège. Mais ce sont là des suppositions dont la vraisemblance ne vaut pas le moindre document. On a dit aussi et répété que le Primatice avait été son maître, et on a voulu expliquer ce nom de dell'Abbate par le rapprochement des deux noms : Niccolo *scolare* dell'Abbate *Primaticcio*. Ces arrangements ingénieux

---

(1) Ce travail sur Niccolo a été publié en 1859 avec de plus amples développements.

tombent devant le fait bien constaté que le père de Niccolo portait, comme son fils, le nom d'Abati ou de dell'Abbate, et que cette famille était depuis longtemps connue à Modène.

Niccolo fut, dit-on, d'abord soldat. Mais il est probable qu'il ne suivit pas longtemps la carrière des armes, puisqu'en 1537, à l'âge d'environ 25 ans, il aidait Alberto Fontana dans l'exécution des fresques qui décoraient les boucheries de Modène. Neuf ans plus tard, en 1546, il peignait encore en compagnie du même artiste dans le palais public. Mais cette fois les rôles étaient intervertis, car le Fontana ne peignait plus que les ornements, et Niccolo était chargé des tableaux principaux qui avaient pour sujets : Brutus faisant approvisionner Modène, le Triumvirat..., etc. Sur une cheminée il représenta les Travaux d'Hercule.

En 1547, il était encore à Modène, et peignait à l'huile, pour le maître-autel de l'église Saint-Pierre, le fameux tableau du martyre de saint Pierre et saint Paul, lequel passa dans la galerie d'Este. On le voit aujourd'hui à Dresde, et il se trouve gravé par Folkema.

Tiraboschi énumère avec soin d'autres peintures faites par Niccolo dans sa ville natale, et qui n'existaient déjà plus de son temps. On cite aussi de sa main plusieurs décorations importantes dans divers bourgs et villes du duché de Modène, à Reggio, à Sassuolo, à Scandiano. Les fresques dont il orna ce dernier château, par ordre du comte G. Bojardo, sont les plus célèbres. Sous un portique il avait peint des sujets tirés des poëmes de l'Arioste, et dans un cabinet douze tableaux correspondant aux douze chants de l'Enéide. Ces dernières compositions, détachées de la muraille, ont été transportées avec grand soin au palais ducal de Modène. On les a gravées au trait en 1821.

Des travaux si heureux et si considérables durent mettre en relief les talents de notre artiste, et sa réputation le fit appeler à Bologne. Tiraboschi pense qu'il ne s'établit en cette ville, où il fut chaleureusement accueilli, qu'après 1546. Il ne nous paraît d'ailleurs nullement impossible que Niccolo eût précédemment fait plusieurs voyages et travaillé de son art à Bologne et dans les environs.

Les fresques du palais Torfanini, de Bologne, ont eu une très-grande réputation. Elles ont été admirées et étudiées par les Carraches, et leur perte est d'autant plus regrettable, qu'elle est, autant que nous sachions, entière, et qu'il n'en existe aucune estampe. Les sujets avaient une grande analogie avec les peintures de Fontainebleau. C'était l'histoire de Tarquin-le-Superbe en seize grands tableaux ; les termes des dieux et des déesses peints en clair obscur se trouvaient mêlés aux détails de la décoration que complétaient sans doute les grotesques et les ornements en stuc. Il eût été fort intéressant de comparer ces compositions, où tout appartenait à Niccolo, avec celles qu'il exécuta plus tard en France d'après les dessins et sous la direction du Primatice : on eût saisi facilement les nuances qui distinguaient le génie de chacun de ces maîtres, dont l'association devint quelques années après si complète et si intime.

Toutes les peintures du palais Poggi, devenu depuis palais de l'Institut, n'ont pas encore péri. Une frise représentant des jeunes hommes et des jeunes femmes jouant aux cartes, faisant de la musique ou se livrant à d'autres divertissements, a été gravée dans le volume des peintures de l'Institut de Bologne (Venise, 1756, in-folio). On ne peut se lasser d'admirer cette composition, où la grâce se trouve réunie à la simplicité et à l'étude de la nature. Une fresque représentant la Nativité de N. S., peinte sous le portique du palais Leoni, reçut aussi les plus grands éloges de divers écrivains. Elle existe encore, mais dans un triste état de conservation. Elle a été gravée par J.-M. Mitelli.

Niccolo dell' Abbate se rendit de Bologne en France, où l'appela le roi Henri II. Ce fut au Primatice qu'il dut cet honneur. Celui-ci, établi à Fontainebleau dès 1531, avait-il connu notre Niccolo avant cette époque ? Avant de quitter l'Italie, il s'était arrêté plusieurs années à Mantoue, et y avait aidé Jules Romain. Niccolo dans ses premiers voyages, soit comme soldat, soit comme artiste, s'était-il trouvé avec lui à Mantoue? Mais Niccolo était bien jeune alors, et ne pouvait encore vraisemblablement donner que des espérances. Pendant son court séjour en Italie, en 1541, le Primatice était-il passé à Modène ou à Bologne, et y avait-il vu quelque ouvrage de la main de notre artiste dont il était resté frappé? Ou enfin la réputation croissante du peintre de Modène était-elle arrivée de Bologne en France? Nous ne saurions dire laquelle de ces conjectures est la bonne; mais il est indubitable que Niccolo était établi à la cour de France en mai 1552, qu'il y avait déjà fait ses preuves en peignant le portrait du roi et de la reine, qu'une pension lui était allouée, et qu'il faisait venir de Bologne sa femme et ses fils.

Depuis son arrivée en France jusqu'à sa mort, Niccolo couvrit de ses fresques d'immenses pans de murailles. Il devint le bras droit du Primatice, le traducteur élégant et fidèle de ses poétiques conceptions. Renonça-t-il donc absolument à travailler sur ses propres idées pour se faire l'instrument d'un autre? Rien ne nous autorise à l'affirmer, et il nous paraît peu probable que l'invention ait été entièrement abandonnée par un peintre si renommé. D'un autre côté, il est certain qu'un grand nombre des compositions peintes à Fontainebleau l'ont été sur les dessins du Primatice. Les premières pensées en sont parvenues jusqu'à notre époque, et le Louvre en possède quelques-unes. La tradition d'ailleurs est constante, et les historiens, en décrivant les peintures de Fontainebleau, s'accordent à donner la composition au Primatice et l'exécution à Niccolo. *Peint à frais par messere Niccolo sur les dessins du Sr de Saint-Martin,* dit à chaque instant le père Dan.

Les choses en sont venues à ce point, les deux artistes savaient d'ailleurs si habilement mélanger leurs travaux, que soit parmi les peintures qui ont résisté à l'action du temps et des hommes, soit parmi celles qui ont succombé, il nous est bien difficile de citer un morceau qui soit exclusivement de l'un ou de l'autre (1). La plus grande partie des compositions est certainement du Primatice, mais Niccolo est toujours cité comme ayant exécuté, ou comme ayant dirigé l'exécution. Le Primatice était surintendant des bâtiments, et l'on sait que sous les Valois ce n'était pas là une sinécure. Il est donc permis de penser que depuis l'arrivée de Niccolo, il peignit rarement de sa main ; mais il serait déraisonnable de supposer que cela ne lui arriva jamais. Il nous semblerait également peu sage d'affirmer que Niccolo n'eut aucune part à l'invention des célèbres décorations de Fontainebleau.

Les comptes du temps ne nous paraissent pas jeter une grande lumière sur la question que nous venons d'agiter. Nous possédons le précieux traité intervenu entre *messire Francisque Primadicis....* et *Nicolas de l'Abbey, maistre paintre,* pour l'exécution des peintures de la galerie d'Ulysse (Renaissance des arts, par M. le comte de Laborde, p. 478) et nous y voyons que si l'on demande à Niccolo des *grotesques en forme de frizes* à raison de 4 *escus sol pour chacune desdites frizes*, des trophées, frizes et grotesques pour les onze fenêtres, *moyennant six écus pour chacune desdites fenestres*, on lui fait aussi des commandes plus importantes. Ainsi il s'engage à peindre cinq tableaux pour chacune des cinq cheminées, et à achever le bout de la galerie.... *de toutes histoires, figures et grotesques qui lui seront ordonnées par ledit abbé de Saint-Martin.*

---

(1) Nous croyons cependant pouvoir citer comme étant entièrement de la main du Primatice, les peintures qui ornent la cheminée du salon de François I''. La salamandre qui orne cette cheminée exclut la possibilité d'y voir un ouvrage de Niccolo. Le style éloigne d'une manière non moins certaine toute idée d'y mettre le nom du Rosso.

Le médaillon principal, encadré d'ornements de stuc, est de forme ronde. Il paraît représenter Vénus et Adonis assis et se donnant la main. Près d'eux, l'Amour, un génie tenant une torche, et un vieillard. A l'entour du médaillon, et dans les angles d'un cadre rectangulaire en stuc qui le renferme, sont peints quatre enfants tenant des torches. Toutes ces figures, de petite proportion, sont d'une grâce exquise et d'une magistrale élégance. Elles nous semblent assez bien conservées.

7.

Ces derniers mots, si nous ne nous trompons, indiquent plutôt une direction supérieure qu'une coopération de chaque instant ; une certaine liberté nous paraît avoir été réservée à Niccolo, qui promettait d'ailleurs de *faire et parfaire bien duement, au dit d'ouvriers*, tous ces travaux.

Tiraboschi, d'après Forciroli, nous apprend que le salaire annuel de Niccolo était de *mille écus*, qu'en outre tous ses travaux lui étaient largement payés, et qu'en témoignage de satisfaction, on lui donna une chaîne d'or d'une valeur de 300 écus ; que de cette façon enfin il devint riche.

Il nous serait bien difficile aujourd'hui de préciser la somme qu'exprimaient dans la pensée de Forciroli, lequel écrivait à la fin du XVI° siècle, les mots : *mille scudi*. Il nous paraît présumable qu'il faut entendre simplement mille livres. Le salaire du Primatice, en 1559, était de 1,200 livres, et celui de Niccolo devait être inférieur. Les comptes qui ont été publiés ne nous fournissent du reste aucun renseignement sur les appointements fixes que recevait chaque année notre artiste, mais ils confirment la seconde assertion de Forciroli, à savoir que ses travaux lui étaient payés à part. Ils sont en effet remplis de détails à ce sujet.

Dans l'impossibilité où nous sommes de citer parmi les décorations de Fontainebleau les ouvrages particulièrement exécutés par Niccolo dell' Abbate, nous présenterons ici, soit d'après les comptes, soit d'après les historiens, soit d'après la tradition, la liste des peintures dont l'invention est ordinairement donnée au Primatice, et qui ont été exécutées sous ses ordres. Il est certain que Niccolo contribua pour une large part à d'aussi beaux travaux.

1° La galerie de François Ier ne peut être citée ici que pour mémoire, puisqu'elle est, pour la plus grande partie, l'œuvre du Rosso, mort en 1541. Il est certain cependant que cette galerie fut terminée par le Primatice, qui en changea quelques parties. Mais, quoique nous ne puissions préciser la date de l'achèvement, nous croyons que tout devait être fait avant 1552, époque de l'arrivée de Niccolo en France. En conséquence, cet artiste doit être exclu de la liste des peintres de cette galerie. Elle existe encore, et M. Couder, membre de l'Institut, en a commencé la restauration. Les 14 ou 15 grands tableaux qui la décoraient, et dont 13 sont encore visibles, étaient des allégories à l'honneur de François Ier, ou des sujets mythologiques.

2° Chambre de Saint-Louis. Les huit tableaux principaux qui en faisaient l'ornement et qui avaient été *peints à frais par Messere Nicolo sur le dessin du sieur de Saint-Martin* (père Dan, page 83), représentaient l'enlèvement d'Hélène, l'élection d'Agamemnon par les Grecs, et les principales actions d'Ulysse avant son départ pour le siége de Troie. Ils ont été restaurés par Vanloo en 1723, et n'existent plus aujourd'hui. L'abbé Guilbert en a donné la description tome I, pages 100 à 112. Nous n'en saurions indiquer de gravure.

3° Salle de Bal, dite aussi salle des Cent-Suisses et salle de Henri II. La magnifique décoration de cette pièce est connue de tout le monde. Elle fut aussi l'œuvre du Primatice et de Niccolo, et Vasari fait l'éloge du coloris éclatant et harmonieux dont ce dernier sut revêtir les gracieuses compositions de son collaborateur. Cependant, Vasari ne vit pas de ses yeux cet ouvrage. Mais les louanges qu'il lui donne, et dont nous pouvons encore chaque jour vérifier la rigoureuse équité, nous semblent d'autant plus précieuses, qu'elles doivent être l'écho des conversations qu'il eut avec le Primatice, à Bologne, en 1563.

Les peintures de la salle de Bal ont été gravées en 67 pièces, avec une bonhomie qui rend moins insupportable l'absence du talent, par Alexandre Betou. (Voyez Robert-Dumesnil, tome VIII.) Le même graveur a publié 26 pièces de trophées (qui, d'après les comptes, paraissent avoir été l'œuvre exclusive de Niccolo) provenant, les uns de la salle de Bal, les autres de la galerie d'Ulysse.

Toussaint Dubreuil avait, sous Henri IV, rétabli une partie de ces fresques. M. Alaux, membre de l'Institut, en a fait de nos jours une restauration que tout le monde a louée, et qui nous paraît, à nous aussi, fort bonne. Puisse-t-elle garder sa fraîcheur et son unité actuelles, et rendre de longtemps inutile toute autre retouche !

Nous ne trouvons dans les comptes aucune date précise concernant les travaux de la salle de Bal. Nous savons seulement par Vasari qu'ils précédèrent ceux de la galerie d'Ulysse.

4° Galerie d'Ulysse, dite aussi grande Galerie, et, dans les comptes, galerie de *la Basse-Court*.

On y voyait l'histoire des travaux d'Ulysse à son retour du siége de Troie, suivant l'Odyssée, en « 57 tableaux de six pieds « et demi de haut et huit de large, avec chacun leur bordure « de stuc et plusieurs beaux et divers ornements dorez. » (Père Dan, pages 110 à 116). Les comptes nous apprennent que Niccolo peignit cette galerie de 1559 à 1561. Il reçoit dans le compte de 1559-1560, 100 écus ; dans le compte de 1560-1561, 150 livres pour les ouvrages de son art qu'il a faits et doit faire en *la galerie de la Basse-Court du chasteau*. On lui alloue, à la même époque, une somme de 278 livres « pour son remboursement de pareille somme, pour achapt de couleurs. »

Niccolo avait peint les travaux d'Ulysse d'une tout autre façon que les figures de la salle de Bal. Autant celles-ci étaient claires, gaies, brillantes, autant les voyages du roi d'Ithaque étaient représentés d'une manière énergique. Vasari loue la force, le relief de ces tableaux, qui paraissent, dit-il, faits en un seul jour, tant ils ont de vigoureuse union. Il insiste aussi sur le procédé technique employé par notre artiste qui sut terminer tout ce grand travail à *buon fresco* et sans retouches à sec.

Cependant ces fresques ne restèrent pas longtemps en bon état, puisque nous voyons, dans le compte de 1571, une somme allouée à Niccolo lui-même pour « avoir raffreschy trente et un

« tableau en la gallerie peinte en la *Basse-Court.* » Nous savons aussi qu'elles furent restaurées sous Henri IV, par Toussaint Dubreuil et, en 1661, par un peintre du nom de Balthasar.

Sur la voûte de la galerie, et toujours d'après les inventions ingénieuses et abondantes du Primatice, notre peintre avait représenté tous les dieux et toutes les déesses de l'Olympe. Cette voûte formait quinze travées, composées chacune de nombreux compartiments variés de formes, de dimensions et de sujets, au centre desquels se faisaient remarquer deux grandes compositions, le Parnasse et le Festin des dieux.

Malheureusement, en 1738, on eut besoin de nouveaux logements, et la grande galerie de la Basse-Cour tomba tout entière! Les regrets que suscita dans toute l'Europe une destruction aussi barbare ne sont pas de nature à être apaisés par le passage suivant, extrait d'une note de Mariette. (Peintures de l'Institut de Bologne, pages 16 et 17) :

« Les peintures de la voûte n'en faisaient pas le moindre
« ornement ; et l'on ne peut assez regretter qu'elles aient été
« détruites. Lorsqu'on s'y détermina, elles étoient aussi fraî-
« ches et aussi brillantes qu'elles l'avoient jamais été. On y
« voyoit régner dans toute la longueur, qui étoit de 76 toises,
« une suite de tableaux de différentes formes, dont l'assem-
« blage formoit divers compartimens plus riches les uns que
« les autres, et qui renfermés dans des ornemens de stuc dorés
« et environnés d'autres ornemens appelés grotesques, produi-
« soient un spectacle tout-à-fait agréable.... »

Après avoir décrit les différentes travées de la voûte, Mariette ajoute :

« Ces excellentes peintures appartiennent il est vrai au
« Primatice : on ne peut les lui contester puisque c'est lui qui
« en a fourni les dessins; mais Niccolo y a eu aussi trop de
« part pour ne pas lui en faire partager l'honneur. Le Prima-

« tice avoit soūs lui plusieurs peintres qui exécutoient ses
« pensées, mais il se reposoit principalement de ce soin sur
« Nicolas ; et l'on sait que c'est ce dernier qui avoit peint la
« plus grande partie des tableaux de cette galerie. Cela se
« reconnaissoit assez à la beauté de la fresque, que peu de
« peintres ont aussi bien entendue que lui.... »

Les travaux d'Ulysse ont été gravés en 1633 par Théodore van Tulden, et forment 58 pièces, dans lesquelles le goût flamand dénature le style du Primatice. Quant à la voûte, les gravures ne nous en ont conservé que quelques fragments.

5° Chambre d'Alexandre, dite aussi Chambre de Mme d'Étampes. Les peintures de cette chambre, transformée sous Louis XV en cage d'escalier, sont au nombre de huit. Elles étaient autrefois plus nombreuses et furent exécutées par Niccolo en 1570. C'est du moins ce qu'affirme Mariette, qui aura trouvé cette date dans d'autres comptes que ceux que nous possédons. L'omission que fait l'abbé Guilbert du nom du Primatice, en parlant de ces charmantes compositions, aura peut-être donné à certaines personnes lieu de croire que Niccolo n'en fut pas seulement le peintre, mais aussi l'inventeur. Cette opinion a été en effet mise en avant. Elle nous paraîtrait difficile à soutenir. Nous croyons du reste que ces fresques durent être comptées au nombre des plus remarquables ornements du château de Fontainebleau.

6° La laiterie bâtie par ordre de Catherine de Médicis (Père Dan, page 186) avait été ornée de peintures. Nous voyons dans les comptes que Niccolo y travaillait dès l'année 1561. Dans le compte de janvier, février et mars 1566, on lui alloue une somme de 251 liv, 5 s. pour divers travaux, parmi lesquels figurent » six aulnes et un quart d'ouvrages de pain-« ture en grotesque au cabinet de la laicterie dudit château. » La laiterie n'existe plus depuis longtemps.

7° Le pavillon de Pomone, qui est également détruit, et qui

se trouvait dans le jardin des Pins, non loin de la galerie d'Ulysse, contenait deux peintures à fresque, que les graveurs nous ont conservées. Il nous paraît présumable que Niccolo n'y dut contribuer en rien, et qu'elles furent exécutées sous François Ier. L'abbé Guilbert dit, sans autre explication, qu'elles sont *du dessin* de Saint-Martin. Quant au Père Dan, il les attribue au Rosso.

Nous sommes disposé à donner également tort et raison à ces deux écrivains. Car, autant que l'on peut en juger d'après les estampes, l'un des deux tableaux nous paraît être du Rosso et l'autre du Primatice.

8º Porte Dorée. Nous croyons aussi que les peintures de cette porte durent être exécutées avant l'arrivée de Niccolo. La Salamandre qui s'y trouve indique en effet une ornementation terminée ou au moins bien avancée du vivant de François Ier. Nous savons d'ailleurs par les mémoires de Cellini que ce dernier avait entrepris la décoration de ce vestibule, où devait figurer le bas-relief en bronze de la nymphe de Fontainebleau, qui alla par la suite orner la porte du château d'Anet. Le célèbre orfévre florentin prétend que les intrigues et l'inimitié de la duchesse d'Étampes lui firent enlever cette commande pour la donner au Primatice. Il est certain du moins qu'il quitta la France dans les premiers jours de 1545, laissant bien des ouvrages inachevés. Il est donc à croire que Primatice dut s'emparer sans tarder du travail que la retraite de son rival mettait hors de contestation. Il y déploya toutes les grâces de son génie.

9º Salle ancienne du Conseil faisant partie du pavillon des Poesles. « Là est un lambry avec les chiffres et devise de
« François Ier. Mais ce qui s'y voyoit de plus remarquable
« c'estoient plusieurs tableaux à frais, les uns du sieur Rousse
« et les autres du sieur de Saint-Martin, ensemble leurs bor-
« dures de stuc et quelques figures de relief qui servoient d'or-

« nemens, que les iniures du temps ont presque entièrement
« ruinées. » (Père Dan, page 131.)

Nous ne pouvons que rapporter le passage du père Dan, qui traite de ces peintures, probablement faites avant l'arrivée de Niccolo, et dont nous ne saurions indiquer les sujets. Tout le pavillon des Poesles fut jeté à bas et rebâti par Louis XIV, en 1703.

Outre ces énormes travaux, tous consacrés à l'embellissement du château de Fontainebleau, Primatice et Niccolo dell' Abbate avaient exécuté de nombreux ouvrages, soit à Paris, soit en d'autres endroits. Voici une liste succincte de ceux dont la connaissance est venue jusqu'à nous :

1° L'hôtel de Ferrare, dont l'entrée faisait face au château de Fontainebleau, possédait une salle de bains « ornée sur son
« plafond de quelques riches peintures de l'habile Saint-Martin,
« dit le Primatice, pareilles à celles de la voûte de la galerie
« d'Ulysse. » (Guilbert, II, 140.) Il n'en existe plus rien aujourd'hui.

2° La chapelle du château de Fleury, près de Fontainebleau, avait été également ornée de fresques *par* le Primatice, s'il faut en croire le graveur A. Garnier, qui en a mis au jour plusieurs compositions, formant en tout 17 pièces. On en peut voir le détail dans le tome VIII du *Peintre graveur français* de M. Robert Dumesnil (n°s 2, 10, 32 à 46).

Ces fresques, du moins celles de la voûte, représentant les quatre Évangélistes, existent encore et sont en bon état, quoique malheureusement enfumées. Car la chapelle est aujourd'hui une cuisine! Quant à la galerie du château de Fleury, les peintures en sont entièrement recouvertes par le badigeon.

3° L'ancien pavillon de Meudon, qui fut détruit sous Louis XIV, avait été décoré par Niccolo, sous la direction du Primatice. (Voy. Vasari et Félibien.)

4° La chapelle de l'hôtel de Guise avait été ornée entièrement de la main de Niccolo. On y admirait, du temps de d'Argenville les voyages d'Abraham et de Jacob, peints au plafond; sur les murs, les Pèlerins d'Emmaüs, une Résurrection, un *Noli me tangere*, saint Pierre marchant sur les eaux, et enfin l'Adoration des Mages (1). Sauval nous apprend en outre (tome III, page 10) que, dans la chambre *de Madame*, se voyaient quelques peintures de messer Niccolo.

L'hôtel de Guise subsiste encore, considérablement agrandi par la famille de Soubise, et en dernier lieu par le gouvernement. On n'y voit plus trace de peintures du XVIe siècle.

5° On voyait à la même époque, à l'hôtel de Toulouse, plusieurs dessus de porte représentant des Jeux d'enfants, de la main de Niccolo.

6° Hôtel de Montmorency (rue Sainte-Avoie). Voici ce qu'en dit Sauval (tome II, page 143):

« On y voyoit, il n'y a pas long-tems, une galerie peinte par
« Nicolo de Modène, que l'on connoît sous le nom de messer
« Nicolo, sur les desseins de François Primatice, abbé de Saint-
« Martin, le Raphaël et l'Apellès de son siècle et du royaume.
« Mais on l'a ruiné pour y faire un corps de logis.... »

Il existe une suite d'estampes représentant les vertus, tirées « de l'hostel de Momorancy, » à Paris, chez N. Langlois, sans nom de graveur. Saint-Martin de Boulogne, inv. et pinx.

7° Chantilly. Le même Sauval nous apprend (*ibid*) qu'on voyait dans le jardin une galerie peinte à fresque par Niccolo. Quant au château d'Écouen, autre précieux témoignage du goût et de la magnificence du connétable de Montmorency, les fresques qui le décorent et qui sont encore en assez bon état, ne nous paraissent ni inventées par Primatice ni peintes par Nic-

---

(1) Voyez dans les vies des peintres... de Vasari, traduites de l'italien (Paris, Boiste, 1803), vie du Primatice, une description de ces peintures plus exacte que celle de d'Argenville.

colo. On pourrait pent-être y voir l'ouvrage d'un imitateur du Rosso.

8° Maison proche les Bernardins. Cette maison, dont a parlé Félibien, est décrite en ces termes par Sauval, tome III, page 2 :

« La maison du conseiller Le Tellier est remarquable par un « grand corps de logis dont l'architecture est magnifique et « majestueuse, mais assés mal entendue dans toutes ses « parties ; joint qu'elle a encore un cryptoportique ou galerie « basse à la manière des anciens, où messire Nicolo a peint à « fresc quelques métamorphoses d'Ovide, qui ne sont pas les « moindres ouvrages de ce grand génie. »

9° Le château de Beauregard, près de Blois, paraît avoir contenu d'importantes peintures de Niccolo. Félibien dit qu'il les exécuta d'après les dessins du Primatice. D'Argenville ne nomme pas ce dernier. Voici la nomenclature qu'il en donne : Une Descente de croix (sur le maître-autel probablement); dans le plafond, dix anges portant les instruments de la Passion; sur les murailles, la Résurrection du Sauveur. Le tout est anéanti aujourd'hui.

Le temps a également détruit la plupart des tableaux de moindre dimension que dut peindre Niccolo à la cour de France. Nous savons qu'il avait fait le portrait du roi et de la reine. En 1556, nous trouvons mention d'un tableau « qu'il a cy devant « fait pour mettre en la cheminée de la chambre du roy.... » Le nombre des autres travaux de ce genre, en détrempe ou à l'huile, qu'on lui demanda, dut être considérable. Sauval parle de ces tableaux qui *suivaient la cour*, et dont les sujets, empruntés au paganisme, étaient souvent un peu libres. Il prétend que la reine Anne d'Autriche, à son avénement à la régence, en 1643, fit brûler à Fontainebleau pour plus de cent mille écus de peintures qui choquaient la décence. Bien des ouvrages de notre artiste auront péri dans cet auto-da-fé.

Une aussi rigoureuse exécution suffit d'ailleurs pour nous

expliquer l'extrême rareté des tableaux de chevalet du Primatice, de Niccolo et des autres artistes de l'école de Fontainebleau. Nous n'en saurions indiquer qu'un seul, existant aujourd'hui dans ce même palais qui en renferma un si grand nombre. Et encore est-ce le hasard qui l'a fait acquérir par l'État dans une vente publique, il y a quelques années. On l'a porté à Fontainebleau, et avec raison, car il est à peu près certain que c'est en ce lieu qu'il fut peint. C'est une figure de Diane debout, peinte à l'huile sur panneau et de grandeur naturelle. Elle est vue de profil et marche vers la gauche. La tête, de trois quarts, se retourne vers le spectateur. Une légère draperie voltige autour de son corps, qui est nu. La main droite est armée d'une flèche, la gauche tient l'arc. Un lévrier blanc marche à côté de la déesse. Fond de paysage.

Cette belle peinture, assez bien conservée, est certainement l'ouvrage de Primatice ou de Niccolo. Quant à nous, à la limpidité du ton, à la facilité du contour, à l'analogie frappante que présente la figure tout entière avec celles du tableau d'Alexandre et Roxane, dans la chambre de Mme d'Étampes, nous sommes bien porté à y voir l'œuvre de Niccolo. Ne serait-ce pas ce tableau qu'il venait de peindre, en 1556, pour la cheminée du roi Henri II? Le sujet est bien tel que ce prince devait le demander.

Nous trouvons, dans le Dictionnaire d'architecture de Roland le Virloys, notre artiste cité comme architecte, et comme auteur du tombeau de François Ier et de l'ancien château de Meudon. Tiraboschi a déjà remarqué que cet écrivain était le seul qui eût produit ce renseignement. Il nous paraît d'autant plus erroné, qu'en parlant du Primatice, Roland le Virloys lui-même attribue avec beaucoup plus de fondement à ce dernier artiste le dessin de Meudon et du tombeau.

Mais si rien ne prouve qu'il ait été architecte, nous savons qu'il était paysagiste fort habile. Les comptes nous fournissent plusieurs mentions de payements qui lui sont faits pour travaux de ce genre. En 1561, 30 livres pour « quatre tableaux et « paysages qui ont esté posés au cabinet du roy. » Dans le même compte, on lui alloue 62 liv. 10 s. « pour avoir peind « plusieurs toilles et paysages qui restoient à achever, pour la « décoration du cabinet du roy, et aussi pour avoir peind « plusieurs paysages en un passage entre la chambre de la « reyne mère du roy et le cabinet de ladite dame. » En 1571 enfin, on lui paye 215 l. 12 s. 6 d. pour de nombreux travaux entre lesquels sont comptés, outre la restauration d'un tableau représentant une femme couchée, du Titien, « plusieurs ta- « bleaux de figures et paysages. »

Les paysages de notre artiste existaient encore dans la première moitié du XVIIe siècle et avaient été réunis dans le cabinet des peintures de Fontainebleau, ainsi que le prouve le passage suivant du père Dan (page 138) : « Là sont encore huit grands « paysages faits à détrempe par messere Nicolo, et sont ces « tableaux fort estimés. »

Le tableau bien connu de l'enlèvement de Proserpine, qui, après avoir fait partie de la galerie du Régent, à Paris, est passé à Londres dans le cabinet du duc de Sutherland, présente en effet un fond de paysage de la plus grande richesse et exécuté d'une façon très-remarquable.

Niccolo dell' Abbate avait acquis une grande réputation due à ses travaux. Sa position de fortune devait être excellente. Il habitait ordinairement Fontainebleau, ainsi que le prouve le registre de l'Eglise d'Avon sur lequel il figure plusieurs fois comme parrain. Nous avons vu cependant par ce qui précède que son talent ne fut pas exclusivement consacré à la cour, et qu'il travailla souvent pour des particuliers dans Paris et en province. Lors de l'entrée solennelle du roi Charles IX et de la reine Elisabeth d'Autriche sa femme, les 5 et 23 mars 1571, la ville de Paris s'adressa à lui comme à un artiste éprouvé, et le chargea de tous les travaux de peinture, en même temps qu'elle demandait à Germain Pilon les sculptures qui devaient figurer dans les brillantes décorations qu'elle faisait élever sur les pas des deux augustes personnages.

La Revue archéologique (V^e année, 2e partie) a publié un extrait des comptes authentiques concernant ces deux entrées. Notre artiste s'y engage, moyennant une somme de onze cents livres tournois, à exécuter « tous et chacuns les ouvrages de paincture » faisant partie des arcs de triomphe élevés à la Porte Saint-Denis, à la Fontaine du Ponceau, à la Porte aux Peintres, à la Fontaine des Innocents, et au pont Notre-Dame.

Pour la seconde journée de cette grande fête, avec l'aide de son fils Giulio Camillo, il avait peint, moyennant un salaire de 700 livres tournois, dans la grande salle de l'Évêché, seize grands tableaux d'histoire et figures poétiques, suivant les inventions des poètes Ronsard et Daurat. Le marché est du 8 janvier 1571.

Ces décorations eurent un grand succès, ainsi que le constate l'un des principaux ordonnateurs de la fête qui en a décrit longuement toutes les particularités..... « A quoy sa « majesté et ceulx de sa suite s'arrestèrent longuement, car, « oultre la beaulté du suject de cette histoire, qui fut trou- « vée bien à propos, ces tableaux avoient été faicts par le « premier peintre de l'Europe. »

Il est probable que Niccolo mourut dans cette même année 1571. Le Forciroli, cité par Tiraboschi, l'affirme et ajoute que cette mort eut lieu à Fontainebleau. Rien ne contredit son assertion, qui n'est d'ailleurs pas autrement prouvée. Mais il est bien certain que l'artiste vit au moins les premiers mois de 1571, et c'est par erreur qu'on l'a fait mourir en 1570.

Le nom de ce maître ne resta pas bien longtemps en France aussi illustre que vers 1570. La réputation du Primatice attira tout, et peu à peu on s'habitua à donner à ce dernier tout l'honneur de l'école de Fontainebleau, et à ne plus célébrer

Niccolo qu'en second ordre. Il n'en fut pas de même en Italie, où les ouvrages de sa jeunesse, faits sans collaboration, maintinrent sa renommée vivante. La ville de Bologne, qu'il avait ornée de ses belles fresques, le retint et l'honora comme un des maîtres de son école. Tout le monde connaît le fameux sonnet que fit Augustin Carrache à sa gloire. C'est un brillant hommage rendu aux grands talents de Niccolo. Si cependant il fallait prendre cette poésie à la lettre, et considérer le peintre de Modène comme réunissant en lui toutes les qualités d'un Raphaël, d'un Michel-Ange et d'un Corrège, nous n'y saurions plus voir qu'un assez fade jeu d'esprit.

Bartolommeo Ammannati, *sculpteur, architecte, ingénieur, né à Florence en 1511, mort à Florence en avril 1592.*

(ÉCOLE FLORENTINE.)

Voir n° 31.

L'Ammannati avait douze ans seulement à la mort de son père qui ne lui laissa qu'une médiocre fortune. Il se mit en apprentissage dans l'atelier de Bandinelli ; mais rebuté par le caractère peu traitable de ce sculpteur, il le quitta pour aller travailler à Venise chez un autre artiste florentin que les Vénitiens avaient accueilli avec grande faveur : nous voulons parler de J. Sansovino. Il fit sous ce nouveau maître de rapides progrès, et revenant dans sa patrie, vers 1532, se perfectionna en étudiant avec le plus grand soin les figures de la Chapelle Saint-Laurent récemment sculptées par Michel-Ange. Il devait avoir un peu plus de vingt ans : sa réputation se formait, et il trouva à employer son talent. On cite parmi ses premiers ouvrages un Dieu le père entouré d'anges en demi-relief, et une figure de Léda, qui fut envoyée à Urbin. Trois statues grandes comme nature qu'il fit à cette même époque, furent envoyées à Naples et placées sur le tombeau du poète Sannazar. Appelé à Urbin, il y exécuta plusieurs travaux, et entre autres, sous la direction de Girolamo Genga, la sépulture du duc Francesco Maria della Rovere, mort en 1538. Quelques mots de Baldinucci nous font supposer que cette sépulture fut sculptée du vivant même du duc, et que l'Ammannati dut revenir à Florence en cette même année 1538.

Il eut à s'occuper alors d'un autre sépulcre en marbre qui devait être placé dans l'église de l'Annonciade, et dans lequel entraient quatre figures outre la statue du mort. Mais ces figures une fois terminées, l'artiste ne put jamais parvenir à les faire recevoir, et il eut la douleur de les voir disséminer et employer à une décoration autre que celle à laquelle elles étaient destinées. Le dégoût le fit de nouveau quitter Florence. Il retourna à Venise, où on lui commanda une figure d'Hercule en pierre qui fut exposée sur la place Saint-Marc. Il alla ensuite à Padoue, où il exécuta des ouvrages considérables pour maître Marco Benavidès, célèbre médecin établi en cette ville. En 1550, l'Ammannati était à Loreto et y épousait Laura Battifferi d'Urbin, jeune femme célèbre par son talent poétique et par ses vertus.

Il alla en cette même année à Rome, et, par la protection de Vasari, obtint du pape Jules III la commande de plusieurs statues destinées au tombeau que ce Pontife faisait élever à la mémoire de son oncle et de son aïeul, dans l'église de San Pietro in Montorio. Il eut part ensuite aux travaux de la *Vigne Julia*. En 1555, le duc Cosme, par le conseil du même Vasari, appela l'Ammannati à Florence, et, entre autres travaux, lui donna à faire les figures d'une fontaine qui fut placée dans la villa de Pratolino. Une terrible inondation de l'Arno qui, en 1557, détruisit plusieurs ponts et causa de grands dégâts dans Florence, donna à l'Ammannati l'occasion de se montrer habile ingénieur. Le pont de la Sainte-Trinité fut reconstruit en entier sur ses dessins après plusieurs années de travail.

Un énorme bloc de marbre de Carrare que l'Ammannati, Benvenuto Cellini et Bandinelli s'étaient vivement disputé, et que le duc avait confié à Bandinelli, devint, à la mort de celui-ci, en 1559, l'objet d'un nouveau concours et l'occasion de nouvelles querelles. Outre le fantasque et habile Cellini, l'Ammannati rencontra dans la lice deux sculpteurs de talent, mais que leur grande jeunesse devait empêcher de réussir. L'un était Jean de Douai, que l'on appelle ordinairement Jean de Bologne ; l'autre était de Pérouse et se nommait Vincenzio Danti. Ces quatre sculpteurs firent chacun un modèle, et le meilleur de tous, fut, dit-on, celui de Jean de Bologne. Mais le duc, voulant un artiste longuement éprouvé par des travaux antérieurs, choisit l'Ammannati et lui donna ce marbre gigantesque. Il en fit un Neptune, qui fut découvert en 1575, et il l'accompagna de plusieurs autres figures de bronze, formant fontaine, ainsi qu'on peut le voir encore aujourd'hui sur la place du Palais. Mais, il faut bien le dire, l'Ammannati se montra dans ce travail, bien inférieur à Bandinelli, dont le groupe d'Hercule et Cacus se voit tout à côté ; bien inférieur aussi à ce qu'auraient été sans doute, soit Jean de Bologne, soit le Cellini.

Les Médicis venaient d'acquérir le beau palais édifié dans le XVe siècle pour Luca Pitti par le célèbre Brunelleschi. Le soin de le terminer fut confié à l'Ammannati, qui, dans ce travail, ainsi que dans les autres ouvrages de ce genre suivis sous sa direction, déploya un talent incontesté. Il laissa sur cet art de l'architecture des manuscrits pleins de science et d'intérêt.

Une de ses dernières sculptures fut exécutée dans le Campo Santo de Pise, pour le compte du pape Grégoire XIII. C'est le tombeau de l'un des parents de ce pontife. L'Ammannati en vieillissant réservait son talent pour les sujets religieux. Il se livrait avec ardeur à des œuvres de piété et de charité, et y consacra, soit pendant sa vie, soit après sa mort, la plus grande partie de sa fortune, qui était devenue considérable.

Sa conscience s'alarmait en pensant aux nombreuses figures absolument nues, que, suivant la mode dominante du 16e siècle, son ciseau avait créées. Il se désolait de les voir exposées en public, et ne pouvant les faire disparaître, il voulut du moins faire amende honorable. Il publia en 1582 une lettre adressée à ses confrères les sculpteurs et les peintres, pour les engager à ne pas suivre son exemple et à respecter plus qu'il ne l'avait fait lui-même, la décence publique, surtout dans les ouvrages destinés aux édifices religieux. Cette lettre curieuse, qui indique un commencement de réaction contre le goût de la renaissance, a été réimprimée par Baldinucci.

En 1585, l'Ammannati fut au nombre des artistes appelés à Rome par Sixte-Quint, pour donner leur avis sur le déplacement et l'érection de l'obélisque de la place Saint-Pierre, opération qui soulevait les plus grandes difficultés et effrayait les plus intrépides. Mais notre artiste était déjà affaibli par l'âge, et regardait sans doute ce travail comme bien périlleux, puisque lorsque le pape lui demanda quel était son plan, il répondit qu'il lui fallait un an pour présenter un dessin ou un modèle. Sixte-Quint était trop pressé de jouir pour agréer de pareilles offres de service: il dut s'adresser à un ingénieur plus jeune et plus prompt, et trouva en Fontana l'homme qu'il cherchait.

Bartolommeo di Michelagnolo, *dit* Baccio Brandini *ou* Bandinelli, *sculpteur, né à Florence en* 1493, *mort à Florence en* 1560.

(ÉCOLE FLORENTINE.)

Voir n°s 56 à 65.

Michel Agnolo Viviani, père de Bandinelli, était l'orfévre le plus habile et le plus en renom de Florence, et ce fut sous sa direction que Baccio apprit d'abord à dessiner. S'étant lié d'amitié avec un des élèves de son père, le Piloto, qui fut plus tard l'ami du grand Michel-Ange et qui devint orfévre célèbre, les deux jeunes gens allaient dans les églises dessinant ou modelant d'après les plus beaux tableaux ou les plus belles sculptures qu'ils y rencontraient, et c'est ainsi que Baccio copia en cire plusieurs ouvrages de Donatello et d'Andrea del Verrochio. Ayant eu occasion d'aller à Prato, il y étudia avec le plus grand soin les peintures de Fra Filippo Lippi, et bientôt il devint un dessinateur des plus habiles, maniant également bien, dit Vasari, la mine d'argent, la plume, la sanguine et la pierre noire.

Le vieil orfévre fut bien vite forcé de reconnaître que ce n'était pas à l'orfévrerie que son fils était destiné, et, avec un louable empressement, il le mit entre les mains du sculpteur Francesco Rustici, lui installa un atelier, et lui fit venir des marbres de Carrare. Chez Francesco Rustici, Baccio eut le bonheur, plus grand encore, de rencontrer Léonard de Vinci, qui loua ses dessins, l'anima de ses conseils, et lui indiqua Donatello comme le meilleur modèle à suivre. De pareils encouragements devaient être tout-puissants, et déjà Baccio Bandinelli était statuaire.

La mise en place du David de Michel-Ange (1504), l'exposition du fameux carton de la guerre de Pise (1505 ou 1506) vinrent ouvrir de nouveaux horizons à toute cette jeune génération d'artistes. Bandinelli se fit remarquer parmi les plus ardents et les plus habiles à étudier les superbes figures nues du carton. Mais, soit que son orgueil eût été exagéré par les louanges qu'avaient méritées ses premiers travaux, soit qu'un caractère naturellement envieux et un génie insuffisant dussent ouvrir la voie aux sentiments mauvais, son enthousiasme se changea bientôt en haine. En 1512, au moment de la révolution causée à Florence par le retour des Médicis, Bandinelli s'introduisit furtivement dans la chambre où était conservé le carton, et le mit en pièces. Cette mutilation sacrilége, que l'on voudrait pouvoir nier, est catégoriquement attestée par Vasari, et l'on ne peut méconnaître que l'accusation portée ainsi par lui contre un contemporain, et à une époque où tant de témoins vivaient encore, a la plus grande force. Cependant Benvenuto Cellini, l'ennemi personnel de Bandinelli, l'admirateur passionné du carton, ne dit rien de tel, et son silence pourrait être invoqué à la décharge de notre artiste.

Une action aussi infâme pourrait donc être révoquée en doute : mais il est certain que la folle ambition de se poser comme le rival de Michel-Ange, le besoin de créer aussi des colosses, d'acquérir à tout prix la réputation, l'argent et les honneurs, firent, malgré de si beaux commencements, dévier de la ligne droite le talent de Bandinelli. La grandeur domine chez ce maître, mais une grandeur exagérée, monotone, et pour tout dire, souvent pratique.

Un Mercure en marbre qui fut envoyé au roi de France, une figure de saint Jérome en cire, hautement louée par Léonard de Vinci, doivent être comptés parmi les ouvrages qui fondèrent la réputation de Baccio. En 1515, lors du passage de Léon X à Florence, il fut chargé d'exécuter un Hercule colossal. Malheureusement il s'était vanté de produire un ouvrage bien supérieur au David de Michel-Ange, et la risée universelle fut le prix d'une présomption qu'un génie extraordinaire eût à peine pu justifier.

Comblé d'honneurs et de travaux par les Médicis auxquels il resta toujours attaché, à travers les nombreuses commotions politiques de ce temps, il eut l'occasion d'exécuter à Rome, pour les papes Léon X et Clément VII, une copie en marbre du Laocoon, qui fut fort admirée, et qui, destinée d'abord à François Ier, fut envoyée ensuite à Florence, où on la voit encore aujourd'hui. De retour dans sa patrie, la protection de Clément VII lui fit obtenir, malgré la concurrence de Michel-Ange, un marbre gigantesque, qu'il ne put montrer terminé qu'en 1534, après une longue interruption causée par le sac de Rome (1527), et par l'expulsion des Médicis qui en fut la suite à Florence. Pendant la durée du pouvoir populaire, Michel-Ange avait eu entre ses mains le bloc ébauché, et avait projeté d'en tirer parti pour lui-même. Mais les Médicis revinrent (1530), et avec eux Bandinelli, qui acheva son œuvre, et plaça orgueilleusement sur la place du Palais son groupe d'Hercule et Cacus à côté de ce David qui lui faisait tant d'ombrage.

A la mort de Clément VII, il se rendit à Rome, et, malgré la promesse que l'on avait déjà faite à Alfonso Lombardi, il eut l'art de se faire commander par les exécuteurs testamentaires du Pontife, le tombeau qui devait être élevé à sa mémoire et à celle de Léon X, dans l'église de la Minerve. Mais ce travail, fait avec négligence et laissé inachevé, fit peu d'honneur à Bandinelli.

Lorenzino de Médicis avait assassiné le duc Alexandre (1537). Bandinelli quitta Rome pour offrir ses services à Côme Ier, devenu chef de la République florentine, et se fit donner par ce prince, en l'enlevant au Tribolo, le monument du fameux condottiere Giovanni *delle bande nere*. Ce monument fut encore mené moins loin que celui des deux pontifes, et il n'en reste aujourd'hui qu'un beau bas-relief.

Côme prit en affection Bandinelli, et, malgré tant de mécomptes, lui conserva sa faveur. Il lui fit faire de grands travaux dans le Palais-Vieux, ce palais que Léonard, Michel-Ange et Fra Bartolommeo avaient dû orner de leur main, et dont la décoration, laissée inachevée par Bandinelli, finit par échoir à Vasari. En 1540, Bandinelli obtint la direction suprême de l'œuvre de Sainte-Marie-des-Fleurs. Il orna de nombreuses sculptures en bas-relief et en ronde bosse le chœur de cette magnifique église. C'est dans ce chœur et près du maître-autel qu'il plaça les deux figures d'Adam et Ève, qu'il avait travaillées avec un soin tout particulier. Elles sont datées de 1551. Malgré la réprobation que leur nudité excita, elles restèrent en place jusqu'en 1722.

Un nouveau bloc de marbre de Carrare, haut de 20 pieds,

devint, dans les dernières années de Bandinelli, l'objet de nouvelles et interminables discussions entre lui et Cellini. L'Ammannati, soutenu par Vasari, vint aussi se mettre sur les rangs pour obtenir ce travail. Mais, grâce à l'habileté de Bandinelli, qui avait su mettre la duchesse dans ses intérêts, ce fut encore lui qui l'emporta. La mort vint le surprendre avant d'avoir pu y mettre la main.

Bandinelli acquit de grandes richesses, et fut créé deux fois chevalier, par le pape Clément VII et par l'empereur Charles-Quint, à qui il sut offrir à propos quelques-uns de ses meilleurs et plus agréables ouvrages. Mais son caractère hautain, envieux, querelleur, ses médisances continuelles, ses délations le firent détester de ses contemporains, à ce point qu'ils rendirent rarement à son talent la justice qui lui était due, et qu'une nuée de critiques et de sonnets injurieux accueillirent successivement ses ouvrages les plus importants. Quant à Vasari, il n'est pas tombé dans un pareil excès, et les louanges qu'il donne à ce talent nous paraissent convenables et bien méritées. C'est encore, ce nous semble, par une appréciation des plus justes qu'il considère Bandinelli comme plus grand dessinateur que statuaire.

Bandinelli avait aussi voulu être peintre, mais après plusieurs essais malheureux, il dut se contenter de faire colorier ses cartons par quelques jeunes artistes.

Giovanni Antonio Bazzi, *dit* Il Sodoma, *né à Vercelli vers 1477, mort à Sienne le 14 février 1549*

(ECOLE PIÉMONTAISE.)

Voir n°ˢ 87 à 95.

Vasari a été peu juste et peu bienveillant pour ce peintre. Tout en reconnaissant de grandes beautés dans quelques-uns de ses ouvrages, il prend à son égard un ton dédaigneux, presque méprisant, qui ne lui est pas habituel, et il est impossible de ne pas reconnaître dans ses paroles la trace d'une prévention aveugle ou d'une vengeance personnelle. Il ne se contente pas de le représenter comme extravagant, il fait encore de ses mœurs et de sa conduite le tableau le moins flatteur, et insistant sur le surnom de *Mattaccio* qui lui fut donné dans sa jeunesse, sur celui de *Sodoma* qu'il reçut plus tard et qui lui resta, il s'attache à le faire passer pour l'homme le plus immoral en même temps que le plus fou. Il lui reproche tout, même sa vieillesse malheureuse, et son amour pour les animaux.

Cependant Bazzi fut créé chevalier par le pape Léon X, et comte palatin par l'empereur Charles-Quint. Ces honneurs auraient-ils pu être accordés à un homme qui aurait fait parade des vices les plus honteux, comme l'en accuse Vasari? Si ce surnom de Sodoma avait eu la signification qu'on lui prête, ce peintre aurait-il pu le prendre publiquement, l'écrire dans un lieu saint, au bas d'une composition religieuse? Les hommes les plus graves auraient-ils consenti à le nommer ainsi, sans protestation et sans réserve comme nous voyons qu'ils l'ont fait? Ne sait-on pas enfin qu'à cette époque, les Italiens aimaient à se donner entre eux les surnoms les plus étranges qui, une fois adoptés, faisaient loi sans réclamation, et ne voyons-nous pas les Masaccio, les Tribolo....., etc., conserver toute leur vie ceux que les compagnons de leur jeunesse leur avaient imposés, et qui, après tout, ne leur ont pas porté malheur?

On a conjecturé que le Sodoma avait pu fréquenter à Milan l'école de Léonard de Vinci, avant de venir s'établir à Sienne; mais on n'a allégué à l'appui de cette supposition que la ressemblance de style, et, quoique le Sodoma ait conservé quelque chose de l'école lombarde, il ne s'ensuit nullement, à défaut de preuve plus convaincante, qu'on doive le compter parmi les élèves de Léonard. Ce maître laissait d'habitude, chez ceux qui avaient travaillé avec lui, des traces bien autrement visibles de son enseignement. Quoi qu'il en soit, le Sodoma vint jeune à Sienne, et y fut accueilli avec faveur. Il y travaillait dès l'an 1501. En 1506, il avait terminé, au couvent de Monte Oliveto de Chiusuri, 26 compositions de la vie de saint Benoît, faisant suite à celles peintes quelques années auparavant par Luca Signorelli.

Mené à Rome par Agostino Chigi, le pape Jules II l'employa dans les stances du Vatican. Le Sodoma venait d'achever le plafond de la salle *della Segnatura*, quand Raphaël arriva à Rome (1508), et peignit sur l'une des parois de la même salle la Dispute du Saint-Sacrement. L'effet de cette composition fut si grand, que Jules II, avec une décision merveilleusement inspirée, quoique cruelle, donna l'ordre de jeter à terre tout ce qui avait été exécuté sous le pontificat de ses prédécesseurs et sous le sien, dans cette partie du Vatican, et voulut que le tout fût donné à Raphaël.

Quoique ami et admirateur de Raphaël, Agostino Chigi ne retira pas au Sodoma sa protection. Il lui fit peindre plusieurs fresques dans son charmant palais de la Lungara, nouvellement construit par Balthasar Peruzzi, et connu aujourd'hui sous le nom de la Farnésine. A la mort de Jules II, Chigi se chargea encore de faire accepter à Léon X une figure de Lucrèce nue et se poignardant qui obtint le plus grand succès. Le Sodoma était revenu dès 1510 à Sienne, qu'il orna de plusieurs peintures et où il acquit droit de cité. Il travailla aussi à Florence, à Volterre, à Pise, à Piombino, à Lucques.

Il mourut à Sienne en 1549, et non en 1554 ainsi que l'a écrit Vasari.

Les ouvrages du Sodoma sont fort inégaux. Quelques-uns ont été évidemment faits de pratique comme Vasari l'a remarqué. D'autres, au contraire, se font admirer par le travail le plus soigné, en même temps que par l'élévation de la pensée et la délicatesse de l'expression. Nous citerons seulement parmi ces derniers la Descente de Croix de l'église Saint-François à Sienne, et la fresque de l'église Saint-Dominique, représentant l'évanouissement de sainte Catherine, peinte en 1526. Là, ce maître s'est montré non l'imitateur, mais l'égal des plus grands.

Stefano della Bella, *graveur et dessinateur, né à Florence le 17 mai 1610, mort à Florence le 22 juillet 1664.*

(ECOLE FLORENTINE.)

Voir nos 97 et 98.

Ayant perdu de bonne heure son père, Étienne de Labelle fut mis en apprentissage chez un orfèvre et montra dès ses premières années un goût tout particulier pour faire de petits dessins qui plaisaient à ses protecteurs. Il entra ensuite dans l'atelier de Cesare Dandini, peintre en réputation et s'y livra à l'étude de la peinture. Mais les estampes de Callot dont Florence était remplie, lui servirent avant tout de modèles et décidèrent sa vocation. Il se mit à graver à l'eau-forte, et ses essais attirèrent l'attention de Don Laurent de Médicis, frère du grand duc Cosme II, qui le prit sous sa protection et l'envoya à Rome avec une pension de six écus par mois. Il resta à Rome environ deux ans, si nous devons en croire Baldinucci, et y travailla avec ardeur et succès. Il s'y trouvait en 1633, et y dessina l'entrée de l'ambassadeur du roi de Pologne, sujet qu'il grava ensuite et qui forme une de ses pièces les plus importantes et les plus recherchées.

Vers 1640, Labelle partit pour Paris, accompagnant le baron A. del Negro, ambassadeur du grand duc. Sa réputation s'était répandue, et il était bien en cour, puisqu'en 1641 il fut chargé de graver six planches pour la tragi-comédie de Mirame, composée par le cardinal de Richelieu. Le même ministre l'avait envoyé dès 1640 à Arras, pour dessiner la vue de cette ville et en représenter le siége.

Labelle resta pendant environ onze ans absent de Florence, et, sauf une excursion dans les Pays-Bas, passa tout ce temps en France. On appréciait beaucoup ce procédé de gravure expéditif, qui reproduisait comme par enchantement, les faits contemporains, les costumes, les jeux, les paysages, les scènes de théâtre ou de ballet qu'on avait sous les yeux; l'extrême habileté de l'artiste, la légèreté, la fécondité de sa plume et de sa pointe suffisaient à tous les sujets, et les moindres caprices de son imagination faisaient fortune.

Il revint à Florence vers 1650, et après un nouveau séjour à Rome, ne quitta plus sa patrie, où il mourut en 1664.

Ses estampes montent à près de 1,200 pièces. Le fameux œuvre que possédait Mariette et qui était le travail de trois générations (Labelle lui-même avait contribué à le former), n'en contenait pas moins de 1,540; mais dans ce nombre devaient figurer plusieurs doubles. — Les dessins de Labelle ne sont pas moins fins, moins légers, moins spirituels que ses eaux-fortes. Le Musée du Louvre en possède plus de 150, dont quelques-uns ornés d'innombrables petites figures.

L'époque à laquelle parut Labelle était, il faut bien le dire, une époque de décadence. Le grand art italien était mourant et le souffle de vie passait sur d'autres pays. L'école des Carraches avait jeté ses dernières lueurs, et les meilleurs d'entre eux, Annibal et le Dominiquin, étaient morts désespérés. L'art se rapetissait de toutes façons : les bambochades faisaient fureur et Callot régnait en maître. Nicolas Poussin, peu compris de la foule qui courait à Pietre de Cortone et bientôt à Carle Maratte, peignant pour quelques hommes d'élite, s'écriait avec amertume : *La pauvre peinture est réduite à l'estampe !*

Les collectionneurs se formaient en effet, et ce fameux curieux dont parle Labruyère allait bientôt paraître. La pièce introuvable était déjà cherchée avec cette ardeur qui dure toujours et ne fait que s'accroître. — Mais ne disons pas trop de mal de ces manies innocentes. En cherchant quelques raretés insipides, les collectionneurs ont trouvé et sauvé bien des choses précieuses. Le désir de former un œuvre complet s'étend de ce qui est curieux à ce qui est beau, et tel qui a commencé par Callot et Labelle, finit par Marc-Antoine.

Giovanni Lorenzo Bernini, *sculpteur et architecte, né à Naples le 7 décembre 1598, mort à Rome en novembre 1680.*

(ECOLE NAPOLITAINE.)

Voir n° 101.

Pietro Bernini, sculpteur, père de l'artiste célèbre dont nous avons à parler, était d'origine florentine. Il était venu s'établir à Naples, et s'y était marié. Le pape Paul V, monté sur le trône pontifical en 1605, l'appela à Rome pour décorer une chapelle de Sainte-Marie-Majeure.

Le jeune Bernin était donc encore enfant lorsqu'il arriva à Rome; mais déjà il était artiste, et son premier buste en marbre fut exécuté à l'âge de 10 ans. Les historiens parlent de la précocité du Bernin en termes qui sentent la légende, et qui ont fait soupçonner son père d'un peu de supercherie et de mise en scène. Pietro était un habile tailleur de marbre et Baglione en fait foi. Il a pu en effet aider un peu un enfant qui promettait tant et dont la facilité extraordinaire émerveillait le pape et les cardinaux. Mais cette précocité était bien réelle, et Gio Lorenzo n'avait pas vingt ans, qu'il avait déjà sculpté quelques-uns de ses meilleurs ouvrages, entre autres le David et l'Apollon poursuivant Daphné, de la Villa Borghèse. On admire dans ce dernier groupe, outre des difficultés très-grandes vaincues avec un art surprenant, une composition ingénieuse et une grâce juvénile qui font oublier le style absent.

Le sort du jeune sculpteur était décidé. Son nom prenait place parmi les plus illustres, et huit papes devaient successivement jusqu'à sa mort le combler d'honneurs et de travaux. Lorsqu'en 1623 le cardinal Maffeo Barberini fut élu pape sous le nom d'Urbain VIII, il fit appeler le Bernin et lui dit : « Vous êtes « heureux de voir Maffeo Barberini sur le trône ; mais nous « sommes bien plus heureux encore que le chevalier Bernin « vive sous notre pontificat. » De tels éloges étaient bien propres à tourner la tête aux plus forts et aux plus modestes, et l'artiste qui en recevait chaque jour d'équivalents, dut bien vite prendre de son talent et de son importance une opinion exagérée. Dédaignant l'antiquité et voulant à tout prix faire du nouveau, négligeant la forme et cherchant à donner à son marbre une expression que la peinture seule peut rendre, confiant dans les témérités d'un ciseau adroit et toujours sûr, il ne pouvait, quelque bien doué qu'il fût par la nature, échapper au maniérisme qui régnait autour de lui et dont il devint l'éclatant propagateur. Ses qualités, on l'a dit bien des fois, n'étaient plus que des vices brillants.

La première œuvre d'importance que lui demanda Urbain VIII, fut ce fameux baldaquin de bronze qu'il plaça dans l'église Saint-Pierre, au dessus de l'autel où reposent les restes des apôtres : travail qui lui prit neuf années et qui lui valut des récompenses extraordinaires. On apprécierait la grandeur d'apparat des quatre colonnes torses qui soutiennent ce baldaquin, si l'on pouvait oublier que le métal en avait été arraché au Panthéon, et que, pour leur faire place, on avait enlevé douze colonnes antiques qui décoraient l'autel depuis le VIIIe siècle. — Mais les souvenirs et les traditions ne comptaient guère. Chaque nouveau pontife voulait marquer son passage par des œuvres plus riches et plus belles que celles de ses prédécesseurs, et, le mauvais goût étendant chaque jour son empire, on devait tomber dans ce chaos d'ornementation qui défigure le nouveau Saint-Pierre.

L'activité du Bernin était extrême comme sa facilité. Le travail était son plaisir, et la liste seule de ses ouvrages de sculpture et d'architecture, liste donnée par Baldinucci, serait trop longue pour être rapportée. Tous les princes voulurent avoir leur buste de sa main, ou lui faire décorer leurs palais et leurs chapelles. — Ce goût pittoresque, particulier à l'artiste, convenait avant tout aux places publiques et aux fontaines qui les décorent, et il donna plus d'une fois dans des ouvrages de ce genre les preuves de son imagination inventive. Les fontaines de la place d'Espagne, de la place Barberini, de la place Navone, comptent au nombre des embellissements les plus populaires de la ville de Rome.

Nous ne pouvons passer sous silence les deux tombeaux d'Urbain VIII et d'Alexandre VII, placés à Saint-Pierre; le premier, commencé du vivant même d'Urbain et par ses ordres, le second exécuté plusieurs années après la mort d'Alexandre, et sous le pontificat d'Innocent XI, c'est-à-dire à l'époque où le Bernin était presque octogénaire. Dans ces deux monuments bizarres et fastueux, où le bronze et le marbre sont mélangés, on remarque les mêmes idées ingénieusement puériles, le même oubli des saines traditions et des principes élémentaires de l'art.

L'Extase de sainte Thérèse, groupe sculpté sur l'autel d'une chapelle de la Madonna della Vittoria, était l'ouvrage que le Bernin préférait à tous les autres. La langueur de la sainte, à moitié évanouie, est en effet rendue avec un rare talent; le marbre est traité avec une délicatesse extraordinaire. Mais la draperie est d'une lourdeur étrange, les plis en sont cassés et fouillés outre mesure, et l'expression même de la figure, quoique merveilleusement traduite par l'artiste, n'inspire pas toujours un sentiment religieux. Est-ce la faute de l'art, ou, comme le dit Cicognara, celle du spectateur?

APPENDICE.

L'impression produite par la grande décoration de bronze qui représente, à Saint-Pierre, les quatre docteurs de l'Église soutenant la chaise de l'Apôtre, ne saurait être douteuse. C'était, au temps de l'artiste, une admiration sans bornes; aujourd'hui cette œuvre monstrueuse d'un art en délire n'excite plus que la pitié ou la colère.

Il en est tout autrement d'un monument dans lequel, mieux inspiré comme architecte, il a heureusement déployé les ressources de son talent souple et hardi. Nous voulons parler de la colonnade semi-circulaire de la place Saint-Pierre, ouvrage qui suffirait seul à faire vivre le nom de son auteur. Les hommes spéciaux, tout en regrettant Bramante ou Raphaël, Peruzzi ou Michel-Ange, admirent l'art avec lequel le Bernin a su relier à la façade de la grande église ces somptueux portiques, qui, joints aux charmantes fontaines de C. Maderne et à l'obélisque dressé par Fontana, terminent et décorent si dignement la place. La foule jouit du magnifique spectacle qui lui est offert, sans songer aux difficultés qu'il a fallu vaincre et aux efforts qu'ont dû coûter à l'artiste l'unité et l'apparente facilité de son œuvre.

En 1665, le roi Louis XIV, voulant terminer le Louvre, demanda comme une faveur au pape Alexandre VII de laisser venir le Bernin à Paris pour quelques mois. Le duc de Créqui, ambassadeur de France, présenta dans une audience solennelle la lettre du roi au souverain pontife, et, en sortant du Vatican, se transporta avec le même cortége d'apparat à la demeure de l'artiste pour lui remettre le message par lequel Louis XIV lui-même l'invitait à venir à sa cour. Ce voyage fut un véritable triomphe. Le Bernin trouva tout préparé sur sa route par les ordres exprès de la cour, et on lui rendit les mêmes honneurs qu'aux princes du sang. Les lettres et les mémoires du temps sont pleins à ce sujet de détails authentiques, qui dans toute autre circonstance paraîtraient incroyables.

Le Cavalier, c'est ainsi qu'on l'appelait en France, débuta par faire le buste du roi. Ses dessins pour le Louvre furent acceptés, et le 17 octobre 1665, le roi lui-même posa la première pierre de la façade.

Tout paraissait marcher selon les vœux du célèbre italien, et cependant au fond rien n'était décidé. Colbert, esprit ferme et positif s'il en fut, voulait entrer dans les détails et se rendre compte des moindres particularités du plan. Le Bernin voyait les choses de haut, et, trouvant au dessous de lui de descendre dans ces minuties, n'acceptait qu'impatiemment les objections du ministre.

Charles Perrault, alors commis de Colbert, a laissé dans ses mémoires, modèle de fine ironie en même temps que de bon langage, le récit animé de ce qui se passa en cette occasion. Hâtons-nous de le dire, Charles Perrault ne pouvait être impartial. Il était le frère de Claude Perrault, le rival encore inconnu du Bernin, et le portrait qu'il nous donne du Cavalier, quoique fait au vif et de main de maître, sent un peu la caricature.

Quoi qu'il en soit, le Bernin, au moment où l'hiver approchait et après un séjour d'environ sept mois, demanda à retourner en Italie, où le rappelaient tant de travaux interrompus et les instances de la cour de Rome. Il laissa à Paris un de ses élèves pour veiller aux travaux de fondation que l'on poursuivait, et était de retour à Rome au commencement de décembre 1665. La veille de son départ, Charles Perrault lui-même lui avait apporté de la part du roi 3,000 louis d'or (72,000 livres !) et un brevet de pension de 12,000 livres par an. — Il partit enchanté de cette libéralité vraiment royale, et se déclarant très-satisfait de son voyage.

Cicognara a dit qu'il avait été *persécuté* pendant son séjour à Paris. C'est là une erreur manifeste. Le Bernin trouva en France des rivalités d'artiste, comme il en trouvait à Rome même, où ses ennemis et ses envieux cabalaient par tous les moyens en leur pouvoir contre sa dictature. Mais l'ascendant de son nom était tel, que s'il avait daigné se plier aux exigences très-justifiées et très-raisonnables de Colbert, qui voulait pour le roi un palais commode et habitable, et non pas d'inutiles décorations; si surtout il avait consenti à respecter dans son plan les parties déjà achevées de la cour du Louvre, condition imposée comme indispensable à tous les architectes qui avaient présenté des dessins, il serait resté sans contestation maître de la place. Les petites intrigues, les avis intéressés de Charles Perrault purent aider le ministre à ouvrir les yeux et à voir clair en tout cela; mais Colbert n'était pas homme à se laisser mener ou à agir sans de bonnes et solides raisons. Tout bien pesé, il est certain qu'il prit le parti le plus sage en abandonnant le plan du Bernin. Le génie du Cavalier ne convenait pas au goût ni au climat de la France, et quels que soient les justes reproches faits à la colonnade de Perrault, qui ne s'accorde guère avec l'architecture de Pierre Lescot, ne sommes-nous pas heureux d'avoir échappé au style corrompu de la décadence italienne? Qui saurait regretter aujourd'hui cette rocaille de cent pieds de haut, sur laquelle aurait figuré la statue du roi, et cette grande place qui devait s'étendre jusqu'au Pont-Neuf, en rasant tout d'abord notre vieux Saint-Germain-l'Auxerrois!

Pendant son séjour en France, le Bernin fut reçu de l'Académie, le 5 septembre 1665. Mais cet honneur dut compter pour bien peu aux yeux de l'artiste qui, pénétré de son mérite et de son importance, méprisait ses contemporains, et qui, à la grande surprise et au grand mécontentement de Louis XIV, restait silencieux en présence des ouvrages de Lebrun.

Il retrouva à Rome sa haute position, ses honneurs et ses grands travaux, et mourut enfin, âgé de 82 ans, laissant une fortune de 400,000 écus romains (2 millions de livres). La reine Christine de Suède s'écria, en apprenant le chiffre de cette fortune : « Si un pareil homme avait été à mon service, j'aurais
« honte qu'il eût laissé si peu ! »

Bartolommeo Biscaino, *peintre et graveur à l'eau-forte, né à Gênes en 1632, mort à Gênes en 1657.*

(ECOLE GÉNOISE.)

Voir, n° 102.

B. Biscaino (que Lanzi a oublié) fut élève de son père, artiste sans talent, et de Valerio Castelli, peintre génois renommé. Il imita ce dernier avec succès, puisque, si nous devons croire le *Guide de Gênes*, de F. Alizéri (1847), on confond les ouvrages du maître avec ceux de l'élève.

Ses peintures à l'huile sont rares, et l'on n'en cite qu'une à Gênes, placée dans un lieu public, le couvent de Santo Spirito. Le musée de Dresde en possède trois.

Mariette faisait grand cas de ses dessins, qui sont en effet agréables, et de ses eaux-fortes dont la pointe est libre et facile. Bartsch n'en décrit pas moins de quarante dans son tome 21.

Le Biscaino mourut en 1657 de la peste, en même temps que son père et toute sa famille. Il n'avait pas encore 25 ans.

Andrea Boscoli, *peintre, né à Florence vers le milieu du XVIe siècle, mort à Florence vers 1606.*

(ECOLE FLORENTINE.)

Voir n° 103.

Cet artiste fut élève de Santi dit Tito, et imita d'abord avec succès la manière de son maître. Il alla étudier à Rome, nous ne savons en quelle année, et y fit, selon Baldinucci, d'innombrables et fructueuses études. Il fut employé en 1588, lors de l'entrée de Christine de Lorraine à Florence, en même temps que le Cigoli, le Passignano, Cristofano Allori et autres artistes de renom, aux peintures décoratives dont la ville fut ornée pour cette solennité. Ses ouvrages étaient placés dans le Dôme, et c'était à coup sûr un poste d'honneur.

Il peignait en 1587 dans le petit cloître de l'Annonciade et en 1598 dans l'église des Saints-Apôtres. Les sujets profanes furent également traités par lui, et il réussissait beaucoup mieux en petit qu'en grand. On cite comme un de ses meilleurs ouvrages une bacchanale dont on trouve la gravure dans le tome II de *l'Etruria pittrice*, et qui est agréablement composée.

Malheureusement, il négligea trop souvent l'étude de la nature. Ses dessins qui témoignent de sa facilité, sont touchés avec assez d'esprit, mais d'une manière chargée et uniforme qui leur fait perdre une bonne partie de leur charme. Ils eurent cependant une grande réputation auprès des contemporains, et Cristofano Allori lui en demanda plusieurs qu'il se plut à colorier de sa main.

Baldinucci raconte une terrible aventure qui arriva à notre artiste dans un pèlerinage à Notre-Dame-de-Lorette. Passant près de la forteresse de Macerata, il eut, suivant son habitude, l'idée de dessiner le paysage qui l'entourait. On le prit pour un espion et on le jeta malgré ses réclamations au fond d'un cachot, d'où il ne sortit que pour paraître devant des juges qui le condamnèrent à mort. La sentence était sérieuse et eût été impitoyablement exécutée, si le gouverneur n'avait pris sur lui de faire demander à Florence des renseignements sur le pauvre peintre, qui conserva sa tête, mais qui, sans doute, se promit bien de ne plus comprendre à l'avenir les forteresses dans ses études de paysage. En souvenir du danger qu'il avait couru, il dessina avec un soin tout particulier une suite des sujets de la Passion, qu'il fit graver par Pierre de Jode le vieux.

Piero Buonacorsi, *dit* Perino del Vaga, *peintre, né à Florence en* 1499, *mort à Rome le* 17 *octobre* 1547.

(ECOLE FLORENTINE.)

Voir nos 107 et 108.

Fils d'un soldat au service du roi de France, abandonné de tous, il fut recueilli tout enfant par un peintre médiocre, nommé Andrea de'Ceri, qui le prit à son service et lui donna de son mieux les premières notions de son art. S'apercevant que les dispositions de l'enfant méritaient un meilleur enseignement, Andrea de'Ceri, sans l'abandonner et sans renoncer à ses droits sur lui, le fit entrer à l'atelier de Ridolfo Ghirlandajo. Perino n'avait que onze ans et se fit bientôt remarquer comme le plus habile parmi tous ses condisciples.

Un peintre de Toscanella, nommé le Vaga, étant venu à Florence et ayant admiré les heureux commencements du jeune artiste, fit tant qu'il obtint de l'emmener avec lui et l'employa comme aide dans ses travaux. Mais c'était à Rome que Perino avait espéré de se rendre. Il voulait étudier les statues antiques et ces peintures de Michel-Ange et de Raphaël, dont il entendait faire tant de bruit. Le Vaga, voyant que tout serait inutile pour retenir un élève dont la collaboration lui était si profitable, se décida à le mener lui-même à Rome, où il ne le laissa qu'après l'avoir recommandé avec la plus grande sollicitude à tous les peintres de sa connaissance. C'est depuis ce moment que le nom de Perino del Vaga lui fut donné.

Une fois dans la grande ville, Perino put ouvrir un vaste champ à son amour pour l'étude. Tout en étant forcé de chercher pour vivre quelques commandes qu'il sentait bien être au-dessous de lui, il sut se réserver la plus grande partie de son temps pour dessiner tous ces chefs-d'œuvre qu'il avait sous les yeux, peintures, statues, arabesques des grottes nouvellement découvertes, et se livrant avec une véritable passion aux difficultés de l'art, il acquit une réputation méritée. Jules Romain et G. Francesco Penni ayant parlé de lui avec éloges à leur maître Raphaël, celui-ci voulut le connaître, loua ses dessins et son intelligence, l'accueillit parmi ses élèves et l'employa dans les travaux des Loges. Vasari met les peintures que Perino exécuta dans cette magnifique décoration au-dessus de toutes celles des autres élèves de Raphaël. Parmi les compositions qu'il peignit d'après les croquis du maître, on cite : les Hébreux passant le Jourdain, la Prise de Jéricho, Josué arrêtant le soleil, la Nativité et le Baptême du Christ, et enfin la Cène. Et cependant Perino del Vaga, à la mort de Raphaël, en 1520, n'avait que vingt ans !

Sa réputation avait grandi, et c'était pour son propre compte qu'il devait être employé désormais. Il eut à peindre, avec Jean d'Udine, la voûte de l'une des salles du Vatican, et plusieurs palais à orner de stucs, d'arabesques, de tableaux, de figures ou de paysages dans le style des Loges. Le goût des arabesques était devenu une véritable fureur, et Perino del Vaga n'était pas moins habile dans ce genre d'ornementation que Jean d'Udine lui-même. En 1523, la peste le fit fuir de Rome, et il se réfugia à Florence, où il ne resta cependant pas longtemps. Le seul ouvrage important qu'il y produisit fut un carton représentant les dix mille martyrs conduits au supplice. La peste était venue le poursuivre à Florence ; il se mit de nouveau en fuite, abandonnant son carton. Après avoir ainsi erré assez longtemps, il apprit que le fléau avait quitté Rome et revint dans cette ville, où il épousa en 1525, la sœur de G. Francesco Penni.

En 1527, survint le sac de Rome et toutes les misères qui le suivirent. Fait prisonnier et ayant perdu tout ce qu'il possédait, il était réduit à la plus triste indigence. Ce fut donc avec bonheur qu'il saisit, en 1528, l'occasion qui se présenta de partir pour Gênes, où le prince Doria le reçut avec la plus grande faveur.

Perino travailla de longues années dans cette ville, et orna le palais Doria tout entier de stucs, de peintures à fresque et à l'huile, qui furent hautement admirés, et dont la description demanderait des volumes.

Il revint à Rome sous le pontificat de Paul III, et se vit bientôt surchargé de travaux. Sa jeunesse avait été si misérable sous le rapport de la fortune, qu'arrivé à l'âge mûr, il croyait pouvoir se dédommager en accaparant tout ce qui se présentait. Tout lui était bon : dessins de broderies, modèles pour les chasubliers, ornements de tous genres, et, sans parler de ses ouvrages plus sérieux, il devait se trouver prêt jour et nuit à satisfaire aux nombreux caprices de la cour, de la maison Farnèse, des cardinaux ou des princes. Vasari nous le montre ne pouvant prendre un moment de repos au milieu des peintres, des sculpteurs, des stucateurs, des tailleurs, brodeurs, doreurs, qui avaient sans trêve et sans relâche affaire à lui. Il employait un grand nombre de jeunes gens, et ne montra pas toujours, dans cette période de sa vie, le soin nécessaire pour que ses travaux lui fissent honneur. Il mourut épuisé, n'ayant pas encore 40 ans accomplis.

Les peintures murales occupèrent trop exclusivement Perino del Vaga, pour que ses tableaux à l'huile pussent être nombreux. Plusieurs de ceux que mentionne Vasari ont péri. Parmi ceux qui subsistent encore, nous citerons le grand panneau qui faisait partie de la galerie du cardinal Fesch, et qui appartient aujourd'hui à lord Dudley. Il est daté de 1534, et porte d'une façon assez prononcée le caractère de l'école florentine. Quant aux dessins de cet artiste, ils sont très-nombreux, et l'on y admire, en même temps qu'une facilité prodigieuse, beaucoup de grâce, de légèreté et d'élégance.

APPENDICE.

Michel-Angelo Buonarotti, *peintre, sculpteur, architecte, ingénieur, poète, né au château de Caprese, diocèse d'Arezzo, le 6 mars 1475, mort à Rome le 18 février 1564.*

(ÉCOLE FLORENTINE.)

Voir n°˚ 109 à 133.

Issu d'une famille pauvre, Michel-Ange montra dès l'enfance un penchant irrésistible pour le dessin. Son père et ses oncles mirent tout en œuvre, même la violence, pour s'opposer à la passion qui l'entraînait. Mais tout fut inutile, et, parvenu à l'âge de treize ans, il obtint d'entrer à l'atelier de Dominique et de David Ghirlandajo (1er avril 1488).

Les études que cet enfant avait faites de lui-même et en cachette, ou à l'aide de son ami Francesco Granacci, avaient été fructueuses, puisque nous voyons dans le contrat d'apprentissage passé pour trois ans (et qui nous a été conservé par Vasari), Ghirlandajo consentir à donner à son élève une rétribution dès la première année. En effet, le grand peintre de Sainte-Marie-Nouvelle, dans toute la force de son talent et de sa réputation, fut frappé de stupeur en voyant l'apprenti tout deviner, tout savoir, et surmonter en jouant les difficultés de l'art. Si l'on prêtait à Michel-Ange quelques dessins des anciens maîtres, il les contrefaisait avec une telle adresse, que nul ne savait reconnaître l'original de la copie. Arrivait-il à Florence une de ces estampes bizarres et précieuses de Martin Schon, représentant saint Antoine tourmenté par les démons, il se plaisait à lutter d'étrangeté et de bizarrerie avec le maître allemand, et reproduisait sa composition en la coloriant et en y ajoutant toutes sortes de détails pris sur la nature. Enfin, emporté au delà des justes limites par une inspiration qui chez tout autre eût frisé de bien près l'insolence, il osait s'attaquer aux ouvrages de son propre maître et en corriger les contours.

Envoyé par D. Ghirlandajo dans le jardin des Médicis pour étudier les statues antiques que Laurent-le-Magnifique avait réunies à grands frais, Michel-Ange y trouva bientôt l'occasion de produire son premier ouvrage de sculpture. Il faut lire dans Condivi et dans Vasari la charmante histoire de la tête de Faune, sculptée à l'imitation d'un marbre antique. Cet ouvrage d'un enfant de quinze ans plut tellement à Laurent, qu'il demanda Michel-Ange à son père, le logea dans son palais et le traita comme l'un de ses propres enfants.

Mais cet illustre protecteur mourut bientôt (avril 1492), et Pierre de Médicis qui lui succéda, quoique plein d'amitié et de bon vouloir pour le jeune artiste, ne ressemblait guère à son père. Il se fit détester et chasser par les Florentins (1494). Michel-Ange avait prévu cet événement, et, craignant de se trouver compromis dans les troubles de la cité à cause de sa domesticité dans la maison des Médicis, il s'était rendu à Bologne et de là à Venise. N'ayant pu trouver à s'occuper dans cette dernière ville, il chercha à revenir à Florence. Repassant par Bologne, il y fut arrêté, et, pour avoir négligé de se munir d'un sauf-conduit, condamné à une amende qu'il lui eût été impossible de payer. Heureusement pour lui, un gentilhomme bolonais qui se trouvait présent lui fit expliquer son aventure, lui rendit la liberté et lui donna asile dans sa maison. Michel-Ange resta environ un an chez Messer Giovan Francesco Aldovrandi qui se plaisait dans sa société et qui, charmé de l'accent toscan de son protégé, aimait à lui faire lire chaque soir des passages de Pétrarque, Dante ou Boccace. Ce fut là sans doute l'origine de ce goût pour la poésie que le maître conserva toute sa vie.

Après avoir sculpté deux petites figures de marbre pour le

tombeau de saint Dominique, Michel-Ange revint dans sa patrie (vers la fin de 1495?) et fit en marbre un Cupidon endormi que l'on envoya à Rome et que l'on vendit comme antique à Raphaël Riario, cardinal de Saint-Georges. La fraude ayant été découverte, le nom du sculpteur se répandit bien vite, et le cardinal l'appela à Rome; mais ce fut en pure perte, car ce nouveau protecteur ne sut rien lui commander. Le barbier du cardinal s'occupait d'art, et, plus intelligent que son maître, sut tirer du jeune artiste un carton représentant saint François recevant les stigmates, qu'il se chargea de colorier et qu'il plaça à San Pietro in Montorio, où on le voit encore aujourd'hui. Un gentilhomme romain, messer Jacopo Galli, apprécia aussi notre artiste et lui fit faire deux statues de marbre; l'une représentait encore Cupidon; l'autre était cette charmante figure de Bacchus ivre qui fait partie du musée de Florence. Enfin le cardinal Jean de la Grolaye, ambassadeur du roi Charles VIII auprès d'Alexandre VI, mit le sceau à la réputation de Michel-Ange en lui commandant, pour la chapelle des rois de France, le fameux groupe de la Pitié, qui a toujours été regardé comme l'un des principaux ornements de l'ancien et du nouveau Saint-Pierre. Le cardinal de la Grolaye mourut à Rome en 1499, et ce fut probablement un an ou deux ans avant sa mort que fut exécutée cette sculpture.

Ces ouvrages avaient obtenu un succès inouï, et Michel-Ange était célèbre quand il revint à Florence en 1501. Aussi voyons-nous ses compatriotes le surcharger des travaux les plus importants. En août 1501, on lui alloue la statue colossale du David (qui fut mise en place le 8 juin 1504); en 1502, et pendant qu'il suit cet ouvrage, c'est d'une autre figure de David, en bronze, qu'on lui fait la commande; en 1503, on vient lui demander douze figures d'apôtres pour Sainte-Marie-des-Fleurs; enfin, dans les derniers mois de 1504 et dans les deux premiers de 1505, nous le voyons travailler à ce carton de la guerre de Pise, qui était destiné à orner la salle du Grand Conseil, et qui, lorsqu'on le découvrit, produisit dans l'art une véritable révolution.

Le pape Jules II avait succédé à Alexandre VI. Il appela Rome Michel-Ange, qui dut s'y rendre dans le mois de mars 1505. Se prenant bientôt d'enthousiasme pour les talents et la personne de son sculpteur, il lui commanda sa propre sépulture. Le projet de Michel-Ange était d'une grandeur surprenante : il s'agissait d'un monument orné de 40 statues, qui devait être élevé au milieu même de la basilique du Vatican. Mais le pape n'était pas homme à hésiter; il s'empressa d'envoyer Michel-Ange à Carrare pour choisir et faire débiter les marbres nécessaires, et, à son retour, lui fit mettre la main à l'œuvre. Cependant ce travail ne put pour cette fois être mené bien loin, puisque par suite d'une querelle entre le pontife et l'artiste, querelle dont la véritable cause est restée à peu près inconnue, Michel-Ange s'enfuit précipitamment de Rome et se réfugia à Florence en juillet 1506.

Jules II se montra très-irrité de ce départ, et employa tous les moyens en son pouvoir pour faire revenir Michel-Ange. Mais l'ombrageux artiste, soit par crainte, soit par ressentiment, ne voulait pas se mettre en route, et ce ne fut qu'après cinq mois de séjour à Florence, et grâce aux sollicitations du Gonfalonier Soderini, qu'il se décida (1er décembre 1506) à aller rejoindre à Bologne le pape qui venait de faire la conquête de cette ville. Jules II, en lui pardonnant, lui commanda sa statue en bronze, et Michel-Ange mit une ardeur remarquable à lui obéir; car cette figure colossale (elle était assise, dit-on, et n'avait pas moins de 9 à 10 pieds de haut) fut terminée en moins de 15 mois et mise en place le 18 février 1508.

Notre artiste revint ensuite à Florence, mais ne put y rester longtemps, car un ordre du pape l'appela à Rome, où nous le trouvons en mai 1508. Jules II avait pour le moment renoncé à son projet de sépulture, et voulait employer Michel-Ange à un travail non moins digne de tous deux. Il s'agissait de peindre la voûte de la chapelle Sixtine. Michel-Ange, qui n'avait jamais peint à fresque, voulut d'abord refuser; mais résister à Jules II était chose difficile. Il dut bientôt entreprendre cet ouvrage, gigantesque de toutes façons, et dont la description seule serait longue et laborieuse. Vasari et Condivi affirment cependant que Michel-Ange finit le tout en 20 mois, et Michel-Ange n'avait pas d'aides! Il est présumable que le travail des cartons ne doit pas être compris dans cet espace de 20 mois, et que l'œuvre entière demanda à l'artiste environ quatre ans, depuis 1508 jusqu'en 1512. La voûte terminée fut, dit-on, montrée au public, et la chapelle rendue au culte le jour de la Toussaint. Il s'agit sans doute du 1er novembre 1512, et ces dates ainsi expliquées rendent moins invraisemblable le récit des historiens.

Jules II ne put jouir longtemps de ces magnifiques peintures, puisqu'il mourut le 21 février 1513; mais avant sa mort il avait noblement récompensé celui qui venait de les créer. Il avait aussi donné l'ordre à ses exécuteurs testamentaires de faire continuer l'œuvre de sa sépulture, en en restreignant toutefois les proportions. Cette sépulture, à laquelle Michel-Ange s'était remis avec ardeur, devint avec le temps pour lui une source de malédictions. Car les pontifes qui se succédèrent, en le chargeant sans trêve de nouveaux travaux, attirèrent sur sa tête mille querelles, mille reproches, mille menaces de la part du duc d'Urbin, neveu de Jules, et de ses agents. L'artiste lui-même, à son grand regret, fut souvent accusé d'ingratitude pour la mémoire de son bienfaiteur.

Léon X, voulant terminer l'église Saint-Laurent, bâtie à Florence par Cosme-le-Vieux, son ancêtre, et y ajouter une façade, ouvrit à son passage dans cette ville, en 1515, une sorte de concours où figurèrent plusieurs architectes célèbres, et, entre autres, Raphaël. Mais Michel-Ange fut seul chargé de l'entreprise et dut se rendre à Carrare, et ensuite à Seravezza, sur le territoire florentin, où il perdit de longues années à l'extraction de marbres, qui pour la plupart ne servirent à rien. A la mort de Léon X (décembre 1521), la façade de Saint-Laurent sortait à peine de terre.

Sous le court pontificat d'Adrien VI, Michel-Ange trouva un peu de temps pour travailler au tombeau de Jules; mais Clément VII (Jules de Médicis), nommé pape en novembre 1523, s'empara de nouveau de l'artiste, qui, après un court séjour à Rome, retourna à Florence avec l'ordre de terminer la bibliothèque et la sacristie de Saint-Laurent. Tout en suivant ces travaux, il trouva le loisir de sculpter en marbre une figure du Christ debout, qui fut envoyée à Rome et placée dans l'église de la Minerve.

Cependant l'Italie était en proie à de grands troubles. Rome était prise d'assaut (6 mai 1527) et saccagée par les troupes du connétable de Bourbon. Florence crut le moment favorable pour secouer le joug des Médicis, et Michel-Ange se mêla avec ardeur au mouvement qui devait, pensait-il, rendre la liberté à sa patrie. Aussi, lorsqu'en 1529 le Pape, redevenu maître de Rome, eut fait un accord avec l'Empereur dans le but de reprendre Florence, notre artiste, que ses talents d'ingénieur désignaient naturellement au choix de ses concitoyens, fut l'un des neuf magistrats chargés de la défense de la ville. Le siége était commencé, les Florentins résistaient avec vigueur: tout à coup Michel-Ange, soit par crainte de la trahison, soit pour tout autre motif, s'enfuit (dans les derniers jours de septembre 1529) et se réfugia à Venise. Déclaré rebelle par le Conseil, il se hâta de revenir, ce qui prouve que la crainte pour sa propre personne n'était pas le motif de son départ, reconnut humblement son tort, et se soumit à une amende de 1500 ducats. Il dirigea dès lors la défense, qui se prolongea jusqu'au 12 août 1530, jour où Florence se rendit. Pour échapper à la mort, Michel-Ange dut rester quelque temps caché chez un ami.

La première fureur apaisée, le Pape écrivit qu'on cherchât son sculpteur et qu'on le traitât doucement. Il y mettait pour condition que Michel-Ange travaillerait aux statues de la sacristie déjà commencées, et notre artiste fut sans doute heureux d'échapper à ce prix à la vengeance et à la haine d'Alexandre de Médicis. Pendant les derniers mois de l'année 1530 et l'année 1531 tout entière, il se consacra uniquement à cette sacristie de Saint-Laurent et y sculpta de sa main sept statues qui, bien que non entièrement terminées, sont pleines de vie et d'inspiration, et dont la vue dément cette allégation de Condivi, *qu'il y travaillait plutôt par peur que par amour.*

En 1532, Michel-Ange fut appelé à Rome, et, grâce à l'intervention du Pape, conclut avec le duc d'Urbin, qui ne cessait de se plaindre de l'inexécution des conventions relatives au tombeau de Jules II, un nouvel arrangement qui diminuait encore, et dans les proportions les plus notables, le plan de cette sépulture, et le réduisait à une seule façade décorée de six statues. Ces conditions furent dictées par Clément VII lui-même, qui se réservait en outre le droit d'employer l'artiste à ses travaux de Florence pendant une partie de l'année. Mais quand on en vint à l'exécution du contrat, le Pape sut conserver la part du lion. Après avoir fait travailler quelques mois Michel-Ange à Florence, il lui ordonna à son retour à Rome d'abandonner le tombeau pour la composition du Jugement dernier, dont il avait résolu d'orner l'une des faces de la chapelle Sixtine. Le malheureux artiste, ainsi tiraillé en sens contraire, se plaignait amèrement de ne pouvoir trouver la paix, et, tout en obéissant au Pontife, cherchait à travailler à son insu aux statues de la sépulture.

Paul III (Farnèse) succéda à Clément VII en 1534, et fut encore, si cela est possible, plus ardent que son prédécesseur à presser l'exécution de la peinture de la chapelle. Par un bref du 1er septembre 1535, il accordait à Michel-Ange une rente annuelle de 1,200 écus d'or pour l'engager à travailler au Jugement dernier; un autre bref de 1537 lui défend, sous peine d'excommunication, tout autre travail.

Ce Jugement dernier, déjà célèbre avant d'être terminé,

attendu par les artistes comme un événement, fut enfin découvert le jour de Noël, 25 décembre 1541. L'étonnement qu'il excita fut le même chez tous, mais d'amères critiques se mêlèrent cette fois aux éloges passionnés. On reprochait au maître d'avoir oublié qu'il travaillait pour un lieu saint, et ce reproche se renouvela de génération en génération jusqu'à nos jours. Aujourd'hui encore, le blâme et l'admiration sont souvent en lutte à ce sujet. Nous n'avons pas à prendre parti dans l'un ou l'autre sens : nous dirons seulement que Michel-Ange paraît avoir voulu, avant tout, être grand et terrible, et il est certain qu'il a pleinement atteint ce double but.

Parmi les détracteurs du Jugement dernier, il faut compter en première ligne l'Arétin, qui écrivit à ce sujet à l'artiste une lettre, aussi impudente que pleine de fiel, publiée dans le tome III de Gaye. Le plus cynique des écrivains s'y déclare hautement scandalisé des licences de Michel-Ange, et le rapprochement impie qu'il fait de ses propres ouvrages, de ses ouvrages les plus honteux, avec cette grande page, dut mettre le comble à l'indignation du maître, qui déchira la missive en la recevant.

Paul III était apparemment moins scrupuleux que l'Arétin. Il combla Michel-Ange d'éloges et de caresses, et, sans perdre de temps, lui demanda de décorer une autre chapelle qu'il venait de faire construire non loin de la Sixtine, et qui a conservé de son fondateur le nom de chapelle Pauline. Mais le duc d'Urbin réclamait à grands cris l'achèvement du tombeau de Jules II, et l'artiste, pressé de tous côtés, sentant bien qu'il importait à sa gloire de terminer la sépulture de son bienfaiteur, s'adressa au pontife pour le prier d'obtenir de nouvelles conditions. Dans une supplique, datée du 20 juillet 1542, il expose à Paul III, en lui demandant d'intervenir auprès du duc, que le travail de sa chapelle doit être un travail considérable, qui demande un esprit dégagé de tout autre soin, et qu'il lui sera impossible de l'entreprendre avant d'être débarrassé de cette grande affaire du tombeau.

En faisant entrer aussi adroitement le Pape dans ses intérêts, Michel-Ange devait réussir. Grâce à cette intervention toute puissante, le duc d'Urbin se résigna à se contenter, pour le tombeau, de la statue de Moïse entièrement terminée de la main du maître, et permit que les cinq autres qui devaient y figurer fussent achevées par d'autres artistes, mais sous sa direction et à ses frais. Le contrat qui intervint alors (20 août 1542) fut le dernier et mit fin, pour employer l'expression de Condivi, à la *tragédie* de la sépulture. Le tombeau de Jules II était en place dans l'église San Pietro in Vincoli, et complétement achevé au commencement de 1545.

Paul III, sans songer au repos que réclamait l'âge du grand artiste, lui fit peindre alors dans la chapelle Pauline les deux fresques promises, à savoir : le Martyre de saint Pierre et la Conversion de saint Paul. Michel-Ange avait 75 ans quand il termina (en 1550) ces ouvrages qui sentent la vieillesse.

En 1546, une autre occasion s'était présentée de mettre à profit ce génie universel, et le Pape ne l'avait pas laissée échapper. Antonio da San Gallo venait de mourir, et il fallait donner un autre architecte à la fabrique de Saint-Pierre. Paul III n'hésita pas; et, malgré l'opposition furieuse de tous les anciens collaborateurs de San Gallo, malgré le refus de Michel-Ange, il l'institua chef de l'œuvre, avec pleins pouvoirs de changer le plan adopté et de diriger le tout suivant sa seule volonté. Michel-Ange se vit encore forcé d'accepter, et ce grand travail fut celui des seize ou dix-sept années qui lui restaient à vivre. Une idée religieuse le soutint contre les persécutions sans nombre que lui suscitèrent, et les changements radicaux qu'il fit subir au plan de San Gallo, et l'autorité si étendue que lui avait conférée le Pontife. Il était convaincu que c'était par la volonté de Dieu et pour l'honneur de saint Pierre qu'il avait été nommé à ce poste, et s'y maintint avec énergie jusqu'au dernier moment sans accepter aucune rétribution. Son but, hautement avoué, était de pousser la construction au point où elle ne pouvait plus être changée, et ce but fut atteint : car les successeurs de Paul III, les papes Jules III, Paul IV, Pie IV, surent défendre l'illustre vieillard contre les attaques de ses ennemis. Si plus tard des changements considérables, qui ne furent pas des améliorations, vinrent dénaturer la basilique de Saint-Pierre, la coupole de cet édifice n'en reste pas moins l'œuvre exclusive de Michel-Ange. Elle fut scrupuleusement achevée, après sa mort, sur son modèle.

Depuis la mort de Clément VII, Michel-Ange ne paraît guère avoir quitté Rome. Le duc Alexandre était son ennemi personnel, et toutes les caresses, toutes les instances de Cosme Ier, son successeur, ne purent vaincre la résolution qu'il avait prise de ne pas retourner à Florence. Outre le soin de la fabrique de Saint-Pierre et la vieillesse, qui étaient les motifs allégués et d'ailleurs fort concluants, Michel-Ange en avait un autre qu'il savait sans doute au besoin dissimuler, mais qui n'en était pas moins plein de force : c'était le chagrin de voir l'asservissement de sa patrie augmenter chaque jour, depuis la tentative d'émancipation à laquelle il avait pris part, et qui n'avait amené sur Florence que des malheurs. Des propos violents sur les mœurs des Médicis, propos qui furent officiellement démentis, mais qui ne paraissent pas moins vraisemblables ; un buste de Brutus qu'il laissa ébauché, et qui était évidemment destiné à rappeler la mémoire de Lorenzino de Médicis, le meurtrier d'Alexandre ; quelques vers et quelques passages significatifs de ses lettres, tout nous paraît prouver qu'il regrettait vivement l'ancien état de sa patrie. Et ces sentiments persistèrent longtemps chez lui, puisque nous le voyons en 1544, âgé de 69 ans, rappeler au roi François Ier l'offre qu'il lui avait déjà faite plusieurs fois de lui élever à ses propres frais, sur la place des Seigneurs, à Florence, une statue équestre de bronze, s'il voulait rendre à cette ville la liberté.

La vieillesse de Michel-Ange fut entourée d'honneurs et d'égards. Sa célébrité était immense, et les étrangers qui arrivaient à Rome étaient avides de le voir. Pendant une maladie qu'il fit en 1544, les plus grands personnages venaient tous les jours le visiter, le pape Paul III envoyait à chaque instant quérir de ses nouvelles. Vasari raconte avoir vu Jules III faire asseoir de force à ses côtés l'illustre artiste que tous les souverains, le roi de France, l'Empereur, le Sultan ou le Sénat de Venise cherchaient à l'envi à attirer à leur service. On venait le consulter à toute heure sur chacune des branches de l'art, dont il avait su avec tant d'éclat réunir le faisceau.

Son caractère paraît être toujours resté le même, soit dans les années si agitées de son âge mûr, soit dans le calme de cette longue vieillesse. Aimant la solitude et le silence, vivant en lui-même, il n'était communicatif qu'avec ses amis, et ne savait rien leur refuser, lui que les rois avaient tant de peine à faire travailler. Il se plaisait même quelquefois à aider de ses conseils et de ses dessins les artistes les plus humbles dont la naïveté lui plaisait. Les poésies et les lettres de ses dernières années respirent une tristesse solennelle, et un grand renoncement des choses de ce monde. La mort, qui vint enfin donner l'essor à cette grande âme, était depuis longtemps le sujet de ses méditations. Il avait vécu 88 ans, 11 mois et 12 jours.

L'influence de Michel-Ange sur son siècle fut prodigieuse. Exposer le développement de cette influence, ce serait écrire en grande partie l'histoire de l'art en Italie et en Europe, depuis 1510 jusqu'à la fin du XVIe siècle. Ce serait en même temps ajouter un nouveau chapitre à l'histoire des aberrations de l'esprit humain. Car l'imitation dégénéra parfois en folie, et le maître qui avait, dit-on, prédit cette décadence, en put avant de mourir voir les signes certains. Ce ne dut pas être un des moindres chagrins de sa lente et sombre vieillesse.

Luca Cambiaso, *peintre et sculpteur, né à Moneglia, près de Gênes, le 18 octobre 1527, mort en Espagne, à l'Escurial, en 1585.*

(ÉCOLE GÉNOISE.)

Voir n° 142.

Giovani Cambiaso, père de Luca et peintre lui-même, forma son fils à la peinture dès l'âge le plus tendre. Il commença par lui faire copier à plusieurs reprises un dessin de Mantègne qu'il possédait, et lui donna ensuite pour étude les fresques de Perino del Vaga, de Beccafumi et du Pordenone qui ornaient la ville de Gênes. Il n'oublia sans doute pas le chef-d'œuvre de Jules Romain placé sur le maître-autel de l'église Saint-Étienne.

Le jeune homme doué des dispositions les plus heureuses, répondit bien vite aux soins paternels. Dès l'âge de 15 ans, il peignait en clair-obscur des sujets de la fable que Soprani vit encore dans le palais Sinibaldo Doria et ailleurs. — En 1544, n'ayant que 17 ans, il travaillait dans le palais Antonio Doria en concurrence avec Lazzaro Calvi, peintre génois en réputation alors et dans toute la maturité de son talent, et Luca, qui avait à représenter l'histoire de Niobé, exécuta ce sujet dramatique à main levée, sans études préparatoires et sans carton, ce qui excita la stupéfaction générale. Il continua ainsi pendant quelques années, cherchant les difficultés, ne se laissant intimider ni par les poses forcées ni par les raccourcis, se faisant enfin une manière *gigantesque* et hardie, mais pratique et sans charme.

Un architecte de Pérouse qui vint s'établir à Gênes, nommé

Galeazzo Alessi, se lia avec lui et lui conseilla de modérer cette furie et d'adopter une manière plus douce et plus étudiée. Le Cangiage eut le bon goût de suivre cet avis, et les ouvrages de sa seconde manière se ressentent avantageusement de la nouvelle direction donnée à son talent. Le coloris en est plus soigné, et on y retrouve avec plaisir les traces d'un travail plus sérieux. Soprani, en nous apprenant que cette amélioration se fit remarquer à partir de 1552 et dans une fresque peinte en cette même année pour l'église *Santa Maria degli Angeli*, mentionne avec complaisance quelques peintures faites à cette époque à l'aide d'un carton. Un peintre de Bergame, du nom de Castello, qui avait été d'abord le concurrent de notre artiste, devint aussi son ami et son compagnon, et lui fit perfectionner son talent en étudiant la perspective.

On cite au nombre des meilleurs ouvrages de Luca deux petits tableaux représentant l'un la Résurrection et l'autre la Transfiguration, exécutés en 1559 et en 1561 dans l'église de Multedo, près de Gênes, qu'ils décorent encore aujourd'hui. M. Rosini a donné dans son V^e volume l'estampe d'une Déposition de Croix qui se voit dans l'église Sainte-Marie de Carignan. Cette composition est des plus louables et nous la croyons de son meilleur temps.

C'est à cette même période de sa vie que Soprani rapporte les peintures de la chapelle Spinola dans l'église Sainte-Catherine, le Martyre de saint Barthélemy placé dans l'église de ce nom, l'Enlèvement des Sabines peint pour la famille Vivaldi au palais de Teralba, les fresques du palais Grimaldi et du palais Serra, et une foule d'autres : car la verve de Luca était toujours prête, et nous savons qu'il exécuta pour les particuliers des tableaux innombrables de tout genre, sacrés, profanes, et même de sujets libres.

Quant à ses dessins, rien ne peut donner l'idée de la quantité qu'il en dut produire. L'historien génois raconte qu'il en faisait de nouveaux à chaque instant du jour, et les jetait par paquets dans un coin de sa chambre, où sa femme et sa servante l s

9.

prenaient sans scrupule pour allumer le feu. Elles n'en ont pas assez brûlé, car ils sont encore innombrables, et combien de médiocres pour quelques-uns de beaux !

Ces prodiges d'exécution rapide, que d'autres artistes reproduisaient à la même époque dans d'autres villes d'Italie, paraissent avoir fait grande impression sur les contemporains du Cangiage. On ne s'était pas encore blasé sur ces tours de force, on ne savait pas encore qu'en cette voie il n'est pas de limite, et qu'aux merveilles du jour succèdent bien vite les merveilles du lendemain, toujours plus extraordinaires.

Aussi Armenini (*Veri precetti della Pittura*) ne déguise pas son admiration. Il a vu le Cangiage peindre, et peindre des deux mains à la fois ! Il trouve ses ouvrages pleins de force et de grâce, et ces ouvrages exécutés en un clin d'œil sont aussi nombreux que pourraient l'être ceux de douze peintres réunis. Il le compare au Tintoret, et, quoique préférant le coloris de celui-ci, c'est à Luca qu'il donne la prééminence. Soprani rapporte le passage d'Armenini, et en tire la conséquence que, sous le rapport de la *pratique* et de la *vélocité*, Luca Cambiaso a dépassé de beaucoup Michel-Ange. C'est là une assertion que nous n'avons nulle envie de contester.

Lomazzo a fait aussi en plusieurs endroits l'éloge du Cangiage. Il va même jusqu'à raconter (*Idea del Tempio*, page 83) que quelques grands peintres, qu'il ne nomme pas, regardant des croquis du peintre génois en présence du Jugement dernier de la Sixtine, avaient décidé que les figures de Michel-Ange perdaient beaucoup de leur force et de leur *furie* à côté de ces dessins. Mais avec ce tact délicat qui l'abandonne rarement, Lomazzo ajoute aussitôt que l'avis des artistes eût été bien différent, si ces rapides esquisses avaient été ombrées et terminées par leur auteur, la science qu'il possédait ne suffisant pas à en animer et à en mettre en relief les détails par la bonne distribution de la lumière et les proportions bien établies des membres.

Un des ouvrages principaux de Luca Cambiaso est la chapelle Lescaro du Dôme, décorée en entier de fresques et de tableaux à l'huile que l'on y voit encore aujourd'hui et qui sont comptés au nombre des meilleurs. Son ami Castello participa à ce travail en peignant la voûte, et les deux artistes, pour compléter leur œuvre, y ajoutèrent deux statues sculptées de leurs mains. L'une, celle de la Prudence, fut exécutée par Castello; l'autre, représentant la Foi, par le Cangiage, qui ne s'en tint pas là et produisit d'autres sculptures citées avec éloge par Soprani et Ratti.

Notre artiste fit en 1575 un voyage à Rome, et voici à quelle occasion : ayant perdu sa femme, il avait accueilli chez lui une sœur de celle-ci, qui prenait soin de son ménage et de ses enfants en bas âge. L'affection qu'il portait à cette belle-sœur s'était à la longue transformée en passion, et son plus vif désir était de l'épouser. Il partit donc pour Rome, espérant obtenir du pape la dispense nécessaire. Mais Grégoire XIII refusa péremptoirement la grâce demandée et fit même au pauvre artiste une loi de se séparer de la femme qu'il aimait. Il obéit, la mort dans l'âme, et à son retour à Gênes, la congédia, tout en l'aimant plus que jamais.

Soit que le chagrin ait influé sur son talent, soit que les dépenses nécessitées par l'éducation de ses enfants l'aient forcé à gagner de l'argent par tous les moyens, on remarqua depuis cette époque un nouveau et déplorable changement dans sa manière. Il se livra de plus belle à la pratique et oublia ce coloris agréable qui distinguait les meillleurs ouvrages que nous venons de citer. Toutes les qualités de l'art parurent se résumer pour lui en une seule, la célérité, et on a dit plaisamment que quelques-unes de ses peintures paraissent faites pour se procurer un dîner.

Il dut cependant soigner davantage un tableau commandé pour l'Espagne et destiné au maître-autel du monastère de l'Escurial. Cet ouvrage, représentant le martyre de saint Laurent, plut tant au roi Philippe II qu'il chercha à attirer près de lui celui qui en était l'auteur. Notre peintre, toujours possédé par sa passion et espérant, grâce à la faveur du monarque, obtenir du souverain pontife la dispense qu'il avait en vain sollicitée de vive voix, partit pour l'Espagne en 1583.

Il fut chaleureusement accueilli, et les merveilles de sa main rapide firent leur effet accoutumé. Parmi les fresques qu'il produisit en quelques mois (sans parler des tableaux à l'huile), nous citerons la voûte même de l'Escurial, représentant le Paradis avec toutes les hiérarchies célestes, et comprenant un nombre infini de figures. Le roi lui fit donner pour ce travail 12,000 ducats, au lieu du prix convenu qui était de 9,000. Tout en refusant ou en faisant effacer celles de ses peintures qui étaient trop négligées, il témoignait à l'artiste beaucoup de bienveillance et se plaisait à lui voir manier le pinceau.

Luca se trouvant en si belle passe, songea à parler de cette dispense qui lui tenait tant au cœur. N'osant s'en ouvrir au roi, il confia son secret à quelques-uns de ceux qui l'approchaient le plus familièrement; mais ceux-ci lui répondirent sans hésitation que faire une pareille demande, c'était vouloir perdre à tout jamais les bonnes grâces du sévère Philippe II.

Se voyant ainsi repoussé et perdant tout espoir, il tomba malade, et malgré tous les soins des médecins du roi, mourut en peu de temps, âgé de 58 ans.

On a pensé que le Cangiage avait gravé lui-même sur bois et en clair-obscur quelques dessins de sa composition; mais cette assertion ne nous paraît nullement prouvée. On a, du reste, peu reproduit les ouvrages de ce maître si fécond. A part quelques fac-simile de dessins, ou quelques estampes comprises dans les recueils de musées et galeries, nous ne pourrions guère citer que trois ou quatre eaux-fortes de R. Schiaminosi. Le Guide a cependant gravé avec beaucoup de charme et de talent une jolie composition du Cangiage représentant une gloire d'anges.

Domenico Campagnola, *peintre et graveur, né à Padoue vers 1482 (?), mort à Padoue.....*

(ÉCOLE DE PADOUE.)

Voir n° 143.

Les renseignements qui concernent ce peintre sont confus et contradictoires. La date de 1482 que quelques auteurs, et entr'autres Ticozzi, assignent à sa naissance, ne nous paraît devoir être reproduite que d'une manière tout à fait dubitative. Quant à sa patrie, on a successivement cité Padoue et Venise. Nous croyons, quant à nous, le Campagnola padouan, et nous suivons en cela l'opinion de Ridolfi et celle de Zani, qui produit des documents anciens et concluants. L'un des arguments de ce dernier nous paraît même sans réplique. C'est la signature DNCVS PATVS (Dominicus Patavinus) qu'il a relevée sur une des estampes de Campagnola. Malheureusement cette pièce, inconnue à Bartsch et sans doute fort rare, n'a pu être retrouvée par nous au cabinet des estampes de la Bibliothèque nationale.

On a dit, mais sans preuve aucune, que Dominique Campagnola avait été élève du Titien. Ce qui est certain, c'est qu'il peignit *en concurrence* avec ce grand maître à l'école de Saint-Antoine à Padoue. Ce fait, attesté par Ridolfi dans la vie du Titien, est d'ailleurs confirmé par une précieuse indication que nous a conservée Mariette. Au dos d'un dessin du Campagnole, faisant partie de la collection Crozat, se trouvait une inscription de la main du maître, que Mariette traduit en ces termes : *En 1511 nous avons peint à fresque en compagnie du Titien dans la scola del carmine, et de compagnie nous sommes entrés dans la scola de Padoue, le* 24 *septembre de la même année.*

En 1511, Campagnola était donc un maître en réputation, au moins à Padoue, puisqu'on le jugeait digne de peindre à côté du Titien, alors âgé de 34 ans et dans toute la force de son talent. On voit également à Padoue d'autres ouvrages du Campagnole, que Lanzi loue avec chaleur. Il paraît avoir peu travaillé à Venise, car Zanetti ne cite que quelques fresques dans les églises de Murano.

Ses estampes sont marquées des années 1512, 1515, 1516, 1517 et 1518. Telle est l'affirmation de Zani. Bartsch n'a relevé que la date de 1517 : mais il a négligé de mentionner la date de 1518 que porte l'une d'elles (la Pentecôte, B. 3). Les estampes vues par Zani et marquées des années 1512, 1515 et 1516, ne se trouvent pas à la Bibliothèque nationale.

D'après l'autorité d'un manuscrit sur lequel il ne nous donne aucun renseignement, Lanzi prétend que Dominique Campagnola était vivant en 1543. C'est là une de ces assertions qu'il nous paraît également impossible d'admettre ou de rejeter.

Le Campagnole était aussi un grand paysagiste. De nombreux dessins de sa main, présentant une grande analogie avec ceux du Titien, et composés de sujets champêtres, ont été anciennement gravés en bois ou en *fac-simile,* par Corneille, Massé, Pesne et Caylus.

APPENDICE.

Rosalba Carriera, *peintre au pastel et en miniature, née à Venise le 7 octobre 1675, morte à Venise le 15 avril 1757.*

(ÉCOLE VÉNITIENNE.)

Voir n°˙ 184 à 188.

Les dates de naissance et de mort que nous venons de rapporter sont celles que donne Zanetti dans son livre *della Pittura Veneziana*. Zanetti avait été l'ami de la célèbre artiste, et les renseignements que nous lui devons paraissent inattaquables. Nous ne savons pourquoi Lanzi, tout en les reproduisant, rapporte une opinion suivant laquelle Rosalba serait née à Vienne en 1672.

Elle fut d'abord élève d'un amateur nommé Antonio Lazari, puis de Diamantini, et enfin d'Antonio Balestra, dont les leçons lui furent fort utiles. Elle peignit quelque peu à l'huile : mais ses ouvrages en miniature et surtout au pastel firent sa réputation qui devint universelle. Peu d'artistes ont été aussi recherchés et aussi appréciés de leur vivant. Elle fut reçue à l'académie de Saint-Luc de Rome en 1705, et Carle Maratte admira longtemps le pastel qu'elle avait envoyé à cette occasion. L'académie de Bologne l'élut en 1720. Dès 1703, le peintre G. M. Crespi avait hautement témoigné de son enthousiasme pour ses ouvrages. Le grand duc de Toscane Cosme III lui demanda son portrait pour le placer parmi ceux des peintres les plus célèbres, et l'académie de Florence l'inscrivit au rang de ses membres.

Elle fit en 1720 un voyage en France en compagnie de sa mère, de ses deux sœurs Angela et Giovanna, et de son beau-frère Antonio Pellegrini, mari de la première. A. Pellegrini était un peintre d'une rare facilité, qui était chargé de décorer le plafond de la salle du palais Mazarin, où devaient se tenir les assemblées de la Banque fondée par Law. Il termina ce travail avec son habileté et sa prestesse ordinaires. Mais la chute de la Banque fut un coup terrible pour le peintre qui n'était pas payé, et pour toute la famille.

Cependant la Rosalba trouva à Paris d'amples compensations. Son séjour, qui fut d'un an, à peu près, fut une ovation perpétuelle. Le roi Louis XV, âgé de dix ans, le Régent, les plus grands seigneurs et les plus grandes dames de la cour posèrent devant elle. On mettait un tel empressement à rechercher ses ouvrages, qu'elle était obligée de refuser une bonne partie des offres que lui faisaient les personnes même les mieux placées. On lui envoyait des loges d'opéra, on la menait aux fêtes, aux revues, aux concerts. Le célèbre amateur Crozat l'avait reçue avec sa mère et sa sœur Giovanna dans son hôtel de la rue de Richelieu, et lui prodiguait tous les soins de l'hospitalité la plus généreuse et la plus délicate. Mariette, le comte de Caylus, l'abbé de Maroulle, M. de Julienne, se plaisaient à jouir de sa société et l'accablaient de prévenances et d'éloges. Les artistes les plus en renom, Watteau, Vleughels, Rigaud, Vivien le pastelliste, Largillière, Detroy, Boulogne, Coypel, s'empressaient auprès d'elle et étaient heureux de recevoir quelque pastel en échange de leurs propres ouvrages. Enfin, sur la proposition de Coypel, elle fut reçue par acclamation de l'académie royale de peinture le 26 octobre 1720.

Un journal que la Rosalba elle-même tenait jour par jour pendant son séjour à Paris, contient des détails fort intéressants sur l'accueil que lui fit la brillante société de la Régence. Dans ce *Diario*, publié en 1793 par l'abbé Vianelli qui possédait tous les papiers de la Rosalba, figurent les noms les plus aristocratiques à côté des noms des artistes et des amateurs. Tous évidemment étaient charmés par la Vénitienne. Elle n'avait jamais été jolie, et elle avait 45 ans, mais sa grâce, sa modestie, sa bonne tenue faisaient valoir son rare talent. Mariette lui-même s'exaltait outre mesure. Il trouvait, il est vrai, que la Rosalba était incorrecte *comme le Corrége*, mais il comparait sans hésiter ses têtes à celles de ce maître.

Rosalba conserva le plus agréable souvenir de son voyage, et ses lettres à Mariette, publiées dans le tome IV des *Lettere Pittoriche*, témoignent de sa reconnaissance pour cette *aimable nation française* qui l'avait si bien fêtée.

Elle était de retour à Venise en mai 1721, et les étrangers de distinction qui passaient dans cette ville venaient plus que jamais lui demander leur portrait ou quelque tête de fantaisie. En 1723 elle fut appelée à la cour de Modène, et en 1730 à celle de Vienne. L'électeur de Saxe, Frédéric-Auguste, acquit d'elle pour une grosse somme d'argent de nombreux ouvrages, qui forment l'un des ornements du musée de Dresde.

Enfin après tant de travaux et de succès, la vieillesse arriva. Rosalba eut le malheur de perdre la vue, et, avec la vue, la raison. Elle vécut dix ans dans ce triste état et mourut octogénaire.

Son charmant talent a toujours été apprécié et, de nos jours encore, si on ne la compare plus au Corrége, on admire dans ses pastels une couleur fraîche et délicate, et une grâce féminine qui lui est toute personnelle.

Les Anglais, grands voyageurs, ne passaient jamais à Venise sans emporter leur portrait peint par la Rosalba, et, au témoignage de l'abbé Vianelli, les sommes qu'ils lui donnaient auraient seules largement suffi à lui permettre de vivre comme une dame de qualité. Nous avons même entendu affirmer en Angleterre que la Rosalba était venue à Londres. C'est une erreur qu'explique bien naturellement le grand nombre de portraits de sa main conservés dans les anciennes familles de ce pays.

Giorgio Giulio Clovio, *miniaturiste, né en Croatie en 1498, mort à Rome le 5 janvier 1578.*

(ÉCOLE ROMAINE.)

Voir n° 198.

Vasari a dit que cet artiste était né à *Grisone*, diocèse de *Madrucci*. Il était évident que ces noms étaient habillés à l'italienne, et avant de les chercher sur la carte, nous étions assuré de ne les point trouver. M. Ivan Kukuljevic Sakcinski a publié en langue illyrienne une vie de son compatriote (traduite en allemand en 1852), dans laquelle nous trouvons l'explication de cette énigme. C'est à Grizane, dans le district de Vinodol, entre Bakarac et Bribir, qu'a dû naître Clovio, lequel s'appelait en réalité Clovicié.

Vasari ajoute que ses ancêtres étaient de Macédoine, et en effet Clovio a plusieurs fois signé ses ouvrages de ces mots : *Julius Macedo*. Mais l'auteur spécial que nous venons de citer pense qu'en signant ainsi, Clovio obéissait seulement à une vague tradition, suivant laquelle les principales familles de la Croatie seraient originairement venues de Grèce.

C'est à l'âge de 18 ans que Clovio vint en Italie, et sa bonne étoile lui fit rencontrer le cardinal Marino Grimani qui le prit à son service et le garda près de lui pendant trois années en le faisant dessiner. Le jeune artiste montrait déjà un goût tout particulier pour les ouvrages de petite dimension, et se décida à se livrer exclusivement à la miniature. Il trouvait dans la maison Grimani un inappréciable modèle en ce genre, le fameux bréviaire que Domenico Grimani avait payé 500 sequins, et qui se voit encore aujourd'hui à Venise. Il reçut aussi quelques conseils de Jules Romain.

Un de ses premiers ouvrages fut un sujet de la vie de la Vierge, qu'il prit d'une des estampes en bois d'Albert Durer, et qu'il coloria avec beaucoup de soin. Cette miniature fit connaître son talent, et le roi de Hongrie, Louis II, l'appela à sa cour.

Il resta en Hongrie jusqu'en 1526, année de la mort du roi et de la chute du royaume de Hongrie. Ce désastre le fit revenir en Italie, et il trouva à Rome un asile auprès du cardinal Campeggio. Mais un nouveau malheur l'attendait. En 1527, Rome fut prise et saccagée par les troupes du connétable de Bourbon, et le pauvre Clovio, devenu prisonnier des Espagnols, fut tellement maltraité, qu'il fit vœu d'entrer en religion s'il échappait à leur fureur.

Il parvint à se sauver, et, s'étant retiré à Mantoue, se fit recevoir dans le monastère de Saint-Ruffin. Il y prononça ses vœux, et resta ensuite pendant trois ans dans la retraite, changeant de temps en temps de couvent, suivant son plaisir, et toujours enluminant quelque livre de chœur ou quelque missel. S'étant cassé la jambe dans un voyage, les frères le transportèrent, pour mieux le soigner, au couvent de Candiana, près de Padoue.

Il se rencontra dans ce monastère avec Girolamo de'Libri, fameux miniaturiste, qui lui donna des leçons, mais qui ne put lui montrer les premiers principes de l'art, comme le dit par inadvertance Vasari dans la vie de Girolamo, car Clovio avait déjà au moins trente ans et travaillait avec éclat depuis longtemps.

Cependant sa jambe ne se guérissait pas, et le cardinal Grimani, son ancien protecteur, voulant lui donner des soins plus efficaces, obtint du pape la permission de lui faire quitter le couvent. Clovio laissa l'habit de moine, et se rendit à Pérouse auprès du cardinal, qui y remplissait l'office de légat : là il s'empressa de reconnaître par de nouvelles œuvres les bontés de Marino Grimani.

Un nouveau protecteur, plus puissant encore, se présenta bientôt pour notre artiste. Le cardinal Alexandre Farnèse, neveu du pape Paul III, voulut se l'attacher, et c'est auprès de ce dernier patron que Clovio passa le reste de sa vie. C'est pour lui qu'il orna de miniatures, en 1542, le psautier qui se trouve à la Bibliothèque impériale de Paris; en 1546, le missel que Richardson admira à Parme, et qui se trouve aujourd'hui à Naples, et enfin ce fameux bréviaire Farnèse qui lui coûta neuf années de travail, et auquel Vasari consacra une longue description; il fait également partie de la Bibliothèque de Naples.

A l'exception d'un séjour de plusieurs mois fait à Florence, en 1553, Clovio paraît être resté à Rome jusqu'à sa mort. Sa position y était excellente, et Vasari dans son édition de 1568 nous apprend que tout vieux qu'il était à cette époque, il travaillait encore, toujours considéré comme l'une des merveilles de Rome, et recevant avec courtoisie ceux qui venaient au palais Farnèse pour le voir.

Le talent de G. Clovio était des plus grands; mais Vasari nous paraît hyperbolique, lorsqu'il le met au-dessus de tous les miniaturistes anciens et modernes. Nous croyons que l'art du xive et du xve siècles a produit, en Italie, en France ou en Flandre des œuvres bien supérieures. L'enthousiasme de Vasari s'explique aisément par l'amitié qui devait les unir, et par la communauté de leurs principes en fait d'art. Clovio fut, comme Vasari, l'un des ardents admirateurs du grand Michel-Ange. Il chercha à l'imiter en petit, et il est permis de penser que son dessin perdit du côté du naturel et de la facilité ce qu'il gagnait du côté de la science.

Il ne serait pas convenable de juger cet artiste sur la miniature qui appartient au Musée du Louvre, œuvre évidemment inférieure et de sa vieillesse. Ce sont les ouvrages que nous avons cités plus haut, ce sont les nombreux livres et missels du Vatican, ou ceux que l'on voit en Angleterre, qui peuvent donner une véritable idée de son talent. Dans le psautier de la Bibliothèque impériale, daté de 1542, se trouve (au premier dimanche de l'Avent) une double page magnifiquement ornée de sa main. Une figure de Père Éternel créant le monde n'est, il est vrai, qu'une assez lourde imitation de l'une des fresques qui se voient à la voûte de la chapelle Sixtine; mais dans la bordure du sujet principal se trouvent une vingtaine de figures d'enfants dessinées avec beaucoup d'art et très-délicatement coloriées. L'exécution des accessoires et du paysage dénote d'ailleurs une habileté consommée.

Différents graveurs, tels qu'Enea Vico, Diana Ghisi, Augustin Carrache, Corneille Cort, Thomassin, ont reproduit les compositions de Clovio. Son œuvre formerait une quarantaine de pièces.

Francesco di Cristofano, *dit* Il Franciabigio, *peintre, né à Florence en 1482, mort à Florence en 1525.*

(ÉCOLE FLORENTINE.)

Voir nos 211 et 212.

Le Franciabigio est un de ces peintres dont le talent vaut mieux que la renommée. Après avoir appris dans l'atelier de Mariotto Albertinelli les premiers éléments de son art, il alla, comme tous les jeunes artistes de cette génération, étudier dans la salle du Conseil, les fameux cartons de Leonard de Vinci et de Michel-Ange. Là il se lia d'une vive amitié avec un de ses compatriotes, plus jeune que lui de six ans, qui dans ce concours d'étrangers et de Florentins, se faisait déjà remarquer comme l'un des plus habiles. Andrea del Sarto et le Franciabigio résolurent de prendre logement et de travailler ensemble et Vasari nous apprend que cette association dura longtemps, et que les ouvrages exécutés de compte à demi par les deux amis furent nombreux.

Devenus rivaux plus tard, sans que leur liaison paraisse en avoir reçu atteinte, Franciabigio eut à peindre à côté d'Andrea del Sarto et en concurrence avec lui une fresque dans le cloître des Servites. Le sujet qui lui échut en partage était le mariage de la Vierge, et, désirant ne pas paraître inférieur à son ami dans la lutte, il consacra à son travail tous les soins imaginables. Il avait déjà à peu près terminé, et il ne lui restait plus qu'à revoir quelques figures et à faire les retouches générales, lorsque, à l'occasion d'une fête solennelle, et sans rien dire aux deux artistes, les moines s'avisèrent de découvrir les peintures. Désespéré et furieux de cette sorte de trahison, et se sentant bien loin de la perfection qu'il avait rêvée, le pauvre Franciabigio courut au cloître, et s'armant d'un marteau, mutila plusieurs figures, et notamment celle de la Vierge. Il eût tout détruit si l'on n'était accouru. Jamais il ne pardonna aux moines leur manque d'égards : toutes leurs offres ne purent le décider à réparer le dommage que dans sa colère il avait fait subir à sa fresque, et par respect pour lui aucun artiste n'y voulut mettre la main.

Aujourd'hui cette belle peinture, malgré sa mutilation, malgré le voisinage des chefs-d'œuvre d'Andrea del Sarto, parle éloquemment en faveur de Franciabigio. Vasari en loue le soin, la belle exécution, la fraîcheur, et ne craint pas de dire que le Franciabigio était le plus habile peintre à fresque de son temps. Il veut sans doute parler du maniement des couleurs et de la partie technique du procédé.

Lorsqu'en 1518, André, devenu célèbre, fut appelé en France par François Ier, ce fut encore à Franciabigio que l'on s'adressa pour donner suite aux charmantes fresques en grisaille de la compagnie du Scalzo ; et, si dans les deux compositions qu'il exécuta, on ne retrouve pas la force, l'élévation et le savoir qui brillent dans celles de son redoutable collaborateur, on y admire du moins un charme et une douceur très-remarquables, et sans imitation servile, une analogie de sentiment toute particulière.

Franciabigio vécut humblement, acceptant tous les travaux, même indignes de lui, qu'on lui offrait, cherchant toujours à se perfectionner, et toujours occupé de son art. Il ne voulut jamais sortir de Florence, et, selon Vasari, la vue de quelques-uns des ouvrages de Raphaël lui ôta toute envie de se rendre à Rome. Cette modestie était sans doute des plus louables; cependant outre les peintures que nous avons citées, quelques tableaux à l'huile de petites dimensions, conservés à Florence et à Dresde, et longtemps attribués à Andrea del Sarto, sont la preuve d'un talent peu commun.

Battista Franco, *dit* Il Semolei, *peintre et graveur, né à Venise en 1498 (?), mort à Venise en 1561.*

(ÉCOLE VÉNITIENNE.)

Voir n°⁸ 213 à 215.

Nous adoptons pour la naissance de cet artiste la date fournie par Ticozzi, sans cependant avoir pu vérifier à quel document elle est empruntée, et sans savoir également sur quoi se fondent les assertions de ceux qui, tout en s'abstenant de donner leurs preuves, placent cette naissance en 1510.

Battista Franco vint très-jeune à Rome (vers 1520 ?), et, pris de l'enthousiasme presque général alors pour les ouvrages de Michel-Ange, se mit à les copier avec passion. Il en fit sa principale étude, et passa plusieurs années sans vouloir peindre, se contentant de produire des dessins qu'il créait avec une grande facilité, et dont un grand nombre est parvenu jusqu'à nous. Vasari lui reproche cette prédilection pour le dessin, et dit que souvent ses peintures se ressentirent de son peu d'habitude, que sa couleur était dure et crue, que ses têtes manquaient de charme, de liberté et de variété.

En 1536, cependant, pour l'entrée de l'empereur Charles-Quint à Rome, il peignit quatre grands tableaux en clair-obscur et à fresques sur la façade de l'une des portes de la ville; les sujets étaient tirés de l'histoire romaine. Il alla ensuite à Florence où tous les artistes se trouvaient pareillement à l'œuvre pour la réception du grand empereur, et arriva à temps pour décorer de figures et de trophées le soubassement d'une statue sculptée par Fra Giovanni Agnolo Montorsoli.

Il s'établit à Florence, et trouva à employer ses talents à l'occasion des fêtes qui accompagnèrent le mariage d'Alexandre de Médicis avec la fille de Charles-Quint. Il étudia dans la sacristie de Saint-Laurent les sculptures de Michel-Ange, qui attiraient tous les artistes d'alors, comme le carton de la guerre de Pise les avaient attirés trente ans auparavant. Il se lia d'amitié avec Girolamo Genga et Bartolommeo Ammannati, et ces trois artistes vécurent et travaillèrent ensemble assez longtemps dans la maison de l'Ammannati.

La mort tragique d'Alexandre de Médicis, en janvier 1537, ne lui fit pas quitter Florence. Cosme Ier, devenu maître du pouvoir, le garda à son service, lui fit faire quelques copies d'après Michel-Ange, Titien et Sébastien del Piombo, et, en 1539, lors de son mariage avec Eléonore de Tolède, lui donna à exécuter de grands travaux de décoration.

Il travailla également en compagnie de Ridolfo Ghirlandajo dans l'église de Vertigli *in Valdichiana*. Il se rendit ensuite à Rome, d'après ce qu'affirme Vasari, mais ne put alors, comme le dit notre historien, copier la fresque du Jugement dernier puisque cette fresque n'était ni découverte ni même peinte. Ce fut probablement à son autre voyage à Rome, vers 1547, qu'il se livra à cette étude. Mais il peignit pour le cardinal Cornaro une loge décorée d'arabesques qui reçut de grands éloges. Il voulut aussi entrer en concurrence avec Francesco Salviati, qui venait de peindre avec succès une fresque représentant la Visitation, dans l'église de la Miséricorde, qui prit plus tard le nom de *San Giovanni decollato*. Franco chercha à se surpasser dans sa peinture, dont le sujet était saint Jean-Baptiste conduit en prison; mais il ne réussit qu'à produire un ouvrage désagréable, plein de fatigue et de science mal placée. Tel est du moins le jugement de Vasari, qui, dans la vie de ce vénitien, critique avec beaucoup de justesse et de force l'exagération de la manière florentine, pour laquelle il se montra tant de fois au moins indulgent.

Le Franco quitta Rome (vers 1540?) pour se rendre à Urbin, où l'appela son ami Girolamo Genga, qui y dirigeait avec talent des ouvrages d'art importants et de diverses sortes. Là il fut chargé de la décoration de la voûte de la chapelle ducale, et y produisit une grande composition représentant l'Assomption de la Vierge en présence de toute la hiérarchie céleste. Cette composition qui n'existe plus par suite de la chute de la voûte dont elle était l'ornement, ne fut pas accueillie avec faveur. Le duc d'Urbin, ainsi que le Genga, trouvait la peinture bien inférieure au dessin que B. Franco en avait présenté; il chercha à tirer de ce talent un meilleur parti, en attachant l'artiste comme dessinateur à sa fabrique de vases en terre peinte établie à Castel-Durante. B. Franco se trouvait là dans son élément, et avec sa fécondité merveilleuse fournit aux peintres de vases une immense quantité de dessins en tous genres.

Il paraît être resté longtemps dans le duché d'Urbin et y avoir fait école. En 1547, il peignit dans la cathédrale d'Osimo plusieurs sujets de la vie du Christ, qui ont été loués par Lanzi. Vers la même époque, il décorait, à l'occasion du mariage du duc Guidobaldo avec Vittoria Farnèse, plusieurs arcs de triomphe édifiés par Girolamo Genga.

C'est en ce temps (1547-1548?) qu'il retourna à Rome. Il y dessina l'antique avec une nouvelle ardeur. Nous l'y voyons aussi s'occuper avec l'Ammannati de la décoration d'une salle de théâtre, peindre, en 1550, sur la façade du palais d'un cardinal, les armes du pape Jules III, nouvellement élu, et enfin exécuter dans l'église de la Minerve des fresques que Vasari considère comme ses meilleures.

Mais les gains qu'il faisait à Rome étaient médiocres. Il songea à retourner à Venise, sa patrie, et y arriva avec la réputation d'un peintre éprouvé par de nombreux travaux. Il y trouva, en effet, à s'employer, et peignit successivement dans plusieurs églises : à San Francesco *della Vigna*, à San Job, à Saint-Barthélemy, et enfin au palais de Saint-Marc, sur la voûte de l'escalier du *Collége* et sur celle de l'escalier *delle Proccuratie*.

En 1556, il obtint de peindre trois compartiments au plafond de la Librairie de Saint-Marc. Plusieurs des principaux peintres de Venise avaient reçu pareille commande, et pour exciter l'émulation, on avait promis, outre le prix convenu, une chaîne d'or à celui qui se montrerait le plus habile. Battista Franco déploya tout son savoir, et ses tableaux, dont l'un représentait Diane et Actéon, furent au nombre des plus remarqués. Ce ne fut cependant pas à lui, mais à Paul Véronèse, alors âgé d'environ 25 ans, que fut décernée la chaîne d'or.

Battista Franco mourut en 1561, si, comme nous le croyons, on doit adopter la date donnée par Vasari, qui avait connu et employé cet artiste à Florence, et qui, dans son voyage à Venise en 1566, y dut recueillir le renseignement qu'il nous transmet sans hésitation.

Les tableaux de Battista Franco sont très-rares dans les galeries. Nous avons vu en effet que son talent fut le plus souvent employé à des décorations fugitives ou à des fresques dont la majeure partie a péri. Cependant Mariette cite avec de grands éloges un tableau de sa main représentant le Portement de Croix, qu'il avait vu chez le duc de Tallard, et qui était inscrit sous le nom mieux sonnant de Daniel de Volterre. Il est présumable que les autres tableaux de notre artiste qui peuvent subsister encore ont également reçu d'autres noms que le sien; car Battista Franco n'est guère connu aujourd'hui que comme dessinateur et comme graveur.

Ses dessins sont facilement et spirituellement exécutés. On les admirerait sans réserve, si la pratique, cette lèpre de l'art, ne s'y faisait trop souvent remarquer.

Girolamo Genga, *peintre, sculpteur, architecte, né à Urbin vers 1476, mort dans une maison de campagne des environs d'Urbin, le 11 juillet 1551.*

(ÉCOLE ROMAINE.)

Voir n° 217.

Elève de Luca Signorelli, chez lequel il était entré à l'âge de 15 ans, vers 1491, Girolamo Genga travailla plusieurs années avec ce maître, qu'il suivit à Cortone et dans différentes villes de la marche d'Ancône. En 1499, Signorelli fut appelé à décorer le dôme d'Orvieto, laissé inachevé par Beato Angelico, et le Genga eut part à ce magnifique travail, qui fut terminé en 1501.

Il paraît qu'il quitta alors Luca Signorelli pour suivre le Pérugin. Il travailla avec celui-ci environ trois ans, et se trouva dans ce nouvel atelier avec le jeune Raphaël, son compatriote et son ami. Après s'être séparé du Pérugin, et avoir fait un séjour plus ou moins prolongé à Florence, il retourna à Urbin et y exécuta pour le duc Guidubaldo, en compagnie de Timoteo Viti, plusieurs ouvrages dont la date peut être fixée approximativement de 1505 à 1508, le duc étant mort dans le courant de cette dernière année. Il peignit à Sienne (vers 1509?) en concurrence avec Luca Signorelli et Bernardino Pinturicchio, deux compositions à fresque dans le palais de Pandolfo Petrucci, la Prise de Troie et la Continence de Scipion.

Il alla aussi à Rome, et l'on peut présumer qu'il figura pendant quelque temps au nombre des aides de Raphaël. Nous ne connaissons cependant aucune preuve directe de cette collaboration. Nous savons seulement d'une manière certaine qu'il peignit une résurrection du Christ dans l'église de Sainte-Catherine, et qu'il se plut à mesurer les statues antiques. S'il faut en croire Vasari, son séjour à Rome ne se serait pas prolongé au-delà des premiers mois de 1510, puisque, selon cet écrivain, il aurait organisé avec Timothée les fêtes qui eurent lieu à Urbin à la suite du mariage du duc Francesco Maria della Rovere et de Léonore de Gonzague. Or ces fêtes se donnèrent durant le carnaval de 1510. On sait du reste à quel point la chronologie de Vasari est souvent confuse et inexacte, et nous en trouvons une nouvelle preuve dans cette vie du Genga. Il fait partir notre artiste pour se rendre au service du duc Guidubaldo *après la mort* de Pandolfo Petrucci, tandis qu'en réalité ce dernier survécut quatre ans à Guidubaldo.

Le duc d'Urbin, ayant été chassé en 1516 de ses états par Léon X, Girolamo Genga suivit son maître dans l'exil, à Mantoue, et ne revint qu'avec lui, en 1522, après avoir exécuté divers ouvrages à l'huile et à fresque à Cesena, à Forli (1), et dans d'autres endroits de la Romagne. Depuis cette époque jusqu'à sa mort, il jouit de toute la faveur des ducs d'Urbin, et fut employé à de grands travaux d'architecture et de décoration, qu'il dirigea avec beaucoup de soin et de talent.

---

(1) Vasari assigne la date de 1512 aux ouvrages exécutés par le Genga à Forli : il nous paraît très-probable que c'est une erreur d'impression pour 1521.

Il avait, comme tous les élèves du Pérugin, étudié avec zèle la perspective dans sa jeunesse, et était excellent architecte en même temps que peintre et sculpteur. Vasari et le cardinal Bembo donnent les plus grands éloges aux monuments qu'il fit élever à Pesaro, à Sinigaglia, à Urbin et à Mantoue. Il mourut âgé d'environ 75 ans, laissant à ses enfants le nom le plus honorable en même temps que d'assez grandes ressources, universellement regretté pour ses talents, son intelligence, sa bonté envers ceux qui avaient affaire à lui.

Lorenzo Ghiberti, *sculpteur et orfévre, né à Florence en 1378, mort à Florence en 1455.*

(ÉCOLE FLORENTINE.)

Voir nos 218 et 219.

Lorenzo Ghiberti avait à peu près vingt ans, lorsque les Florentins, voulant terminer leur baptistère que, 70 ans auparavant, Andrea Pisano avait déjà orné d'une si belle porte de bronze, ouvrirent un concours pour l'exécution des deux portes qui restaient à faire. Six maîtres furent choisis parmi les artistes qui étaient accourus de tous les points de l'Italie, et, au bout d'un an de travail, chacun d'eux apporta son bas-relief, dont le sujet était le sacrifice d'Abraham. Le nombre des juges était de trente-quatre peintres, sculpteurs, orfévres, tant florentins qu'étrangers, tous renommés dans leur art. Jamais concours ne fut plus solennel, jamais décision ne fut plus unanimement acceptée. Les concurrents eux-mêmes, et parmi eux Filippo Brunelleschi, s'avouèrent vaincus. Le jeune Ghiberti reçut (23 novembre 1403) la commande de la première porte, sur laquelle il représenta vingt sujets du Nouveau Testament, outre un grand nombre de figures, têtes et ornements accessoires, et qui, terminée et dorée, fut mise en place le 19 avril 1424. Donatello, plus jeune que Ghiberti de 5 ans à peu près, figure au nombre des aides qu'il employa pour ce travail.

Dès le 2 janvier 1425, la seconde porte lui était allouée. Il employa seize années à modeler en terre les dix histoires tirées de l'Ancien Testament, qui devaient y être représentées. Ce fut là son chef-d'œuvre et Ghiberti dit lui-même qu'il y consacra un soin infini. La seconde porte fut terminée en juin 1452.

Ces ouvrages, qui feront l'éternel honneur de Lorenzo Ghiberti, ne demandèrent pas moins de 49 ans pour être menés à bonne fin; mais il produisit dans le même espace de temps d'autres œuvres qu'il serait trop long d'énumérer ici, et qui illustrèrent également son nom, comme sculpteur et comme orfévre. Nous citerons seulement un bouton de chappe et une mitre d'or pour le pape Martin V, et une seconde mitre pour le pape Eugène IV. Benvenuto Cellini loue Ghiberti comme un orfévre des plus habiles, et va même jusqu'à dire que, quoiqu'il eût quelquefois travaillé dans de grandes proportions, son génie le portait de préférence à modeler en petit.

Quand on parle de Lorenzo Ghiberti, on ne saurait omettre de rapporter le mot bien connu de Michel-Ange au sujet des portes du temple de Saint-Jean. Un passant, le trouvant arrêté à les considérer, lui demandait s'il les trouvait belles. « *Elles sont si belles*, répondit-il, *qu'elles seraient dignes d'être les portes du Paradis.* » Nous aimons à penser que, dans l'esprit de Michel-Ange, une partie de ce magnifique éloge devait remonter à André de Pise qui avait ouvert la voie, et qui avait servi de modèle à Ghiberti.

APPENDICE.

Ercole Grandi, *peintre, né à Ferrare vers 1460 (?) mort à Ferrare en juillet 1531.*

(ÉCOLE FERRARAISE.)

Voir n° 220.

Vasari a présenté Ercole Grandi comme élève de Lorenzo Costa et comme lui ayant survécu; mais une mention des registres de baptême de la ville de Bologne prouvant qu'en 1483, Ercole, qui y figure comme parrain, était déjà peintre et établi dans cette ville, il faut bien croire qu'il fut non l'élève, proprement dit, mais plutôt le contemporain, l'ami, le compagnon de Lorenzo Costa. Il est certain aussi que ce dernier ne mourut que quatre ans après Ercole. Ces faits bien constatés n'excluent en rien du reste la possibilité d'une influence exercée par l'un de ces peintres sur l'autre, ou même d'un enseignement donné. L'assertion de Vasari est si formelle, qu'il faudrait, en présence d'une collaboration avérée, d'autres preuves que la simultanéité des naissances pour la détruire, et nous croyons que la substitution que l'on a essayé de faire de Francesco Cossa au Costa comme maître d'Ercole, substitution uniquement fondée sur une confusion possible des deux noms, est à rejeter dans le domaine de la conjecture.

Quoi qu'il en soit, Ercole Grandi s'établit, comme Costa, assez jeune à Bologne, et peignit dans l'église de Saint-Pétrone, sous un grand tableau d'autel de son ami, une predella de petites figures en détrempe, que Vasari préfère sans hésiter au tableau lui-même. Plus tard, à l'occasion, non pas de la mort de Costa, comme l'a dit le même Vasari, mais très-probablement de son départ pour Mantoue (1506), Ercole fut chargé de peindre à fresque, pour la famille Garganelli, une chapelle de l'église Saint-Pierre, que le Costa avait commencée et presque aussitôt abandonnée. Notre artiste y représenta la Crucifixion de Notre-Seigneur et la mort de la sainte Vierge, peintures aujourd'hui détruites et dont la vue avait excité chez Vasari un véritable enthousiasme, qui se traduit par la description la plus vive et par des éloges redoublés.

Sans chercher à diminuer en rien l'honneur que fait au Grandi une admiration aussi décidée de la part d'un tel juge, il est permis de supposer que les expressions, nouvelles sans doute, mais un peu exagérées, les poses parfois forcées de ses figures, ne furent pas sans influence sur cette admiration du peintre florentin, qui savait si bien louer de temps en temps les vieux maîtres dont il écrivait la vie, mais qui n'a jamais caché sa préférence pour tout ce qui représentait à ses yeux l'art moderne, l'art parvenu à son développement le plus entier.

Ercole passa douze ans à terminer ces peintures, qui ne l'empêchèrent cependant pas de se livrer à d'autres travaux tant à Bologne qu'à Cesena, à Ravenne et à Ferrare, sa ville natale; mais il sentait que sa chapelle Garganelli était son œuvre capitale, et trouvant toujours quelque retouche à y faire lorsqu'il revenait à Bologne, il ne pouvait se décider à la considérer comme entièrement terminée, quand un beau soir, quelques jeunes artistes s'introduisirent dans l'église, forcèrent l'entrée de la chapelle, que le maître n'ouvrait à personne, et, mus par un sentiment détestable, volèrent tous les dessins et tous les cartons qui lui avaient servi dans ce grand travail.

Ercole Grandi ne se plaignit pas; mais livrant sa peinture à ceux qui la lui avaient commandée, il quitta dès le lendemain Bologne et se retira dans sa patrie, où, suivant l'inscription placée sur son tombeau et fidèlement copiée par Baruffaldi, il mourut en 1531.

Nous avons extrait les renseignements biographiques qui précèdent de Vasari, de Baruffaldi et de Laderchi. Nous devons ajouter qu'un document mis au jour par M. L. Napoleone

Cittadella (*Notizie relative a Ferrara*, 1864) prouve l'existence d'un autre Ercole Grandi, contemporain du premier. Il travaillait en 1479 et mourut en 1513.

Quelques-uns des ouvrages que l'on donne au plus célèbre de ces artistes devront-ils avec le temps être restitués à son homonyme? C'est là une question fort difficile à résoudre, à moins de découvertes ultérieures.

Il est certain que, parmi les peintures de Grandi, on peut remarquer de notables différences de style. Ainsi les *Chanteurs*, de la galerie Ercolani, qui se trouvent aujourd'hui entre les mains de M. Mündler, sont d'un caractère tout autre que les deux tableaux de Dresde dont nous parlons dans le cours de ce catalogue. Le saint George de la galerie Corsini et le saint Sébastien de l'église San Paolo de Ferrare, sont encore deux ouvrages très-opposés, quoique tous deux d'une grande beauté. Mais, évidemment de pareilles divergences ne prouvent pas que ces œuvres soient de mains différentes. Le talent d'un artiste qui travaillait déjà en 1483, et qui n'est mort qu'en 1531, a dû subir, à cette époque de transition et de renouvellement, de très-sensibles transformations.

Pirro Ligorio, *peintre et architecte, né à Naples, mort à Ferrare vers 1580, n'étant pas encore très âgé.*

(ECOLE NAPOLITAINE.)

Voir n° 221.

Cet artiste est beaucoup plus connu comme architecte et comme antiquaire que comme peintre. On cite cependant de sa main quelques peintures décoratives qui ornaient l'extérieur de divers palais à Rome.

En architecture, l'ouvrage le plus célèbre qui nous reste de lui, est le petit palais du jardin du Belvédère, au Vatican, construit sous le pontificat de Paul IV (1555-1559). On l'admire comme la restitution la plus ingénieuse et la plus élégante des maisons de campagne antiques.

Pirro Ligorio eut l'honneur d'être créé, vers 1555, architecte de Saint-Pierre, et de travailler à cette basilique sous la direction de Michel-Ange, âgé alors de plus de 80 ans. Mais il eut le tort de chercher à créer des ennuis à un aussi illustre collaborateur. Il ne craignait pas de dire tout haut que ce vieillard était tombé en enfance. Il fut puni, après la mort du grand Florentin (1564), de ses prétentions exagérées; car, ayant cherché, malgré les ordres formels du Pape, à s'écarter du modèle laissé par Michel-Ange, il fut immédiatement chassé par Pie V (1565?).

Il se rendit ensuite (vers 1568), à Ferrare, et fut employé comme ingénieur au service du duc Alfonso II. Il mourut dans cette ville vers 1580, et, s'il faut en croire le Baglione, il n'était pas encore arrivé à la vieillesse (*non essendo ben giunto agli anni della vecchiaja*).

Pirro Ligorio fut un antiquaire passionné. Il laissa, outre quelques travaux publiés et de nombreux dessins, quarante volumes manuscrits concernant les antiquités de la ville de Rome, les arts ou les usages du monde antique. Trente de ces volumes ont été achetés par les ducs de Savoie et sont conservés aujourd'hui à Turin. Les dix autres sont, dit-on, à Naples. On a reproché à Pirro Ligorio de fréquentes erreurs et inexactitudes, assez naturelles dans un aussi vaste travail. On rend cependant toute justice à ses immenses recherches et à son amour de l'antiquité.

Ottavio Leoni, *dit* IL PADOANINO, *peintre et graveur, né à Rome en 1574 (?) mort à Rome après juin 1628.*

(ECOLE ROMAINE.)

Voir n°ˢ 222 à 228.

Les auteurs ne s'accordent guère sur les dates de naissance

et de mort de cet artiste. On l'a fait naître en 1574, en 1578, et même, par une erreur évidente, en 1599 et en 1606! Mariette, de son côté, a proposé l'année 1584. Nous penchons à croire que l'année 1574, plus généralement adoptée d'ailleurs, doit se rapprocher davantage de la vérité. En effet, le Musée des dessins du Louvre possède un profil de jeune homme au-dessous duquel on lit cette inscription, qui nous paraît sincère : *Ottavio Leoni, detto Il Padoanino, da se medesimo fatto a di 5 octob. a° 1594*. Or ce portrait est bien celui d'un jeune homme d'une vingtaine d'années. Il s'accorde assez bien, pour la ressemblance, avec celui gravé plus tard (en 1625) par Leoni, et la main, quoique moins habile en raison de la jeunesse, paraît bien être la sienne.

Quant à sa mort, la Biographie universelle la place à la date de 1630. Bartsch donne l'année 1626, oubliant qu'il vient de décrire des estampes portant les dates de 1627 et 1628. Mariette suppose que cette mort arriva en 1636; mais son raisonnement nous paraît moins solide que d'habitude. Quant à nous, nous dirons seulement que les deux dates les plus modernes inscrites sur ses ouvrages sont, à notre connaissance, celle de 1628 sur le portrait gravé du cardinal Ludovisi (B, 29) et celle de *juin* 1628, sur un dessin du Louvre. En supposant qu'il trépassa peu après cette époque, nous nous trouverons d'accord avec le Baglione, qui fait mourir Leoni à l'âge *d'environ* 52 ans, sous le pontificat d'Urbain VIII, et qui nous apprend que c'est dans les dernières années de sa vie qu'il s'adonna à la gravure. Cette dernière assertion est d'ailleurs confirmée par les faits; car la date de 1621 est la plus ancienne qui se lise sur ses estampes.

Notre artiste fut appelé *le Padouan*, à cause de son père, qui vint de Padoue s'établir à Rome sous le pontificat de Grégoire XIII, et qui était connu par ce surnom ; mais le Baglione dit expressément qu'Ottavio naquit à Rome, et lui-même a pris soin d'attester ce fait, en écrivant sur presque tous les portraits qu'il a gravés, les mots : *pictor romanus*, après son nom.

Le Baglione cite avec éloges, comme étant son œuvre, plusieurs tableaux de sainteté qui décoraient diverses églises de Rome. Mais c'est surtout par ses portraits qu'il fit sa réputation. Le nombre des ouvrages de ce genre qu'il exécuta, soit à l'huile, soit au crayon, de petite dimension ou de grandeur naturelle, fut énorme, et il n'était pas de maison humble ou princière, publique ou privée, qui ne montrât quelque portrait de sa main.

Il eut l'honneur de faire, d'après nature, celui du pape Grégoire XV, qui le récompensa en le créant chevalier de l'ordre du Christ. Ceci se passa en 1621, l'année même de l'élection du pontife, puisque sur le portrait gravé du Josépin, qui porte cette date, Leoni prend le nom d'*eques*.

Les peintures à l'huile du Padouan, soit que la mauvaise impression dont on se servait généralement à cette époque les ait fait périr en grande partie, soient qu'elles aient passé sous d'autres noms, ont peu conservé leur réputation, et on ne les cite guère dans les galeries. Il n'en est pas de même de ses portraits dessinés qui se voient en grand nombre, et qui sont justement recherchés pour la facilité, l'agrément, la vérité qu'on y remarque. Ils sont exécutés à la pierre noire sur papier gris ou bleu, rehaussés de blanc et quelquefois de sanguine. Chacun d'entre eux n'a évidemment coûté qu'une séance.

Baglione, qui avait connu notre artiste, et dont Leoni grava le portrait en 1625, raconte que sur la fin de sa vie il se mit à graver avec passion quelques portraits de grands seigneurs qui le protégeaient, ou d'artistes ses amis; que ce travail, auquel il n'était pas habitué, le fatigua extrêmement et lui occasionna une maladie dont il mourut. Bartsch a catalogué 40 de ces planches, qui brillent par les mêmes qualités que ses dessins, et dans lesquelles le burin et la pointe sont habilement mélangés à l'eau-forte.

Giovanni Paolo Lomazzo, *peintre, né à Milan le 26 avril 1538, mort à Milan en 1600.*

(ECOLE MILANAISE.)

Voir n°˚ 233 et 234.

Cet artiste est bien moins connu comme peintre que comme écrivain. Élève de Gio. Battista della Cerva, peintre milanais, qui avait été formé par Gaudenzio Ferrari, il chercha, tout en se livrant aux nouveautés de son temps, à prendre ce dernier pour modèle. Il produisit dans sa jeunesse plusieurs tableaux de sainteté qui fondèrent sa réputation. Les plus célèbres sont, à Milan, le sacrifice de Melchisedec, composition très-nombreuse en figures, et dans le réfectoire de Saint-Augustin, à Plaisance, un grand repas symbolique représentant l'institution du carême. Il avait peint également dans l'église de Saint-Marc, à Milan, plusieurs sujets sacrés, et entre autres saint Pierre et saint Paul, faisant, en présence de Néron, tomber du haut des airs le magicien Simon.

Désireux de s'instruire et d'étudier les ouvrages des maîtres, il avait parcouru l'Italie, et s'était surtout arrêté à Rome et à Florence. Il avait rapporté de ses voyages des notions nombreuses et variées dans les arts et dans les sciences, qui devaient bientôt devenir pour lui un inestimable secours et une grande consolation. Car il devint aveugle dès l'âge de trente-trois ans, en 1571.

Il ne pouvait plus dès lors s'occuper de peinture que théoriquement. C'est probablement à ce malheur que nous devons son remarquable traité de peinture, sculpture et architecture, publié en 1584. Ce grand ouvrage est le fruit d'une érudition des plus étendues et d'immenses lectures, en même temps que d'une imagination ardente et élevée. En laissant de côté certaines idées un peu hasardées, certaines combinaisons empruntées à l'astrologie de son temps, spéculations ambitieuses qui avaient sans doute du charme pour ses contemporains, mais qui ne sont plus pour nous qu'extravagantes et dénuées de toute signification, on trouve dans le traité de Lomazzo de nombreux et intéressants détails sur la pratique de la peinture, des aperçus justes et poétiques sur l'expression des sentiments, sur le but et sur les formes de l'art, et enfin un amour passionné de cet art qui échappait à ses mains. Ce qui nous touche peut-être le plus aujourd'hui, ce sont de précieuses indications, que l'on rencontre presque à chaque page, sur la vie et les ouvrages des grands hommes qui l'avaient précédé ou qui étaient ses contemporains, et particulièrement sur l'école lombarde. En recueillant avec reconnaissance d'aussi utiles documents, nous n'avons qu'un regret, c'est de penser que celui à qui nous les devons nous les donnait de mémoire ou sur le dire d'autrui, et ne pouvait, lorsqu'il les dictait chaque jour, en vérifier par lui-même l'exactitude.

En 1590, Lomazzo publia un second ouvrage qui a pour titre : *Idea del Tempio della Pittura*. C'est une sorte de résumé de son traité, qu'il ne saurait remplacer. Les sept *colonnes* de son temple de peinture sont : Michel-Ange, Gaudenzio Ferrari, Polydore, Léonard de Vinci, Raphaël, Mantègne et Titien. Ces maîtres sont ceux qu'il propose pour modèles, et dont il développe de toutes façons, sans craindre la prolixité, les mérites divers. Mais il sait aussi parler d'autres artistes qu'il juge souvent avec une remarquable équité.

Une autre publication faite par Lomazzo (1587) est celle d'un gros volume de vers dans lequel il parle, comme toujours, un peu de tout. Ce qui nous intéresse le plus, ce sont des sonnets élogieux adressés aux grands maîtres du XVIe siècle ou aux artistes ses contemporains. A la fin du volume, il a placé sa propre biographie écrite en vers libres (*rime sciolte*). Il y rend compte de ses principaux ouvrages et donne une longue liste de portraits de personnages célèbres qu'il avait peints avant sa cécité, et qui témoignent d'une grande ardeur au travail. Il ajoute que ceux dont il ne parle pas sont bien plus nombreux encore. Il nous apprend aussi que, pour son plaisir et pour son étude (*per mio diporto..... e per svegliar la sonnachiosa mente*), il avait réuni des dessins de maîtres et des estampes de diverses écoles qui ne s'élevaient pas à moins de 4,000 pièces choisies.

Toutes ces poésies sont évidemment écrites au courant de la plume ou dictées sans long travail. Il en parle lui-même en ce sens :

Vuo que sappiate tutti
Che non son fatti à studio ma à natura.

Rutilio Mannetti, *peintre, né à Sienne le 1er janvier 1571, mort à Sienne en 1639.*

(ECOLE DE SIENNE.)

Voir n° 239.

Ce peintre, qui est peu connu hors de sa patrie, fut élève de Francesco Vanni et l'imita avec talent. Séduit plus tard par l'énergie du Caravage, il chercha à se rapprocher de ce dernier maître et chargea ses peintures de teintes vigoureuses qui, malheureusement, tournèrent le plus souvent au noir. Il aimait à faire ressortir des draperies blanches au milieu des ombres environnantes, et se tirait avec succès de ces oppositions difficiles.

Il peignit beaucoup à Sienne, soit à l'huile, soit à fresque. Baldinucci, Ugurgieri dans son livre des *Pompe Sanesi*, l'auteur du texte qui accompagne les portraits des peintres du *Museo Fiorentino*, ont donné la liste de ses principaux ouvrages, parmi lesquels nous remarquons le repos en Égypte, peint en grand pour le maître-autel de San Pietro in Castel Vecchio.

Le Musée du Louvre possède de cette composition un dessin que Mariette a beaucoup loué et qu'on pourrait facilement prendre pour un des plus agréables ouvrages de Vanni.

Mannetti travailla aussi à Empoli, à Pise, à Florence. Il habitait cette dernière ville en 1637 et y peignit, pour la grande duchesse Vittoria della Rovere, un triomphe de David que l'on voit aujourd'hui au palais Pitti. Les chartreux de Florence lui firent également exécuter plusieurs tableaux.

Outre ses peintures de sainteté, on connaît de lui des conversations dans le goût de Michel-Ange de Caravage. Un second tableau du palais Pitti est de ce nombre. B. Capitelli a gravé, d'après quelques-unes de ses compositions de genres variés, des estampes dont on peut trouver le détail dans le 20e volume de Bartsch. Mulinari a publié aussi un fac-simile d'après un joli dessin représentant la naissance de la Vierge, qui fait partie de la galerie de Florence. La fuite de Loth qui se trouve dans l'Etruria Pittrice a été reproduite dans une petite gravure au trait de l'ouvrage de M. Rosini. Cet écrivain remarque que Mannetti imita le Guerchin aussi souvent que le Caravage.

Giovanni Mannozzi, *dit* Giovanni da San Giovanni, *peintre, né à San Giovanni, dans le Val d'Arno, près de Florence, le vendredi-saint de l'année 1590, mort à Florence le 9 décembre 1636.*

(ECOLE FLORENTINE.)

Voir n° 240.

Baldinucci, qui a écrit une vie très-détaillée de cet artiste, nous apprend que sa famille le destinait d'abord au notariat et ensuite à l'état ecclésiastique. Mais la vocation qui l'attirait vers les arts était plus forte que la volonté de ses parents, et lui faisait braver leurs remontrances et même leurs mauvais traitements. Il finit un beau jour par s'échapper de son pays natal et s'achemina vers Florence, où il arriva dans le dénûment le plus absolu, mais où il devait trouver la liberté de se livrer à la peinture et les moyens de s'instruire.

Il se fit l'élève de Matteo Rosselli qui, émerveillé de ses progrès et de son assiduité, le fit bientôt travailler à ses propres ouvrages. Un pareil apprentissage, fructueux pour le maître, était en même temps une bonne fortune pour le jeune homme, dont le talent se forma bien vite. En 1616, il peignait déjà des façades à fresque pour son propre compte, et le grand-duc Cosme II lui faisait décorer à l'entrée de la ville, vers la Porte-Romaine, une maison dont Baldinucci déplorait déjà le mauvais état, et qui excita durant de longues années l'admiration des étrangers.

De 1616 à 1620, Giovanni exécuta de nombreux travaux à Florence. Nous citerons principalement un tabernacle situé près des anciennes prisons, sur les parois duquel il représenta Jésus-Christ bénissant de charitables personnages portant secours aux prisonniers, peinture aujourd'hui encore fort bien conservée; et la décoration de la façade du palais du sénateur Niccolo dell' Antella. Ce protecteur des arts s'était adressé à tous les peintres en renom à Florence, et Baldinucci nous en a conservé la liste où nous remarquons le Passignano et Matteo Rosselli, maître de Giovanni. Mais les figures peintes par ce dernier l'emportèrent sur toutes les autres. On met encore au nombre des meilleurs ouvrages de notre artiste une fuite en Égypte, peinte en 1621 dans une chapelle du monastère de la Crocetta. Cette fresque a été transportée à l'académie des beaux-arts et présente une composition gracieuse et pittoresque.

La mort de Cosme II, survenue en 1620, fut une perte pour Giovanni, qui, n'ayant plus à s'occuper des travaux que lui fournissait la générosité du prince, résolut de faire un voyage à Rome. Il partit (en 1621)? et une fois arrivé, sans s'inquiéter de l'avenir, s'occupa d'abord de vivre agréablement, tout en admirant les trésors d'art qui décorent cette grande ville. Mais ses ressources s'épuisèrent bien vite, et il en vint au point de n'avoir plus de quoi manger. Forcé alors de se mettre au travail, il s'installa chez un marchand de tableaux qui le payait un sequin par jour, tout en tirant de grosses sommes d'argent de ses peintures.

Ce genre de vie ne pouvait convenir longtemps à notre artiste. Il chercha enfin à se faire connaître pour ce qu'il valait, et, sentant renaître son courage, s'adressa résolûment au cardinal Bentivoglio qui venait de faire peindre au Guide la fresque, encore aujourd'hui célèbre, du char de l'Aurore, le suppliant de lui permettre de représenter en pendant le char de la Nuit. Le cardinal, effrayé d'abord d'une pareille témérité, finit par céder à ses instances, et Giovanni, prenant pour aide son compatriote et ami Francesco Furino, se mit à l'œuvre. Mais il eut beaucoup à souffrir de la perfidie de deux peintres français également employés par le cardinal, qui défaisaient la nuit ce qu'il avait peint le jour. Le pauvre artiste, désespéré, voyant chaque matin détruit son travail de la veille, ne savait à qui s'en prendre, et croyant dans sa naïveté que la chaux romaine était cause d'un pareil résultat, se procurait, mais inutilement, de la chaux préparée à la manière florentine. Le mécontentement du cardinal était grand, et Giovanni se voyait sur le point d'être chassé honteusement, quand il eut l'idée de passer la nuit près de sa fresque. Il découvrit la trahison, s'en vengea en cassant à ses ennemis bras et jambes, et termina enfin son œuvre à son honneur.

Il ne paraît pas cependant être resté bien longtemps à Rome, et après quelques ouvrages dont Baldinucci et Baglione nous ont conservé la liste, et dont il fut honorablement récompensé, il repartit pour Florence. Là il reprit sa vie habituelle, recevant de nombreuses commandes dont nous ne pouvons donner ici le détail, travaillant beaucoup, malgré la goutte, aimant le vin et la bonne chère. Le duc Ferdinand II le choisit pour décorer une grande salle du palais Pitti, dans laquelle il representa, sous la forme allégorique, les traits les plus saillants de la vie de Laurent de Médicis. Ces compositions, qu'il ne put peindre en entier de sa main, et qui furent achevées par d'autres après sa mort, furent fort admirées et dénotent un esprit cultivé et une brillante imagination.

Giovanni mourut dans la force de l'âge, de douleur, suivant le récit de Baldinucci, d'avoir déplu au grand-duc par la lenteur qu'il apportait à terminer ces peintures. — Il avait à Florence la réputation d'être le premier peintre à fresque de son temps. Ce n'est là sans doute qu'un éloge relatif, puisqu'il s'agit d'une époque où l'art était loin de son apogée. Mais cet éloge fut presque unanime, et Lanzi le lui décerne après les autres. La fresque convenait mieux que la peinture à l'huile à la nature de son talent et à la vivacité de son esprit. On reprochait à ses tableaux d'autel ou de chevalet une couleur dure et sans charmes. On voit cependant au palais Pitti une réunion de chasseurs peinte avec beaucoup de franchise et d'énergie.

Giovanni était aussi célèbre par ses réparties spirituelles et satiriques que par son talent de peintre. Son historien rapporte avec complaisance une foule de traits plaisants et de bouffonneries qui firent grand bruit de son temps. Un de ces tours les mieux réussis fut celui qu'il joua à une communauté religieuse qui lui avait commandé un tableau de la charité. Il se mit à l'œuvre sans se laisser voir à personne, et promettait de temps en temps quelque chose de merveilleux. Le moment arrivé, il fit mettre en place la peinture toujours couverte. On la découvrit en grande pompe, et l'on vit avec stupeur qu'il avait représenté la charité sous les traits de deux ânes occupés à se gratter réciproquement. Une aussi scandaleuse plaisanterie était de nature à lui attirer bien des inimitiés. Mais il devait être content. Son trait avait fait proverbe, et pendant quelque temps, à Florence, on disait, en parlant de certaines charités intéressées : *Ella sarà la Carità di Giovanni da San Giovanni.*

Girolamo Muziano, *peintre, né à Acquafredda, près de Brescia, en 1528, mort à Rome le 27 avril 1590.*

(ÉCOLE VÉNITIENNE.)

Voir n°˙ 251 et 252.

Muziano eut pour premier maître Girolamo Romanino, peintre de Brescia. Il se perfectionna à Venise en étudiant les ouvrages du Titien et des autres grands maîtres vénitiens.

Il se rendit jeune encore (vers 1550?) à Rome, s'y lia avec Taddeo Zacchero et se mit à étudier avec lui les statues antiques et les peintures les plus célèbres. Le temps qui lui restait était employé à faire quelques portraits ou des paysages dans le goût vénitien qui le firent avantageusement remarquer par les artistes, car il excellait en ce genre.

Il donna bientôt des preuves du fruit que lui avaient rapporté ses nouvelles études en produisant le tableau de la Résurrection de Lazare, qui orna longtemps l'église de Sainte-Marie-Majeure et qui fut transporté ensuite au palais Quirinal. Cette peinture, étudiée avec le plus grand soin, eut l'honneur d'être louée par Michel-Ange et fut le fondement de la grande réputation que conserva le Mutien à Rome sous les divers pontifes qui se succédèrent depuis Jules III jusqu'à Sixte-Quint.

Il travailla successivement en fresque et à l'huile à Orviète et à Foligno. Vasari fait l'éloge de ses peintures d'Orviète. Hippolyte d'Este, cardinal de Ferrare, l'employa dans ses palais de Monte-Cavallo et de Tivoli, et ses compositions ornèrent presque toutes les églises de Rome. Son style, tempéré par l'imitation des ouvrages de Michel-Ange, resta cependant le plus souvent vénitien.

Le pape Grégoire XIII nomma Muziano surintendant des travaux du Vatican, et les ornements qui décorent la galerie du Belvédère furent exécutés sous sa direction. Il donna également les cartons des mosaïques de la chapelle Saint-Grégoire dans la basilique de Saint-Pierre, mosaïques qui furent regardées comme des chefs-d'œuvre réalisant de nouveaux progrès dans le procédé technique de cet art. Le Mutien doit être compté au nombre des fondateurs de l'Académie romaine de Saint-Luc, puisque ce fut à sa demande que Grégoire XIII accorda le bref qui institua cette célèbre compagnie.

C'est enfin au Mutien que l'on doit la publication des estampes de la colonne Trajane (1576). Raphaël d'Urbin et ses deux élèves Jules Romain et Polydore de Caravage avaient déjà longtemps auparavant fait des études d'après les compositions que présente ce marbre gigantesque, mais c'était pour leur propre compte et pour mieux s'inspirer du style antique. François Ier, dont il faut toujours citer le nom quand il s'agit de quelque grande entreprise concernant les arts, avait projeté d'en tirer des moules séparés au moyen desquels il aurait pu élever à Paris une colonne de bronze reproduisant la première; mais ce grand travail, qui fut sans doute mis en train par le Primatice, à son voyage à Rome pour le compte du roi, en 1541-1542, ne put être mené jusqu'au bout, soit à cause du manque d'argent, soit par suite de la mort de François Ier, survenue en 1547.

Tout était donc encore à faire lorsque Girolamo Muziano s'en chargea. Fournissant les dessins et l'argent, il vint à bout de faire graver cet ensemble dont l'exécution présentait de grandes difficultés de toute sorte. C'était un artiste persévérant et doué d'une grande ardeur pour le travail : on rapporte que dans sa jeunesse il lui arriva de se raser entièrement la barbe et les cheveux afin de s'obliger à rester au logis et à fuir toute distraction.

Il mourut, âgé de 62 ans, et fut inhumé, suivant la demande qu'il en avait faite, dans l'église de Sainte-Marie-Majeure, au pied de son tableau de la Résurrection de Lazare.

Domenico Piola, *peintre, né à Gênes en* 1628, *mort à Gênes, le 8 avril* 1703.

(ÉCOLE GÉNOISE.)

Voir n° 257.

Issu d'une famille d'artistes et père lui-même de plusieurs peintres, Domenico Piola fut élève de son frère Pellegro, tué dans une rixe en 1640, âgé seulement de 23 ans. Domenico n'avait alors que 12 ans; malgré son extrême jeunesse, il ne voulut pas, rapporte Soprani, prendre un autre maître, et travailla par lui-même à se créer son talent.

Il y réussit, au dire des historiens génois et de Lanzi, qui fait l'éloge de plusieurs ouvrages que l'on voit encore de sa main dans les églises de la ville. Il suivit d'abord la manière de Valerio Castelli, dont il partagea les travaux. Il imita aussi avec succès Benedetto Castiglione. Plus tard, quelques tableaux de Pièrre de Cortone ayant été apportés à Gênes, il reforma son style sur celui de ce peintre, dont la manière conserva une si grande vogue dans toute la seconde moitié du XVII° siècle.

Soprani, qui était le contemporain de Domenico Piola, ne lui a consacré que quelques lignes élogieuses. Ratti a suppléé à ce silence en nous donnant une liste étendue des principaux ouvrages de Domenico et des détails biographiques qui ne manquent pas d'intérêt. Mais, malgré l'assertion formelle de Soprani, qui avait connu les deux frères, il prétend qu'après la mort malheureuse de Pellegro, Domenico Piola fréquenta pendant quatre années l'atelier d'un peintre nommé Capellini, qui avait été le maître de Pellegro. Nous ne pouvons savoir jusqu'à quel point Ratti s'est rapproché ou éloigné de la vérité sur ce point peu important; mais, quant à nous, entre des renseignements contradictoires, nous préférerons toujours ceux donnés par les contemporains à ceux qui, venus après un siècle d'intervalle, et sans preuves à l'appui, ne reposent que sur la vraisemblance et la tradition.

Cartons de Jules Romain.

Voir n° 261 à 264.

Ces quatre superbes cartons ont été donnés en 1785, au roi Louis XVI, par le miniaturiste anglais Richard Cosway, grand amateur de curiosités, d'objets d'art et de dessins.

Voici en quels termes M. A. Cunningham raconte le fait dans son 6° volume des *British Painters* : « Un jour, se promenant « avec sa femme dans la galerie du Louvre, il fut surpris de « voir de grands murs absolument nus, et dit : Maria, mes car- « tons feraient bien ici, et pour dire la vérité, ils y seraient « bien nécessaires. Ces cartons étaient des ouvrages de Jules « Romain : Cosway les estimait beaucoup, et il en avait refusé « un prix élevé de la Russie... Il les offrit alors comme don « au roi de France : ils furent acceptés et suspendus dans le « Louvre. Quatre magnifiques pièces de tapisserie des Gobelins « furent données au peintre comme témoignage de la recon- « naissance royale : il en fit hommage au prince de Galles.. »

Les tapisseries données à Cosway représentaient quatre sujets des aventures de don Quichotte, d'après Coypel, et avaient une valeur de 14,210 livres. On y joignit un exemplaire complet des estampes du cabinet du Roi.

Les cartons, au lieu d'entrer au Louvre, furent d'abord envoyés aux Gobelins. Le comte d'Angivilliers avait sans doute l'intention de les faire traduire une fois de plus en tapisserie; mais la Révolution survint, et le Musée national qui s'organisait les réclama.

Le peintre Wicar, membre du Conservatoire et connaisseur très-habile, ainsi que le prouve sa collection, dont une partie a été léguée à la ville de Lille, paraît avoir donné l'idée de cette réclamation. Dans les procès-verbaux des séances du Conservatoire du Muséum national des arts, nous trouvons à la date du 15 germinal an II (1793) la mention laconique qui suit :

« Wicar fait une proposition relative à des cartons de Jules « Romain. Sa proposition est ajournée. » Le lendemain, 16 germinal, le Conservatoire délègue deux de ses membres « pour « se transporter aux Gobelins et y recueillir les cartons de Jules « Romain et autres objets, s'il y a lieu, que le Conservatoire « destine à être placés dans les salles du Muséum. »

Ils entrèrent donc au Louvre, mais ils n'y furent pas exposés, et n'y firent d'ailleurs, pour cette fois, qu'une courte apparition. Le Comité de salut public ayant décidé subitement que les salles basses du Musée serviraient de local à la Bourse, les pauvres cartons furent obligés de déguerpir. On les plaça quelque temps sous le grand escalier; mais le lieu n'était pas convenable, et, faute d'un meilleur emplacement, on les renvoya, le 15 thermidor an III, aux Gobelins. L'administration d'ailleurs ne les avait pas oubliés, et s'empressa de les redemander dès qu'il fut possible de les loger. Enfin, le 28 thermidor an V, ils furent exposés pour la première fois dans la galerie d'Apollon, avec un choix de dessins, de pastels et de miniatures.

A la même exposition de l'an V figuraient quatre autres cartons de Jules Romain, qui n'étaient pas la propriété du Musée. « *Ils appartiennent au citoyen Debusscher*, dit le Livret, *et l'administration vient d'en proposer l'acquisition au Gouvernement pour faire suite aux quatre autres que possède déjà le Musée.* » Ils représentaient : le premier, le débarquement de Scipion en Afrique; le deuxième, le festin donné par Syphax à Scipion et à Asdrubal; le troisième, la défaite de Syphax; le quatrième, la bataille de Zama. Après plusieurs années d'exposition dans la galerie d'Apollon, le Gouvernement voulant terminer cette affaire qui traînait en longueur, nomma une commission composée des peintres David, Vincent, Regnault et Gérard, pour estimer, de concert avec les membres de l'administration du Musée, les quatre cartons du sieur Debusscher. Cette estimation monta à 50,000 fr., somme considérable pour l'époque (1800). Aussi les ministres de l'Intérieur, Lucien Bonaparte et Chaptal, renoncèrent-ils à l'acquisition. Ils prescrivirent de les rendre à leur propriétaire, et, contrairement aux vœux si souvent exprimés par les artistes, cette restitution eut lieu en 1803. La même année, les quatre cartons parurent à une vente faite par Paillet et Delaroche (le 18 avril), mais ils n'y trouvèrent pas d'acquéreur. M. Debusscher les céda par la suite à Mme Gentil de Chavagnac qui, en 1816, essaya encore, mais sans succès, de les vendre au Musée. Enfin, ils furent compris dans une vente publique faite après le décès de Mme de Chavagnac en 1854. Le prix élevé qu'on en demanda, éloigna encore une fois les amateurs.

Si maintenant nous cherchons l'origine de ces ouvrages de Jules Romain, voici les indications que nous trouvons.

Nous savons qu'il fit, pour le duc de Ferrare, des cartons qui furent exécutés en tapisserie de soie et d'or par maître Nicolas et Jean-Baptiste Roux, flamands. Mais ce renseignement donné par Vasari est bien vague, puisque nous ne connaissons pas les sujets des tapisseries.

Un document d'origine française, plus important et plus explicite, a été publié par M. le comte de Laborde (Renaissance des Arts, supplément au tome I). Le voici : « *Rolle signé de la main du Roy, à Paris, ce* XVIIe *jour de janvier* 1533. — *A Francisque Boulogne, deux cens écus d'or soleil pour ung voyaige qu'il va faire en Flandres, porter un petit patron de Scipion l'Affricain pour la tapisserie que le Roy fait faire à Brusselles et en rapporter le grant patron de ladite histoire* » Françoys.

Il est donc certain qu'à cette date de 1534 (car l'année alors commençait à Pâques), François Ier possédait déjà tous les cartons de l'histoire de Scipion. Primatice allait à Bruxelles porter le patron, c'est-à-dire les cartons de la *petite tenture* et les faire mettre en métier sous ses yeux. Quoique le scribe du xvie siècle ait employé le même mot pour désigner ce qu'il devait rapporter, il est bien probable que par ces mots : *le grant patron de ladite histoire,* on a voulu désigner les tapisseries mêmes qui se trouvaient terminées. Nous savons trop bien qu'à cette époque, le sort des cartons, une fois exécutés, était de dormir oubliés, en morceaux et comme chose inutile, au fond d'une caisse. Jules Romain ne pouvait être privilégié, quand Raphaël subissait cette loi ignominieuse, et Primatice lui-même ne dut pas songer à l'en préserver.

Quoiqu'il en soit de notre supposition, les ouvriers de Bruxelles traduisirent avec succès les inventions de Jules Romain. Ils en firent cette magnifique tenture de laine et de soie relevée d'or, contenant 120 aunes de cours en vingt-deux pièces, tenture qui fut payée 22,000 écus et que Brantôme, Félibien et d'autres ont vantée à l'envi. On la déployait dans les grandes solennités, et les étrangers ne pouvaient se lasser de l'admirer.

Primatice était bien l'artiste qui pouvait le mieux diriger un travail aussi important. Il avait depuis trois ans seulement quitté le maître qu'il avait aidé à Mantoue, et, s'il n'avait pas lui-même apporté en France les combats et les triomphes du vainqueur d'Annibal, il est du moins vraisemblable que François Ier les avait par son intermédiaire acquis de Jules Romain.

Le Garde-Meuble impérial ne possédant plus aujourd'hui la grande tenture du Scipion, et cet ensemble n'existant peut-être nulle part, il ne serait pas inutile de rapporter ici les vingt-deux sujets qui la composaient et que nous trouvons mentionnés dans un ancien inventaire de la couronne. Cet inventaire dont le garde-meuble possède une copie que l'on a bien voulu nous communiquer, paraît, d'après les noms d'artistes les plus modernes qui y figurent, avoir été dressé vers 1660. — Nous copions textuellement :

1. Represente la Victoire qui montre le chemin de la gloire à Scipion. 2 aunes 1/4.

2. Scipion qui sauve son père de la main des ennemis dans le combat contre Annibal, proche la rivière du Tessin. 2 aunes 1/6.

3. Scipion à cheval, suivi de son armée, avec laquelle il force le camp d'Annibal environné d'une palissade. 6 aunes 2/3.

4. La prise de Carthage la neuve, par assaut. 6 aunes 3/4.

5. Scipion qui donne la couronne murale à deux soldats qui étaient montés les premiers sur les murailles de Carthage. 2 aunes 1/6.

6. Scipion, dans son tribunal, qui rend une jeune dame au prince des Celtibériens, nommé Lucius, son fiancé, laquelle lui avait été amenée après la prise de Carthage. 6 aunes 2/3.

7. Corbis et Orsua, seigneurs espagnols, qui combattent en présence de Scipion, après les jeux, pour terminer le différend pour la royauté. 2 aunes 1/6.

8. Scipion et son lieutenant, avec les rois Mandonius et Indibilis qui s'étaient mis du parti des Romains, conférant entre son armée et celle d'Asdrubal qui s'était campée sur un tertre élevé. 6 aunes 1/6.

9. Scipion assis, accompagné de la Victoire qui le couronne et qui pardonne à des prisonniers espagnols faits à la bataille contre Asdrubal, lesquels il renvoie avec des présents; au-dessus de sa tête est une inscription portée par deux anges, où est écrit : *Romani ducis clementia, clementis et urbis excidis compensata.* 6 aunes 3/4.

10. Syphax qui fait manger Asdrubal et Scipion avec lui, qui étaient venus rechercher son alliance. 3 aunes 3/4 (1).

11. Le festin que Scipion donne aux tribuns romains qui

---

(1) Le carton original, mentionné plus haut, appartenait à M. Debusscher, et depuis à M°¹ᵉ de Chavaignac.

avaient été envoyés en Sicile pour examiner sa conduite. 6 aunes.

12. Conférence de Scipion et d'Annibal, entre les deux armées. 6 aunes 1/2.

13. La bataille de Scipion et d'Annibal. 7 aunes (1).

14. La première pièce du triomphe de Scipion, où paraissent des éléphants sur un desquels il y a un lion; et à un des coins de ladite pièce une inscription : *Divi Scipionis victoriarum et spoliorum copiosissimus Triumphus..* 6 aunes 3/4.

15. La suite du triomphe, où sont représentés plusieurs joueurs de buccine, avec des étendards et des soldats qui portent des faisceaux et signes militaires qui passent au milieu de deux grandes figures de bronze. 5 aunes 2/3 (2).

16. Suite du triomphe, dans le fond on voit les deux chevaux placés devant la porte de Monte Cavallo à Rome. 5 aunes 3/4.

17. Suite du triomphe. Dans le fond sont des spectateurs et spectatrices, au-dessus desquels est un dais vert. 8 aunes.

18. Suite du triomphe, dans laquelle deux personnes entr'autres, portent chacune un écritoire à la main. 5 aunes 1/2.

19. Suite du triomphe, où les deux rois de Numidie sont menés en triomphe, en haut de laquelle pièce est écrit : *Romanos rerum dominos sic regna fatentur.* 5 aunes 2/3.

20. Suite du triomphe, où le roi Syphax est mené prisonnier avec un écriteau attaché à un arbre où est écrit : *Olim meminisse juvabit.* 5 aunes 2/3.

---

(1) C'est la bataille de Zama, dont le carton appartenait aux mêmes personnes.

(2) Le carton original appartient au Louvre, n 264 de la présente Notice.

APPENDICE.

21. Suite du triomphe. Scipion dans un char, accompagné de 4 figures de victoires qui portent chacune une couronne. 5 aunes 3/4.

22. Suite du triomphe. Scipion entre dans le Capitole. 6 aunes 3/4.

La *petite tenture de Scipion* se trouve au Garde-Meuble. Elle se compose de 10 pièces de 57 aunes de cours et des sujets suivants presque tous répétés de la grande suite; mais les dimensions ne sont pas les mêmes.

1. Scipion qui sauve son père....., etc. (N° 2 de la grande suite). 6 aunes 1/3.

2. Scipion force et brûle le camp des Numides (pourrait bien être le n° 3 de la grande suite). 5 aunes 11/12.

3. La prise de Carthage (n° 4 de la grande suite). 6 aunes 1/8.

4. La continence de Scipion (n° 6 de la grande suite). 5 aunes 1/2.

5. Bataille de Scipion et d'Asdrubal qui s'est fortifié sur des collines. 6 aunes (sujet nouveau).

6. Le festin donné par Syphax (n° 10 de la grande suite). 4 aunes 3/4.

7. Conférence de Scipion et d'Annibal (n° 12 de la grande suite). 5 aunes.

8. Bataille de Scipion et d'Annibal (n° 13 de la grande suite). 6 aunes 3/4.

9. Scipion dans une galère qui fait voile en Sicile. 5 aunes (1) (sujet nouveau).

10. Scipion est visité par les ambassadeurs de Carthage. 6 aunes 1/6 (sujet nouveau).

---

(1) Le carton de ce sujet, décrit dans le livret de l'an V sous le titre de *Débarquement en Afrique*, appartenait à M. Debusscher.

L'une des tentures les plus célèbres, de l'invention de Jules Romain, était celle des *fruits de la guerre*. Exécutée à Bruxelles dans le XVIe siècle, elle fut copiée aux Gobelins sous Louis XIV (notice sur les Gobelins, par M. Lacordaire, 3e édition, page 75). Elle se compose de 8 pièces que possède le Garde-Meuble et parmi lesquelles nous retrouvons trois des cartons du Louvre. Les sujets offrent quelque analogie avec ceux de la tenture de Scipion, mais les compositions sont toutes différentes. Sur chacune de ces tapisseries se trouve un cartouche contenant les mots : FRVCTVS BELLI.

1. Le payement des troupes. 6 aunes 3/4.
2. Le festin des officiers. 6 aunes 3/4.
4° Le Campement de l'armée. 6 aunes 3/4.
4. La prise d'une ville. 7 aunes 1/3 (1).
5. Un champ de bataille où on va reconnaître les morts. 6 aunes.
6. Le sac d'une ville. 6 aunes 2/3 (2).
7. Le triomphe. 7 aunes 1/2 (3).
8. La punition et la récompense. 6 aunes 2/3.

La cour de France eut d'ailleurs souvent recours pour l'éclat de son luxe, au génie inventif de Jules. L'inventaire que nous venons de citer mentionne plusieurs autres tentures fabriquées à Bruxelles d'après ses compositions, ce sont :

L'histoire de Lucrèce, en cinq pièces, contenant 21 aunes de cours sur trois aunes 1/4 de haut ;

---

(1) Le carton original se trouve au Louvre, n° 262 de la présente Notice.

(2) Le carton original appartient au Louvre, n° 261 de la présente Notice ; il n'est pas entier, la tapisserie contenant plusieurs figures de plus vers la gauche.

(3) Le carton original est le n° 263 de la présente Notice ; il appartient au Louvre.

La fable d'Orphée, en 8 pièces de 28 aunes de cours sur 3 aunes de haut;

Des grotesques, en 10 pièces de 43 aunes de cours sur 3 aunes 1/2 de haut;

Les triomphes de l'amour, en 3 pièces de 15 aunes de cours sur 4 aunes 1/2 de haut ;

Les 12 mois de l'année, en 12 pièces contenant 15 aunes de cours sur 3 aunes 1/8 de haut.

Félibien, qui parle de toutes ces tapisseries, nous apprend que les « *Mois de l'année* » avaient appartenu à M. de Guise. Il cite encore comme inventées par Jules Romain deux tentures que nous retrouvons, mais sans nom d'auteur, dans notre inventaire, savoir : les Triomphes de Bacchus en 7 pièces de 21 aunes, et le Ravissement des Sabines en 5 pièces de 28 aunes.

On le voit, il régnait une bien grande activité dans cet atelier de Mantoue, où, à l'imitation de son maître, Jules Romain recevait un grand nombre d'élèves qu'il dirigeait avec talent, mais qu'il laissa trop souvent seuls interprètes de sa pensée.

Les cartons donnés par R. Cosway sont de beaucoup supérieurs à tous ceux que nous avons eu l'occasion de voir, soit entiers, soit fragmentés. La collaboration, la main du maître y sont manifestes. Les sujets convenaient d'ailleurs parfaitement à sa verve. On retrouve dans la ville prise, avec des développements nouveaux, le souvenir des figures de l'incendie du Bourg au Vatican, fresque à l'exécution de laquelle Jules Romain eut certainement une grande part; et parmi toutes les compositions de ce genre, on trouverait difficilement un groupe plus hardi, plus ingénieux, plus magistral que celui des musiciens dans notre fragment de Triomphe.

Il serait fort intéressant de savoir où Cosway avait fait cette acquisition. Etait-ce en Flandre, pays de ses parents, ou en Angleterre? Nous ne trouvons aucun renseignement à ce sujet.

Nous pouvons affirmer seulement que Jabach ni Charles Ier n'avaient possédé de cartons de Jules Romain. Leurs inventaires n'en portent pas trace, et de pareils ouvrages ne seraient pas restés inaperçus au XVIIe siècle. Félibien et, après lui, Germain Brice parlent bien des dessins, des esquisses que Jabach possédait et où se retrouvaient les sujets des tapisseries, et il serait facile de prouver la vérité de leur assertion; mais ils parlent de dessins et non de cartons.

Nous devons, en terminant cette note, relever une légère erreur qui s'est glissée dans les notes du Vasari de Lemonnier, tome X, page 110. Les cinq cartons de Jules Romain représentant les amours de Jupiter, dont on y parle, n'ont jamais appartenu au Louvre. Ils étaient la propriété du Régent, qui les avait acquis de don Livio Odescalchi, et ils durent passer en Angleterre avec la collection du Palais-Royal. Nous ne savons ce qu'ils sont devenus, et nous ne les voyons pas figurer dans les *Treasures of art* de M. Waagen.

Bernardino Barbatelli, *dit* BERNARDINO POCCETTI, *peintre, né à Florence en* 1548, *mort à Florence le 9 novembre* 1612.

(ÉCOLE FLORENTINE.)

Voir n° 266.

Baldinucci fait naître cet artiste en 1542. C'est là une erreur dont il aurait facilement pu s'apercevoir, puisqu'en rapportant avec précision la date de mort, il ajoute que le Poccetti avait en mourant 62 ans. Poccetti d'après son propre calcul, serait donc né en 1550. Mais un document qui porte tous les caractères de l'authenticité, et que Baldinucci lui-même nous a conservé, nous paraît prouver qu'en 1571, l'artiste florentin avait 43 ans, d'où nous devons conclure qu'il est né réellement en 1548.

Il entra, étant encore enfant, dans l'atelier de Michele di Ridolfo, qui l'avait aperçu dessinant dans la rue sur la muraille et qui avait remarqué ses heureuses dispositions. Sans fortune et sans appui, il peignit d'abord des grotesques à l'extérieur des maisons, et il en peignit en grand nombre, ce qui lui fit donner le surnom de Bernardino *delle grottesche*. Plus tard, ayant pris l'habitude de mélanger à ses arabesques des compartiments enrichis de figures et de compositions variées, qui faisaient grand effet dans les façades, on l'appela Bernardino *delle facciate*. Une décoration de ce genre exécutée pour le palais d'un gentilhomme nommé Niccolo Compagni, et dans laquelle il introduisit avec succès le sujet des neuf muses, le fit nommer pendant quelque temps Bernardino *delle muse*. Mais le sobriquet qui lui resta fut celui de Poccetti, qu'il dut à son amour pour les cabarets et à ses interminables libations (1).

Ayant quitté Michele dit Ridolfo, il se rendit à Rome et eut le bonheur d'être accueilli par la famille Chigi, qui le logea dans le palais de la Farnésine. Il s'y enferma et fit une étude approfondie des fresques de Raphaël qui le décorent, de sorte que lors de son retour à Florence, sa manière parut singulièrement améliorée.

Ses contemporains aimaient son coloris agréable, sa manière ornée, facile, brillante. Pière de Cortone, Raphaël Mengs, Lanzi lui décernèrent de grands éloges. Il travailla énormément dans toute la Toscane, et Baldinucci, qui cite un grand nombre d'ouvrages de sa main, dit que ces peintures ne sont rien dans la multitude de celles qu'il produisit. Il peignit principalement à fresque, et sa rapidité était bien grande, puisque les plus im-

---

(1) Tel est le récit de Baldinucci. Mais le chanoine Pecori qui fait entrer notre artiste parmi les illustrations de San-Gimignano, parce que sa famille était originaire de cette ville, affirme que le surnom de Poccetti était porté par cette famille dès le commencement du xvie siècle

portantes de ses compositions ne lui coûtèrent jamais plus d'une semaine à exécuter.

Nous citerons seulement dans le cloître de Sainte-Marie-Nouvelle six sujets sacrés, dont cinq tirés de la vie de saint Dominique (ces peintures, qui datent de différentes époques, étaient terminées en 1582), et dans le cloître des Servites de l'Annonciade, quatorze autres histoires commandées par quelques-unes des plus nobles familles florentines. Le miracle de l'enfant noyé rendu à la vie par le bienheureux Amideo degli Amidei est une des compositions de ce cloître qui fut le plus admirée et qui a été le plus souvent reproduite par la gravure. Lanzi nous paraît cependent exagérer l'éloge qu'elle mérite, en disant que cette fresque fut comptée par quelques connaisseurs au nombre des meilleures de Florence.

Bernardino Poccetti peignit aussi pour l'église des chartreux de nombreux et importants travaux, parmi lesquels figurent divers sujets de la vie de saint Bruno, sujets qui devaient être traités plus tard en France avec une facilité non moins grande, et une élévation inconnue au peintre florentin.

Camillo Procaccini, *peintre et graveur, né à Bologne vers 1545, mort à Milan vers 1625.*

(ÉCOLE BOLONAISE.)

Voir n° 289.

Malvasia prétend qu'Ercole Procaccini, père de Camille et chef de cette célèbre famille d'artistes, s'expatria et alla s'établir à Milan à cause de la concurrence des artistes bolonais ses compatriotes, concurrence que ni lui ni ses fils ne pouvaient soutenir.

Cette assertion nous paraît peu vraisemblable. Ce ne fut en

effet qu'en 1609 que la famille des Procaccini s'établit à Milan, et, dès 1590, Lomazzo, parlait avec grands éloges d'Ercole et de Camillo. Il cite même de ce dernier le tableau de la transfiguration du Christ peint dans l'église Saint-Fidèle de Milan, et il en parle comme l'ayant vu, d'où l'on peut induire avec quelque vraisemblance que cet ouvrage était exécuté avant 1571, année où Lomazzo devint aveugle. Nous savons aussi qu'avant de s'arrêter définitivement à Milan, Camille avait produit d'énormes travaux non-seulement à Bologne, mais à Ravennes, à Reggio, à Plaisance, à Pavie, à Gênes, et que si sa renommée n'était pas aussi éclatante que celle des Carraches, elle était au moins l'égale des autres bolonais que cite Malvasia.

On a dit de Camillo Procaccini qu'il fut dans l'école lombarde ce que Vasari et F. Zucchero furent dans les leurs. Sa facilité était très-grande, et on peut en juger par la formidable liste de ses ouvrages, et en particulier de ses peintures de Milan, qui se trouvent dans la Felsina Pittrice. Nous citerons comme un de ses tableaux les plus célèbres le Saint Roch soignant les pestiférés, peint pour une église de Reggio en concurrence avec Annibal Carrache, tableau qui est passé en 1745 de la collection ducale de Modène dans la galerie de Dresde, où on le voit aujourd'hui. Il a été gravé par J. Camerata.

Camille Procaccini a laissé quelques gravures à l'eau forte mentionnées par Bartsch. Deux d'entre elles portent la date de 1593.

Giovanni Antonio Sacchiense, dit IL PORDENONE, peintre, né à Pordenone, dans le Frioul, en 1483, mort à Ferrare en 1540.

(ÉCOLE VÉNITIENNE.)

Voir nos 308 et 309.

Cet artiste reçut ou prit successivement des noms différents. Des pièces authentiques prouvent que celui de *Sacchiense* était réellement le sien. On l'appela quelquefois *Corticelli*, surnom qui avait été porté par son père. Nous trouvons dans l'ouvrage de Maniago (*Storia delle belle arti friulane*), un acte indiquant que ses enfants prirent et conservèrent celui de *Regillo*. Enfin des contemporains, parmi lesquels nous comptons Vasari, l'appellent *Licinio*. Mais son surnom de Pordenone fut celui qu'il porta le plus souvent, et c'est ainsi qu'il signa plusieurs de ses ouvrages.

On croit qu'il fit ses premières études d'après les ouvrages de Pellegrino da San Daniello, d'Udine, et qu'il se rendit, étant encore fort jeune, à Venise, où il travailla dans l'atelier du Giorgion. Vers 1504, il revint dans sa patrie, et si l'historiette racontée par Ridolfi est vraie, il avait déjà acquis une pratique terrible et une surprenante rapidité d'exécution.

La force, la hardiesse, l'audace même furent les caractères dominants du talent de Pordenone. Il recherchait avec passion les poses les plus impossibles, les raccourcis les plus difficiles que son extrême habileté savait faire accepter et rendre agréables. Son goût de dessin sent la grandeur; sa pompe est toute vénitienne.

Comme homme, il paraît avoir été à peu près le même que comme peintre. Irritable et violent, il eut à soutenir au sujet de l'hérédité paternelle des discussions qui dégénérèrent en querelles violentes, et, dans une rencontre, il eut la douleur d'être blessé à la main par son propre frère.

C'est à Pordenone et dans les autres bourgs ou villages du Frioul qu'il produisit ses premiers ouvrages, et d'humbles églises de campagne montrent encore avec orgueil les fresques ou les tableaux dont il les a enrichies. Il quitta à diverses reprises son pays natal, et y revint non moins souvent, car nous le voyons, de 1515 à 1535, dans l'intervalle de ses voyages à Venise, à Mantoue, à Crémone, à Gênes, à Plaisance, peindre successivement à Udine, à Pordenone, à Spelimbergo, et dans une foule d'autres églises et châteaux du Frioul. Le nombre de ses ouvrages dut être fort considérable, et sa facilité était extrême.

En 1516, il peignait à Udine, sous la loge du Palais public, une image à fresque de la Vierge, qui devint chère à toute la ville, et qu'un siècle après, les magistrats surent précieusement soustraire aux démolitions nécessitées par l'agrandissement du palais. Il était vers la même époque appelé à Mantoue, et y peignait pour la famille Ceresari la façade d'un palais. En 1520, il se rendait à Crémone pour y exécuter dans le dôme les sujets de la Passion, et dans le contrat d'allocation de ce grand travail, on lui imposait comme condition expresse de le peindre avec la même perfection que le palais Ceresari de Mantoue. En 1528, nous le trouvons de nouveau à Udine, achevant de peindre l'orgue du dôme, dont la décoration avait été commencée par Pellegrino da San Daniello : ce maître avait cependant demandé avec instance à parachever son œuvre.

Nous ne saurions dire à quelle époque le Pordenone se rendit pour la seconde fois à Venise : nous savons seulement qu'il fut mené dans cette grande ville par un marchand flamand nommé Martin d'Anna, qui lui donna à décorer la façade de son palais situé sur le grand canal. Il chercha à se surpasser dans ces fresques, qui répandirent par toute la ville son éloge et son nom. On admirait surtout un Curtius à cheval se précipitant dans l'abîme, peint en raccourci avec tant de bonheur, que Vasari le compare à une figure de ronde bosse. Les historiens, exagérant l'admiration produite par cet ouvrage, ont été jusqu'à dire que Michel-Ange vint *exprès* à Venise pour le voir et en reconnut la beauté.

Comme dans presque toutes les traditions de ce genre, le faux nous paraît ici avoir été mélangé au vrai dans de notables proportions. Il est certain que Michel-Ange, durant le siége de Florence, passa quelques jours à Venise en octobre 1529. Qu'il ait entendu vanter le Curtius de Pordenone, qu'il l'ait vu et admiré, cela n'a rien que de très-naturel et de très-vraisemblable; mais il y a loin de là à lui faire faire tout exprès le voyage de

Venise. Ce que l'on peut induire d'un *on dit* si honorable pour le peintre du Frioul, c'est que la fameuse figure de Curtius, aujourd'hui détruite comme presque toutes les fresques qui décoraient l'extérieur des palais de Venise, était déjà peinte en octobre 1529.

Ces succès enflèrent le cœur déjà si fier de notre artiste. Il se posa résolument à Venise comme le rival du Titien, et chercha par tous les moyens en son pouvoir à s'élever au-dessus de lui. C'était là une noble émulation puisqu'elle produisit des chefs-d'œuvre. Le Titien avait peint à l'église de *San Giovanni in Rialto* le tableau célèbre de Saint-Jean l'aumônier. Le Pordenone obtint dans la même église la commande d'un autre tableau d'autel, qu'il peignit vers 1530, et où il représenta sainte Catherine, saint Sébastien et saint Roch. S'il n'y put vaincre le Titien, il trouva cependant de nombreux admirateurs.

La même rivalité se représenta au Palais-Ducal où le Pordenone sut emporter une commande que sollicitait le Titien; à l'église des Anges, de Murano, où ce dernier maître, n'ayant pu s'entendre avec les religieuses pour le prix d'une Annonciation qu'il venait de terminer, vit presque immédiatement une autre peinture du même sujet et de la main de son concurrent venir la remplacer. Une inimitié assez vive paraît avoir succédé aux sentiments d'émulation; car lorsque, peu après 1532, le Pordenone peignit dans le cloître de Saint-Etienne les nombreux et célèbres sujets de l'ancien et du nouveau Testament qui le décorent, craignant une attaque ou une trahison, il travaillait l'épée au côté et la rondache à la main gauche. Il faut bien croire qu'un bouclier plus pacifique, la palette, venait remplacer de temps en temps cet appareil de guerre. La haine n'était pas du reste également entrée dans le cœur des deux artistes : le Titien, appelé à Trévise pour estimer des peintures de la main du Pordenone dont le prix était en contestation, non-seulement les loua hautement, mais encore conseilla à celui qui les avait commandées de se hâter de donner la somme réclamée, de peur qu'une nouvelle estimation ne les lui fît payer plus cher.

Le roi de Hongrie envoya en 1535 des lettres de noblesse au Pordenone, qui depuis cette époque jusqu'à sa mort paraît avoir abandonné le Frioul. En effet, un tableau qu'il fit pour Pordenone dans le cours de cette même année fut mis en place non terminé, et à partir de cette date, les documents qui jusqu'alors donnaient à chaque page des preuves de ses fréquents voyages dans sa patrie deviennent muets sur son compte. Nous présumons que ce fut à la suite de ses sanglants démêlés avec son frère Balthazar, démêlés où les torts étaient réciproques, qu'il renonça à son pays natal. Nous ne saurions dire s'il s'établit à demeure à Venise, ou s'il continua à se transporter de ville en ville, comme il avait fait jusqu'alors, en raison des travaux qu'on lui demandait. L'époque de son voyage à Gênes, où il peignit une fresque en concurrence avec Perino del Vaga, nous est inconnue.

En 1540, le duc de Ferrare l'appela pour lui faire peindre des cartons qui devaient être reproduits en tapisserie, et dont l'artiste avait déjà arrêté les compositions, décrites avec soin par Ridolfi.

Mais à peine arrivé dans cette ville, où le duc l'avait reçu avec honneur, il mourut presque subitement. Des bruits d'empoisonnement se répandirent bientôt, et cette accusation, si fréquente en ce siècle, fut presque universellement accueillie. On chargea du crime les peintres ferrarais, qui devaient voir avec déplaisir arriver un maître aussi habile, aussi fécond, aussi renommé.

Il est impossible de vérifier aujourd'hui jusqu'à quel point une allégation de ce genre est fondée sur la vérité; mais il est certain que le Pordenone était un rival des plus redoutables.

Bataille de Constantin.

Voir n° 324.

Quelles que soient la beauté et la célébrité de ce dessin, nous devons, pour rendre hommage à la vérité, avouer qu'il nous paraît plutôt être l'œuvre d'un élève travaillant sous la direction du maître, que celle du maître lui-même. L'exécution de Raphaël est ordinairement plus simple, plus brève, plus légère. Les figures qui sortent de sa main ont une certaine grâce particulière et supérieure que nous ne retrouvons pas ici, et enfin, tout en l'admirant beaucoup, nous pensons qu'il aurait été encore plus beau si Raphaël l'avait fait au lieu de le faire faire.

Dans les dernières années de sa vie, la multiplicité des travaux dont il était surchargé et qu'il menait de front, l'obligea souvent à recourir à ses élèves. Cette collaboration toujours croissante suffit à expliquer les défaillances et les inégalités que l'on remarque dans certaines œuvres de son âge mûr, défaillances qui, nous en sommes bien convaincu, ne doivent pas être attribuées à d'autres causes. Quoi qu'on en ait dit, les dons extraordinaires que la nature lui avait si largement départis, restèrent entiers et sans altération jusqu'au dernier moment. Il nous serait facile d'apporter bien des preuves à l'appui de notre assertion.

Polydore de Caravage, cet habile et ardent imitateur des bas-reliefs antiques, nous paraît être celui des élèves de Raphaël dont l'exécution se rapproche le plus de celle de notre Bataille, et si notre conjecture est juste, si ce dessin doit avec le temps être rayé des œuvres de Raphaël, c'est Polydore qui en recueillera l'honneur. Il travaillait sans doute sous les yeux et d'après les croquis du maître, et il aura fait là son plus bel ouvrage.

Nous ajouterons une remarque qui n'est pas sans intérêt. On sait que Raphaël avait envoyé des dessinateurs en Grèce, et ce dessin nous fournit la preuve qu'il dut avant sa mort jouir de leurs travaux. En effet, plusieurs têtes de chevaux de profil qui se voient à la gauche de la composition sont copiées de la frise de Phidias. La ressemblance est telle qu'elle ne peut être fortuite. On ne la retrouve ni dans la fresque peinte après la mort de Raphaël par Jules Romain, ni dans aucun ouvrage que nous connaissions du maître ou de ses élèves.

Si l'on compare d'ailleurs le dessin avec la fresque, on remarque des différences assez notables, soit dans l'ensemble, soit dans les détails. Dans le dessin, la scène a plus de profondeur : la chaîne de montagnes qui sert de fond est plus éloignée et plus haute. Elle est remplacée dans la peinture par des collines qui touchent presque aux combattants. Ce changement a fait supprimer diverses figures de second plan indiquées dans la première pensée, et donne en quelque sorte à la composition l'apparence d'un bas-relief. Plusieurs figures de premier plan ont aussi été supprimées. Ce sont : vers le milieu, un homme renversé, vu en raccourci et les bras étendus, le corps pris sous un cheval mort; à droite, près de Maxence, deux guerriers cherchant à s'échapper à la nage. L'une des figures d'anges qui volent au-dessus de la tête de Constantin est modifiée..., etc.

Le dessin de la bataille de Constantin appartenait dans le xviie siècle au comte Malvasia, qui en parle comme du chef-d'œuvre de sa collection dans la Felsina Pittrice (Parte terza, p. 522)... *Il disegno inarrivabile della famosa battaglia di Costantino di Raffaello, capo sublime della mia raccolta,..* » Nous ne surprendrons aucun de ceux qui ont ouvert le livre de Malvasia, en ajoutant qu'après un tel éloge il s'empresse de comparer l'un des Carraches à Raphaël et de donner l'avantage au dit Carrache.

En 1714, le célèbre amateur Crozat acheta à Bologne toute la collection de Malvasia, et avec elle notre dessin. Il fut vu et admiré chez Crozat par Richardson, qui en parle avec détails (tome III, pages 428 et 429). Il était sous une glace et parmi les tableaux, et ne fut pas vendu en 1741 avec la fameuse collection des dessins de Crozat. En 1755, il se trouvait encore avec la même galerie de tableaux chez le baron de Thiers, neveu de Crozat (catalogue de cette collection, 1755 : page 26), et passa en Russie lorsque l'Impératrice Catherine fit l'acquisition du tout. Il fut rapporté de Russie en 1852 et entra immédiatement au Louvre.

Santi di Tito, *peintre et architecte, né à Borgo-San-Sepolcro en 1538, mort à Florence le 25 juillet 1603.*

(ÉCOLE FLORENTINE.)

Voir n° 337.

Santi di Tito apprit les premiers principes du dessin d'un peintre peu connu, nommé Bastiano da Montecarlo ; il entra ensuite dans l'atelier du Bronzino et s'y perfectionna. Il reçut aussi quelques conseils de Baccio Bandinelli.

Lanzi et Ticozzi ne nomment pas Bandinelli, mais bien Cellini parmi les maîtres de notre artiste. Nous ne pouvons découvrir où ils ont pris ce renseignement qui pourrait bien être le résultat d'une erreur. En effet, Borghini (qui écrivait à Florence lorsque Santi di Tito était dans la force de l'âge, et qui dut le connaître), Baglioni et Baldinucci s'accordent à parler de Bandinelli et ne mentionnent pas B. Cellini. Quant à Vasari, il ne dit pas de qui Santi di Tito était l'élève.

Quoi qu'il en soit, cet artiste se rendit à l'âge de 22 ans, en 1560, à Rome. Il y peignit une chapelle à fresque pour le cardinal B. Salviati. Il fut également du nombre des jeunes artistes de talent employés par le Pape Pie IV à décorer de peintures sacrées et de grotesques le petit palais des jardins du Belvédère construit par Pirro Ligorio.

Il ne resta à Rome que 4 ou 5 ans au plus, de 1560 à 1564, et Nagler commet évidemment une erreur en cherchant à préciser l'assertion de Lanzi, et en disant que ce fut pendant ce séjour qu'il se mit sous la direction de Cellini. Car ce dernier était à cette époque et depuis longtemps fixé à Florence.

Santi di Tito était de retour à Florence en 1564, et peignait avec succès, pour la cérémonie des obsèques de Michel-Ange, l'un des principaux tableaux de cette décoration. Il représente François de Médicis se levant devant Michel-Ange et le faisant asseoir sur son propre siége, et se voit aujourd'hui au palais Buonarotti.

L'année suivante (1565), à l'occasion du mariage du même prince François de Médicis, il exécuta de nombreuses compositions sur les arcs de triomphe dressés dans Florence et sur un théâtre élevé tout exprès dans le palais du duc de Bracciano. Sa facilité, sa fécondité d'inventions le firent remarquer entre tous, et il fut dès lors compté au nombre des peintres les plus accrédités de la ville. Les travaux qu'on lui demanda furent innombrables, et il eut l'art de suffire à tous, soignant les uns, négligeant les autres, suivant la besogne du moment ou la générosité des amateurs. Car, comme il le disait ouvertement, il avait des pinceaux pour tous les prix. Ses contemporains lui reprochaient un coloris languissant et terne, mais on le reconnaissait pour un des plus habiles dessinateurs de son époque. C'était là en effet sa principale prétention. Il portait même toujours un crayon dans sa poche, dessinant ce qui se présentait devant ses yeux, et, lorsqu'on lui présentait quelque ouvrage nouveau, peinture ou statue, il en corrigeait magistralement, à sa manière, les contours. Le Titien, que Santi alla voir dans un voyage à Venise, l'appelait plaisamment *Tiritoto Matitatoio* (porte-crayon).

Santi di Tito fut aussi très-recherché pour ses portraits qu'il produisait en fabrique et par quantités énormes. Ses élèves en brossaient une bonne partie. Car il fallait avant tout faire vite, et le maître se surpassa un jour en peignant en une demi-heure le portrait ressemblant et agréable de la princesse Christine de Lorraine, que l'ennui de poser épouvantait.

De pareilles manières de procéder ne pouvaient rendre bien durable la célébrité de notre artiste. Aussi voyons-nous qu'après sa mort ses tableaux se vendirent bien vite au plus vil prix. Car le temps sait punir cruellement ces artistes éphémères, et, à quelques rares exceptions près, la réputation de dessinateur savant qu'avait acquise Santi di Tito, et à laquelle tout le monde rendait hommage, ne sut pas préserver ses œuvres de l'oubli.

Antonio Tempesti (1), *peintre et graveur, né à Florence vers 1555, mort à Rome le 5 août 1630.*

(ÉCOLE FLORENTINE.)

Voir n° 349.

Il fut d'abord l'élève de Stradan qui lui transmit son goût pour le genre des chasses et des batailles; il entra ensuite dans l'atelier de Santi di Tito et dut, en raison de sa facilité, lui être d'un grand secours pour l'exécution des portraits innombrables que Santi prenait à faire de toutes mains et à tout prix.

---

(1) On écrit le plus souvent *Tempesta*. Nous adoptons l'orthographe donnée par l'artiste lui-même dans une sorte de contrat ou d'engagement qui se trouve sur l'un des dessins du Musée. La brièveté de ce document, écrit de deux mains différentes, nous permet de le reproduire ici : *Jo Lorenzo Ben... accietto il presente disegno questo di 28 di marzo conforme allo obrigho fatto con M. Anto. Tempesti 1597. Jo Antonio Tempesti accietto come di sopra.*

A. Tempesti ne resta sans doute pas bien longtemps dans l'atelier de ce peintre. Il paraît être venu assez jeune encore, et dans les premières années de Grégoire XIII, à Rome où il s'établit. Il fut employé dans la décoration des loges du Vatican que Grégoire XIII faisait continuer, et les peintures qu'il y exécuta furent comptées au nombre des meilleures de cette époque. Il travailla aussi dans d'autres parties du Vatican, au château de Caprarole et dans un grand nombre d'églises ou de palais de Rome. Le Baglione cite, comme une des plus importantes, la fresque énorme dont il orna le palais Bentivoglio et où il représenta deux *cavalcades* magnifiques; l'une, celle du Pape quand il sort en cortége solennel; l'autre, celle du Grand-Turc. Il grava lui-même plus tard ces deux compositions.

Car les peintures qu'on lui donnait à exécuter ne suffisant pas, dit Baldinucci, au torrent d'idées qui le débordait, il se mit à graver avec une véritable fureur qui lui fit produire dans un intervalle de 35 à 40 ans près de quinze cents pièces à l'eau forte et au burin. Ce n'était pas une à une qu'il les faisait paraître, mais par suites de 20, 50, 100 et même 200 estampes. Ce sont les sujets de l'ancien et du nouveau Testament déroulant en petit toute l'histoire sacrée, les figures plusieurs fois répétées du Christ, de la Vierge, des apôtres; les suites de saints et saintes, les supplices divers des martyrs. Ce sont les hauts faits d'Alexandre-le-Grand, les portraits équestres des Douze Empereurs romains. Ce sont les *illustration*s des métamorphoses d'Ovide ou de la Jérusalem délivrée, etc. Les sujets qui plaisaient le plus à l'imagination du Tempeste, et qui convenaient le mieux à son talent, étaient les chasses et les batailles. Il en composa et en grava un très-grand nombre dont les épreuves se répandirent dans toute l'Europe et rendirent son nom célèbre.

Il aimait à représenter les chevaux et leur donnait beaucoup de mouvement, mais sans étude approfondie et sans variété. L'uniformité, la convention, la pratique, sont chez lui des défauts enracinés qui nuisent singulièrement à son mérite. Il abuse sans scrupule de certaines poses forcées qui auraient pu paraître intéressantes si on ne les avait vues qu'une fois ; et quand on examine son œuvre, on voudrait bien pouvoir oublier un moment ce gros cheval galopant, vu par derrière et en raccourci, qui forme le premier plan et le repoussoir de presque toutes ses batailles.

Les compositions de cet artiste qui nous paraissent les plus remarquables et empreintes d'une certaine grandeur vraie, sont une suite de neuf planches représentant les exploits de l'empereur Charles-Quint. Elles sont seulement inventées par lui et ont été gravées par J. de Gheyn et C. Boel, soit d'après des peintures, soit d'après des cartons.

Pietro Testa dit IL LUCCHESINO, *peintre et graveur, né à Lucques après 1610, mort à Rome en 1650.*

(ÉCOLE FLORENTINE.)

Voir n° 350.

Baldinucci et Passeri, qui ont écrit à une époque peu éloignée de celle où vivait Pietro Testa, ne sont pas d'accord sur la date de naissance de cet artiste : Baldinucci le fait venir au monde en 1611 et Passeri en 1617. Les écrivains plus modernes ont répété l'une ou l'autre de ces dates, entre lesquelles rien ne paraît cependant nous autoriser à choisir. Quant à l'année de la mort, elle est certaine, et c'est par erreur que Bartsch cite une estampe de Testa (tome XX, n° 39) comme portant la date de 1651. Si du moins l'épreuve qu'il a décrite présentait réellement ce chiffre, qui eût créé une nouvelle incertitude, c'était une épreuve d'un état postérieur, car celle de la Bibliothèque impériale est marquée de l'année 1644.

Pietro Testa vint à Rome fort jeune, et se mit sous la direction du Dominiquin. Ce maître l'engagea à dessiner les ouvrages de l'antiquité et ceux des grands peintres modernes. Parmi ces derniers, Raphaël et Polydore furent les modèles qu'il choisit de préférence, et les dessins variés qu'il exécutait ainsi le firent avantageusement connaître.

Le chevalier del Pozzo, dont le nom vivra éternellement, grâce aux encouragements qu'il donna à N. Poussin dans ses débuts et aux soulagements qu'il apporta à sa misère, fut également, et à la même époque, le protecteur de Testa. Il fit faire à celui-ci un grand nombre de dessins d'après l'antique, que Baldinucci vit et apprécia, et dont l'ensemble ne formait pas moins de cinq volumes. Ces rapports de chaque jour avec le chevalier lui procurèrent la connaissance et l'amitié du Poussin.

Cependant le Dominiquin partit pour Naples, et notre artiste se trouvant sans maître entra, sur la recommandation du chevalier del Pozzo, dans l'atelier de Piètre de Cortone. Nous devons faire remarquer ici que le premier départ du Dominiquin pour Naples eut lieu à la fin de 1629, et que c'est bien à ce voyage que le texte de Passeri paraît se rapporter. Il faudrait donc rejeter la date de naissance donnée par Passeri et adopter celle de Baldinucci. Car, après être venu s'établir à Rome et avoir travaillé plus ou moins longtemps avec le Dominiquin, Testa devait avoir certainement plus de douze ans. Malheureusement le passage de Passeri n'est pas assez explicite pour enlever tous les doutes, et comme le Dominiquin, avant d'aller mourir de chagrin à Naples, passa encore deux années environ à Rome, de 1634 à 1636, il se pourrait bien que ce fût pendant ce dernier séjour que Testa eût suivi ses leçons. Les incertitudes demeurent donc toujours les mêmes, et Passeri, en se trompant de dix années dans le calcul qu'il fait de l'âge de notre peintre (à la fin de sa vie), ne nous aide pas à sortir de cette obscurité.

Tout en travaillant avec Piètre de Cortone et en imitant sa manière, Testa restait l'admirateur du Dominiquin. Soit à cause de cette prédilection pour son premier maître qu'il ne savait pas dissimuler, soit en raison de la hauteur de son caractère, il s'attira l'inimitié de Pietre de Cortone et se fit chasser de son atelier. Il était généralement peu bienveillant pour les artistes ses contemporains, qui lui rendaient sans doute trait pour trait, et la conscience qu'il avait de sa valeur personnelle lui faisait supporter impatiemment la mauvaise fortune qui s'attachait à ses pas.

Son coloris était faible et ne répondait pas à la force de son dessin et à la distinction de ses pensées. Aussi ses tableaux ne plurent pas. Il se mit à graver quelques-unes de ses compositions, et c'est de cette façon que son talent se produisit avec le plus d'éclat. Il savait relever les sujets qu'il traitait par des idées nouvelles et poétiques; il aimait, comme son ami N. Poussin, l'allégorie, mais ne savait pas toujours éviter l'affectation et l'obscurité, défauts habituels à ce genre.

Testa s'était fait un renom d'artiste habile, et cependant l'isolement et la misère étaient les mêmes. Il devint plus sombre que jamais, et l'on retrouve dans le choix et dans les détails de ses compositions, dans les termes mêmes des dédicaces qu'il mettait au bas de ses estampes, des traces évidentes de l'amertume de ses pensées.

Le mercredi des Cendres de l'année 1650, il fut trouvé noyé dans le Tibre. On crut voir dans son humeur de plus en plus triste, dans certaines circonstances de sa disparition, des indices de suicide. Il venait de terminer (en 1645) une eau-forte de la mort de Caton, et cette coïncidence devait en effet être remarquée. Le malheureux artiste ne voyait sans doute plus depuis longtemps le Poussin, qui, par son propre exemple, aurait pu lui inspirer le ferme courage qui triomphe de l'adversité.

Ainsi que nous l'avons dit, Testa est beaucoup moins connu par ses peintures que par ses gravures et ses dessins. Il étudia aussi avec succès le paysage, et une vue du Tibre, lavée de bistre, que possède le Musée des Dessins du Louvre, nous semble mériter les plus grands éloges.

Pellegrino Tibaldi, *peintre, sculpteur, architecte, ingénieur, né à Bologne en 1527, mort à Milan après 1595.*

(ÉCOLE BOLONAISE.)

Voir n° 351.

En adoptant l'année 1527 pour date de la naissance de Pellegrino Tibaldi, nous nous rangeons à l'avis de G. P. Zanotti qui, dans la vie de cet artiste, cite une signature relevée sur un de ses tableaux et ainsi conçue : *Peregrinus Tibaldi Bononiensis faciebat anno ætatis suæ* XXII MDXLVIIII. Nous ne pouvons comprendre que de pareils documents, une fois produits, ne fassent pas loi, à moins que l'on ne vienne s'inscrire en faux contre leur authenticité.

D'ailleurs, cette date s'accorde beaucoup mieux que celle de 1522, mise en avant par quelques auteurs, avec les faits constatés, avec le récit de Baglione et même avec celui de Vasari. Ce dernier, dans la vie du Primatice, écrite en 1567 ou dans les premiers mois de 1568, parle de Tibaldi, sans approfondir autrement, comme *d'un jeune homme de* 35 *ans*. D'après notre compte, Pellegrino aurait eu alors 40 ans. La différence n'est pas assez grande pour faire difficulté. Vasari venait de voir Tibaldi lorsqu'il parlait ainsi, et l'erreur qu'il commet prouve seulement que ce dernier était un peu plus âgé qu'il ne paraissait être.

Le père de Pellegrino, originaire du Milanais et maçon de son état, était venu s'établir à Bologne. Notre artiste naquit donc en cette ville et y fit ses premières études, nous ne savons sous quel maître. Il étudia, étant tout jeune, les peintures que Vasari avait exécutées en 1539-1540 dans le cloître de Saint-Michel *in Bosco*, et il se rendit à Rome en 1547, âgé d'environ 20 ans.

On a dit qu'en cette ville il se fit l'élève de Perino del Vaga; mais, s'il en fut ainsi, ce ne put être que pendant quelques mois, puisque Perino mourut au mois d'octobre de cette même année 1547. Ce qui est certain, c'est qu'il passa trois ans au moins à étudier les peintures de Rome, et surtout les ouvrages de Michel-Ange, qui lui inspirèrent la plus vive admiration. Daniel de Volterre le choisit pour peindre à fresque, d'après ses compositions, la voûte d'une des chapelles de la Trinité-des-Monts, et cette collaboration dut le faire entrer avec plus d'ardeur encore dans la voie qu'il s'était choisie; car être l'aide de Daniel de Volterre, c'était en réalité être l'élève de Michel-Ange, l'inspirateur, le guide suprême de Daniel.

Pellegrino peignit aussi avec succès à l'église Saint-Louis des-Français et dans différents palais de Rome. Lors de l'élévation de Jules III au pontificat (février 1550), on lui fit exécuter dans le Belvédère du Vatican les armes du nouveau pape et quelques ornements.

En 1550 (1551?) P. Tibaldi revint à Bologne et fut chargé de grands travaux d'architecture et de peinture dans le palais Poggi, dont la façade est son ouvrage. Il orna la salle principale de ce palais de cinq grands sujets de l'histoire d'Ulysse, qu'il entremêla de figures nues ou habillées de différentes proportions, disposées par compartiments qui se font face ou qui forment pendants, le tout imité, mais avec grande liberté, de la voûte de la chapelle Sixtine. Des motifs d'architecture peinte et des ornements de stuc servent de complément à la décoration.

Dans une autre pièce du palais Poggi se voit une autre voûte de sa composition, dont les quatre sujets principaux sont encore tirés de l'Odyssée. Dans les angles, il représenta quatre figures de vieillards debout, et, sur la cheminée, Prométhée ravissant le feu du ciel.

Toutes ces compositions du palais Poggi ont été gravées avec grand soin dans le magnifique et utile ouvrage des Peintures de l'Institut de Bologne (Venise, 1756). On y remarque beaucoup d'imagination et d'habileté, en même temps que les traces de la décadence.

Le cardinal Poggi lui fit également construire et décorer la chapelle qui porte le nom de sa famille dans l'église Saint-Jacques. Il y représenta en grandes proportions la *Prédication de saint Jean* et le *Choix des élus et des réprouvés*. Il ajouta à ces sujets le portrait du cardinal, son protecteur, exécuté avec grand talent, ainsi que celui de quelques personnages de cette maison. Les peintures de la chapelle Poggi prouvent que Tibaldi savait quelquefois aussi s'adresser à d'autres qu'à Michel-Ange; car dans l'un des deux tableaux, parmi quelques réminiscences du grand florentin, on trouve une figure de femme agenouillée prise dans la Transfiguration de Raphaël.

Après avoir terminé ces travaux à Bologne, Pellegrino, mené à Loreto et à Ancône, produisit dans ces deux villes et dans différents endroits de la Marche d'Ancône, d'autres ouvrages non moins importants comme peintre, comme architecte et même comme sculpteur. Vasari cite en effet une figure du Christ en ronde bosse et plus grande que nature, exécutée dans l'église Saint-Cyriaque-d'Ancône. Il fut aussi employé (vers 1560?) comme ingénieur militaire à Ancône, à Ravenne et en d'autres places des États de l'Église.

En 1564, il était à Pavie et y posait, pour Saint-Charles-Borromée, la première pierre du somptueux palais de *la Sapienza*. Il travaillait vers la même époque au palais de l'archevêché. Nous le retrouvons peignant à Bologne en 1565 et en 1569. Vers 1567, il était à Ferrare et y terminait les ornements du cloître de Saint-Georges, laissé inachevé par Girolamo da Carpi.

Dès avant 1570, Pellegrino Tibaldi avait eu l'honneur d'être nommé architecte du dôme de Milan. Son goût d'architecture, d'une élégance toute moderne, ne convenait guère, il faut l'avouer, au style de cette cathédrale, et il devait lui être bien pénible de se conformer aux traditions laissées par les premiers artistes qui en avaient conçu le plan. Nous avons trouvé cependant (dans le 3e volume de Gaye) une lettre fort intéressante de notre Tibaldi, dans laquelle il parle, avec une retenue et une prudence très-louables et assez inattendues, de cet art ancien qu'il appelle *l'ordine tedesco* et qui était si méprisé de son temps en Italie.

Après avoir exécuté dans l'intérieur du dôme de nombreux travaux d'appropriation, Tibaldi songea à l'extérieur. Il donna en 1574 deux dessins pour la façade. Ces dessins, dans le style romain, excitèrent de grandes admirations, mais ne furent pas exécutés. La peste de 1576 et les calamités qui durent la suivre s'y opposèrent d'abord. Plus tard, notre artiste partit pour l'Espagne, et ce fut un certain Martino Bassi, son rival, son détracteur passionné, qui fut chargé de mettre la main à l'œuvre.

Ce ne fut qu'en 1586 que Pellegrino Tibaldi se mit en route pour l'Espagne. Mais déjà le roi Philippe II lui avait demandé des dessins pour l'Escurial et l'avait chargé de commissions importantes. Ainsi, en 1581, lors de la mort de la reine d'Espagne, Anne d'Autriche, c'était notre artiste qui avait dirigé les obsèques solennelles qui lui furent faites dans le dôme de Milan (6 septembre 1581). Il en publia lui-même la relation dans le cours de la même année.

En 1582, il était à Bologne, se dirigeant sur Loreto, et écrivait au comte G. Pepoli, au sujet de divers dessins proposés pour l'église Saint-Pétrone, la lettre dont nous avons parlé plus haut. En 1584, nous le trouvons faisant de nouveau office d'ingénieur et visitant les fortifications de Crémone.

Lorsqu'il partit pour l'Espagne, il avait 59 ans et avait à peu près renoncé à la peinture. Le roi d'Espagne lui remit les pinceaux à la main et ordonna même, pour lui faire place nette, de jeter à bas les peintures que Federigo Zucchero et Luca Cambiaso avaient exécutées peu auparavant.

Les travaux de Pellegrino dans le cloître et dans la librairie de l'Escurial, ont été longuement décrits dans les ouvrages spéciaux qui parlent de ce monument, et dont Malvasia reproduit les fragments. Il fut magnifiquement récompensé par Philippe II qui, outre de grosses sommes d'argent, lui donna le titre de marquis et le fit seigneur de la terre de Valdelsa, dans le Milanais, berceau de sa famille.

Il revint à Milan après neuf années de séjour en Espagne, et mourut chargé d'honneurs après 1595 et avant 1598. Le Baglione dit qu'à sa mort il avait environ **70 ans**, et que cette mort arriva dans le commencement du pontificat de Clément VIII (1592-1605). Les dates que nous fournissent les documents s'accordent assez bien, on le voit, avec ce renseignement.

Les Carrache faisaient grand cas de Pellegrino Tibaldi. Ils étudièrent et firent étudier à leurs élèves ses peintures de Bologne. Ils l'appelaient *leur Michel-Ange réformé*. Cette appréciation a pour excuse l'amour du pays natal, qui devient parfois le plus exigeant et le plus aveugle des amours-propres.

Francesco Ubertini, *dit* Il Bacchiacca, *peintre, né à Florence, mort à Florence en* 1557.

(ÉCOLE FLORENTINE.)

Voir n°˙ 352 et 353.

Les historiens nous ont laissé peu de détails sur cet artiste. Nous savons seulement qu'il fut élève du Pérugin et ami d'Andrea del Sarto. Il avait un talent particulier pour peindre de petits tableaux qu'il terminait avec beaucoup de patience et de soins. Il eut l'honneur d'être employé chez les Borgherini en concurrence avec Andrea del Sarto, le Pontorme et F. Granacci; chez les Benintendi, à côté du Pontorme et de Franciabigio. Les deux peintures qu'il exécuta dans cette dernière maison furent vendues, vers le milieu du siècle dernier, avec le tableau de Franciabigio, pour la somme, considérable alors, de mille sequins, et sont conservées aujourd'hui au musée de Dresde.

En 1525, nous le voyons, en compagnie d'un autre ami et élève d'Andrea del Sarto, Jacone, décorer de sujets tirés de l'ancien Testament un arc de triomphe élevé à l'occasion d'une fête donnée par la compagnie *dell' Orciuolo*, fête dans laquelle fut représentée l'annonciation de la Vierge. En juin 1539, il peint dans une salle de spectacle, pour les noces du duc Cosme avec Éléonore de Tolède, deux tableaux de l'histoire des Médicis. Il meurt en 1557, sans que Vasari (qui cependant le connut et qui eut à terminer un de ses ouvrages) nous dise rien de son âge.

Le même Vasari nous apprend que plusieurs tableaux de Bacchiacca furent envoyés en France et en Angleterre. Il parle aussi avec admiration du talent de cet artiste pour peindre les animaux, et cite un cabinet du duc Cosme orné de peintures à l'huile des plus remarquables, représentant toutes sortes d'oiseaux et de plantes rares.

Andrea di Michele Cioni, *dit* ANDREA DEL VERROCCHIO, *peintre, sculpteur, orfévre, architecte, né à Florence en* 1435, *mort à Venise en* 1488.

(ÉCOLE FLORENTINE.)

Voir n° 381.

Élève de Donatello et de l'orfévre Giuliano Verrochi, on joignit à son nom celui de ce dernier. Il peignit peu, et Vasari ne cite de lui que deux tableaux entièrement terminés. Le premier, représentant la Vierge assise au milieu de saints personnages, a été gravé dans l'Etruria pittrice, et l'on ne sait aujourd'hui ce qu'il est devenu (1). Le second était ce baptême du Christ, qui fait partie de la galerie de l'Académie des Beaux-Arts à Florence. C'est dans celui-ci que Léonard de Vinci, encore tout jeune, peignit un ange dont la beauté parut si extraordinaire à Andrea Verrocchio, que, honteux de se voir surpassé par un enfant, il jeta les pinceaux pour ne plus les reprendre et pour se consacrer entièrement à la statuaire. Ceci devait se passer un peu avant 1470.

Comme dessinateur et comme sculpteur, le Verrocchio est un maître de premier ordre. C'est par des ouvrages d'orfévrerie qu'il fit d'abord connaître son nom. Il fut appelé ensuite à fondre, pour la coupole de Sainte-Marie-des-Fleurs, cette église que tous les grands artistes de ce temps devaient embellir à l'envi, la boule de cuivre destinée à porter la croix et dont les historiens nous ont conservé avec soin les dimensions. Le mausolée de porphyre et de bronze qu'il éleva plus tard dans l'église Saint-Laurent pour recevoir les corps de Pierre et de Jean de Médicis excita l'approbation générale, tant pour la beauté extraordinaire des bronzes qui en font partie, que pour l'élégance de la décoration. Ce tombeau porte la date de 1472 et a été gravé par Corneille Cort.

Andrea del Verrocchio était dès lors considéré dans sa patrie comme le successeur de Ghiberti et de Donatello; aussi le voyons-nous recevoir successivement les plus belles commandes. Outre un candélabre pour la salle de l'audience, déjà terminé en 1469, c'est, en 1476, un David de bronze qui fut placé au haut de l'escalier du Palais-Vieux, et qui aujourd'hui est conservé dans la galerie des Offices; c'est le charmant enfant jouant avec un poisson qui décore une fontaine du même palais; c'est enfin un groupe du Christ et de saint Thomas placé en 1483 dans l'église d'Orsanmichele, et qui vint dignement parachever une ornementation commencée par Donatello.

---

(1) La peinture gravée dans l'*Etruria pittrice* a été retrouvée, vers 1869, en Angleterre, et portée à Florence.

Tous les ouvrages que nous venons de citer étaient en bronze : car cette matière était celle qu'il aimait de préférence, et l'on ne cite de lui que deux ou trois ouvrages de marbre ou de pierre. Cependant, appelé à Rome par le pape Sixte IV, et y ayant exécuté des apôtres en argent pour l'autel de la chapelle de ce pontife, il eut l'occasion de sculpter en marbre un bas-relief qui décorait dans l'église de la Minerve le tombeau d'une dame de la famille Tornabuoni, et que l'on voit maintenant à Florence. Le comte P. Litta, dans son bel ouvrage intitulé *Famiglie celebri Italiane*, a fait graver un fragment de ce monument qui se fait admirer par la vivacité de la composition, la justesse et la profondeur des expressions.

Mais l'ouvrage le plus célèbre du Verrocchio est la statue équestre de Bartolommeo Colleoni, qui décore la place Saint-Jean et Paul à Venise, et dont la réputation est universelle. Ce grand ouvrage, auquel il travailla à plusieurs reprises, fut entièrement modelé en terre, mais ne fut pourtant pas fondu par lui. Car, quoiqu'en dise Vasari, il est certain que la mort vint le surprendre avant cette opération, dans laquelle il aurait sans doute déployé toutes les ressources de sa grande expérience. Ce fut Alessandro Leopardi qui eut l'honneur, et de jeter en bronze le beau modèle laissé par le maître florentin, et d'y ajouter un piédestal. Mais le mérite de l'invention du cheval et du cavalier, et ce mérite est des plus grands, reste tout entier au Verrocchio.

Andrea del Verrocchio forma de nombreux élèves, dont les plus illustres sont Léonard de Vinci, le Pérugin et Lorenzo di Credi. En comparant les ouvrages du maître avec ceux de pareils disciples, on ne peut s'empêcher de remarquer les traces profondes qu'avaient laissées dans l'imagination de ces derniers les premiers enseignements de leur jeunesse. Chez le Pérugin sans doute l'affinité est moins visible, et d'autres influences se font également sentir dans sa manière; mais en ce qui concerne Léonard et Lorenzo di Credi, l'analogie est flagrante. Nous avons eu plusieurs fois l'occasion d'examiner des dessins d'Andrea del Verrocchio, et nous y avons toujours remarqué une ressemblance toute particulière avec ceux de Léonard. C'est, et le beau dessin que possède le Louvre pourrait au besoin nous servir de preuve, c'est la même plume fine et ferme, le même amour de la précision, la même recherche curieuse et approfondie des formes du cheval, parfois aussi la même fantaisie de caricature. Le Verrocchio était, comme son grand élève, musicien habile et savant mécanicien; et lorsque Léonard, à l'arrivée du roi de France, produisit à Milan ce fameux lion qui s'ouvrait le cœur, il dut penser à l'enfant que son maître avait placé sur l'horloge du Marché-Neuf à Florence, et qui, au grand plaisir de ses contemporains, frappait les heures avec un marteau. Vasari, qui cite avec complaisance plusieurs beaux dessins du Verrocchio, faisant partie de son volume, avait fait avant nous pareille remarque, et en des termes très-significatifs : *alcune teste di femmina con bell' arie ed acconciature di capelli, quali, per la sua bellezza, Lionardo da Vinci sempre imitò*.

Tout enfin nous montre dans Verrocchio un esprit original et puissant; et ces premières empreintes marquées avec tant de force dans le génie de Léonard ne sont pas un de ses moindres titres de gloire.

Federigo Zucchero, *peintre, né à Sant' Angelo in Vado, dans le duché d'Urbin, en 1543, mort à Ancône en 1609.*

(ÉCOLE ROMAINE.)

Voir n°s 402 à 412.

Frédéric Zucchero avait sept ans environ lorsque ses parents, venus à Rome à l'occasion du jubilé de 1550, le laissèrent entre les mains de leur fils aîné Taddeo Zucchero, peintre bien connu qui, quoique bien jeune lui-même (il n'avait pas plus de 21 ans), servit à l'enfant de père et de maître.

Initié aux procédés de l'art par un frère plein d'affection et de sollicitude qui l'associait à ses propres travaux, rompu dès l'âge le plus tendre à toutes les ressources du métier, il acquit bien vite une habileté remarquable. Il était destiné à devenir l'un des coryphées de ces infatigables praticiens qui, vers la fin du XVIe siècle, remplirent l'Italie et l'Europe de leurs faciles ouvrages, gaspillant à tous les vents les qualités plus ou moins précieuses que leur avait départies la nature, étonnant les princes et la foule par leurs prodiges d'exécution rapide et banale, dénaturant l'art par un brillant factice, remplaçant enfin l'étude et le sentiment par la convention. Ces hommes avaient tout vu, tout copié dès leur enfance, ils savaient au besoin faire du Raphaël ou du Michel-Ange, suivant le goût des patrons du jour. Ils savaient gagner en quelques mois plus que leurs prédécesseurs durant toute leur vie, et tout en se disant les disciples des maîtres, ils se croyaient au fond du cœur bien autrement habiles.

Vasari, qui fut sous certains rapports le modèle du genre, a écrit, dans le préambule de sa 3e partie, une phrase où la naïveté orgueilleuse du praticien se montre à nu : « Aujourd'hui, « dit-il, l'art a été amené à une telle perfection que, tandis « que les autres (il vient de citer tous les grands noms de la « peinture italienne) produisaient un tableau en six ans, nous « en produisons six en un an. J'en peux rendre témoignage « pour l'avoir vu faire et pour l'avoir fait moi-même. Et ce-« pendant nos ouvrages sont beaucoup plus finis et plus par-« faits que ceux des peintres de renom qui sont venus avant « nous. »

Federigo Zucchero était certainement un des peintres à qui s'adressait *l'éloge* à la fois collectif et personnel décerné par Vasari. Comme Vasari, il savait bien faire au moins six grands

tableaux en un an, et six tableaux qui pouvaient se voir de près comme de loin. (Voy. *le Arti Italiane in Ispagna*, p. 46).
Il s'était pourtant déclaré l'ennemi personnel de Vasari, malgré toutes les louanges que l'historien lui avait prodiguées. C'est qu'il y avait entre eux rivalité d'école. De même que Vasari avait tenu en main le drapeau de Michel-Ange, F. Zucchero se proclamait le champion des doctrines de Raphaël. Hélas! il ressemblait à Raphaël comme son compétiteur à Michel-Ange. Au fond, malgré toutes les inimitiés, Vasari ressemblait à Zucchero et Zucchero à Vasari.

Dès l'âge de 18 ans, F. Zucchero exécutait pour son propre compte des travaux que Taddeo lui procurait. Dès cette époque, il ne souffrait plus qu'impatiemment les conseils et les retouches de son frère. En 1562, il aidait ce dernier dans les peintures du palais de Caprarola, appartenant à la famille Farnèse.

En 1564, il était appelé à Venise et y terminait pour la famille Grimani, dans l'église San-Francesco della Vigna, un tableau laissé inachevé par Battista Franco. Il peignit aussi sur l'autel de la même chapelle la résurrection de Lazare. L'année suivante, 1565, il se trouvait à Florence et y était reçu académicien le 14 octobre.

Il revint ensuite à Rome, appelé par la mauvaise santé de son frère, qui mourut jeune encore en 1566, et il eut à terminer les nombreux travaux commencés par Taddeo, et parmi lesquels figurent les remarquables peintures de Caprarole.

Le Baglione nous a donné la longue liste des ouvrages exécutés à Rome par F. Zucchero. Nous ne pouvons la reproduire ici : nous dirons seulement que le Vatican, les principaux palais et un grand nombre d'églises furent décorés par sa main prompte et exercée. En 1572, il recommence ses voyages, traverse l'Italie et arrive en France. Là, il peignit pour le cardinal de Lorraine dix grandes compositions encadrées dans des ornements de stuc, et sur le sort desquelles nous ne possédons aucun renseignement. Il passa ensuite en Flandre et y peignit des cartons pour les fabriques de tapisseries.

Après avoir parcouru la Hollande, il arriva en Angleterre en 1574 et y reçut de la reine Élisabeth un excellent accueil. Il ne resta pas bien longtemps dans ce pays et n'y produisit guère que des portraits, parmi lesquels on cite celui de la reine elle-même, portrait surchargé d'or et de pierreries qui se voit aujourd'hui au château d'Hampton-Court.

Vasari était mort en juin 1574, laissant inachevées les peintures de la coupole de Sainte-Marie-des-Fleurs. Cet immense ouvrage, dont toutes les compositions étaient faites, ne pouvait rester ébauché. Mais, pour l'amener à bonne fin, il fallait nécessairement un de ces hommes qu'aucun labeur n'effraie, et qui, lorsqu'ils ont passé quelque part, ne laissent, suivant l'expression de Vasari lui-même, rien à faire à leurs successeurs. Le grand-duc ne pouvait mieux s'adresser qu'à Federigo Zucchero. Il arriva à Florence vers 1576 (?), prit de nombreux aides, et, après un travail incessant de trois années environ, la coupole était peinte, en 1579, et le dôme de Brunelleschi déshonoré.

Trois ans après, en 1582, notre artiste était à Venise, peignant dans le palais Ducal et dans la salle du grand Conseil, l'un de ses meilleurs ouvrages, représentant l'empereur Frédéric Barberousse baisant les pieds du Pape. Ce tableau fut fort bien accueilli et lui fit obtenir le titre de chevalier.

Le pape Grégoire XIII l'appela ensuite à Rome pour peindre la voûte de la chapelle Pauline. Pendant qu'il suivait ce travail, il se prit de querelle avec quelques-uns des serviteurs familiers du pape, et pour se venger d'eux exposa publiquement un tableau dans lequel il les avait représentés avec des oreilles d'âne. Cela fit scandale et le pape se fâcha, si bien que Federigo fut obligé de s'enfuir.

Mais Grégoire XIII ne paraît pas lui avoir gardé bien longtemps rancune. Il le fit revenir et lui donna à peindre non-seulement la voûte de la chapelle Pauline, mais encore diverses histoires dans le soubassement.

Lors de l'avénement de Sixte V au pontificat, Zucchero fut appelé en Espagne par Philippe II. Il partit le 16 septembre 1585 pour ce pays, où il fut encore mieux reçu qu'en Angleterre. Cependant ses ouvrages ne plurent pas au roi, et, après trois ans de séjour, il quitta l'Espagne en 1589, avec le désagrément de voir couvrir de blanc presque toutes les peintures qu'il avait exécutées à l'Escurial, mais en emportant des présents tout aussi beaux que s'il avait réussi à contenter le puissant monarque.

De retour à Rome, il s'occupa avec ardeur de l'académie de Saint-Luc, pour la création de laquelle Girolamo Muziano avait déjà obtenu un bref de Grégoire XIII. Il sut faire mettre ce bref à exécution, et obtint pour récompense d'être élu, le premier, prince de cette compagnie. Il se construisit aussi à cette époque, sur le Monte Pincio, et à côté de la Trinité-des-Monts, une grande maison qu'il orna tout entière de fresques de sa main.

Ayant dépensé la plus grande partie de son argent, il se remit de nouveau en voyage. Nous le trouvons en 1603 à Venise, où il retouchait et terminait son tableau du palais Ducal. Il était à Pavie en 1604 et en 1608. En 1605, il habitait Mantoue et y publiait une lettre adressée aux princes et seigneurs protecteurs des Beaux-Arts. Nous le voyons, dans les années qui suivent, séjourner à Milan, à Parme et à Turin. Il était dans cette dernière ville en 1607 et y faisait imprimer son petit traité de la peinture intitulé : *Idea de' pittori, scultori e architetti*.... (réimprimé dans le tome VI des *Lettere Pittoriche*). A Bologne, en 1608, un autre opuscule de sa façon vit le jour.

Les lauriers de Vasari l'empêchaient de dormir, et il voulait, lui aussi, se faire admirer comme écrivain. Mais, sous le rapport littéraire, il n'était guère en état de lutter contre son rival, et Lanzi nous paraît le juger avec une juste sévérité lorsqu'il dit que tout ce qu'a écrit Zucchero ne vaut pas une page de Vasari.

Enfin, après une carrière si remplie, il vint mourir assez misérablement chez un étranger à Ancône. Il venait de faire un pèlerinage à Notre-Dame-de-Lorette.

Cet artiste a laissé un grand nombre de dessins intéressants, exécutés avec une facilité remarquable, quoique un peu superficielle, d'après les ouvrages des maîtres qu'il eut occasion d'admirer dans ses nombreux voyages. Nous connaissons aussi de sa main des portraits dessinés aux crayons rouge et noir d'après nature, qui nous paraissent bien supérieurs à ses compositions.

Taddeo Zucchero, *peintre, né à Sant' Agnolo in Vado, dans le duché d'Urbin, le 1er septembre 1529, mort à Rome le 2 septembre 1566.*

(ÉCOLE ROMAINE.)

Voir n° 413.

Les commencements de Taddeo Zucchero furent des plus pénibles. Ne pouvant trouver chez son père, peintre sans talent et chargé de famille, les secours et les leçons dont il avait besoin, il vint, à peine âgé de 14 ans, chercher fortune à Rome.

Là l'attendaient des misères de toute sorte. Les artistes assez médiocres dont il se faisait l'aide le traitaient durement et lui donnaient à peine de quoi manger. Il allait travaillant à droite et à gauche, et à vil prix, pour vivre ; copiant, pour s'instruire, les ouvrages des maîtres qu'il avait sous les yeux, et principalement ceux de Raphaël et de Polydore de Caravage. On rapporte même que, ne sachant où coucher, il passa souvent la nuit dans la loge de Chigi, dont il étudiait avec assiduité pendant le jour les fresques bien connues.

Un pareil genre de vie, en formant son talent, était de nature à ruiner sa santé, qui s'en ressentit bientôt. Il fut obligé de retourner dans son pays natal, où il arriva dans un triste état.

Frédéric Zucchero, qui fut plus tard élevé par Taddeo et qui conserva une reconnaissance méritée pour le soin avec lequel son frère aîné sut lui éviter à son début les souffrances qui l'avaient lui-même si rudement accueilli, avait retracé dans une suite de 24 dessins cette période si malheureuse de la vie de Taddeo. Mariette et Bottari ont parlé de cette suite, que nous avons lieu de croire aujourd'hui dispersée et dont quelques fragments étaient parvenus dans la collection Denon. (Voyez l'ouvrage intitulé : *Monuments des Arts du Dessin*... etc.).

L'amour de l'art soutint Taddeo et le fit triompher de la misère. Il revint à Rome avec une nouvelle ardeur, et après avoir travaillé avec divers maîtres dont le moins obscur est un certain Jacopone de Faenza qui s'était fait connaître en copiant des tableaux de Raphaël, il finit par se faire une réputation, grâce à la façade d'une maison qu'il peignit en 1548 pour un gentilhomme nommé Jacopo Mattei : ouvrage dans lequel il montra un talent qu'on était loin d'attendre d'un peintre si jeune, si pauvre, si inconnu.

Vasari, qui était contemporain, et qui parle de Taddeo comme ayant été son ami, donne l'énumération détaillée des ouvrages qu'il exécuta soit à Rome, soit dans le duché d'Urbin, soit à Orviète, depuis cette époque de 1548, jusqu'à celle de sa mort prématurée en 1566. Beaucoup de ces ouvrages étaient des décorations extérieures que les intempéries de l'air ont bien vite effacées. D'autres peintures plus durables furent consacrées à l'ornement de diverses églises de Rome. Taddeo avait l'habitude de faire travailler des jeunes gens pauvres qui devenaient ses aides, et qui souvent exécutaient ses compositions. Cet usage, qui était celui de son siècle, lui permettait de rechercher et d'entreprendre à la fois plusieurs commandes, auxquelles, malgré toute sa facilité, il lui eût bien fallu renoncer, s'il était resté seul. L'art sérieux perdait presque toujours à une pareille collaboration ; mais il serait peut-être injuste de dire, ainsi que le fait Vasari, que l'amour du gain lui faisait rechercher toute espèce de travail. En tout cas, comme le remarque assez durement Frédéric Zucchero, ce reproche eût été plus justement encore adressé à Vasari lui-même, qui était le premier fabricant de peinture de son temps.

En 1561, le pape Pie IV voulut faire terminer la salle des Rois au Vatican, salle dont la décoration était entreprise depuis si longtemps et devait être encore souvent interrompue. On s'adressa pour aller vite à Vasari, qui refusa pour cette fois, et, à son défaut, à plusieurs jeunes gens qui n'étaient pas sans talent, mais dont la réputation n'était pas égale à celle de Taddeo Zucchero, qu'on négligeait. Il réclama de toutes ses forces contre cette injustice, et obtint, non sans peine, d'être employé avec les autres, mais seulement pour un travail de peu d'importance au-dessus d'une porte. Il s'en acquitta si bien que la palme lui fut décernée par tout le monde, et que le Pape lui fit donner l'un des grands sujets qui restaient. Mais la mort de Pie IV (1565) le força de renoncer à cette peinture qu'il avait déjà commencée.

Les ouvrages les plus célèbres de Taddeo Zucchero furent ceux qu'il exécuta au château de Caprarola pour le cardinal Alexandre Farnèse, neveu de Paul III. Cette magnifique résidence venait d'être édifiée par Vignole.

Le soin d'en décorer les divers appartements fut confié à Taddeo, aux conditions les plus honorables. Ce fut le travail le plus important des dernières années de sa vie, et celui qui lui fait le plus d'honneur.

Ces peintures sont de diverses sortes : les unes allégoriques, les autres historiques. Parmi les premières, nous citerons la chambre *du Sommeil*, dont les sujets avaient été donnés à l'artiste par le poète Annibal Caro dans une longue lettre que Vasari a rapportée, et qui se trouve également imprimée dans le IIIe volume des *Lettere Pittoriche*. Ce programme, tout gonflé d'érudition et d'idées ingénieuses, ne put que donner naissance à une ornementation laborieuse et surchargée, et Taddeo, malgré la souplesse de son talent, fut bien obligé de choisir, parmi toutes ses inventions, celles que la peinture pouvait rendre compréhensibles. Il y avait aussi une chambre dédiée à la Solitude..., etc.

Les sujets historiques formaient la décoration de deux autres chambres et représentaient les faits principaux des plus illustres personnages de la maison Farnèse. Cette suite, qui a été gravée en 37 pièces par Prenner, nous semble des plus recommandables. Autant Zucchero, dans les sujets d'invention proprement dits, est maniéré et pauvre de style, autant dans ces scènes qu'il remplit de portraits et de costumes pareils à ceux qu'il avait devant les yeux, il nous paraît se relever et grandir. La nature le soutient et l'anime. La gravité de ses personnages, la pompe de ses compositions, la richesse de ses habillements sont également louables, et nous comprenons bien, comme le dit Lanzi, que le voyageur emporte du talent de Zucchero, en quittant Caprarole, une idée bien supérieure à celle qu'il avait en y arrivant.

La mort vint surprendre Zucchero à 37 ans, et avant que ces peintures ne fussent terminées. La tâche d'y mettre fin échut à son frère Federigo, qui était le premier de ses collaborateurs et qui avait pour son aîné un culte véritable. Il le prouva en lui élevant dans le Panthéon, un tombeau à côté de celui de Raphaël, avec une épitaphe un peu prétentieuse. Raphaël était, il est vrai, du duché d'Urbin, et avait vécu 37 ans comme Taddeo ; mais la ressemblance ne va pas beaucoup plus loin. Vasari dit hardiment que ces deux artistes sont bien placés l'un à côté de l'autre. Mais il s'agit d'un peintre qui venait de mourir au moment où il écrivait, et dont le frère survivant était en pleine réputation. On conçoit qu'il ait dépassé la mesure de l'éloge, et, à dire vrai, quelques passages aigres-doux que l'on rencontre dans la biographie de son *ami* Taddeo, nous font supposer que l'historien pouvait bien mêler un peu d'ironie à l'approbation qu'il donnait à un rapprochement aussi forcé.

ÉCOLE ESPAGNOLE.

MURILLO (Bartholomé Esteban), *peintre né à Séville en 1618, mort à Séville le 3 avril 1682.*

Voir le **Catalogue des peintures, Écoles d'Italie.**

457. *Saint Joseph tenant par la main l'Enfant-Jésus. Fond de paysage.*

> A la pierre noire et vigoureusement gouaché de noir et de blanc sur papier gris. — H. 0,250. — L. 0,211.

RIBERA (Jusepe de), *dit en Italie* **LO SPAGNO-LETTO**, *peintre et graveur, né près de Valence le 12 janvier 1588, mort à Naples en 1656.*

Voir le **Catalogue des peintures, Écoles d'Italie.**

Attribué à **Ribera**.

458. *Figure d'homme nu attaché par les bras et les jambes à un tronc d'arbre.*

> A la sanguine. — H. 0,270. — L. 0,189.

Pour un saint Sébastien.

VELASQUEZ (Don Diego), *peintre né à Séville le* **6 juin** *1599, mort à Madrid le 7 août 1660.*

Voir le **Catalogue des peintures, Écoles d'Italie.**

459. *Étude de cheval, vu par derrière. Dans le fond, plusieurs figures debout. On y remarque un personnage mettant la main sur l'épaule d'un militaire qui s'incline.*

A la pierre noire. — H. 0,239. — L. 0,190.

Ce croquis a servi à l'exécution du fameux tableau de la reddition de Bréda, qui fait partie du Musée de Madrid, et qui a été lithographié dans l'ouvrage consacré à la reproduction de cette galerie.

Collection Mariette.

ÉCOLES ALLEMANDE, FLAMANDE ET HOLLANDAISE.

BACKUISEN (Ludolff), *peintre, né à Embden en 1631, mort à Amsterdam en 1709.*

(ÉCOLE HOLLANDAISE.)

Voir pour les détails biographiques, le **Catalogue des peintures, Écoles allemànde, flamande et hollandaise.**

460. *Marine.*

La mer est peu agitée. Un vaisseau de guerre, que l'on voit sur le second plan, portant le pavillon hollandais, marche, toutes voiles déployées, vers la gauche. Un autre vaisseau de guerre, placé à l'horizon, paraît suivre une ligne parallèle. Trois bateaux de pêche ou de fantaisie sont sur le premier plan. De gros nuages noirs sont accumulés dans le fond du ciel, à droite. La partie de gauche est lumineuse.

Au pinceau et à l'encre de Chine. — H. 0,120. — L. 0,189.

Acquis, en mars 1859, de M. Gruyter d'Amsterdam, avec le dessin de Guillaume Van de Velde, n° 607 du présent catalogue, au prix de 1,600 fr.

BAUER (Johann Wilhelm), *peintre en miniature et gra-*

veur à l'eau-forte, né à Strasbourg dans les premières années du XVIIe siècle, mort à Vienne en 1641 (?).

(ÉCOLE ALLEMANDE.)

Voir, pour les détails biographiques, l'**Appendice**, p. 343 du présent volume.

461. *Le pape, allant en grande cérémonie à Saint-Jean-de-Latran prendre possession du saint-siége.*

Miniature à la gouache sur vélin. — H. 0,090. — L. 0,590.

Composition comprenant un nombre infini de figures microscopiques : carrosses, litières, hallebardiers, prélats, religieux à pied et à cheval, gardes d'honneur, cardinaux suivant le Saint-Père, hommes du peuple, etc., etc. Dans le fond, la basilique de Saint-Jean-de-Latran.

Ce dessin et les huit dessins suivants ont appartenu au cardinal Mazarin. Les nos 461 et 462 ont été estimés, en 1661, 600 livres.

462. *La marche du grand seigneur avec sa garde de janissaires et de spahis.*

Miniature à la gouache sur vélin. — H. 0,090. — L. 0,590.

Ce dessin, non moins nombreux en figures que le précédent, dont il forme le pendant, porte la signature : I. W. Baur fecit 1634.

Les nos 461 et 462 ont été exposés au Luxembourg avec quelques-uns des tableaux du cabinet du roi en 1768, nos 65 et 66 du catalogue.

463. *Vue du port de Naples.*

Sur la mer, six grandes galères à longues rames; de nombreuses chaloupes les entourent. Le quai est garni de voitures et de figures diverses. Dans le fond, le Vésuve, d'où s'échappe une épaisse fumée.

Miniature à la gouache sur vélin. — H. 0,150. — L. 0,220.

Exposé au Luxembourg en 1768, n° 88 du catalogue.

464. *Marine.*

A droite, un grand vaisseau à l'ancre, et matelots débarquant des marchandises. Au second plan, et vers la gauche, se voient une ville et un fort. Dans le fond, vaisseaux à l'ancre et pleine mer.

Miniature à la gouache sur vélin. — H. 0,060. — L. 0,130.

465. *Vue d'une place ornée de palais.*

Sur le premier plan, devant une statue d'Hercule, un bourreau vient de frapper une sainte agenouillée.

Miniature à la gouache sur vélin. — H. 0,100. — L. 0,100.

466. *Paysage sur les bords de la mer.*

A gauche, un rocher au pied duquel se voient plusieurs figures. Au second plan, la mer entièrement calme, garnie de vaisseaux à l'ancre. Au fond, à droite, un fort et divers monuments.

Miniature à la gouache sur vélin. — H. 0,060. — L. 0,130.

467. *Vue d'une place sur les bords de la mer, décorée de palais, et animée d'un grand nombre de figures de toutes sortes, à pied, à cheval, en carrosse. A droite, près d'un quai, plusieurs vaisseaux à l'ancre. Dans le fond, un obélisque.*

Miniature à la gouache sur vélin. — H. 0,120. — L. 0,170.

468. *La fuite en Égypte.*

Miniature à la gouache sur vélin. — H. 0,080. — L. 0,130.

D'après le tableau d'Elsheimer, qui fait partie du Musée du Louvre.

469. *Paysage.*

Une rivière coule entre des rochers. Une femme est assise sur le premier plan. Au second plan, des baigneurs.

Miniature à la gouache sur vélin. — H. 0,060. — L. 0,130.

Composition imitée d'un tableau de l'école des Carraches.

BEGA (Cornelis), *peintre et graveur né à Harlem en 1620, mort à Harlem en 1664.*

(ÉCOLE HOLLANDAISE.)

Voir le **Catalogue des peintures, Écoles allemande, flamande et hollandaise.**

470. *Étude de femme debout et tournée vers la gauche, tenant un flacon à la main.*

A la sanguine. — H. 0,261. — L. 0,154.

Collection Lempereur.

BERCHEM (Nicolaas, *et, par abréviation,* Claas), *peintre et graveur, né à Harlem en 1624, mort à Harlem en 1683.*

(ÉCOLE HOLLANDAISE.)

Voir le **Catalogue des peintures, Écoles allemande, flamande et hollandaise.**

471. *Étude de moutons. Sept sont couchés en différents sens; un huitième est debout et de profil.*

A la pierre noire. — H. 0,172. — L. 0,287.

472. *Étude de huit moutons couchés, tournés en sens différents.*

A la pierre noire et à la sanguine. — H. 0,210. — L. 0,315.

473. *Étude de six moutons, dont quatre sont couchés et vus en sens différents; le cinquième est debout et vu de profil, tourné à droite, le sixième, qui n'est que légèrement indiqué, est vu par derrière, se dirigeant vers le fond.*

A la pierre noire et à la sanguine, avec quelques touches de blanc. — H. 0,170. — L. 0,270.

Ce dessin a fait partie des collections de Julienne et Mariette (n° 817 du catalogue de ce dernier cabinet). Il a été acquis à la vente Revil, avril 1842, au prix de 490 fr.

474. *Étude de neuf moutons; un seul est debout, les autres sont couchés.*

À la pierre noire. — H. 0,200. — L. 0,305.

Acquis de M. Defer, en novembre 1844, au prix de 200 fr.

475. *Sur un pont de bois à moitié ruiné passent une vache et une chèvre, suivies d'un homme et de son chien.*

À la pierre noire. — H. 0,140. — L. 0,275.

BLOEMEN (JAN-FRANS VAN), *dit* ORRIZONTI, *peintre et graveur, né à Anvers en 1656, mort à Rome en 1740 (?).*

(ÉCOLE FLAMANDE.)

Voir le **Catalogue des peintures, Écoles allemande, flamande et hollandaise.**

Attribué à **J. F. van Bloemen.**

476. *Vue de la fabrique de Saint-Jean-de-Latran, prise du Baptistère de Constantin.*

Lavé d'encre de Chine sur crayon. — H. 0,197. — L. 0,331.

BLOEMEN (PIETER VAN), *peintre né à Anvers en 1649 (?), mort à Anvers en 1719 (?)*

(ÉCOLE FLAMANDE.)

Voir l'**Appendice,** p. 346 du présent volume.

477. *Deux chevaux à l'écurie, vus de trois quarts et tournés vers la gauche, le premier mange au ratelier, le second a la tête dans sa mangeoire.*

Au pinceau et à l'encre de Chine. — H. 0,320. — L. 0,258.

BOL (Hans), *peintre et graveur, né à Malines en* 1634, *mort à Amsterdam en* 1593.

(ÉCOLE FLAMANDE.)

Voir l'**Appendice**, p. 346 du présent volume.

478. *Prédication de Jésus dans le désert.*

Le Sauveur est assis au pied d'un arbre et entouré d'un très-grand nombre de personnages portant le costume allemand du XVIe siècle. On remarque sur le premier plan, vers la droite, un groupe de femmes assises ou debout, parmi lesquelles se trouvent deux bohémiennes tenant chacune un enfant. Fond de paysage étendu, avec un fleuve et une ville à l'horizon.

Miniature à la gouache sur vélin. — H. 0,230. — L. 0,325.

Signé en lettres d'or : Hans Bol. 1589.

BRILL (Paulus), *peintre et graveur, né à Anvers en* 1554, *mort à Rome en* 1626.

(ÉCOLE FLAMANDE.)

Voir le **Catalogue des peintures, Écoles allemande, flamande et hollandaise.**

479. *Paysage.*

Un homme et une femme conduisent un troupeau de vaches, et se dirigent vers la droite. Sur le talus qui est au-delà de la route s'élèvent quelques arbres.

Au pinceau et lavé d'encre de Chine sur pierre d'Italie. — H. 0,189. — L. 0,169.

480. *Torrent coulant entre deux rives escarpées. A*

droite, un temple rond sur une colline boisée. Au fond, des montagnes.

A la plume et lavé d'encre de Chine sur pierre d'Italie. — H. 0,183. — L. 0,267.

Gravé par Caylus (Chal. Imp.).

BREUGHEL ou **BRVEGHEL** (Jan), *dit* **BREU-GHEL DE VELOURS**, *peintre, né à Bruxelles en 1568 (?), mort le 13 janvier 1625.*

(ÉCOLE FLAMANDE.)

Voir le **Catalogue des peintures, Écoles allemande, flamande et hollandaise**, p. 31.

481. *Paysage.*

Un cavalier et un piéton traversent un pont de bois posé sur une rivière, qui bordent des berges garnies d'arbres élevés. Sur le premier plan deux pêcheurs dans un bateau.

Très terminé à la plume, lavé de bistre et d'indigo. — H. 0,162. — L. 0,105.

CABEL (Adriaan van der), *peintre et graveur, né à Ryswyk en 1631, mort à Lyon en 1695.*

(ÉCOLE HOLLANDAISE.)

Voir l'**Appendice**, p. 347 du présent volume.

482. *Ruines sur les bords de la mer. Au milieu du dessin on remarque trois colonnes antiques, au pied desquelles passent des mulets chargés de tonneaux. A gauche, au premier plan, une fontaine; à droite, une statue sur son piédestal.*

Au pinceau et à l'encre de Chine. — H. 0,236 — L. 0,342

Ce dessin est signé : Van Cabel.

Collection Mariette n° 859 du catalogue.

CHAMPAIGNE (Philip de), *peintre, né à Bruxelles en 1602, mort à Paris en 1674.*

(ÉCOLE FLAMANDE.)

Voir le **Catalogue des peintures, Écoles allemande, flamande et hollandaise.**

483. *La Cène.*

A la pierre noire, lavé d'encre de Chine. — H. 0,385. — L. 0,436.

Première pensée du tableau exécuté pour les Chartreux de Paris, et placé maintenant au Musée du Louvre.

484. *Portrait de jeune homme, vu en buste et de trois quarts, tourné vers la droite. Ses cheveux sont blonds ; il porte un grand col uni et rabattu sur son vêtement.*

A la pierre noire et au pastel. — H. 0,230. — L. 0,160.

Collection Mariette, n° 1188 du catalogue.

485. *Portrait d'homme, vu en buste et de trois quarts, tourné vers la gauche. Il porte moustache et royale ; son front est dégarni.*

A la pierre noire sur papier gris. — H. 0,225. — L. 0,186.

Collection Mariette, n° 1188 du catalogue.

486. *Tête d'homme, vue de profil et tournée à droite, coiffée d'un large chapeau. La moustache et la mouche sont très-courtes.*

La tête à la sanguine, le reste lavé d'encre de Chine sur crayon noir. — H. 0,187. — L. 0,127.

CUYP (Aelbert), *peintre et graveur, né à Dordrecht en 1605, mort à Dordrecht en 1691 (?).*

(ÉCOLE HOLLANDAISE.)

Voir le **Catalogue des peintures, Écoles allemande, flamande et hollandaise.**

487. *Études de vaches. L'une est vue de profil et se reflétant dans l'eau : sept autres vaches, en plus petites proportions, sont vues sur différents plans.*

A la pierre noire et lavé d'encre de Chine. — H. 0,142. — L. 0,187.

Collection J. Barnard.

488. *Deux dessins sur une feuille :*

1° *Vache couchée et vue de profil, tournée à droite.*

A la pierre noire et à l'encre de Chine. — H. 0,080. — L. 0,101.

2° *Vache couchée, tournée à droite, vue de dos et en raccourci ; les jambes ne sont pas indiquées.*

A la pierre noire. — H. 0,080. — L. 0,099.

Collection de Jean Barnard.

489. *Trois vaches couchées sur un tertre ; au-dessous, cinq moutons également couchés.*

Au crayon et à la plume, lavé à l'encre de Chine. — H. 0,149. — L. 0,187.

DIEPENBECK (Abraham van), *né à Bois-le-Duc en 1607 (?), mort à Anvers en 1675.*

(ÉCOLE FLAMANDE.)

Voir le **Catalogue des peintures, Écoles allemande, flamande et hollandaise.**

490. *Un pape, assis sur son trône, entouré de rois et de guerriers, reçoit les tributs des quatre parties du monde. On remarque à gauche un éléphant et un chameau, qu'amènent l'Asie et l'Afrique; à droite se présentent l'Europe et l'Amérique ; la première tenant un cheval par la bride, la seconde portant un perroquet.*

Lavé d'encre de Chine sur crayon noir, et largement rehaussé de blanc sur papier gris. — H. 0,555. — L. 0,725.

DIETRICH (Christian-Wilhelm-Ernst), *peintre et graveur, né à Weimar en 1712, mort à Dresde en 1774.*

(ÉCOLE ALLEMANDE.)

Voir le **Catalogue des peintures, Écoles allemande, flamande et hollandaise.**

491. *Le retour de l'enfant prodigue.*

Il est à genoux devant son père, qui se baisse pour l'embrasser. A gauche, sur un perron, trois figures.

A la plume, lavé à l'encre de Chine. — H. 0,212. — L. 0,170.

Ce dessin est signé : Dict. del 1740.

Collection Mariette, n° 869 du catalogue.

492. *Paysage.*

Au milieu on remarque un pont de bois ruiné, sur lequel passe un homme suivi d'un âne. A gauche, sur le premier plan, un homme et une femme debout.

A la pierre noire. — H. 0,234. — L. 0,292.

Ce dessin est signé : *Dietricy* 1757.

Collection Mariette, n° 886. Vendu 101 livres.

DOES (Jakob van der), *peintre et graveur né à Amsterdam en 1623, mort à la Haye en 1673.*

(ÉCOLE HOLLANDAISE.)

oir l'**Appendice**, p. 349 du présent volume.

493. *Paysage.*

Un homme conduisant un âne chargé de provisions fait marcher devant lui une douzaine de moutons. Au fond, des rochers et une cascade.

A la sanguine et à la pierre noire, lavé de bistre et d'encre de Chine. — H. 0,230. — L. 0,282.

Signé J. V. Does. 1670.

Collection Mariette, n° 899 du catalogue. Vendu 120 livres.

DOES (Simon van der), *peintre, né près d'Amsterdam en 1653, mort à Anvers (?) en 1717.*

(ÉCOLE HOLLANDAISE.)

Voir l'**Appendice**, p. 351 du présent volume.

494. *Paysage.*

On voit au premier plan trois moutons couchés. Dans le fond, une cabane de laquelle sortent deux vaches et plusieurs moutons.

Lavé d'encre de Chine sur vélin. — H. 0,143. — L. 0,148.

Signé à droite : s. v. does. 1699.

Collection Lempereur, n° 362 du catalogue, qui indique à tort ce joli dessin comme étant de Jacques van der Does.

DOU ou **DOV** (Gérard), *peintre, né à Leyde en 1598 (?), mort à Leyde en 1680 (?).*

(ÉCOLE HOLLANDAISE).

Voir le **Catalogue des peintures**, Écoles allemande, flamande et hollandaise.

495. *Portrait de la mère de Gérard Dou.*

Elle est assise, tournée vers la gauche et regardant de face. Ses deux mains sont croisées sur sa robe.

Au crayon noir et à la sanguine. — Forme ovale. — H. 0,190. — L. 0,170.

Ce dessin porte la signature : G. DOV. 1638.

Il a été gravé en fac-simile par W. Baillie, à qui il appartenait en 1775.

Il a fait partie de plusieurs collections célèbres, et figura à la vente Tonneman, Amsterdam, 1754; à la vente Feitama, 1758; à la vente Sluiter, 1814. Il a été acquis pour le Musée à la vente faite en février 1845, après le décès de M. Révil, au prix de 2,100 fr.

DURER (ALBRECHT), *peintre, graveur, sculpteur, architecte, né à Nurenberg en 1471, mort à Nurenberg en 1528.*

(ÉCOLE ALLEMANDE.)

Voir l'**Appendice**, p. 352 du présent volume.

496. *La Sainte Vierge allaitant l'Enfant-Jésus ; au-dessus d'elle, deux anges dans les airs supportent une couronne. A gauche, un saint endormi; à droite, la mère de la Vierge et un saint personnage ayant un livre ouvert sur les genoux. Le petit saint Jean est assis par terre devant la Vierge.*

A la plume. — H. 0,280. — L. 0,218.

Ce dessin porte le monogramme d'Albert Durer et la date 1519.

Collection Mariette, n° 889 du catalogue.

497. *Étude très-arrêtée d'une draperie couvrant les genoux et le torse d'une figure de Christ* assis, les pieds posés sur deux têtes de chérubins.

<small>Dessiné au pinceau et rehaussé de blanc sur papier teinté de violet. — H. 0,257. — L. 0,192.</small>

L'artiste a signé ce dessin de son monogramme, accompagné de la date 1508. C'est une étude pour *le tableau d'autel* de Heller.

<small>Vente du baron Silvestre, décembre 1851; vendu 300 fr.</small>

498. *Portrait en buste et de grandeur naturelle, d'une jeune fille vue de face, tête nue, la tête un peu penchée vers la gauche et les yeux à moitié fermés.*

<small>A la pierre d'Italie sur papier teinté de vert. — H. 0,417. — L. 0,286.</small>

Ce dessin porte le monogramme de l'artiste et la date 1521.

499. *Tête de jeune garçon, vue de face et de grandeur naturelle; elle est remarquable par une barbe extrêmement longue, qui garnit le menton jusqu'aux oreilles. Les cheveux sont blonds, courts et frisés.*

<small>Au pinceau et à l'aquarelle, sur toile très-fine. — H. 0,5 5. L. 0,278.</small>

Ce dessin porte le monogramme du maître et la date 1527.

500. *Portrait du Cardinal Albert de Mayence, vu en buste de profil et tourné à gauche. Son vêtement est à peine indiqué.*

<small>A la mine d'argent sur papier préparé. — H. 0,154. — L. 0,116.</small>

Pour la gravure décrite par Bartsch sous le n° 103.

501. *Tête de vieille femme, vue de face et coiffée d'un énorme bonnet qui lui couvre le front et tombe* presque sur les yeux. Le regard est dirigé en bas, la bouche sourit.

A la pierre noire. — H. 0,204. — L. 0,150.

502. Buste d'enfant, vu de trois quarts et tourné à droite, la tête levée vers le ciel.

A la pierre noire et rehaussé de blanc sur papier teinté de gris bleu. — H. 0,201. — L. 0,145.

Ce dessin porte le monogramme du maître et la date 1520.

Vient de Jabach.

503. Tête de vieillard, vue presque de face, légèrement tournée vers la droite. Il est coiffé d'un bonnet rouge qui recouvre les oreilles; il ne porte ni moustache ni mouche, mais une longue barbe blanche qui part de dessous le menton et se détache sur la fourrure grise dont le vêtement est garni. Le fond est noir. Signé du monogramme, et daté de 1520.

Colorié à l'aquarelle et à la gouache sur une toile très-fine et sans préparation. — H. 0,400. — L. 0,303.

Acquis en mars 1852, de M. Audenet, au prix de 1,000 fr. Ce dessin venait de Saint-Pétersbourg et des héritiers de M. de Labensky, ancien directeur de la galerie de l'Ermitage. Collection Crozat.

Exposé salle des Boîtes (1).

Attribué à **A. Durer.**

504. Tête d'homme, vue presque de face et regardant le spectateur. Les cheveux sont assez longs et retombent à droite et à gauche. On ne voit pas le col, cette partie du dessin paraissant avoir été anciennement enlevée.

Dessin très-terminé, gouaché en entier de couleur verte et rehaussé de blanc. — Forme ronde. — Diamètre 0,120.

Collection Baldinucci.

---

(1) Placé aujourd'hui parmi les peintures : galerie du bord de l'eau.

DYCK (ANTHONIE VAN), *peintre et graveur, né à Anvers en 1599, mort près de Londres en 1641.*

(ÉCOLE FLAMANDE.)

Voir le **Catalogue des peintures, Écoles allemande, flamande et hollandaise.**

505. *Portrait de Diodore van Thulden, professeur de droit à l'université de Louvain.*

Il est vu de face et jusqu'aux genoux, regardant le spectateur, et tenant de ses deux mains un livre ouvert.

Vigoureusement lavé de bistre sur crayon. — H. 0,260. — L. 0,180.

Il a été gravé par Pierre de Jode dans la suite des portraits de Van Dyck.

Ce beau dessin a fait partie de la collection Mariette, n° 903 du catalogue (vendu 454 livres).

506. *Portrait d'homme, en pied, la tête nue, enveloppé dans un manteau. Il porte la moustache et la royale, il est vu de trois quarts, tourné à droite.*

Aux crayons noir et blanc sur papier gris bleu. — H. 0,390. — L. 0,245.

507. *Tête d'homme, vue de face, portant moustache et royale, le cou entouré d'une fraise à plis serrés.*

Aux crayons noir et blanc, et lavé d'encre de Chine sur papier gris. — Forme octogone. — H. 0,207. — L. 0,162.

Gravé en fac-simile par M. Alphonse Leroy.

Collection Huquier.

508. *Tête de jeune garçon, vue de trois quarts et penchée vers la gauche, les yeux baissés.*

Aux crayons rouge, noir et blanc sur papier gris. — H. 0,246. — L. 0,190.

Collections Huquier et Mariette.

509. *Tête d'homme, de grandeur naturelle; il est vu de trois quarts, tourné à gauche. Ses cheveux sont longs; il porte la moustache et la royale.*

A la pierre noire, rehaussé de blanc, sur papier gris jaunâtre. — H. 0,272. — L. 0,242.

D'après **A. Van Dyck.**

510. *Le couronnement d'épines.*

Le Sauveur, les mains liées, est assis au milieu de la composition. Sept hommes l'entourent et l'insultent : un soldat met sur sa tête la couronne d'épines, un autre le tire par les cheveux, un troisième s'agenouille devant lui en lui présentant un roseau.

A la pierre noire, retouché à la plume et lavé d'encre de Chine. — H. 0,385. — L. 0,315.

Le tableau original fait partie du musée de Berlin. Il a été gravé par Bolswert. Notre dessin, fait évidemment pour la gravure, paraît avoir été retouché par Van Dyck en certaines parties, et notamment dans la tête du Christ.

ELSHEIMER (ADAM), *peintre et graveur, né à Francfort-sur-le-Mein en 1574, mort à Rome en 1620.*

(ÉCOLE ALLEMANDE.)

Voir le **Catalogue des peintures, Écoles allemande, flamande et hollandaise.**

511. *Paysage; effet de nuit.*

Un groupe d'arbres et de masures, au bord de l'eau, est éclairé par un grand feu, près duquel on distingue quelques figures.

Gouaché et rehaussé de blanc. — H. 0,088. — L. 0,156.

Une inscription, mise au verso de ce dessin, nous apprend qu'il vient du cabinet de Mariette, dont cependant il ne porte pas la marque. C'est probablement le n° 919 du catalogue.

FOUQUIÈRES (JAKOB), *peintre, né à Anvers en 1580, mort à Paris en 1659.*

(ÉCOLE FLAMANDE.)

Voir l'**Appendice**, p. 368 du présent volume.

512. *Étude de paysage.*

Une rivière coule sur le premier plan; à droite, un tronc d'arbre renversé. Fond boisé.

A l'aquarelle et à la gouache, sur papier gris. — H. 0,385. — L. 0,385.

Collection Mariette, n° 1242 du catalogue.

GOYEN (JAN VAN), *peintre et graveur, né à Leyde en 1596, mort à la Haye en 1656.*

(ÉCOLE HOLLANDAISE.)

Voir le **Catalogue des peintures, Écoles allemande, flamande et hollandaise.**

513. *Deux dessins sur une feuille;*

1° *Paysage.*

Sur le deuxième plan, un moulin; à gauche, un homme à cheval et deux voyageurs à pied. Sur le premier plan, à droite, une barque. Signé : V. G. 1653.

A la pierre noire et lavé d'encre de Chine. — H. 0,113. — L. 0,194.

2° *Paysage au bord de l'eau.*

A gauche, une chaumière et quelques arbres ; à droite deux barques de pêcheurs. Sur le dernier plan, un moulin à vent. Signé : V. G. 1651.

A la pierre noire et lavé d'encre de Chine. — H. 0,112. — L. 0,197.

HAGEN (JAN VAN), *peintre, né à la Haye, travaillait vers le milieu du* XVIIe *siècle.*

(ÉCOLE HOLLANDAISE.)

Voir le **Catalogue des peintures, Écoles allemande, flamande et hollandaise.**

Attribué à **Van Hagen.**

514. *Paysage.*

Sur le second plan, au milieu, un hameau entouré d'arbres. A gauche, et de l'autre côté d'un chemin, une colline boisée. Le premier plan est garni de broussailles.

A la pierre noire et lavé d'encre de Chine. — H. 0,300. — L. 0,404.

HOLBEIN (HANS), *peintre et graveur sur bois, né à Augsbourg en 1495, mort à Londres en 1543.*

(ÉCOLE ALLEMANDE.)

Voir le **Catalogue des peintures, Écoles allemande, flamande et hollandaise.**

515. *Tête d'homme. Il est coiffé d'un bonnet plat et à larges bords ; il est vu de trois quarts, tourné vers la droite, les yeux dirigés vers le haut.*

A la pierre noire. — Forme irrégulière. — H. 0.145. — L. 0,123.

Collections Richardson, A. Pond et J. Barnard.

516. *Buste de jeune homme, vu de trois quarts. La tête, couverte d'un bonnet, est tournée vers la droite.*

<small>Au crayon d'argent sur papier préparé. — H. 0,175 — L. 0,135.</small>

On lit dans le haut la date : MDXX.

517. *Étude de main gauche posée à plat. Dans le haut, et en sens inverse, étude de la même main. Au milieu, étude de main tenant une plume.*

<small>A la mine d'argent, à la sanguine et à la pierre noire sur papier préparé. — H. 0,206. — L. 0,155.</small>

518. *Étude de main droite posée à plat et vue en raccourci. A gauche, croquis de vieillard, vu de face et en buste, dont les traits rappellent ceux d'Erasme.*

<small>A la mine d'argent, à la sanguine et à la pierre noire sur papier préparé. — H. 0,201. — L. 0,281.</small>

Acquis, avec le numéro précédent, en mai 1852, à la vente de M. Pierre Visscher, de Bâle, au prix de 316 fr. 5 c., n° 44 du catalogue (1).

HUYSUM (JAN VAN), *peintre né, à Amsterdam en 1682, mort à Amsterdam en 1749.*

(ÉCOLE HOLLANDAISE.)

Voir le **Catalogue des peintures, Écoles allemande, flamande et hollandaise.**

519. *Vase de fleurs posé sur un piédestal en pierre sculptée. On y remarque des roses variées et des plantes diverses, telles que pivoines, tulipes*

---

(1) Voyez, n° 639, un autre dessin du même maître.

impériales, anémones, jonquilles, jacinthes..... A droite, un nid. Au second plan, une statue de femme.

A la pierre noire et à l'aquarelle. — H. 0,475. — L. 0,354.

520. *Bouquet de fleurs.*

Dans un vase placé sur une table de pierre, et orné d'un bas-relief représentant des jeux d'enfants, sont disposées des roses, des pivoines, des tubéreuses et des œillets.

A la pierre noire et lavé d'aquarelle. — H. 0,413. — L. 0,320.

Ce dessin est signé : Jean van Huysum fecit 1720.

521. *Vue de fleurs décorant une niche cintrée ; il est posé sur une table de pierre, dont on ne voit que le haut. On distingue des roses et des pivoines.*

Croquis à la sanguine, lavé d'encre de Chine. — H. 0,200. — L. 0,153.

JORDAENS (JAKOB), *peintre et graveur, né à Anvers en 1593, mort à Anvers en 1678.*

(ÉCOLE FLAMANDE.)

Voir le **Catalogue des peintures, Écoles allemande, flamande et hollandaise.**

522. *Repas de famille.*

Derrière la table, une jeune femme avec un enfant dans les bras, et la grand'mère assise dans un fauteuil ; sur le devant, un garçon, sur la chaise duquel est appuyée une servante, jette une balle à un chat placé entre les jambes du grand père assis de l'autre côté et souriant. Sur le manteau de la cheminée, l'inscription : *Een oude kat en speelde muist* (?) : (*un vieux chat chasse les souris en jouant*) (?).

Aquarelle gouachée. — H. 0,159. — L. 0,204.

Ce dessin a fait partie de la collection Crozat.

523. *Portrait de femme assise dans un fauteuil.*

Elle est vue de face, les deux mains posées sur ses genoux. Son vêtement est garni de fourrure, et elle porte au cou une large fraise empesée.

A l'aquarelle sur crayon noir et rouge. — H. 0,355. — L. 0,295.

524. *Portrait d'homme assis dans un fauteuil.*

Il est vu de trois quarts et jusqu'aux genoux, tourné vers la droite, la main droite placée sur le dossier du fauteuil, un papier roulé dans la main gauche.

Lavé d'aquarelle sur crayon noir et rouge. — H. 0,360. — L. 0,295.

525. *Tête de vieille femme, de grandeur naturelle, vue de profil, tournée à droite.*

A la pierre noire et à la sanguine. — H. 0,366. — L. 0,276.

Acheté en 1787, à la vente Berthel, 24 livres 2 sous par Langlier.

KRANACH (Lucas **SUNDER**, dit), *peintre et graveur, né à Kranach en 1472, mort à Weimar en 1553.*

(ÉCOLE ALLEMANDE.)

Voir le **Catalogue des peintures, Écoles allemande, flamande et hollandaise.**

Attribué à **Lucas Kranach.**

526. *Portrait d'homme, vu en buste et de trois quarts, tourné vers la gauche. Il ne porte pas de* barbe et est coiffé d'une toque aplatie; le haut de son vêtement est entr'ouvert et laisse voir une chemise garnie de dentelles.

A la pierre noire, avec quelques touches de sanguine. — H. 0,186. — L. 0,215.

LAER (Pieter van), *peintre et graveur, né en Hollande vers 1613 (?), mort à Harlem vers 1675 (?).*

(ÉCOLE HOLLANDAISE.)

Voir le **Catalogue des peintures, Écoles allemande, flamande et hollandaise.**

527. *Deux dessins sur une feuille :*

1° *Jeune garçon assis sur une pierre et dormant, les mains jointes sur la poitrine. Il est vêtu d'une peau de mouton.*

Lavé d'encre de Chine. — H. 0,117. — L. 0,101.

2° *Jeune garçon assis à terre, vu de trois quarts et tourné vers la droite. Il est coiffé d'un grand chapeau.*

A la pierre noire et lavé de bistre. — H. 0,117. — L. 0,098.

Ce dessin porte l'inscription suivante : 1658 *Dies* 30 *Augusty.* Cette feuille vient de Mariette, n° 948 du catalogue.

MEMLINC (Hans), *peintre, né......., mort à Bruges en 1495.*

(ÉCOLE FLAMANDE.)

Voir le **Catalogue des peintures, Écoles allemande, flamande et hollandaise.**

528. *Tête de vieillard, vue de face. Son front est absolument chauve, ses yeux sont baissés. Une* *fourrure noire est à peine indiquée autour de son cou.*

Peint en détrempe sur papier teinté de couleur rougeâtre. — H. 0,221. — L. 0,168.

Cette belle étude, faite d'après nature, a été employée par le maître pour la tête du saint Benoît, qui figure dans le grand tableau le saint Christophe, peint en 1482, et conservé aujourd'hui au musée de l'académie de Bruges. Voyez l'excellent catalogue de ce musée, par M. James Weale.

Acquis en janvier 1852 de M. Mayor, au prix de 1,250 fr.

Collection de Jean-Pierre Zoomers.

MEULEN (ANTHONIE-FRANS VAN DER), *peintre né, à Bruxelles en 1634, mort à Paris en 1690.*

(ÉCOLE FLAMANDE.)

Voir le **Catalogue des peintures, Écoles allemande, flamande et hollandaise.**

529. *Une dame donnant la main à un cavalier, et suivie d'un page qui porte la queue de sa robe, descend le perron de son palais pour monter dans un carrosse à quatre chevaux qui l'attend. Plusieurs autres figures d'hommes et d'animaux animent la composition.*

Croquis à la pierre noire. — H. 0,256. — L. 0,410.

Ce dessin, de la jeunesse du maître, est tout à fait encore dans sa manière flamande.

MIERIS (WILLEM VAN), *peintre né à Leyde en 1662, mort à Leyde en 1747.*

(ÉCOLE HOLLANDAISE.)

Voir le **Catalogue des peintures, Écoles allemande, flamande et hollandaise.**

530. *Cérès.*

Elle est vue debout et presque entièrement nue; sa tête, couronnée d'épis, est inclinée vers la droite.

A la pierre noire sur vélin. — H. 0,315. — L. 0,190.

Ce dessin porte les initiales : W. V. M.

531. *Andromède.*

Elle est assise sur le rocher auquel ses pieds sont attachés par des chaînes de fer.

A la pierre noire sur vélin. — H. 0,320. — L. 0,192.

MILLET (FRANS), *dit* **FRANCISQUE**, *peintre et graveur, né à Anvers en 1643 ou 1644, mort à Paris, le 2 juin 1679.*

(ÉCOLE FLAMANDE.)

Voir l'**Appendice**, p. 371 du présent volume.

532. *Deux dessins sur une feuille :*

1° *Paysage.*

A gauche, un chemin montant garni de grands arbres. A droite, sur le second plan, les monuments d'une ville; sur le premier, une grotte et des rochers au bord de l'eau.

A la plume et lavé d'encre de Chine. — H. 0,127. — L. 0,160.

2° *Paysage.*

Sur le premier plan, un chemin tournant au milieu des rochers. Plus loin, des arbres et des fabriques. Tout à fait à droite, un tombeau dans le creux d'un rocher.

A la plume et lavé d'encre de Chine. — H. 0,127. — L. 0,162.

533. *Deux dessins sur une feuille :*
   1° *Paysage.*

Au milieu du dessin, on remarque des arbres au bord d'une rivière qui vient former cascade sur le premier plan. Dans le fond, une énorme montagne boisée et garnie de fabriques.

A la plume et à l'encre de Chine. — H. 0 126. — L. 0,161.

   2° *Paysage.*

Sur le premier plan, à droite, un sentier tourne autour d'un rocher garni de broussailles et d'arbres. Dans le fond, on remarque les tours d'une ville et la cime d'un rocher qui surmonte les nuages.

A la plume et lavé d'encre de Chine. — H. 0,126. — L. 0,162.

MOLYN (Pieter), *peintre né à Harlem vers 1600 (?), mort en 1654 (?).*

(ÉCOLE HOLLANDAISE.)

Voir le **Catalogue des peintures, Écoles allemande, flamande et hollandaise**, p. 176.

534. *Vue du temple de la Sybille, à Tivoli.*

Crayon lavé d'encre de Chine. — H. 0,193. — L. 0,302.

Ce dessin porte la signature : P. MOLYN 1650.

NETSCHER (Constantijn), *peintre, né à La Haye en 1670, mort à La Haye en 1722.*

(ÉCOLE HOLLANDAISE)

Voir le **Catalogue des peintures, Écoles allemande, flamande et hollandaise.**

Attribué à **C. Netscher.**

535. *Portrait en pied d'une femme assise et vue de face, tenant un enfant. A droite, une petite fille lui offrant des fleurs.*

A la pierre noire. — H. 0,193. — L. 0,147.

NETSCHER (CASPAR), *peintre né à Heidelberg en 1639, mort à La Haye en 1684.*

(ÉCOLE HOLLANDAISE.)

Voir le **Catalogue des peintures, Écoles allemande, flamande et hollandaise.**

536. *Jeune garçon vu en buste et de trois quarts, tourné à gauche. Il porte de longs cheveux et sourit.*

A la pierre noire et lavé d'encre de Chine. — Forme ovale. — H. 0,133. — L. 0,118.

Collection Mariette, n° 266 du catalogue. — Vendu 499 livres 19 sous.

OMMEGANCK (BALTHAZAR-PAULUS), *peintre, né à Anvers en 1755, mort à Anvers en 1826.*

(ÉCOLE FLAMANDE.)

Voir le **Catalogue des peintures, Écoles allemande, flamande et hollandaise.**

537. *Paysage avec animaux.*

Au premier plan, une brebis et deux agneaux sont couchés près d'un bélier. Plus loin, deux chèvres broutent les branches basses d'un arbre qui se voit vers la droite. A gauche, une chèvre et un mouton couchés. Au second plan, un berger accompagné de son chien, et, dans le fond, un troupeau se dirigeant vers la droite.

> A la plume et lavé d'encre de Chine. — H. 0,300. - L. 0,400.

Acquis en juin 1846 à la vente Saint, au prix de 539 fr.

POTTER (PAULUS), *peintre et graveur, né à Enckuysen en 1625, mort à Amsterdam en 1654.*

(ÉCOLE HOLLANDAISE.)

Voir le **Catalogue des peintures, Écoles allemande, flamande et hollandaise.**

Étude de truie debout et vue de profil, tournée à droite.

> A la pierre noire. — H. 0,193. — L. 0,276.

539. *Deux cochons tournés vers la gauche; tous deux sont debout, l'un est vu de profil, l'autre de trois quarts.*

> Croquis à la pierre noire. — H. 0,081. — L. 0,128.

Marc de Bye a gravé d'après ce dessin, en y ajoutant quelques détails de paysage, une eau-forte non décrite par Bartsch.

Acquis à la vente Van Os (janvier 1851) au prix de 88 fr. 20 c.

PYNACKER (ADAM), *peintre, né à Pynacker, près de Delft, en 1621, mort à Delft en 1673.*

(ÉCOLE HOLLANDAISE.)

Voir le **Catalogue des peintures, Écoles allemande flamande et hollandaise.**

540. *Étude de rochers. A droite et à gauche quelques arbrisseaux. Fond montagneux.*

> Au pinceau et lavé d'encre de Chine, avec quelques touches de blanc. — H. 0,218. — L. 0,375.

REMBRANDT VAN RHYN, *peintre et graveur, né près de Leyde en 1606, mort à Amsterdam en 1669.*

(ECOLE HOLLANDAISE.)

Voir le **Catalogue des peintures, Écoles allemande, flamande et hollandaise.**

541. *Étude d'homme agenouillé, les mains jointes, vu de dos et tourné vers la droite.*

A la sanguine, avec quelques touches de crayon noir. — H. 0,206. — L. 0,160.

Collections Crozat et Mariette.

542. *Étude de jeune femme assise dans un fauteuil, vue de trois quarts et tournée vers la droite.*

Croquis à la sanguine. — H. 0,145. — L. 0,110.

Acquis de M. Defer, en novembre 1844, au prix de 50 fr.

543. *Lion vu presque de face, s'approchant d'un homme mort vu en raccourci.*

Au pinceau et au bistre. — H. 0,137. — L. 0,204.

Gravé en fac-simile par M. Perugini (Chal. Nat.).

544. *Lion de profil et tourné à droite, posant sa griffe sur la poitrine d'un homme mort, étendu à terre et vu en raccourci.*

Lavé au bistre. — H. 0,136. — L. 0,204.

545. *Lion couché à terre, vu de profil et tourné à droite. Il a la tête appuyée sur les pattes de devant, et regarde du côté du spectateur.*

Au pinceau et au bistre. — H. 0,106. — L. 0,197.

546. *— Étude de lion couché à terre, vu de profil et tourné à droite.*

Au pinceau et au bistre, sur papier teinté de jaune brun, avec quelques touches de blanc. — H. 0,155. — L. 0,240.

ROMEYN (Willem), *né à Utrecht, travaillait vers le milieu du XVIIe siècle.*

(ÉCOLE HOLLANDAISE.)

Voir le **Catalogue des peintures, Écoles allemande, flamande et hollandaise.**

547. *Quatre bœufs, dont deux sont couchés, et cinq moutons, occupent les premiers plans d'un paysage. Le berger est étendu à terre et endormi. Au second plan, une colline ornée de fabriques.*

Lavé à l'encre de Chine sur crayon. — H. 0,220. — L. 0,310.

Ce dessin est signé : Wromeyn.

Il a été acquis en avril 1845 à la vente Robert Dumesnil.

RUBENS (Petrus-Paulus), *peintre, né à Siegen en 1577, mort à Anvers en 1640.*

(ÉCOLE FLAMANDE.)

Voir le **Catalogue des peintures, Écoles allemande, flamande et hollandaise.**

548. *Le baptême de Jésus.*

Le Sauveur est debout et vu de face, s'inclinant pour recevoir de saint Jean l'eau du Jourdain. Trois anges volant dans les airs, à gauche de ce grouppe, tiennent les vêtements du Christ. Le côté droit de la composition est rempli par plusieurs figures de néophytes nus ou se dépouillant de leurs habits.

A la pierre noire sur papier gris. — H. 0,477. — L. 0,766.

Ce dessin, qui a été tiré aux carreaux pour l'exécution de la peinture, nous paraît devoir être considéré comme étant de la jeunesse de Rubens, et exécuté en Italie. L'imitation de Michel-Ange y est évidente. On dit que Rubens avait peint à Mantoue (vers 1602 ou 1603?) un baptême du Christ. C'est probablement de notre composition qu'il s'agit. La collection Schamp, à Gand, possédait un grand tableau assez médiocre, reproduisant le même sujet (n° 181 du catalogue, 1840).

Inventaire Jabach, n° 201 des Écoles d'Allemagne et de Flandre.

549. *L'élévation en croix*.

Six hommes réunissent leurs efforts pour dresser l'instrument du supplice sur lequel le Sauveur est attaché. A gauche, la Vierge, saint Jean et une sainte femme. A droite, le centurion à cheval tenant le bâton de commandement.

> A la pierre noire et à la sanguine, vigoureusement lavé d'encre de Chine et d'aquarelle, et rehaussé de blanc sur papier gris. — H. 0,387. — L. 0,428.

C'est la première pensée du grand tableau à trois compartiments peint en 1610 pour l'église de Sainte-Walburge d'Anvers, qui se trouve aujord'hui dans la cathédrale de la même ville, en pendant avec la Descente de Croix. Gravé en trois planches par Witdoec.

Ce beau dessin a fait partie de la collection d'Antoine Triest, évêque de Gand. Il appartint ensuite à Crozat, et fut vendu en 1741 (catalogue Crozat, n° 816) au prix de 160 livres 12 sous. Il passa à cette époque dans la collection de Lempereur, et fut payé, en 1773, 404 livres (n° 293 du catalogue Lempereur).

550. *Le Christ mort*.

Le corps de Jésus, posé sur une pierre, est soutenu par la sainte Vierge, dont la tête est dirigée vers le ciel. Derrrière la Vierge sont saint Jean et deux saintes femmes. A gauche, deux anges, dont l'un tient la lance, l'autre montre la plaie du côté. Aux pieds du Christ se voit la Madeleine agenouillée, tenant en ses mains deux des clous.

> Au crayon, vigoureusement lavé de bistre et d'encre de Chine, et retouché à l'huile sur papier gris. — H. 0,467. — L. 0,372.

Ce beau dessin est l'étude du tableau peint en 1616 à la demande du duc d'Arenberg, pour l'église des Capucins de Bruxelles, et conservé aujourd'hui dans le musée de cette ville. Dans la peinture, qui se trouve gravée par Bolswert et par P. Pontius, l'artiste a ajouté la figure de saint François.

551. *Saint Étienne, premier martyr.*

Il est debout, vu de face, portant les insignes de diacre, tenant d'une main un livre, et de l'autre, dans un pan de son vêtement, les pierres, instrument de son supplice.

Lavé et retouché à l'huile sur papier gris. — H. 0,422. — L. 0.192.

552. *Minerve et Hercule repoussent Mars, traînant au milieu des cadavres une femme qu'il va immoler à sa fureur.*

Ébauche à l'huile sur papier gris. — H. 0,368. — L. 0,537.

553. *L'archiduc Albert, à cheval, vu de face. Il est tête nue, et tient de sa main droite le bâton de commandement.*

A la plume, lavé de bistre sur crayon. — H. 0,290. — L. 0,215.

554. *Portrait de Marie de Médicis. Elle est vue de trois quarts, tournée vers la gauche ; les cheveux sont relevés sur le front. Un collier de perles orne le cou. Le haut des épaules est seul indiqué.*

Aux crayons rouge, noir et blanc sur papier gris. — H. 0,356. — L. 0,278.

Cette étude, faite d'après nature, a, suivant toutes les apparences, servi au maître pour la galerie du Luxembourg.

Acquis en décembre 1853 de M. le comte de Bark, au prix de 2,000 fr. Collections Crozat (n° 843 du catalogue) et comte de Tessin.

555. *Portrait de Rubens, debout, vu jusqu'aux genoux et de trois quarts, tourné vers la gauche. Il est drapé d'un manteau, et porte sur sa tête un chapeau à larges bords.*

> A la pierre noire avec quelques touches de blanc sur papier gris. — H. 0,455. — L. 0,280.

Gravé en fac-simile dans le recueil d'imitations de dessins de C. Rogers.

Collections Richardson, Th. Hudson et J. Barnard.

556. *Étude de jeune femme debout, vue de profil et tournée à gauche; elle est magnifiquement vêtue et retient sa robe de la main gauche. La main droite est levée et porte un éventail de plumes.*

> Aux trois crayons avec quelques touches d'encre de Chine sur papier gris. — H. 0,535. — L. 0,345.

Ce dessin a servi pour l'une des figures du tableau connu sous le nom de *Jardin d'amour*. L'original est au musée de Madrid; le musée de Dresde en possède une répétition en petit avec quelques changements.

Collection J. Barnard.

557. *Jeune femme inclinée et tournée vers la gauche, la tête appuyée sur la main.*

> Aux trois crayons, sur papier gris. — H. 0,507. — L. 0,457.

Cette étude se retrouve, comme le dessin précédent, dans la composition du *Jardin d'amour*.

558. *Un jeune enfant tenu à la lisière, les bras éten-*

dus en avant, un bourrelet autour de la tête. Il est vu de profil, tourné à gauche.

Aux trois crayons, sur papier gris. — H. 0,395. — L. 0,287.

Collection Richardson.

559. *Étude de trois têtes : la première de face et riant ; la seconde est celle d'un enfant vu de profil et tourné à droite ; la dernière, légèrement indiquée, offre les traits d'un homme âgé portant une longue barbe et tenant un couteau dans sa bouche.*

A la pierre noire. — H. 0,287. — L. 0,246.

Collection J. Barnard.

560. *Lion couché à terre, tourné à gauche et ayant un chien dans ses pattes ; la partie antérieure du corps du lion est seule représentée. Au-dessous, une colonne torse.*

A la pierre d'Italie, sur papier gris. — H. 0,251. — L. 0,391.

561. *Étude de paysage.*

Sur le premier plan, plusieurs arbres, dont un est cassé, et un petit pont de bois sur un ruisseau.

Aux crayons noir et blanc, avec quelques touches de pastel sur papier gris bleu. — H. 0,695. — L. 0,490.

Collection Mariette, n° 998 du catalogue.

562. *Étude de deux têtes d'enfant, l'une vue de profil et tournée à gauche ; la seconde de trois quarts et tournée à droite.*

Aux crayons rouge, noir et blanc, sur papier gris. — H. 0,189. — L. 0,242.

Collection Mariette.

Rubens d'après LE CORRÈGE.

563. *Saint debout, vu de face, la tête levée et en raccourci, les mains jointes, le genou droit découvert et porté en avant.*

A la sanguine, avec quelques touches à l'huile. — Forme cintrée. — H. 0,541. — L. 0,302.

D'après une figure d'apôtre de la coupole de la cathédrale, à Parme.

Collection Mariette.

564. *Figure d'homme debout et vu de profil; tourné à droite, l'épaule couverte d'une draperie flottante, la main droite placée sur la hanche.*

A la sanguine, avec quelques touches à l'huile. — H. 0,387. — L. 0,143.

Collection Jabach.

Rubens, d'après LÉONARD DE VINCI.

565. *La bataille d'Anghiari.*

Quatre cavaliers se disputent un étendard. L'un d'eux en tient la poignée, qu'il cherche à défendre de ses deux mains, tout en se retournant avec effort ; il est couvert d'un casque et d'une armure bizarres, et son cheval est dirigé vers la gauche. Le second cavalier vient à son aide : tenant la hampe de l'étendard de la main gauche, brandissant de la droite son cimeterre, il cherche à faire lâcher prise aux assaillants. Son cheval mord avec fureur au poitrail l'un des chevaux ennemis. Les deux assaillants tiennent l'étendard du côté de la flamme ; ils s'efforcent d'en briser la hampe, et de rester ainsi les maîtres du précieux trophée.

On **voit** encore, entre les pieds des chevaux, trois figures de combattants. Ce sont, à droite, un vieillard tenant par les cheveux un jeune homme renversé sur le dos et le mettant à mort; à gauche, un jeune homme accroupi et se couvrant de son bouclier.

Très-terminé, à la pierre noire et à la plume, lavé d'encre de Chine et retouché à l'huile, sur papier gris — H. 0,451. — L. 0,640.

Le dessin que nous venons de décrire ne reproduit, selon toutes les probabilités, qu'un fragment du grand carton destiné à l'ornement de la salle du Conseil, à Florence, et où Léonard avait représenté la déroute de *Niccolo Piccinino*, général des troupes de Philippe, duc de Milan. Le maître avait même commencé à peindre cette composition à l'huile sur le mur, mais il fut obligé d'abandonner son ouvrage, à cause de la mauvaise qualité de l'enduit qu'il avait employé. Le carton fut exposé à l'admiration des artistes en même temps que celui de la Guerre de Pise, de Michel-Ange, également destiné à la décoration de la salle du Conseil. Ces deux grands ouvrages devaient avoir le même sort. Ni l'un ni l'autre ne fut exécuté, et tous deux furent détruits au bout de quelques années.

Le carton de la bataille d'Anghiari n'existait plus du temps de Rubens; tout nous fait supposer du moins que c'est d'après une copie que le maître flamand a fait cette étude, terminée avec tout le soin possible. Raphaël Trichet du Fresne, dans la vie mise en tête du traité de la peinture de Léonard, qu'il publia en 1651, nous apprend qu'il existait alors, au palais des Tuileries, un petit tableau de cette composition, *de la propre main du maître* (ce qui est peu croyable).... *Da cui dipinto in picciolo volume con gusto e amore incredibile*. Serait-ce cette peinture qui aurait servi de modèle à Rubens? Une autre copie de petite dimension existe encore à Florence.

G. Edelinck a gravé le même sujet, et il est facile de voir, ainsi que le fait observer Mariette, qu'il a travaillé d'après un dessin flamand. Il nous paraît très-probable que ce *dessin flamand* n'était autre chose qu'une copie de notre dessin de Rubens, copie assez faible qui a appartenu à sir Thomas Lawrence et ensuite au roi des Pays-Bas.

Notre dessin a fait partie de la collection du comte de Tessin, ambassadeur de Suède à Paris vers le milieu du siècle dernier, et a été acquis, en dernier lieu, à Stockolm, par M. le comte de **Bark**, avec les derniers débris du beau cabinet formé par cet amateur.

Presque tous les dessins du comte de Tessin provenaient du cabinet de Crozat. Nous sommes cependant porté à croire que celui-ci venait d'une autre source. En effet, Mariette paraît ne pas l'avoir connu, et il en aurait très-probablement parlé, soit dans le catalogue Crozat, soit dans sa lettre à Caylus sur Léonard, s'il avait eu occasion de le voir.

Acquis en février 1852, de M. le comte de Bark, au prix de 4,000 fr.

566. *La figure du Christ et celle de l'un des apôtres, tirées de la Cène peinte à Milan par Léonard.*

Aux crayons rouge et noir, lavé d'encre de Chine de bistre et d'aquarelle sur papier gris. — H. 0,314. — L. 0,435.

Rubens, *d'après* MICHEL-ANGE.

567. *La Sybille de Cumes.*

Aux crayons rouge et noir. — H. 0,455. — L. 0,400.

Ce dessin et les sept suivants reproduisent quelques-unes des figures peintes à la voûte de la chappelle-Sixtine.

Collection Jabach.

568. *La Sybille lybique.*

Aux crayons rouge et noir. — H. 0,520. — L. 0,340.

Collection Jabach.

569. *Le prophète Isaïe.*

Aux crayons rouge et noir. — H. 0,460. — L. 0,365.

Collection Jabach.

570. *Le prophète Zacharie.*

Aux crayons rouge et noir. — H. 0,450. — L. 0,330.

Collection Jabach.

571. *Le prophète Joel.*

Aux crayons rouge et noir. — H. 0,470. — L. 0,370.
Collection Jabach.

572. *Le prophète Ézéchiel.*

Aux crayons rouge et noir. — H. 0,400. — L. 0,380.
Collection Jabach.

573. *Le prophète Jérémie.*

Aux crayons rouge et noir. — H. 0,480. — L. 0,305.
Collection Jabach.

574. *Le prophète Daniel.*

Aux crayons rouge et noir. — H. 0,450. — L. 0,345.
Collection Jabach.

Rubens, *d'après* LE PRIMATICE.

575. *Pluton sur son trône, jugeant les âmes qui lui sont présentées par Mercure.*

Au bistre, à l'aquarelle et retouché à l'huile sur papier gris. — H. 0,407. — L. 0,534.

L'abbé Guilbert nous apprend (*Description historique du château de Fontainebleau*, t. I, p. 140) que ce sujet était peint en un petit tableau dans la *Chambre de Saint-Louis*.

D'après **Rubens.**

576. *Loth, accompagné de sa femme et de ses filles, est conduit par les anges hors de Sodome.*

14.

Composition de six figures marchant vers la gauche.

Le neveu d'Abraham, joignant les mains avec douleur, obéit à regret aux anges qui l'entraînent. Il se retourne vers ses filles qui le suivent; l'une porte un panier rempli de vases précieusement ciselés, l'autre tient un paquet sur sa tête.

A la pierre noire et rehaussé de blanc sur papier gris. — H. 0,335. — L. 0,397.

Le tableau original, donné par la ville d'Anvers au duc de Malborough, fait partie de la galerie de Bleinheim. Il a été gravé par Vosterman.

Inventaire Jabach, n° 187 des Écoles d'Allemagne et de Flandre.

On sait avec quel soin Rubens surveillait les travaux des graveurs qu'il chargeait de traduire ses compositions. Le dessin que nous venons de décrire et les dessins suivants, jusqu'au n° 585, sont une preuve de cette sollicitude. Ils reproduisent quelques-uns des tableaux les plus connus du maître, et ont été évidemment faits par ses élèves et sous sa direction. On les avait même autrefois donnés à Rubens, et cette attribution avait soulevé de justes réclamations. Ce ne sont cependant pas des copies ordinaires. Toutes sont animées par l'esprit du maître; quelques-unes mêmes sont retouchées de sa main. De pareils modèles devaient être d'un grand secours à des artistes, tels que les Bolswert, Lucas Vosterman, P. Pontius, Witdoeck, etc., pour produire leurs estampes si brillantes et si fidèles.

577. *L'Adoration des bergers; composition de onze figures, en hauteur.*

A la plume et à la pierre noire, lavé d'encre de Chine et de bistre et rehaussé de blanc sur papier gris. — H. 0,563. — L. 0,437.

D'après le tableau peint pour les dominicains d'Anvers, et gravé par Vosterman.

Inventaire Jabach, n° 194 des Écoles d'Allemagne et de Flandre

578. *L'Adoration des mages; composition de vingt-deux figures, en hauteur.*

A la pierre noire et à la sanguine, lavé de bistre et d'encre de Chine, et rehaussé de blanc au pinceau sur papier gris. — H. 0,567. — L. 0,420.

D'après le tableau de l'église Saint-Jean de Malines, gravé par L. Vosterman.

Ce dessin paraît avoir été en certains endroits retouché par le maître lui-même.

579. *L'Adoration des mages.*

La Sainte-Vierge est debout et vue de profil, tenant l'Enfant-Jésus, dont l'un des rois baise le pied. Le second roi est vêtu d'un ample manteau, dont un page tient l'extrémité. Le troisième roi, dont les traits portent le caractère éthiopien, est coiffé d'un turban et vu de face. Composition de vingt-quatre figures.

Aux trois crayons et à la plume, lavé d'encre de Chine et de bistre, et rehaussé de blanc sur papier gris. — H. 0,550 — L. 0,728.

D'après le tableau peint pour l'église des capucins de Tournay, et gravé par L. Vosterman.

Inventaire Jabach, n° 198 des Écoles d'Allemagne et de Flandre.

580. *La sainte Famille revenant d'Égypte.*

L'Enfant-Jésus, donnant la main à sa mère, marche en s'appuyant sur un bâton. Saint Joseph tient l'âne par la bride.

A la pierre noire et à la plume, avec quelques touches d'encre de Chine et de blanc. — H. 0,415. — L. 0,314.

D'après le tableau qui fait partie de la collection du duc de Malborough, au palais de Bleinheim, et qui été gravé par Vosterman.

581. *La Descente de croix; composition de neuf figures.*

<blockquote>Aux trois crayons et à la plume, lavé d'encre de Chine et rehaussé de blanc sur papier gris. — H. 0,550. — L. 0,430.</blockquote>

D'après le célèbre tableau peint pour la confrérie des arquebusiers d'Anvers, et placé dans la cathédrale de cette ville. Il a été gravé par L. Vosterman.

582. *Saint François recevant les stygmates.*

<blockquote>A la plume et à la pierre noire, lavé d'encre de Chine et rehaussé de blanc sur papier gris. — H. 0,520. — L. 0,350.</blockquote>

D'après le tableau, gravé par Vosterman, qui fut peint pour l'église des récollets de Gand.

Inventaire Jabach, n° 191 des Écoles d'Allemagne et de Flandre.

583. *Saint François Xavier ressuscitant des morts au Japon.*

<blockquote>A la pierre noire et à la plume, avec quelques rehauts de blanc sur papier gris. — H. 0,555. — L. 0,430.</blockquote>

D'après le grand tableau peint pour les jésuites d'Anvers, et gravé par Marinus, qui fait partie de la galerie de Vienne.

Inventaire Jabach, n° 193 des Écoles d'Allemagne et de Flandre.

584. *Saint Ignace de Loyola guérissant des possédés.*

<blockquote>A la pierre noire, gouaché et rehaussé de blanc sur papier gris. — H. 0,521. — L. 0,412.</blockquote>

D'après le grand tableau peint pour l'église des jésuites d'Anvers, qui décore aujourd'hui le musée de Vienne. Il a été gravé par Marinus.

585. *La chasse au lion.*

Six chasseurs, dont quatre à cheval, combattent contre

deux lions. L'un de ces animaux, malgré les coups d'épée et de lance qu'il reçoit, mord avec fureur un homme renversé par son cheval. Le second lion attaque un homme couché, qui se défend avec une épée à courte lame. Un septième chasseur est mort, et étendu entre les pieds des chevaux.

A la pierre noire, lavé d'encre de Chine et retouché à l'huile sur papier gris. — H. 0,394. — L. 0,575.

Le tableau original fait partie de la galerie de Munich, et a été gravé par Bolswert.

586. *La Religion, entourée d'enfants, se tient debout sur un char que traînent deux lions. Plusieurs anges volent dans les airs en se tenant par la main. Sur le premier plan, à droite, deux enfants; l'un tient un cœur enflammé et un arc, l'autre brûle avec une torche deux serpents.*

A la pierre noire et à la sanguine, lavé d'aquarelle sur papier gris. — H. 0,375. — L. 0,395.

587. *Un vieillard et une femme tenant chacun un cygne sous le bras, portant ensemble un grand panier rempli d'oiseaux de basse-cour. Une seconde femme, chargée d'un vase et d'un mouton, les accompagne. Tous trois marchent vers la gauche.*

A la sanguine, avec plusieurs retouches à l'huile sur papier gris. — H. 0,365. — L. 0,336.

Ce dessin fait partie de l'inventaire Jabach, n° 170 des Écoles d'Allemagne et de Flandre. Il nous paraît avoir été retouché par Rubens.

RUISDAEL (Jakob), *peintre et graveur, né à Harlem vers 1630 (?), mort à Harlem en 1681.*

(ÉCOLE HOLLANDAISE.)

Voir le **Catalogue des peintures, Écoles allemande, flamande et hollandaise.**

588. *Paysage.*

A droite, un groupe de vieux chênes. Sur le premier plan, un tronc d'arbre mort. A gauche, de jeunes arbres et une haie bordant un chemin, sur lequel on voit dans l'éloignement un homme arrêté. Dans le fond, le clocher d'un village.

Lavé à l'encre de Chine, avec quelques touches de plume. — H. 0.185. — L. 0,299.

Ce dessin porte le monogramme du maître, auquel une main plus moderne a ajouté le reste du nom.

Collection Mariette, n° 1027 du catalogue. — Vendu 197 livres 19 sous.

589. *Le moulin; paysage. La roue est arrêtée. Le premier plan, à gauche, est garni de broussailles vivement frappées par le soleil. Au fond, à droite, deux cabanes dans un massif d'arbres.*

A la pierre noire et lavé d'encre de Chine. — H. 0,145. — L. 0,223.

Ce dessin a souffert et a été retouché dans le ciel. Il a été gravé en fac-simile par M. Geoffroy.

Collection Mariette (?).

SADELER (Gillis), *dessinateur et graveur, né à Anvers en 1570, mort à Prague en 1629.*

(ÉCOLE FLAMANDE.)

Voir l'**Appendice**, p. 373 du présent volume.

590. *Portrait d'homme en buste; il est représenté tête nue, avec une barbe carrée. Il porte un manteau bordé de fourrure, et le cordon d'un ordre; de trois quarts tourné à gauche.*

A la pierre noire et au lavis, sur papier teinté de gris. — H. 0,161. — L. 0,130.

SCHONGAUER (Martin), *peintre et graveur, travaillait à Colmar en 1473, mort à Colmar le 2 février 1488*

(ÉCOLE ALLEMANDE.)

Voir l'**Appendice**, p. 376 du présent volume.

Attribué à **Martin Schongauer.**

591. *Démons tourmentant un damné.*

Ils le tirent en sens opposés, par des chaînes attachées à un cercle de fer passé autour de son cou.

A la mine d'argent. — H. 0,163. — L. 0,300.

SNYDERS ou **SNYERS** (Frans), *peintre, né à Anvers en 1579, mort à Anvers en 1657.*

(ÉCOLE FLAMANDE.)

Voir le **Catalogue des peintures, Écoles allemande, flamande et hollandaise.**

592. *Chasse au sanglier.*

Plusieurs chiens attaquent l'animal, qui vient d'en renverser un et se dirige vers la droite.

Croquis au crayon, vigoureusement lavé d'encre de Chine sur papier gris bleu. — H. 0,246. — L. 0,388.

593. *Étude de paons.*

A l'aquarelle et à la gouache. — H. 0,215. — L. 0,291.

Collection Mariette, n° 1038 du catalogue.

TOORNVLIET (Jakob), *peintre et graveur, né à Leyde en 1641, mort à Leyde en 1719.*

(ÉCOLE HOLLANDAISE.)

Voir l'**Appendice**, p. 378 du présent volume.

594. *Portraits à mi-corps de J. Toornvliet, dans sa jeunesse.*

Le buste est de profil et tourné à gauche ; la tête vue de face, la main gauche placée sur la poitrine. L'artiste porte un vêtement à ramages de fleurs, et un riche rabat de dentelles.

Très-terminé à la sanguine et à la pierre noire sur vélin. — H. 0,170. — L. 0,121.

On lit dans le haut, à droite, la signature : J. Toornvliet F.

Une ancienne inscription hollandaise, qui se lit au dos du dessin, nous apprend que c'est le portrait de l'artiste lui-même, à l'âge de vingt ans.

Vente Goll, Amsterdam, 1833, p. 67 du catalogue.

Collection de W. Esdaile, qui l'avait payé, en 1833, 63 schellings. Acquis de M. Defer, le 13 juin 1843, au prix de 40 fr.

TENIERS LE JEUNE (David), *peintre, né à Anvers en 1610, mort à Bruxelles en 1694.*

(ÉCOLE FLAMANDE.)

Voir le **Catalogue des peintures, Écoles allemande, flamande et hollandaise.**

595. *Le mauvais riche.*

Il est assis sous un dais, à table, auprès d'une femme. Une servante apporte un plat ; un jeune garçon se dispose à servir à boire. Dans le fond, à droite, on aperçoit, par une porte ouverte des serviteurs qui s'apprêtent à chasser le pauvre.

A la mine de plomb. — H. 0,235. — L. 0,362.

Signé du monogramme du maître.

Collection Lempereur, n° 338 du catalogue, 1773. Vendu 15 livres

596. *Dans une tabagie sont réunis quatre paysans: deux assis et jouant aux cartes, les deux autres debout et fumant.*

A la mine de plomb. — H. 0,270. — L. 0,210.

Collection Mariette, n° 1045 du catalogue.

597. *Danse de paysans et de paysannes; ils s'avancent presque sur une même ligne. Sur le premier plan, un tonneau et trois chiens. Composition de trente-une figures.*

Croquis à la mine de plomb. — H. 0,244. — L. 0,512.

598. *Paysans réunis sous un hangar, buvant et chantant, les uns assis, les autres debout. Composition de treize figures.*

Au crayon noir. — H. 0,150. — L. 0,210.

Collection Mariette.

599. *Fête de village.*

Aux sons que tire de sa cornemuse un musicien debout sur un tonneau, deux paysans et deux paysannes dansent en rond dans une cour d'auberge. L'hôtelier les regarde, tenant une cruche vide à la main. A gauche, plusieurs paysans debout, causant ou riant, et un homme endormi sur un tonneau. Composition de vingt-quatre figures.

A la mine de plomb. — H. 0,230. — L. 0,350.

Ce dessin porte le monogramme du maître, auquel une main plus moderne a ajouté le reste du nom.

Collection Mariette, n° 1046 du catalogue.

600. *Préparatifs d'un repas en plein air.*

A gauche, un cuisinier, près de ses marmites, donne un ordre à un garçon qui s'éloigne. Au centre, trois hommes s'occupent à mettre de la bière dans des cruches ; un autre boit, un dernier tire le vin ou la bière d'un tonneau. A droite, au fond, un berger, et une femme essayant de relever son mari, qui paraît ivre-mort.

Croquis à la mine de plomb. — H. 0,237. — L. 0,422.

601. *Paysage.*

Une chaumière occupe la plus grande partie du dessin. A droite, dans le fond, une église. Sur le devant, trois canards s'enfuient devant un homme portant un panier.

A la mine de plomb. — H. 0,186. — L. 0,285.

Ce dessin porte le monogramme D. T. suivi de la lettre F.

VELDE (Adriaan van de), *peintre et graveur, né à Amsterdam en 1639, mort à Amsterdam en 1672.*

(ÉCOLE HOLLANDAISE.)

Voir le **Catalogue des peintures, Écoles allemande, flamande et hollandaise.**

602. *Troupeau au pâturage.*

Au pied d'un arbre, et au milieu du dessin, se voit un bœuf, vu de profil et mugissant ; une vache et un mouton sont couchés près de lui, devant une haie. Sur le premier plan, à gauche, une chèvre et deux chevaux.

A la plume et lavé d'encre de Chine. — H. 0,175. L. 0,260.

Ce dessin porte la signature A. v. Velde 1662.

Il a fait partie de la collection de M. de Claussin, et a été acquis de M. Defer, en novembre 1844, au prix de 900 fr.

603. *Paysage avec animaux.*

Un pâtre, appuyé contre le tronc d'un vieux saule, regarde vers la droite, en se préservant, avec la main, contre les rayons du soleil couchant. Près de lui sont deux chevaux debout. A droite, un troisième cheval couché ; à gauche, six moutons. Au second plan, sur une éminence, une tour et un couvent.

A la plume et lavé d'encre de Chine. — H. 0,180. — L. 0,205.

Ce dessin est signé A. v. Velde 1662.

Il a fait partie du cabinet Claussin, et a été acquis de M. Defer, en novembre 1844, au prix de 900 fr.

604. *Étude de moutons ; l'un est vu de profil, le second de trois quarts. A gauche, étude séparée d'une tête et de deux pattes,*

A la sanguine sur papier de Chine. — H. 0,155. — L. 0,265.

Ce dessin est signé des initiales A. V. V.

Il a été acquis en avril 1845 à la vente Robert Dumesnil, au prix de 331 fr. 10 c.

605. *Deux chèvres et un mouton couchés.*

A la pierre noire. — H. 0,145. — L. 0,228.

606. *Étude de paysanne, tête nue, assise à terre et tournée à gauche, les deux bras appuyés sur l'angle d'une pierre. — Étude séparée des mains de la même figure.*

A la sanguine. — H. 0,233. — L. 0,196.

VELDE (Willem van de), *né à Amsterdam en 1633, mort à Greenwich, près de Londres, en 1707.*

(ÉCOLE HOLLANDAISE.)

Voir le **Catalogue des peintures, Écoles allemande, flamande et hollandaise.**

607. *Marine.*

Quelques rayons de soleil traversent le ciel, chargé de nuages, et viennent éclairer le milieu du dessin. Trois barques de pêche sont à l'ancre sur le premier plan. Au second plan, et dans le fond, deux vaisseaux de guerre également à l'ancre. La mer est légèrement agitée.

Très-terminé au pinceau et à l'encre de Chine, avec quelques touches de bistre. — H. 0,151. — L. 0,202.

Ce dessin est signé W. v. Velde Jn.

Il a été acquis en mars 1859, avec le dessin de Backuysen, n° 460 du présent catalogue, de M. Gruyter, d'Amsterdam, au prix de 1,600 fr.

608. *Deux dessins sur une feuille :*

1° *Marine. Barque à l'ancre, temps calme.*

Croquis à la plume, avec quelques touches d'encre de Chine. — H. 0,144. — L. 0,194.

2° *Marine. Vaisseaux de guerre, les voiles déployées; temps calme.*

A la plume, lavé de bistre. — H. 0,144. — L. 0,194.

Ces deux dessins sont signés des initiales W. V. V. J.

Ils viennent de la collection Mariette, n° 1052 du catalogue

609. *Marine par un temps calme.*

A droite, un petit navire, qui paraît être un yacht de

plaisance. Tout à fait dans le fond se voient les mâts élevés d'un vaisseau de guerre.

> Croquis vigoureusement lavé à l'encre de Chine, avec quelques traits à la plume. — H. 0,106. — L. 0,198.

Signé : W. V. V. J.

Collection Mariette, n° 1052 du catalogue.

610. *Combat naval.*

Quatre vaisseaux sont aux prises, échangeant leurs bordées. Deux grandes chaloupes à voiles, marchant à l'aide de nombreux avirons, paraissent vouloir prendre part au combat. Sur le premier plan, une longue chaloupe remplie de monde.

> A la plume et lavé d'encre de Chine, sur croquis à la mine de plomb. — H. 0,154. — L. 0,300.

Signé des initiales du maître : W. V. V.

611. *Un Vaisseau pendant le combat, les mâts désemparés.*

> Lavé à l'encre de Chine sur crayon. — H. 0,152. — L. 0,245.

612. *Flotte à la voile.*

Elle est composée de huit vaisseaux placés sur différents plans. De nombreuses chaloupes chargées de matelots les entourent. A droite on aperçoit la côte.

> A la mine de plomb, lavé d'encre de Chine. — H. 0,285. — L. 0,680.

L'artiste a écrit au bas de son dessin les noms des vaisseaux, qui sont peu lisibles. Nous distinguons cependant les mots : Portsmouth, Mary.... La flotte représentée est donc celle du roi d'Angleterre.

613. *Marine ; vue d'une rade.*

Plusieurs canots à la rame, chargés de monde, circulent, sur le premier plan, près de trois petits navires dont les voiles sont carguées. Dans le fond, et près de terre, on distingue les mâts élevés de quelques vaisseaux de guerre. Une brise légère agite les flammes et les drapeaux.

Croquis à la mine de plomb, lavé d'encre de Chine. — H. 0,320. — L. 0,645.

614. *Flotte hollandaise à l'ancre.*

On compte sur les différents plans de la mer, qui est entièrement calme, dix-neuf vaisseaux de haut bord portant le pavillon hollandais. Sur le premier plan, un canot à la voile.

A la mine de plomb et lavé d'encre de Chine. — H. 0,305. — L. 0,695.

Ce dessin porte la date 1658, et une inscription de la main du maître que nous n'avons pu lire.

VISSCHER (CORNELIS DE), *dessinateur et graveur, né en 1629 (?), mort en 1658 (?)*

(ÉCOLE HOLLANDAISE.)

Voir l'**Appendice**, p. 379 du présent volume.

615. *Portrait en buste, et tourné vers la gauche, de Jean Mérius, pasteur à Spenbrœck. Il est représenté en prières, les mains jointes et la tête levée vers le ciel. Ses cheveux sont rares, et sa barbe très-fournie.*

A la pierre noire, sur vélin. — H. 0,227. — L. 0,193

Ce dessin a été gravé en contre-partie par Visscher lui-même, en y ajoutant quelques accessoires (n° 7 des portraits du catalogue de Hecquet).

Il provient de la collection J. Barnard, et fut payé 70 florins à la vente de la collection Muilman, à Amsterdam, en avril 1773.

616. *Portrait de Philippe Wouvermans. Il est représenté à mi-corps et assis, un manteau autour* du corps, la main gauche sur la poitrine, la droite posée sur le genou.

A la pierre noire, sur vélin. — H. 0,215 — L. 0,165.

Ce dessin porte la signature : C. Visscher fecit.

Il a été gravé par N. Dupuis.

Il a été acquis en 1841 au prix de 400 fr., et a fait partie en 1797 de la vente faite après le décès de Basan, n° 51 du catalogue. Vendu 263 fr.

617. *Portrait de femme assise, tournée vers la gauche et vue jusqu'aux genoux, elle a les cheveux relevés, une coiffe plate, et tient une rose de la main droite. Au fond, à droite, un rideau relevé; à gauche, une colonne sur laquelle est écrit: C. Visscher fecit.*

A la pierre noire, avec quelques touches d'encre de Chine, sur vélin. — H. 0,324. — L. 0,235.

618. *Portrait de jeune femme assise, les mains croisées, la tête coiffée d'un petit bonnet, et portant un grand col uni et rabattu ; elle est vue de trois quarts, tournée à gauche.*

A la pierre noire, avec quelques touches de sanguine. — H. — 0,271. — L. 0,210.

Ce dessin porte la signature : C. de Visscher fecit.

619. *Portrait en buste de vieille femme, vue de trois quarts et tournée à droite.*

A la pierre noire, le fond lavé d'encre de Chine. — H. 0,147. — L. 0,112.

Collection Mariette, n° 1057 du catalogue. Vendu 120 livres.

620. *Tête d'homme, vu de trois quarts et tourné vers*

la gauche; sa barbe est courte et il est coiffé d'une sorte de bonnet fourré.

<blockquote>A la pierre noire, et à la sanguine, sur vélin. — Forme ovale. — H. 0,177. — L. 0,142.</blockquote>

Collection Mariette, n° 1058 du catalogue. Vendu 80 livres.

621. *Deux dessins sur une feuille :*

1° *Tête de paysanne, vue de trois quarts, tournée vers la gauche et coiffée d'un bonnet.*

<blockquote>A la pierre noire, sur vélin. — H. 0,113. — L. 0,089</blockquote>

2° *Tête de vieille femme, vue de trois quarts et tournée à droite ; elle a une coiffe sur la tête et une fraise autour du cou.*

<blockquote>A la pierre noire, sur vélin. — H. 0,125. — L. 0,101.</blockquote>

WERNER (Joseph), *peintre né à Berne en 1637, mort à Berne en 1710.*

(ÉCOLE ALLEMANDE.)

Voir l'**Appendice**, p. 382 du présent volume.

622. *Louis XIV, debout dans un paysage, sous la figure d'Apollon, vainqueur du serpent Python. Dans le ciel, l'Amour tenant son arc.*

<blockquote>Miniature à la gouache, sur vélin. — H. 0,345. — L. 0,217.</blockquote>

623. *Louis XIV, sous la figure d'Apollon, dans le char du Soleil, précédé par l'Aurore et accompagné par les Heures.*

<blockquote>Miniature à la gouache sur vélin. — H. 0,345. — L. 0,220.</blockquote>

624. *Repos de Diane au retour de la chasse.*

Une nymphe agenouillée retire les brodequins de la déesse,

qui caresse son chien favori. Une autre nymphe étend sur les branches d'un arbre une grande draperie bleue. Au premier plan, à droite, de nombreuses pièces de gibier mort.

Miniature à la gouache, sur vélin. — H. 0,345. — L. 0,210.

WEYDEN (ROGIER VAN DER), *peintre, né à Tournai vers 1400, mort à Bruxelles en 1464.*

(ÉCOLE FLAMANDE.)

Voir l'**Appendice**, p. 384 du présent volume.

625. *Tête de Vierge, vue de trois quarts et penchée à droite. Ses cheveux tombent sur ses épaules.*

A la mine d'argent, sur papier préparé. — H. 0,129. — L. 0,111.

Attribué à **R. van der Weyden.**

626. *Jésus sur la croix. A gauche, saint Jean soutenant la Vierge; à droite, la Madeleine agenouillée et tendant les bras. Fond de paysage avec château et porte de ville.*

Au crayon d'argent. — H. 0,278. — L. 0,224.

ZACHT-LEVEN (CORNELIS), *peintre et graveur, né à Rotterdam en 1606 (?), vivait encore en 1661.*

(ECOLE HOLLANDAISE.)

Voir le **Catalogue des peintures**, Écoles allemande, flamande et hollandaise.

627. *Étude de singe accroupi, la tête vue de profil et* tournée à gauche; il est attaché au moyen d'une chaîne de fer.

A la pierre noire et lavé d'aquarelle. — H. 0,278. — L. 0,204.

Ce dessin porte les initiales C-L. et la date suivante : 1655 den 5 jüny.

INCONNUS.

ÉCOLE DE COLOGNE, COMMENCEMENT DU XVe SIECLE.

628. *Personnage assis, vu de face, le regard dirigé vers la droite; il est enveloppé d'une draperie, qui ne laisse voir que sa tête, ses mains et l'un de ses pieds.*

Au pinceau et à l'encre de Chine, sur papier teinté de blanc. — H. 0,198. — L. 0,195.

ÉCOLE FLAMANDE, XVe SIÈCLE.

629. *Jeune femme vue en buste, de trois quarts et tournée vers la gauche; elle est coiffée d'un bonnet à grands bords formant voile par derrière. Sur le fond du dessin, on remarque quelques fleurs qui paraissent indiquer une tapisserie.*

A la mine d'argent, sur papier préparé. — H. 0,095. — L. 0,065.

630. *Tête d'homme âgé, vue de trois quarts et tournée*

à gauche; il est coiffé d'un bonnet d'étoffe dont les bords retombent sur ses épaules.

Au crayon d'argent, sur papier préparé. — H. 0,095. — L. 0,120.

Ce beau dessin rappelle la manière de J. van Eyck. Il offre beaucoup d'analogie avec un portrait exécuté également à la mine d'argent, et conservé au musée des dessins de Dresde.

631. *Buste de vieille femme, la tête couverte d'un voile; elle est vue presque de face, un peu tournée vers la gauche.*

Au crayon d'argent sur papier préparé. — H. 0,110. — L. 0,095.

632. *Portrait d'homme en buste, vu presque de profil et tourné à droite; il est coiffé d'un bonnet pointu, et tient de la main droite un œillet.*

Au crayon d'argent sur papier teinté de jaune. — H. 0,138. L. 0,100.

633. *Deux dessins sur une feuille:*

1° *Étude de mains; l'une est fermée, la seconde est ouverte et vue extérieurement, la troisième est vue en dedans, la quatrième a deux doigts ouverts pour donner la bénédiction. Dans le haut du dessin, une tête appuyée sur une main. — Au verso, tête de vieille femme, vue de trois quarts et tournée à droite.*

Au crayon d'argent, sur papier préparé. — H. 0,093. — L. 0,065.

2° *Tête de vieillard, vue de trois quarts et tournée*

à gauche; il est coiffé d'un bonnet formant draperie.

<blockquote>A la mine d'argent et à la plume, sur papier préparé. — H. 0,095. — L. 0,067.</blockquote>

634. *Figure de femme debout, vue de face; elle est vêtue d'une robe traînante, et soulève de la main gauche un collier de perles rouges passé à son cou. Sur une banderolle placée à la haueur de la tête, on lit : Ven-got-vil (si Dieu e veut).*

<blockquote>Miniature à la gouache, sur vélin. — H. 0,248. — L. 0,174.</blockquote>

Collections Lagoy et Revoil (?).

635. *Jeune femme assise à terre tenant un faucon sur la main gauche, et caressant un petit chien de la droite.*

<blockquote>Miniature à la gouache, sur vélin. — H. 0,175. — L. 0,133.</blockquote>

Collection Revoil (?).

636. *Costumes des anciens ducs de Bourgogne, de leurs femmes et de leurs enfants.*

Au fond, un château. Sur le premier plan, à droite, neuf princes de la maison de Bourgogne, et en face huit princesses, debout, des lignes à la main et des faucons sur le poing. En haut de la miniature est l'inscription :

Veterum Burgundiæ ducum conjugumque filiorum filiarumque habitus ac vestitus.

<blockquote>A l'aquarelle, sur papier bistré. — H. 0,250. — L. 0,395.</blockquote>

Ce dessin a été, tout au moins, entièrement retouché vers la fin du XVIe siècle ou au commencement du XVIIe. Il nous parait même bien postérieur aux personnages qu'il représente, et ce n'est vraisemblablement que la reproduction d'un monument ancien.

ATTRIBUÉ A UN MAITRE ALLEMAND OU FLAMAND DU COMMENCEMENT DU XVIᵉ SIÈCLE.

637. *Tête d'homme, vue de trois quarts, tournée en haut et vers la droite. — Au verso, une tête de Christ, vue de face, et un buste d'homme fort endommagé.*

A la mine d'argent, sur papier teinté de gris pâle. — H. 0,134. — L. 0,125.

ÉCOLE ALLEMANDE, XVIᵉ SIÈCLE.

638. *Ange agenouillé, les mains jointes, tourné vers la droite; la tête n'est point terminée, et les ailes sont à peine indiquées.*

A la plume rehaussé de blanc sur papier teinté de vert. — H. 0,176. — L. 0,120.

639. *Portrait de jeune femme vue en buste et de face, souriant et regardant en bas; elle porte un collier et un médaillon. Sur la bordure de son corsage se lit l'inscription suivante:* ALS·IN. ERN·ALS·IN... (*Tout en honneur*).

Au crayon d'argent et à la plume, lavé d'encre de Chine et rehaussé de quelques touches de sanguine sur papier préparé. — H. 0,192. — L. 0,155.

Collection Jabach (1).

640. *Tête de femme coiffée d'un bonnet qui lui cache entièrement les cheveux; elle est de profil, tournée à droite.*

Au crayon noir et à la sanguine, sur un fond lavé de couleur verdâtre. — H. 0,115. — L. 0,088.

---

(1) Ce beau dessin est d'Holbein.

ÉCOLE ALLEMANDE, PREMIÈRE MOITIÉ DU XVIIe SIÈCLE.

641. *Empereur d'Allemagne assis sur son trône, environné des écussons des différentes provinces de l'Empire.*

Miniature à la gouache, sur vélin. — H. 0,295. — L. 0,220.

ÉCOLE FLAMANDE OU HOLLANDAISE, XVIIe SIÈCLE.

642. *Tête d'enfant endormi, vue de profil, tournée à gauche et renversée en arrière.*

Aux trois crayons, sur papier gris. — H. 0,235. — L. 0,185.

Collection Huquier.

643. *Femme assise dans un fauteuil, et tenant de la main gauche un livre sur ses genoux; elle porte une grande fraise autour du cou. Son regard est dirigé vers le spectateur.*

A la pierre noire. — H. 0,214. — L. 0,181.

Ce dessin est signé : PB-INVENTOR : 1633.

644. *Étude de femme assise, vue de dos, occupée à dévider de la laine.*

A la pierre noire. — H. 0,236. — 0,160.

ÉCOLES ALLEMANDE, FLAMANDE ET HOLLANDAISE.

APPENDICE.

Johann Wilhelm Bauer, *peintre en miniature et graveur à l'eau-forte, né à Strasbourg dans les premières années du 17ᵉ siècle, mort à Vienne en 1641 (?)*

(ÉCOLE ALLEMANDE.)

Voir nᵒˢ 461 à 469.

Corneille de Bie et Sandrart s'accordent à donner l'année 1640 comme date de la mort de Guillaume Bauer. Nous présumons cependant qu'il dut vivre jusqu'en 1641, et nous nous apppuyons sur l'inscription qui se trouve en tête de la suite des Métamorphoses d'Ovide, l'un de ses principaux ouvrages de gravure (1). En ce qui concerne l'année de sa naissance, les deux auteurs que nous venons de citer sont muets. Les historiens plus modernes adoptent, les uns la date de 1610, les autres celle de 1600, et nous ne saurions dire si l'une ou l'autre est bonne. Nous ne possédons qu'un renseignement approximatif, donné

---

(1) *Johann Wilhelm Baur inventor et fecit Viennæ Austriæ* 1641. Sur les cent cinquante pièces qui composent cette suite, deux ou trois portent la date de 1639; une seule porte celle de 1640. Toutes les autres sont sans millésime.

par le portrait que Bauer a gravé de lui-même en 1637. Il est certain qu'à cette date l'artiste était encore jeune et paraissait tout au plus avoir trente ans. Mais ce ne sont là que des conjectures, sur lesquelles il est inutile d'insister.

G. Bauer fut élève de F. Brendel, peintre en miniature, et se distingua dans le même genre. Il travaillait, dit Sandrart, avec une grande rapidité, ce qui lui permit de produire, en peu d'années, des suites de miniatures d'un fini extraordinaire. On est étonné de la perfection des détails de tout genre qu'il savait rendre, de la belle ordonnance de ses monuments d'architecture, de l'agrément de ses paysages et de la variété des personnages sans nombre qu'il faisait tenir sur un vélin de quelques pouces. C'est dans ces ouvrages infiniment petits qu'il triomphe. Car lorsqu'il veut agrandir un peu ses figures, elles deviennent d'une incorrection sensible et d'un style très-médiocre. Il se montre alors bien inférieur à Étienne de la Belle.

Il fit le voyage d'Italie et fut accueilli à Rome par le duc de Bracciano, chez qui il logea, et pour qui il travailla pendant plusieurs années. Il fit un séjour à Naples, et y grava une vue de l'éruption du Vésuve. Il était de retour à Rome en 1634, et y grava (en 1635 et 1636) des sujets de batailles, suite de 16 pièces; les costumes des différents peuples (suite comprenant le même nombre de sujets et dédiée au duc de Bracciano); des vues de jardins (6 pièces), etc., etc... Il se trouvait à Venise en 1637 et se rendit enfin à Vienne, où il fut protégé par l'empereur Ferdinand III, qui le prit à son service, et qui, entre autres travaux, lui fit décorer des cabinets portatifs garnis d'ornements d'or, d'argent et de pierres fines. Dargenville nous apprend que l'une de ces armoires fut donnée par l'empereur au cardinal Mazarin. G. Bauer mourut à Vienne, jeune encore, en 1640 ou 1641 au moment où il venait de se marier.

Les planches gravées par lui s'élèvent à plus de 250. En outre un artiste d'Augsbourg, Melchior Kuesel, a reproduit un grand nombre de ses compositions. Nous citerons particulièrement une suite de 148 pièces publiée en 1670 d'après les miniatures conservées à Vienne, dans le cabinet de l'empereur, et représentant différents sujets, tels que: la Vie du Christ et la suite de la Passion, des vues de jardins et de palais, des batailles, des paysages, des ports de mer, des retours de chasse, jeux de ballon, etc...

Le même graveur a mis au jour, en 43 pièces datées de 1671, les scènes de la Pastorale, *Il Pastor fido*, dessinées par Bauer en 1640, et différentes vues d'Italie et d'autres pays. Cette dernière suite, qui forme 40 pièces, a vu le jour en 1681. F. van Wyngaerde a aussi publié sept vues du même genre. Enfin, J. van Velde a exécuté, d'après un dessin d'une dimension inusitée, pour Bauer, une estampe représentant un charlatan.

Les miniatures qui font partie du Musée du Louvre, et qui ont été acquises par le roi Louis XIV, en 1661, à l'inventaire du cardinal Mazarin, suffisent à donner du talent de G. Bauer une idée très-avantageuse. Les deux principales, qui représentent la *Cavalcade du Pape* et la *Marche du Grand-Seigneur*, doivent compter au nombre de ses chefs-d'œuvre. Toutes deux sont traitées avec la même adresse prodigieuse : elles ne sont pas cependant d'un égal mérite. La Marche du Grand-Seigneur, sujet de fantaisie et d'imagination, ne représente évidemment que des Turcs de comédie, tandis que la Cavalcade pontificale contient les détails de costumes les plus exacts. On voit bien que Bauer retraçait avec soin une scène qu'il avait eue sous les yeux. Les milliers de figures qui se pressent dans cette longue procession, sont disposées avec une vérité et une netteté que l'on ne saurait trop apprécier, et l'artiste qui exécuta cet ouvrage pour l'empereur Ferdinand III, ne dut jamais rencontrer un sujet mieux approprié à son talent.

Pieter van Bloëmen, *peintre, né à Anvers en* 1649 (?), *mort à Anvers en* 1719 (?).

(ÉCOLE FLAMANDE.)

Voir n° 477.

On ne possède presque aucun renseignement sur cet artiste. Il était frère de J.-F. van Bloëmen, dit Orizonti, et se forma comme lui en Italie. Il représentait des batailles, des caravanes, des marchés aux chevaux, des scènes champêtres avec animaux, et reçut de ses compatriotes le surnom de Standart (étendart).

Il revint dans sa ville natale et fut nommé en 1699 directeur de l'Académie d'Anvers.

Ses tableaux ne sont ni rares ni chers. Lebrun dit cependant en avoir vu de très-beaux. Ses dessins sont exécutés dans un bon sentiment, mais sans finesse, à la pierre noire et à la sanguine.

Heinecke assure que P. van Bloëmen a gravé quatre petits paysages. Ces pièces ne se trouvent pas à la Bibliothèque Impériale, et, nul ne les décrivant, il nous semble probable qu'Heinecke a fait confusion avec quelques-unes des eaux-fortes de l'Orizonti.

Josi dit (*dans sa table*) que notre artiste était élève de van Romeyn. Nous rapportons ce renseignement sans en connaître l'origine ni la valeur.

Hans Bol, *peintre de paysage en détrempe et en miniature, graveur à l'eau-forte, né à Malines le* 16 *décembre* 1534, *mort à Amsterdam, le* 20 *novembre* 1593.

(ÉCOLE FLAMANDE.)

Voir n° 478.

Mis en apprentissage à l'âge de 14 ans chez un peintre de sa ville natale, cet artiste fit de tels progrès, qu'au bout de deux ans il fut appelé à travailler à Heidelberg chez l'électeur Palatin. Il revint à Malines, âgé de 18 ans, et se fit connaître par ses paysages ornés de figures, dont on appréciait la composition et le fini, et que les marchands trouvaient à vendre avec avantage. Sandrart cite comme un de ses meilleurs ouvrages, un grand paysage en détrempe dans lequel il avait représenté la chute d'Icare.

Malines ayant été saccagée par les Espagnols en 1572, Hans Bol se réfugia presque nu à Anvers. Il y trouva aide et secours et y peignit des miniatures, toujours recherchées par les amateurs. En 1584, chassé d'Anvers par les troubles, il se réfugia à Mons qu'il quittait deux ans après pour Delft, et enfin vint s'établir à Amsterdam où il mourut.

Hans Bol a gravé à l'eau forte une suite de 12 petits paysages de forme ronde, et 4 pièces de même forme, mais un peu plus grandes, représentant la rencontre de Jacob et d'Ésaü, deux sujets d'Éliézer et Rebecca, et la Prédication de saint Jean. Heinecke donne la liste des différents graveurs qui ont reproduit ses compositions, et parmi lesquels figurent Jean Sadeler, Crispin de Passe, A. Collaërt, P. Galle, etc...

H. Goltzius a deux fois gravé son portrait : l'une de ces pièces porte la date de 1593, année de la mort de Bol.

Adriaan van der Cabel ou **Kabel**, *peintre et graveur à l'eau-forte, né à Ryswyk, près de La Haye, en 1631, mort à Lyon en 1695.*

(ÉCOLE HOLLANDAISE.)

Voir n° 482.

Élève de van Goyen, ce peintre paraît s'être perfectionné en étudiant les ouvrages des Flamands habitant l'Italie. Les renseignements biographiques qui le concernent se réduisent à peu de chose : car nous omettons à dessein les détails de cabaret et même de prison que Campo-Weyerman et d'autres mettent invariablement sur le compte de presque tous les artistes. Il visita très-probablement l'Italie, et vécut à Paris pendant longtemps. Il se fixa ensuite à Lyon, au plus tard en 1670. Il y mourut âgé de 64 ans.

Il peignit principalement des paysages, des ports de mer, des marines. Il imitait tantôt Benedette, tantôt Salvator, et les pastiches qu'il faisait dans le goût de ces artistes trompèrent souvent, dit-on, les amateurs.

Ses tableaux sont fort peu connus aujourd'hui et peu recherchés. On leur reprochait déjà, dans le siècle dernier, d'avoir poussé au noir. Il est probable que ce défaut n'a fait qu'augmenter et les a fait exclure des galeries publiques et particulières. Il serait fort difficile d'en citer qui figurent dans les collections connues.

Il n'en était pas de même dans le XVIIIe siècle. Nous trouvons, mentionnés au recueil de Gerard Hoët, quelques-uns de ses ouvrages qui furent vendus à des prix honorables, quoique bien inférieurs à ceux des grands maîtres hollandais. Dans le cabinet Boyer d'Aguilles, on avait réuni cinq de ses peintures, et la description qu'en donne Mariette prouve que van der Cabel n'imitait pas seulement les Italiens. En effet, deux de ces tableaux, représentant des chèvres, sont peints dans la manière de Berchem (tel est du moins l'avis de Mariette, mais les estampes de Coëlemans donneraient plutôt l'idée d'ouvrages dans le goût de Roos) ; le troisième, exécuté dans la jeunesse de van der Cabel, rappelle le style de Both ; le quatrième est un port de mer, *et*, dit Mariette, *on croit voir un tableau de Claude le Lorrain*. Le dernier enfin est un pastiche de Mola.

A tous ces noms, nous devons ajouter celui d'un artiste hollandais qui habita Lyon à peu près à la même époque que notre peintre. Nous voulons parler de Karel Dujardin. Lebrun disait avoir vu vendre, sous le nom de ce maître, un paysage orné d'animaux qui n'était en réalité qu'un van der Cabel.

Les faits bien constatés qui précèdent rendent fort invraisemblable le renseignement donné par Descamps dans les termes suivants : Cabel, dit-il, *avait l'excellente maxime de ne rien faire que d'après nature.* Mariette, tout au contraire, reproche à ses compositions d'être trop idéales, et ce jugement nous paraît vrai. Il était du reste, avant tout, le contrefacteur plus ou moins adroit des maîtres en vogue.

Ses dessins paraissent avoir été assez estimés. Celui qui est exposé dans les salles du Louvre est habilement traité dans la manière hollandaise. Dans l'ouvrage de Ploos van Amstel et Josi, on trouve un joli fac-simile d'après un autre dessin de sa jeunesse. Il est daté de 1655 et on le prendrait pour un ouvrage de J. Both ou de G. de Heusch.

Les eaux fortes de van der Cabel sont au nombre de 65 environ. Presque toutes sont des paysages dans le goût italien. Dans cette suite figurent quelques pièces d'un certain Nicolas Guérard, son élève, dont les initiales, à moitié effacées, se voient encore sous les retouches qui les dissimulent.

J. Buys a gravé en 1679, d'après van der Cabel, le portrait de Jean Chabert, parfumeur à Lyon : et Bouchet, de Lyon, en 1693, celui de Cabel lui-même ; la planche porte l'inscription : *Se ipse pinxit.*

Jakob van der Doës, *peintre et graveur à l'eau-forte, né à Amsterdam le 4 mars 1623, mort à la Haye le 17 novembre 1673.*

(ÉCOLE HOLLANDAISE.)

Voir n° 493.

Cet artiste fut d'abord élève de Nicolas Mojaart, peintre peu connu chez qui il passa plusieurs années, et qui fut également le maître de Berchem. A l'âge de vingt ans il se rendit en France, et de là en Italie. Arrivé à Rome, et manquant de pain, il allait s'engager comme soldat. Mais quelques peintres de son pays, qu'il rencontra, l'encouragèrent à vivre avec eux et le reçurent dans leur société.

Van der Doës se mit à travailler dans le goût de Pierre de Laer, dit Bamboche, peintre alors en vogue, et réussit à faire d'agréables paysages qu'il enrichissait d'animaux et surtout de chèvres et de moutons dessinés avec talent.

Après quelques années de séjour en Italie, il revint à Amsterdam, et alla ensuite se fixer à La Haye, où il se maria. Sa femme mourut en 1661 après lui avoir donné quatre garçons et une fille. Cette mort qui le laissait sans ressources, car il perdit en même temps l'aisance que le bien de sa femme lui avait apportée, l'affecta si péniblement qu'il resta longtemps sans toucher un pinceau ou un crayon.

Il se remaria, après quelques années, à une jeune fille riche; mais cette seconde femme mourut bientôt. Il resta donc veuf, et vécut en travaillant jusqu'à l'âge de cinquante ans.

Il était l'ami de Karel du Jardin, et Houbraken rapporte que ces deux artistes avaient souvent des discussions sur les questions d'art. Ils ne s'entendaient nullement et restèrent cependant bons amis.

La manière de van der Doës offrirait quelque analogie avec celle de Karel du Jardin, au moins pour les sujets, le genre de composition et le style du dessin, si leurs effets de lumière n'étaient tout différents. Autant le second aime le soleil et les détails nettement accentués, autant van der Doës aime les ombres. Ses tableaux présentent une teinte mélancolique que le temps n'a pu qu'augmenter et qui leur nuit souvent. Aussi n'est-il rangé que parmi les peintres de second ordre. On parle cependant d'un tableau de sa main, représentant une seule chèvre, qui aurait été vendu mille florins; mais l'on ne dit pas à quelle époque, et nous n'avons trouvé dans le livre de Gérard Hoet que des prix fort inférieurs à ce chiffre.

J. van der Doës a gravé, en 1650, une planche à l'eau-forte, représentant cinq moutons, qui n'est pas inférieure aux plus belles œuvres de son ami Karel ou des autres célèbres Hollandais. Bartsch la cite comme étant d'une rareté extraordinaire. Elle se trouve cependant à la Bibliothèque Nationale et figure dans le catalogue Rigal.

Simon van der Doës, *peintre, né à Sloten, près d'Amsterdam (?), en 1653, mort à Anvers (?), en 1717.*

(ÉCOLE HOLLANDAISE.)

Voir n° 494.

Il fut élève de son père Jacques van der Doës, et peignit, dans le même goût, des paysages avec figures et animaux.

Il commença par habiter La Haye, auprès d'une de ses tantes. Il se rendit ensuite en Frise et de là en Angleterre, où il ne séjourna qu'un an. Il revint à La Haye, où il épousa, à l'âge de 36 ans, une femme qui le rendit fort malheureux, en dissipant follement tout ce qu'il gagnait par son travail.

A la mort de cette femme, il se trouva réduit à un état si misérable, qu'il fut forcé de chercher un asile dans l'hôpital de La Haye. Il en sortit au bout de deux ou trois ans et se rendit à Bruxelles où il séjourna un an, et ensuite à Anvers où il travaillait pour avoir du pain.

Houbraken, à qui nous empruntons ces détails, ajoute que, malgré tant de misères, cet artiste travaillait chaque jour avec une remarquable assiduité et sans perdre courage. Ses peintures, qui ressemblent beaucoup à celles de son père, présentent souvent une teinte brune et sourde qui ne leur est pas favorable. Outre ses paysages, qui sont nombreux, il faisait des portraits dans le genre de G. Netscher.

L'un des meilleurs ouvrages de S. van der Doës se voit au

musée de La Haye. Il est plus clair que d'habitude et acquiert en conséquence plus d'intérêt et de valeur. On en rencontre aussi au musée d'Amsterdam et dans différentes collections particulières. Nous trouvons mention d'un tableau de sa main vendu à Rotterdam, en 1824 (collection Gérard van der Pals), 1,400 florins. C'est probablement un des prix les plus élevés que ses œuvres durent atteindre.

Lebrun, dans sa *Galerie des Peintres flamands et hollandais*, a entièrement confondu les ouvrages de J. van der Doës le père avec ceux de son fils Simon. La moindre comparaison des dates qui se retrouvent sur leurs tableaux ou sur leurs dessins, eût suffi pour lui montrer son erreur.

Basan a cité Simon van der Doës comme graveur à l'eau-forte, et son assertion se trouve répétée par Nagler et par d'autres. Il nous paraît vraisemblable que ce renseignement est erroné. Car nul ne peut décrire ni même citer les pièces dont il s'agit, et, malgré nos recherches, nous n'avons jamais pu voir que la belle eau-forte de Jacques, dont nous avons parlé plus haut.

Simon van der Doës avait un frère qui fut peintre, et qui, comme leur père, s'appelait Jakob. Il peignait les sujets historiques, et mourut tout jeune à Paris.

Albrecht Dürer, *peintre, graveur, sculpteur, architecte, né à Nuremberg le* 20 *mai* 1471, *mort à Nuremberg le* 6 *avril* 1528.

(ÉCOLE ALLEMANDE.)

Voir n°ˢ 496 à 504.

I.

Le père de ce grand artiste était un orfévre de talent, originaire de Hongrie, qui après avoir travaillé longtemps dans les Pays-Bas, était venu en 1454, s'établir à Nuremberg. Pauvre et chargé de famille, le vieux Dürer passa sa vie dans les privations et le travail. Il avait pour son fils Albert une affection particulière qu'expliquent l'heureux naturel et les précoces dispositions de l'enfant; il l'envoya à l'école, et ensuite, le gardant avec lui, lui apprit le métier d'orfévre. C'est donc de son père qu'Albert Dürer reçut les premiers éléments du dessin.

Il fit de rapides progrès, non pas seulement comme orfévre, mais aussi comme dessinateur, car on conserve encore aujourd'hui à Vienne (collection de l'archiduc Albert) un dessin à la pointe d'argent où il s'était représenté à l'aide d'un miroir, âgé de 13 ans, en 1484. C'était une tête naïve et vivante. Il était déjà habile ouvrier; mais son penchant le portait vers la peinture. Il fit part de ses désirs à son père qui ne céda qu'avec peine, regrettant les années passées à apprendre l'orfévrerie. Ce n'étaient pas cependant des années perdues : car le dessin était alors, comme il devrait toujours être, la base et le principe de tous les arts, et les pratiques de ciselure et de niellage devaient rendre faciles à ce jeune homme les procédés de gravure qu'il devait plus tard illustrer.

Enfin, en 1486, Albert, âgé de quinze ans, fut mis en apprentissage pour trois années chez Michel Wohlgemuth, peintre célèbre de Nuremberg. Il profita heureusement de ses leçons, et prit à son maître, outre son talent, ces formes un peu gothiques qui ne l'abandonnèrent jamais.

En 1490, il était déjà en pleine possession de ses forces, ainsi que l'atteste un superbe portrait d'homme âgé qui porte cette date, et qui fait partie de la galerie des offices à Florence.

Le vieux Dürer jugea que le moment était venu de faire voyager son fils, qui partit de Nuremberg, visita l'Allemagne et la Belgique et se rendit en Italie, et particulièrement à Venise, où, dit Sandrart, il exécuta de beaux travaux de peinture. En 1494, il revint, rappelé par son père, qui lui fit épouser Agnès Frey, fille d'un mécanicien célèbre, jeune fille assez belle, mais d'un caractère dur et acariâtre, qui ne le rendit pas heureux.

II.

Albert était donc établi et bien posé à Nuremberg. Il trouvait dans cette ville, alors si commerçante et si riche, bien des occasions favorables pour faire preuve de ses talents. Il était dans toute l'ardeur de sa jeunesse et nous le voyons déployer une remarquable activité.

La gravure en bois était des plus florissantes en Allemagne et particulièrement à Nuremberg. En cultivant cet art, A. Dürer ne faisait qu'obéir aux traditions qui l'entouraient, et il nous paraît hors de doute que tout au moins, à l'époque de son apprentissage dans l'atelier de Wohlgemuth, il dut tailler le bois de sa propre main. On s'accorde à penser cependant que les planches si nombreuses qui furent exécutées sous sa direction par ce procédé, sont l'œuvre exclusive des nombreux tailleurs de bois qui travaillaient alors à Nuremberg. Mais il dut certainement conserver la haute main sur ces ouvrages qui se répandaient avec éclat dans toute l'Europe et popularisaient son nom.

Une des suites les plus importantes de ce genre, fut l'illustration de l'Apocalypse, qui vit le jour dès 1498, et qui en raison de la dimension des 15 pièces qui la composent et du grand nombre de figures qui y entrent, dut demander plusieurs années de préparation. Le jeune artiste déploya, en traduisant ce livre extraordinaire, une inépuisable imagination et une force éclatante. Les belles épreuves de cette suite sont en outre des modèles parfaits de gravures en bois : le frontispice, sur lequel sont représentés la sainte Vierge et saint Jean, est d'une telle beauté, qu'on a peine à penser qu'il n'est pas dû à la main du maître lui-même.

Cette œuvre dut avoir un très-grand succès, ainsi que le prouvent les diverses éditions et les copies qui en furent faites dans un court espace de temps, et A. Dürer ne négligea jamais cette manière de traduire ses inventions, toujours prêtes et abondantes. C'est aux graveurs en bois qu'il réserva une bonne

partie de ses compositions les meilleures et les plus étudiées.
Nous avons eu occasion de voir des dessins d'après nature, travaillés avec grand soin pour quelques-unes des figures qui font partie des célèbres planches de bois où il a représenté la vie de la Vierge. C'est une suite de 20 estampes qui renferment peut-être les compositions les plus heureuses d'Albert. Ces pièces furent réunies et publiées avec texte en 1511, ainsi que la Grande Passion (12 pièces in-folio) et la Petite Passion (37 pièces); mais comme nous aurons occasion de le remarquer dans la suite de ce travail, elles furent certainement composées et exécutées auparavant. Bartsch, Heller, Passavant ont donné la longue nomenclature des estampes en bois d'A. Dürer, et il nous serait impossible ici d'en retracer même un résumé. Nous ferons remarquer seulement la faveur que ces œuvres rencontraient dans toute l'Allemagne. C'était bien le fruit du pays et le goût du terroir. Que de fois les seigneurs ou les simples bourgeois vinrent demander à Albert de leur dessiner et de leur faire tailler en bois, soit leurs armoiries, soit l'image de leur patron! Souvent aussi on s'adressait à cette gravure populaire pour mettre au jour de véritables monuments de grandeur nationale, tels que l'arc de triomphe et le char de Maximilien, et en ces circonstances le génie du maître allemand restait, comme toujours, à la hauteur de l'entreprise.

III.

En même temps qu'il faisait exécuter les diverses suites de gravures en bois que nous venons de mentionner, Albert Dürer se livrait avec ardeur à la gravure au burin. Il avait évidemment fait dans l'atelier de son père des études qui devaient lui donner la clef de cet art. Ainsi d'ailleurs qu'on l'a fait remarquer, quelques-unes de ces estampes sont de véritables nielles. Les admirables estampes de Martin Schœngauer durent aussi être pour lui le meilleur des enseignements. Il ne put, il est vrai, connaître ce maître, mort en 1488, et avant qu'il n'entreprît son premier voyage; mais il visita ses frères à Colmar, vers 1492, et ses ouvrages durent lui laisser une grande et salutaire impression.

On reconnaît dans les premiers ouvrages d'Albert l'imitation de Schœngauer, du moins en ce qui concerne le procédé, car les types de l'un et de l'autre restèrent toujours dissemblables, et A. Dürer n'était pas un faiseur de pastiches. Ses premiers ouvrages ont d'ailleurs une rudesse toute personnelle et juvénile qui est l'opposé du sentiment délicat de Martin Schœngauer. La date de 1497 est, croyons-nous, la plus ancienne qui ait été relevée sur ces estampes. Elle se trouve sur la pièce des *Sorcières* (B. 75), qui ne doit cependant pas être considérée comme la première, car les ouvrages de sa jeunesse sont sans date. En la comparant avec quelques-unes de celles qui suivirent, on voit quel chemin le maître avait encore à faire pour arriver à la perfection. Le burin devait s'assouplir et varier ses tailles, les contours devaient devenir moins accentués, les demi-teintes, en adoucissant le passage de la lumière à l'ombre, devaient apporter des effets inconnus et donner au modelé sa force et sa finesse. Le travail tout entier allait devenir plus nourri, plus serré et plus doux.

Ces progrès se trouvent déjà merveilleusement réalisés dans les pièces qui portent la date de 1503, savoir : *la Vierge* (B. 34) et les *Armoiries* (B. 101); les deux estampes de 1504, *la Nativité* et l'*Adam et Ève* (B. 1 et 2) sont, surtout cette dernière, au nombre des plus parfaites, et le maître lui-même ne pouvait espérer d'atteindre à un plus haut degré d'exécution.

L'heureuse disposition, l'abondance originale et variée des compositions qu'Albert avait fait traduire en bois, la prodigieuse habileté dont il faisait preuve dans ses gravures au burin, d'un coloris si moelleux, si brillant, si nouveau, impressionnèrent vivement ses contemporains. Les commerçants de Nuremberg, qui de tout temps faisaient négoce de livres et d'estampes, répandirent bien vite ces suites d'images, dont le plus grand nombre étaient des images de sainteté et devaient trouver un prompt et facile débit. Les artistes aussi les cherchaient avec empressement pour y puiser des idées neuves et ingénieuses et des modèles d'exécution. Le nom et le monogramme du maître de Nuremberg furent bientôt célèbres, grâce à la diffusion de ces feuilles légères qui couraient le monde et qui devinrent la ressource la meilleure et la plus assurée d'Albert.

IV.

Il ne négligeait cependant pas la peinture, quoique le produit qu'il en tirait fût relativement des plus médiocres, et quelques beaux portraits qu'il fit dans cette première période de sa jeunesse ne sauraient être passés sous silence. Tel est son propre portrait, daté de 1498, qui se voit à la galerie de Florence et qui nous le montre dans toute la calme beauté de la jeunesse : car son extérieur était noble et plein d'élégance, en même temps que ses manières étaient douces et modestes. Tels sont aussi plusieurs portraits de la galerie de Munich qui appartiennent aux mêmes années, portraits de parents ou d'amis travaillés avec beaucoup d'art. En 1504, il peignit une *Adoration des Rois*, qui de Vienne passa à Florence, et qui figure aujourd'hui avec honneur dans la galerie des Offices.

V.

Le ménage du peintre n'était pas, tant s'en faut, un ménage modèle. Pour échapper aux exigences et aux mauvais traitements de sa femme, il eut l'idée de faire un nouveau voyage et partit vers la fin de 1505 pour Venise. Willibald Pirckheimer, patricien de Nuremberg, son ami et son protecteur constant, lui avait avancé la somme nécessaire (1). Il passa donc à Venise

---

(1) Les détails donnés par Sandrart, au sujet du voyage de 1520 dans les

toute l'année 1506, fit un voyage à Bologne vers la fin de cette même année, et ne quitta l'Italie qu'en 1507. Huit lettres écrites à Pirckheimer pendant ce laps de temps sont parvenues jusqu'à nous. Elles sont pleines d'esprit et de gaieté, et, sous tous les rapports, infiniment précieuses. Le peintre allemand, connu par les estampes qui l'avaient précédé, était mal vu par les artistes vénitiens. On disait de lui qu'il était bon graveur, mais mauvais peintre. Aussi saisit-il avec empressement l'occasion que lui fournit une confrérie allemande établie à l'église Saint-Barthélemy, en venant lui demander une peinture. Il consacra cinq mois de travail à cet ouvrage important, qui représentait la Vierge et plusieurs saints accompagnés de l'empereur Maximilien et d'autres personnages agenouillés, et eut soin en le signant d'ajouter à son nom le mot GERMANVS. L'exposition du tableau imposa silence à la critique envieuse, et il fallut bien reconnaître Albert pour ce qu'il valait. Le vieux Jean Bellin avait d'ailleurs donné l'exemple à ses compatriotes, en allant voir le maître étranger, en louant hautement ses ouvrages, et en voulant en acquérir un pour lui-même.

Le grand tableau peint à Venise en 1506 fut acquis plus tard de la confrérie pour une somme fort élevée, et l'empereur Rodolphe le fit transporter à Prague avec des précautions extraordinaires, ainsi qu'en témoigne Sandrart. Aujourd'hui cette peinture, honteusement abandonnée dans le siècle dernier aux hasards d'une vente publique, est relégué au fond d'un couvent de Prague, et se trouve, au dire de ceux qui l'ont vue récemment, dans le plus déplorable état.

Albert Dürer se plaisait beaucoup à Venise, et n'en partit qu'à contre-cœur. Tout en travaillant, il menait joyeuse vie, et ses lettres ne dissimulent pas le plaisir qu'il avait à ne plus se trouver sous la férule de sa femme, de *son maître de calcul*,

---

Pays-Bas, s'appliquent évidemment au voyage de Venise, ainsi que le prouvent plusieurs passages des lettres à Pirckheimer.

comme il l'appelle plaisamment. Il cherchait pour Pirckheimer, jeune aussi alors, des pierres fines en même temps que des livres grecs, et certains passages des lettres d'Albert indiquent que les deux amis s'entendaient fort bien en tout, et se faisaient de mutuelles et intimes confidences.

VI.

Dans cette même année 1506 arriva de Bologne à Venise un jeune artiste, élève de F. Francia. Il s'appelait Marc-Antoine Raimondi, et s'était fait remarquer à Bologne par des travaux d'orfévrerie et par quelques gravures qui annonçaient les plus heureuses aptitudes. Vasari rapporte que, voyant sur la place Saint-Marc les estampes en bois et au burin d'Albert, Marc-Antoine resta stupéfait de leur beauté, et dépensa pour les acquérir presque tout l'argent qu'il possédait : que parmi ces estampes se trouvait la Passion de Jésus-Christ (en 37 pièces); qu'il se mit à contrefaire cette suite, en imitant sur son cuivre les tailles de bois de l'original et en copiant jusqu'au chiffre de Dürer : de sorte que ces imitations se vendaient comme étant de la main d'Albert Dürer; que ce dernier, apprenant la trahison, était venu tout exprès à Venise porter plainte contre Marc-Antoine, sans toutefois pouvoir obtenir de la Seigneurie autre chose que la défense faite à Marc-Antoine de contrefaire à l'avenir le monogramme d'A. Dürer.

Le récit de Vasari a été mis en doute par Bartsch, qui s'est attaché à en démontrer la fausseté en relevant quelques inexactitudes de détails et de dates, et, depuis Bartsch, on relègue volontiers cet incident parmi les fables. Nous demandons la permission de nous arrêter un moment sur une question qui n'est pas une simple affaire de curiosité, puisqu'elle nous permet d'apprécier l'influence exercée par Albert Dürer sur les graveurs italiens.

Vasari est souvent, tout le monde le sait, très-inexact quant aux dates. Il n'écrivait pas comme nous, entouré de manuels et de catalogues. Il n'avait pas pour le guider les éclaircissements de ses prédécesseurs, puisqu'il traitait le premier une matière difficile. Tout au plus possédait-il quelques notes fournies par des personnes en qui il avait confiance. Il est donc toujours bon de contrôler ses assertions, quand nous en avons le pouvoir; mais avant de le traiter comme un radoteur, nous devons avoir preuves en main.

En cette circonstance, et en ce qui concerne A. Dürer, Vasari a commis diverses erreurs. Il considère Albert comme étant d'Anvers; il cite des pièces de 1520 comme antérieures à d'autres qui les ont précédées de dix ans. — Ce sont là des peccadilles qui lui sont familières, et auxquelles il faut toujours prendre garde quand on lit son précieux livre. Ces mots qu'il emploie à chaque instant : *dopo le quali opere... e cresciutogli animo...* et d'autres de même genre, ne sont au fond que de simples transitions, et on aurait tort d'y voir une indication précise et chronologique. — Il a enfin confondu *la Passion* avec *la Vie de la Vierge*. C'est cette dernière suite que Marc-Antoine a marquée frauduleusement du chiffre d'Albert Dürer. Cette rectification indispensable une fois faite, le récit de Vasari s'accorde entièrement avec les faits connus et avec la vraisemblance.

En effet, quoique les vingt pièces de la Vie de la Vierge n'aient été réunies et publiées comme suite, par A. Dürer, qu'en 1511, elles étaient déjà imprimées auparavant, et on en vendait des épreuves séparées. Le *saint Joachim embrassant sainte Anne* (B. 79), porte la date de 1504, et pour ne nous laisser aucun doute, Marc-Antoine lui-même, en copiant deux des pièces de cette suite, *l'Annonciation* et *l'Adoration des Rois*, y a placé (dans l'endroit le plus obscur, il est vrai, et en la cachant avec tant de soin, que des yeux même prévenus ont bien de la peine à la retrouver) la date de 1506. Enfin Marc-Antoine n'a pas contrefait *la Mort de la Vierge* et *l'Assomption* qui n'étaient pas encore publiées, et qui, dans l'original, portent la date de 1510.

On peut induire avec certitude des faits ci-dessus constatés, que c'est dans le cours même de l'année 1506, que Marc-Antoine, avec cette merveilleuse facilité dont il a donné tant de preuves, a copié 17 pièces de *la Vie de la Vierge*. Le recit de Vasari est donc entièrement d'accord, pour le fond, avec la vérité, et le maître allemand, qui n'avait pas encore quitté Venise, en allant se plaindre à qui de droit du préjudice qui lui était causé, obéissait à un sentiment bien légitime.

Nous trouvons même, dans Vasari, un passage qui n'a pas été peut-être assez remarqué, et qui ajoute un trait de plus à notre récit. Il dit en propres termes (Édit. de Lemonnier, IX, 265), qu'Albert Durer était convenu avec Marc-Antoine de publier, de compte à demi (*di mandar fuori insieme*), la suite qu'il venait de terminer. Il y avait donc de la part de Marc-Antoine, contrefaisant ainsi les estampes qu'on lui remettait, véritable abus de confiance.

Et, disons-le hardiment, en agissant ainsi, Marc-Antoine ne cédait pas au sentiment d'admiration bien naturel que lui causaient les estampes d'Albert. En s'astreignant à contrefaire servilement les grossières tailles de bois qu'il avait sous les yeux, en cachant sous ces formes accentuées le sentiment de la beauté qu'il possédait à un si éminent degré, et qui, malgré tout, se fait sentir dans ses pastiches, il ne cherchait autre chose qu'un gagne-pain.— Nous ne voulons pas dire que l'étude des œuvres de Durer ne lui ait pas été des plus profitables. Au contraire, nous voyons clairement dans les estampes qu'il produisit en arrivant à Rome, dans *les Grimpeurs*, par exemple, qui portent la date de 1510, dans *la Lucrèce* et dans *le Massacre des Innocents*, qui sont très-probablement de la même date, l'évidente influence des gravures au burin d'Albert, et particulièrement de la superbe planche d'Adam et Ève qui porte la date de 1504 et que nous avons déjà citée. Mais, nous le répétons, en reproduisant ces bois que le commerce transportait de tous les côtés et que la vogue recherchait (*ognuno cercava d'averne*, dit Vasari), Marc-Antoine obéissait soit au besoin de vivre, soit à l'amour du gain. Il ne se contenta pas de contrefaire la plus grande partie de la Vie de la Vierge. Il déroba encore, par les mêmes moyens, à A. Durer, la suite de la Passion en 37 pièces, qu'il n'osa pas cependant marquer du monogramme AD, et cette abstention qu'il faut attribuer à la défense de la Seigneurie de Venise, confirme de ce côté le récit de Vasari. Ce n'est pas tout encore : outre ces deux grandes suites, Bartsch ne compte pas moins de 7 pièces diverses en bois contrefaites au burin par Marc-Antoine (1), et parmi elles quelques-unes portent sur l'original la date de 1511. Ce n'est donc pas seulement lorsqu'il était jeune et inconnu que Marc-Antoine se livra à ce travail illicite ; mais, chose étrange, à l'époque même où il venait d'exécuter d'après Michel-Ange et d'après Raphaël, les estampes admirables que nous avons citées plus haut, au moment où Raphaël le prenait parmi les siens dans son atelier et lui livrait des trésors, il continuait ces contrefaçons peu dignes de lui !

En précisant les détails qui prouvent le grand effet produit par les œuvres de Durer, nous ne voulons pas lancer un réquisitoire contre l'illustre Marc-Antoine. Nous savons bien que l'art de la gravure, quoique arrivé du premier coup à la perfection (grâce à Martin Schoen et à Mantègne, à Albert Durer et à son imitateur italien), était un art tout nouveau, et que les idées d'alors sur ces questions de propriété n'étaient pas les mêmes qu'aujourd'hui. D'ailleurs au moment même où Marc-

---

(1) Bartsch lui-même n'a pas tout cité. Il n'est peut-être pas inutile de dire que parmi les estampes conservées par hasard au Musée du Louvre se trouve une de ces copies qui, croyons-nous, n'a jamais été décrite. C'est une répétition en petit (H. 0,084 ; L. 0,065) de la Descente de Croix, qui fait partie de la suite de la Passion, et que Marc-Antoine avait déjà copiée (B., tome XIV, n° 610). Cette petite estampe, d'un burin très-libre et très-délicat, est toute différente de la première, où Marc-Antoine imite servilement les tailles du bois original. Il l'a signée de son monogramme M A F, placé sur une pierre à côté du chiffre d'Albert Durer.

Antoine pillait ainsi sans retenue le bien d'autrui, combien d'artistes italiens, combien d'allemands s'apprêtaient à lui faire subir la peine du talion !

VII.

Les années qui suivirent le retour d'Albert Durer à Nuremberg paraissent avoir été plus spécialement consacrées à la peinture. Il rapportait de Venise un coloris plus transparent et plus fin et un meilleur empâtement, quoique conservant toujours dans l'emploi des hachures et dans ses draperies cassées la pratique des vieux maîtres allemands. Il se trouvait d'ailleurs dans la plénitude de son génie, en même temps que sa réputation s'était confirmée et étendue. C'est aux années 1507 et 1508 qu'appartient le célèbre tableau des Dix mille Martyrs, aujourd'hui conservé au musée de Vienne. C'est aussi en 1508 qu'il dessinait la première pensée de sa belle composition de la Trinité, dont la peinture terminée en 1511, fait partie du même musée. Les tableaux à l'huile d'Albert Durer sont du reste fort rares. Les musées de Vienne et de Munich sont les plus riches de ses œuvres. Quelques-unes sont restées à Nuremberg. Cinq ou six autres tableaux partagés entre Dresde, Florence et Madrid, c'est là tout ce qu'il nous est possible d'indiquer, et nous n'en connaissons pas un seul en France. Ce genre de travail prenait à Albert trop de temps, et, comme il le déclare lui-même, lui était trop mal payé pour qu'il pût s'y livrer souvent. M. le Dr Waagen, dans le tome II de son *Manuel des Écoles allemande, flamande et hollandaise*, donne une liste très-étudiée et très-utile des principaux ouvrages du maître de Nuremberg.

L'empereur Maximilien annoblit Albert et lui donna une pension que Charles Quint lui continua. Cependant ces souverains ne surent pas lui commander des ouvrages dignes de lui et d'eux-mêmes, et, sans les estampes qu'il continuait de graver et qui trouvaient toujours des amateurs, son sort eût été des plus misérables. Il passa sa vie, comme il le dit lui-même, à *travailler rudement de ses mains*, et cependant il gagna peu.

En 1520 et 1521 il fit, accompagné de sa femme et de sa servante, un voyage dans les Pays-Bas, voyage dont le curieux journal, écrit par lui, a été conservé. Il fut partout accueilli et fêté. Les seigneurs le recevaient dignement. Les artistes d'Anvers donnèrent en son honneur un festin splendide. D'Anvers il se rendit à Malines et à Bruxelles, toujours dessinant ou même peignant : faisant des portraits qu'on lui payait peu ou même pas du tout, donnant des estampes à tous ceux dont il cherchait à capter les bonnes grâces, et même aux princes et aux seigneurs les plus haut placés, faisant quelques échanges, recherchant les curiosités, achetant des cornes de buffle et des pieds d'élan... Mais, sous le rapport de l'argent, ce voyage ne fut pas très-fructueux. Il vend des estampes bien moins souvent qu'il n'en donne, et il reçoit du vin ou des friandises, ou quelques cadeaux de toute sorte, plus souvent que de l'argent.

De Bruxelles il revint s'établir à Anvers, et fit de là plusieurs excursions dans tous les sens. C'est ainsi qu'il visita Aix-la-Chapelle, Louvain, Cologne, Bois-le-Duc, Middelbourg... A Bruges, il admira les tableaux de Roger, de Hugo, de *Johannes* (Est-ce van Eyck ou Memling ?) Les peintres de cette ville lui firent une réception non moins brillante qu'à Anvers. Après un souper qui se prolongea fort avant dans la nuit, la société, composée de plus de soixante personnes de toutes conditions, le reconduisit avec des torches. A Gand, où il alla visiter le célèbre tableau de l'Agneau, les peintres, leur doyen en tête, ne le quittèrent pas. Appelé à Malines chez Mme Marguerite, la sœur du puissant empereur Charles Quint, il lui donna toute la suite de ses estampes et lui fit plusieurs dessins ; mais cette princesse le reçut froidement. « Je n'ai, dit-il, rien reçu de Mme Marguerite pour tout ce que je lui ai fait et donné. » Le roi de Damenark, qui se trouvait à Anvers, fut plus bienveillant. Il envoya chercher Albert pour lui faire son portrait, l'emmena à sa suite à

Bruxelles, et l'invita au banquet qu'il donnait en l'honneur de l'empereur.

Il quitta donc la Flandre en 1521 et revint à Nuremberg rapportant beaucoup de gloire, mais peu d'argent, et passa le reste de sa vie dans sa patrie, toujours maître de son talent, donnant jusqu'au dernier moment de nouvelles preuves de son génie inventif et de son infatigable imagination. En 1526, il peignit les célèbres apôtres de la galerie de Munich, tant de fois copiés et imités, et mourut enfin à 57 ans, épuisé, dit-on, par des excès de travail. Sa femme, toujours avide et acariâtre, voulant amasser pour le moment où son mari ne serait plus, ne lui laissait pas un moment de repos, et fut accusée hautement par les amis d'Albert d'avoir abrégé sa vie.

VIII.

L'œuvre d'Albert Durer est immense. Outre les estampes au burin ou à l'eau forte, qui s'élèvent à 108 pièces d'un travail fin et précieux, Bartsch ne compte pas moins de 170 pièces gravées en bois sous sa direction, et Passavant apporte à ce travail de nombreux suppléments. Ses peintures à l'huile parmi lesquelles figurent des ouvrages d'une haute importance, peuvent monter à 40. Quant à ses dessins, ils durent être innombrables, et ce n'est pas la partie la moins heureuse de son œuvre.

Il dessina de toutes les manières, soit au charbon sur papier blanc, soit à la mine d'argent ou à la pierre noire sur papier préparé et teint de couleurs diverses, soit à la plume, soit au lavis de bistre, soit à l'aquarelle, soit enfin en miniature. Sa touche est toujours d'une légèreté et d'une vivacité merveilleuses, même dans ses aquarelles les plus terminées. Il rend quelquefois des détails pris sur la nature (comme une aile d'oiseau, une tête d'animal...) avec une vérité inouïe; on dirait qu'il a vu des dessins de ce genre par Léonard, et qu'il veut lutter avec lui. Quand il se contente d'un simple croquis à la plume avec quelques hachures, sa composition jaillit du premier coup sur le papier, vivante et complète, et sa plume est maniée comme son burin, avec une adresse et une perfection désespérante pour ses imitateurs. Leurs plus beaux ouvrages sont à côté lourds et monotones. Pendant son voyage en Flandre, il se servit souvent de la mine d'argent pour dessiner les têtes remarquables, les costumes, les paysages ou les monuments dont il voulait conserver le souvenir, et il s'en servit avec une prodigieuse facilité qui n'exclut ni la naïveté, ni la bonhomie, mélange rare et appartenant seulement à quelques artistes de premier ordre.

Quelquefois, il prenait une toile très-fine et sans préparation pour peindre, avec des couleurs à l'eau et à la gouache, des têtes de grandeur naturelle. Lorsqu'il envoya à Raphaël, en 1514 ou 1515, son portrait, ce fut ce procédé qu'il employa comme plus singulier et peut-être plus approprié à son talent. Raphaël et, après sa mort, Jules Romain, conservèrent avec soin cette tête qui leur paraissait être une merveille (est-il au monde un plus bel éloge?), et en 1515 Raphaël lui envoya, en signe de remerciement, plusieurs dessins de sa main. Le musée du Louvre possède (n° 503 du présent catalogue) une tête de vieillard, peinte en 1520 de la même façon, et qui, quoique rangée parmi les dessins à cause des soins que nécessite sa conservation, n'en doit pas moins être considérée comme une peinture de premier ordre. Nous en dirons autant de deux têtes d'apôtres qui se voient à la galerie des Offices à Florence, et de trois études du même genre conservées à la Bibliothèque impériale de Paris. Les meilleurs juges, même parmi les Allemands, ont remarqué certaines duretés, certains manques d'harmonie dans les peintures à l'huile de Durer. Les précieuses têtes dont nous venons de parler sont exemptes de ces défauts et ne sauraient, croyons-nous, être assez admirées.

IX.

Albert Durer ne possède, ou du moins n'exprime jamais le sentiment de la beauté. Ses contours, quoique savants, sont rudes et chargés. Quand il fait le nu, il ne recule pas devant les excès d'un réalisme presque hideux. Mais sous leurs formes rugueuses, sous leurs costumes étranges, sous leurs draperies fouillées et cassées outre mesure, ses personnages s'agitent et palpitent : le geste et l'expression sont toujours justes et vrais. Ses compositions sont ingénieuses, naturelles, souvent charmantes ; quelques-unes d'entre elles, par exemple : *le Chevalier de la Mort, la Mélancolie, le Saint-Eustache*, respirent une poésie profonde, pénétrante, qui n'appartient qu'à lui.

L'un de ses dons les plus précieux fut l'invention, qu'il posséda à un degré extraordinaire. Ses ouvrages sont une mine inépuisable, quoique bien souvent les artistes peintres ou graveurs y aient pris les uns une figure, les autres un détail de paysage, toujours vif et bien trouvé. Parmi ces emprunteurs, Vasari cite des maîtres tels qu'Andrea del Sarto, le Pontormo et même Jean Bellin. Il serait facile de grossir la liste de Vasari. L'enthousiasme fut général, et, ainsi qu'en témoignent l'Arétin et L. Dolce, Raphaël plaça dans son atelier les estampes de Durer. Lomazzo le cite à chaque instant, dans son traité, parmi les maîtres d'un ordre supérieur. Il décrit avec admiration les compositions du *Triomphe de Maximilien* (1) et ne craint pas de dire qu'Albert a inventé à lui seul plus que tous les autres réunis (2). Dans l'*Idea del Tempio* le même auteur lui consacre (chapitre XXXI) un passage que nous ne pouvons, à cause de sa longueur, rapporter ici, et dans lequel il apprécie avec la plus entière convenance le génie,

---

(1) Trattato..., lib. VI, cap. XLIII.
(2) Ib., lib. V, cap. II.

la puissante facilité, les connaissances variées du maître allemand.

M. Waagen a comparé très-justement A. Durer à un arbre vigoureux qui, venu sur un sol ingrat, battu et déformé par les tempêtes, n'en conserve pas moins sous son écorce noueuse une sève abondante et se couronne chaque année d'un épais feuillage. Nous voudrions pouvoir amplifier la comparaison, et nous serions tenté de voir dans l'œuvre multiple du plus grand des artistes allemands l'image de l'une des forêts de son pays, forêt mystérieuse et touffue, hérissée de ronces et d'épines, mais aussi renfermant des fleurs et des fruits exquis.

Jakob Fouquières, *peintre, né à Anvers en 158 mort à Paris en 1659.*

(ÉCOLE FLAMANDE.)

Voir n° 512.

Ce paysagiste fut élève de Momper et de Breughel de Velours. Il eut l'honneur d'être admis par Rubens au nombre de ses collaborateurs, et peignit souvent des fonds de paysage dans les tableaux du chef de l'école flamande. « Il excellait, dit « Mariette, à représenter des enfoncements de forêts, où il faisait « régner un sombre et une fraîcheur merveilleuses. »

Il vint en France en 1621, et le roi Louis XIII, qui aimait son talent, le fit travailler dans ses palais et particulièrement aux Tuileries, où l'on voit encore quelques paysages de sa main. Ce prince lui commanda aussi les vues des principales villes de France, qui devaient être placées dans les trumeaux de la grande galerie du Louvre. Fouquières se rendit à cet effet en Provence : il y passa plusieurs années sans travailler, et ne rapporta à Paris que quelques dessins. Il se trouvait à Marseille en septembre 1629.

De retour à Paris, il travailla pour M. de la Vrillière et pour M. d'Émery. Ses ouvrages lui étaient payés fort cher, et cependant, par suite de son inconduite, il mourut dans la misère, ainsi que l'attestent de Piles et d'Argenville.

En 1641, Nicolas Poussin fut appelé en France et chargé de diriger la décoration de la grande galerie du Louvre. Fouquières, fier de ses succès, fier des lettres de noblesse que Louis XIII lui avait données, ignorant peut-être, dans son orgueil de paysagiste attitré, que l'artiste qui se trouvait ainsi sur son chemin était et devait rester, en cette branche spéciale de l'art, le premier de tous, eut le tort de se ranger parmi les ennemis du Poussin. Il prétendait que les vues des villes de France qu'il avait à peindre étaient l'ornement principal de la galerie, et qu'en conséquence rien ne devait s'y faire qu'avec son assentiment. On trouve à ce sujet, dans les lettres du Poussin à M. de Chantelou, le passage suivant en date du 19 août 1641 :

« *Le Baron Fouquer est venou me trouver avec sa grandeur* « *acoustumée. Il trouve fort estrange de ce que lon a mis la* « *main a l'ornement de la grande galerie sans lui en avoir* « *communiqué aucune chose. Il dit avoir un ordre du Roy,* « *confirmé de monseigneur de Noyers touchans laditte direction,* « *pretendant que ses paisages soient l'ornement principal du dit* « *lieu, estant le reste seullement des incidents. J'ai bien voulu* « *vous escripre sesi pour vous faire rire.* »

Fouquières, tout en tirant vanité de sa noblesse de fraîche date, cherchait à faire croire qu'il appartenait à la puissante famille des Fouckers d'Augsbourg. Il portait toujours à son côté, même en peignant, une longue épée, et eût cru déroger en la quittant. C'est à cause de ce travers que Poussin lui donnait ironiquement le titre de baron.

Cependant tant d'intrigues et de rivalités dégoûtèrent

N. Poussin, qui demanda bientôt à retourner en Italie. Il alla retrouver à Rome la liberté de travailler à sa guise, et laissa ainsi le champ à ses ennemis. Mais, avant de partir, il se vengea en peignant pour quelque ami un tableau satirique, unique dans son œuvre. Faisant allusion aux travaux d'Hercule, qu'il venait de composer pour la galerie, il s'y représenta lui-même sous la figure de ce dieu, s'apprêtant à anéantir d'un coup de sa massue un groupe d'êtres difformes et ridicules, parmi lesquels se remarque un âne caressé par la Sottise, et portant au cou une chaîne d'or et une médaille. L'âne n'était autre que Fouquières, ainsi que l'attestent les initiales J. F., écrites sur la médaille et la palette placée près de lui, palette qu'un petit génie paraît mépriser tout particulièrement. Cette composition curieuse a été gravée par Landon.

Les ouvrages de Fouquières sont bien loin d'avoir aujourd'hui la vogue et la réputation qu'ils avaient dans le XVIIe siècle. Ils nous paraissent secs et peu agréables, et c'est à peine s'ils ont conservé le nom de leur auteur. De Piles, qui ne craint pas de le comparer au Titien, tombait évidemment dans une grande exagération. Mais l'oubli dans lequel ce peintre est perdu aujourd'hui n'est peut-être pas entièrement mérité. Le talent d'un homme qui a longtemps travaillé avec Rubens devait être réel. Ses dessins rappellent Breughel, Savery, Paul Brill, avec un reflet de l'école de Rubens.

Divers dictionnaires de gravure mentionnent Fouquières comme graveur à l'eau-forte. Ce renseignement, donné d'une façon très-vague, nous paraît mériter confirmation, car nous n'avons trouvé à la Bibliothèque impériale que des estampes d'après ce peintre. Les principales sont de Morin, d'Arnold et de Pierre de Jode, d'Alexandre Voët ; Perelle et Boissieu ont aussi gravé chacun une eau-forte d'après ses compositions.

Frans Millet, *dit* Francisque, *peintre et graveur à l'eau forte, né à Anvers en 1643 ou 1644, mort à Paris le 2 juin 1679.*

(ÉCOLE FLAMANDE.)

Voir n°ˢ 532 et 533.

En classant Francisque Millet parmi les maîtres de l'école flamande, nous obéissons à la règle que nous nous sommes imposée, et qui nous paraît être, en effet, dans presque tous les cas, la seule raisonnable et pratique. Le lieu de naissance d'un artiste ne doit-il pas faire décider de sa nationalité et de son école? C'est là un point de fait, inattaquable et précis, en dehors de nos fantaisies et de nos appréciations personnelles, et toujours ou presque toujours en rapport avec la saine raison. Nous avouerons néanmoins que Francisque nous paraîtrait pouvoir être rangé parmi les rares exceptions que peut et doit comporter notre principe. Français d'origine ainsi que de talent, venu et fixé à Paris avant 18 ans, il est bien souvent compté parmi les nôtres, et nous ne saurions blâmer ceux qui le placent à la suite du Poussin, son idéal et son maître d'adoption.

Le père de Francisque était de Dijon et habile tourneur en ivoire. Il fut attiré en Flandre par le prince de Condé (père du Grand Condé) qui aimait son talent et ses ouvrages. C'est ainsi que Francisque naquit à Anvers. Il fut mis en apprentissage chez Laurent Franck, membre peu connu de l'innombrable famille de peintres de ce nom. Ce Franck vint s'établir à Paris avec son élève, vers 1660 (?), et donna à Francisque, à peine âgé de 18 ans, sa fille en mariage.

Florent Lecomte et Dargenville assurent que Francisque copia avec soin les tableaux du Poussin qui se trouvaient dans la collection de Jabach. Il est certain que les ouvrages de ce grand artiste furent ses modèles, et que tous ses efforts tendaient à s'en rapprocher. Il peignit le paysage, qu'il ornait de monuments dans le goût de l'antique et de figures bien dessinées. Parfois même, se faisant peintre d'histoire, il laissait à ses figures le rôle principal. Il savait varier avec beaucoup d'art les sites empruntés à ces contrées enchantées que créa, avec l'aide de la nature, le génie du Poussin ; et quoiqu'on retrouve toujours chez lui l'étude du *Diogène* et du *Phocion*, on ne saurait confondre ses ouvrages ni avec ceux de son maître, ni avec les compositions du Guaspre. Ce dernier est sans doute plus énergique, plus sauvage, plus magistral; mais Francisque possède des qualités très-remarquables, et doit être placé bien au-dessus de tous les autres imitateurs du Poussin.

Il fut appelé à peindre aux Tuileries dans l'appartement de la Reine, une douzaine de paysages qui sont encore en place, croyons-nous, mais noircis par le temps et par les lumières, et qui ont été décrits dans l'inventaire Bailly. Il composa aussi pour la galerie d'un amateur (que Florent Lecomte ne nomme pas) vingt-six sujets de métamorphoses. Il n'alla pas en Italie, mais voyagea en Hollande, en Flandre et en Angleterre, et revint à Paris, dit Descamps, chargé de commandes pour les endroits où il avait passé. Cette assertion se trouve confirmée par le livre de G. Hoët, qui mentionne dans le compte-rendu des ventes de Hollande et de Flandre un assez grand nombre de paysages de sa main. Nous en trouvons un qui a atteint (vente du comte de Fraula, Bruxelles 1738) le prix de 260 florins, somme assez élevée pour l'époque. Plusieurs autres s'élèvent à 100 et 150 florins.

Francisque fut reçu agréé à l'Académie de peinture, en 1673, et exposa en cette qualité, la même année, deux paysages dans la cour du Palais-Royal. Mais il ne fut pas reçu académicien, et nous ne devons pas accuser de ce déni de justice l'Académie elle-même, qui sans doute eût ouvert ses portes à notre artiste, si la mort n'était venue l'enlever prématurément, âgé de 36 ou de 37 ans.

Les ouvrages de Francisque jouiraient de toute l'estime qu'ils méritent, s'ils n'étaient souvent confondus avec ceux de son fils et de son petit-fils, qui traitèrent le paysage dans le même style, mais avec un talent bien inférieur. La touche du bon Francisque ne manque pas de vigueur, sa couleur agréable et dorée se ressent des premières impressions qu'il dut recevoir à Anvers, tandis que ses continuateurs, en répétant gauchement ses compositions, sont pleins de timidité et de mollesse.

Il a gravé de sa main, à l'eau-forte, trois pièces très-belles et très-recherchées. Théodore, son élève, a reproduit avec élégance, mais en même temps avec froideur, 28 de ses peintures. On trouverait aussi quelques estampes d'après lui dans divers recueils de galeries. Ainsi la collection Boyer d'Aiguilles présente, gravés par Coëlmans, trois paysages, et une composition de bacchanale.

Félibien, le panégyriste judicieux et convaincu de N. Poussin, nomme à peine Francisque Millet. En parlant des paysages du Guaspre, il dit que ce sont *les restes des festins du Poussin*. Cette expression nous paraît excellente, et nous voudrions, en atténuant le dédain qu'elle renferme, l'appliquer à Francisque en même temps qu'à Gaspard Dughet.

Gillis Sadeler, *dessinateur et graveur au burin, né à Anvers en* 1570, *mort à Pragues en* 1629.

(ECOLE FLAMANDE.)

Voir n° 590.

Ce graveur fut élève de ses deux oncles, Jean et Raphaël Sadeler, féconds artistes de la fin du XVIe siècle, et se forma en parcourant avec eux l'Italie et en les aidant dans leurs travaux. A l'âge de vingt ans en 1590, il signait déjà de son nom deux planches, l'une d'après J. van Achen, l'autre d'après C. Schwartz.

Il se trouvait en 1593 à Rome et y gravait une Flagellation, d'après le Josépin. En 1594 et 1595, il habitait Munich, et á exécutait deux pièces d'après Palme le jeune.

Nous n'avons pu trouver sur ses estampes l'époque précise de son séjour à Venise; mais il y grava une pièce d'après le Tintoret, la Résurrection, et nous avons lieu de croire que le Christ mort et le Massacre des Innocents, d'après le même maître, virent également le jour dans cette ville. Il habita Vérone, ainsi que le prouve l'inscription portée sur une planche d'après J. van Achen. Nous supposons aussi que c'est en Italie qu'il fit paraître ses deux grandes planches d'après le Baroche, l'une représentant la vocation de saint Pierre, l'autre, le Christ porté au tombeau dont le dessin appartient au musée du Louvre.

Outre les maîtres que nous venons de citer, il interpréta encore d'autres artistes italiens. Nous mentionnerons la Vierge à la Chaise, d'après Raphaël, les douze Césars, d'après des peintures attribuées au Titien, qu'il fit suivre du portrait des douze Impératrices, d'après des dessins de sa propre invention (1); des pièces d'après Bassan, Parmesan, Carlo Caliari, Marco del Moro.

Parmi les artistes des diverses écoles germaniques que traduisit son burin à différentes époques, nous pouvons citer Albert Durer, Rottenhammer, J. van Achen, C. Schwartz, P. Candide, J. Heintz, B. Spranger, les paysagistes P. Brill, J. Breughel, Roland de Savery, P. Steevens.

L'empereur Rodolphe II appela Gilles Sadeler à Prague, et le nomma son graveur. Il était, croyons-nous, établi dans cette ville dès 1600, et paraît ne plus l'avoir quittée. Les deux successeurs de Rodolphe, Mathias et Ferdinand II, lui confirmèrent son titre et sa pension.

---

(1) Sandrart pense que les portraits des impératrices sont composés par Spranger et van Achen.

C'est à Prague qu'il grava ses meilleurs ouvrages. Nous voulons parler des nombreux portraits dessinés d'après nature, dont, dit Basan avec pleine justice, *on ne saurait trop priser l'excellence*. La liste en serait bien longue, et nous nous contenterons de rappeler le portrait de l'empereur Mathias et celui de sa femme, l'impératrice Anne, dessinés et gravés à Prague en 1616, ceux de Jean-Georges Godelman et de sa femme; ce sont de véritables chefs-d'œuvre en ce genre, et nous les mettons bien au-dessus des estampes gravées d'après les compositions historiques qui firent la réputation de G. Sadeler. Car, nous devons le dire, le goût flamand et allemand de son temps se fait trop sentir dans les ouvrages italiens qu'il reproduit, et le détestable style de dessin de B. Spranger, artiste établi comme lui à Prague, et ami de Sadeler (ainsi que le prouve une planche gravée par ce dernier en 1600, lors de la mort de la femme de Spranger), a dû avoir une fâcheuse influence sur son talent. Le burin de Gilles Sadeler a, d'ailleurs une douceur, un éclat, une hardiesse très-remarquables; cependant, il eut le tort d'abandonner la manière plus simple de ses oncles, et particulièrement celle de Raphaël Sadeler, qui est parfois d'une rare délicatesse, pour adopter des tailles ondulées et prétentieuses: nouveauté brillante qui nuisit tant à notre artiste et à d'autres!

Nous le répétons, ses portraits sont le plus souvent exempts de ce maniérisme. Il a aussi gravé, d'après les maîtres que nous avons cités plus haut, un nombre infini de paysages dans lesquels son burin a toute la légèreté et toute la liberté de l'eau-forte.

Son œuvre s'élèverait à plus de trois cents pièces; dans ce total figurent un certain nombre d'estampes gravées d'après ses propres compositions. Nous avons surtout remarqué dans cette dernière classe un très-agréable groupe d'une femme entourée de trois enfants, qui paraît pris sur la nature et qui représente la charité ou l'amour maternel. Sadeler paraît avoir soigné tout particulièrement cette pièce, pleine de chaleur et d'éclat.

Gilles Sadeler jouissait à Prague et dans toute l'Allemagne d'une grande réputation. Sandrart rapporte qu'en 1622, âgé seulement de quinze ans, il vint à pied de Nuremberg à Prague pour montrer à ce maître éprouvé ses essais de gravure, et pour lui demander des leçons. Sadeler, alors âgé de 52 ans, l'accueillit de son mieux, et lui donna le conseil de s'adonner plutôt à la peinture, lui promettant de grands succès en cet art. D'après le récit de Sandrart, Sadeler lui-même s'occupait alors de peindre, et lui montra une suite des scènes de la Passion, en grisaille, qu'il venait de terminer.

Martin Schongauer, *peintre et graveur, travaillait à Colmar en 1473, mort à Colmar le 2 février 1488.*

(ECOLE ALLEMANDE.)

Voir n° 591.

On ne possède aucune donnée exacte sur la patrie ou sur la date de naissance de Martin Schongauer (que les Allemands appellent communément Martin Schoen ou Hipsch Martin, et les Italiens, Bel Martino). Sandrart le fait naître à Culmbach. Une note placée derrière un portrait de la galerie de Munich dit qu'il a vu le jour à Colmar, mais que sa famille était originaire d'Augsbourg. D'autres, enfin, lui donnent pour patrie, soit cette dernière ville, soit Ulm. Nous rapportons ces diverses assertions, ne pouvant choisir entre elles. Passavant pense qu'il naquit vers 1420; M. Waagen, conformément à l'avis de Harzen, adopte la date de 1440.

Quant à la date de mort, elle nous paraît certaine. Nous la tirons d'un document authentique découvert par M. Hugot, archiviste de Colmar, document qui nous semble devoir dominer et annuler, par sa précision, tous les autres renseignements plus ou moins contradictoires mis en avant à ce sujet. Cette date est d'ailleurs confirmée par le fait bien constaté qu'Albert Durer vint en 1492 à Colmar et y fut reçu par les frères de Martin Schoen, mais qu'à son grand regret il ne put voir l'artiste lui-même, mort depuis peu.

Martin fut élève de Rogier van der Weyden et conserva toujours dans ses ouvrages le style et le goût de l'école flamande. Il fut aussi l'ami du Pérugin, et, ainsi que Sandrart le rapporte, ces deux artistes s'écrivaient et s'envoyaient réciproquement des dessins. Est-ce à l'école de van Eyck ou à l'amitié du Pérugin, ou au seul génie du maître qu'il faut attribuer l'élégance exquise, la rare élévation de quelques-unes de ses figures féminines, comme celles qu'il a gravées dans ses estampes de l'Annonciation (B. 1 et 2) ou dans ses Vierges sages et folles? Rien de plus gracieux, de plus suave, nous dirions presque de plus coquet que ces créations du vieux maître de Colmar; et l'impression produite par de pareilles œuvres, publiées en plein xve siècle, est facile à comprendre.

On sait que Michel-Ange encore enfant s'amusa à colorier une des bizarres compositions de Martin, la Tentation de saint Antoine. Les estampes de ce maître original ont été d'ailleurs bien des fois contrefaites, et le seul Israel de Meckenen n'en a pas copié moins d'une quarantaine. Bartsch a catalogué 116 pièces plus ou moins importantes, plus ou moins belles, mais toutes fines et soignées, dues au burin de Martin Schœn.

Les tableaux de ce maître sont d'une extrême rareté et parmi ceux qu'on lui attribue (Nagler en donne la liste), le plus grand nombre doit être regardé comme apocryphe. Nous ne citerons, quant à nous, que deux ouvrages d'une grande beauté, et, quoique dans une manière différente, rappelant tous deux le style de la grande école flamande du xve siècle. L'un est *la Vierge aux Roses* de l'église Saint-Martin de Colmar, peinture de grandeur naturelle exécutée en 1473; l'autre est la *Mort de la Vierge*, petit tableau qui, après avoir fait partie de la galerie du roi des Pays-Bas, à La Haye, et du cabinet de M. E. Beaucousin, à Paris, a été acquis par la galerie nationale de Londres. C'est une merveille d'exécution vigoureuse, et l'œuvre est digne de Roger, le maître de Martin Schœn.

Le dessin du Louvre décrit sous le n° 591 de ce catalogue, et représentant un damné tourmenté par les démons, offre, sans imitation et sans copie, une analogie frappante avec les grotesques et terribles personnages de la Tentation de Saint-Antoine. Il est magistralement exécuté à la mine d'argent sur papier préparé; les nus de la figure humaine rappellent évidemment le style de van der Weyden, et les figures nues du fameux rétable de Beaune. Nous l'avons donné sans hésitation à Martin Schœn, et nous espérons que le temps et l'avis des hommes compétents viendront donner à notre attribution la confirmation nécessaire.

Jakob Toornvliet, *peintre et graveur, né à Leyde en 1641, mort à Leyde en 1719.*

(ECOLE HOLLANDAISE.)

Voir n° 594.

Houbraken nous apprend que Toornvliet établit sa réputation en faisant des portraits, et que, déjà habile, il vint à Rome à l'âge d'environ vingt-neuf ans, pour chercher encore à se perfectionner. Il habita aussi Venise et y épousa une femme riche qu'il ramena avec lui dans sa ville natale. Pendant son séjour en Italie, il étudia particulièrement les ouvrages de Raphaël, ceux de Paul Véronèse et du Tintoret.

On cite comme un de ses meilleurs portraits celui de Corneille Schrevelius et de sa famille, peint en 1661 ; et Houbraken rapporte des vers faits à cette occasion par le poète Jean Blasius, qui compare Toornvliet à Apelles.

Il est à présumer que cette première manière fut ensuite abandonnée par l'artiste pour s'adonner aux sujets familiers et à la peinture de genre. En effet, les rares tableaux que l'on cite de lui ne rappellent nullement ses maîtres de prédilection. Ils représentent des scènes de cabaret, de marchés aux légumes, des juifs, des marchandes de poisson. On le range même parmi les imitateurs de Steen ou de Brauwer.

L'on voit de ses ouvrages à Dresde et à Vienne. Son nom est plusieurs fois mentionné par G. Hoët, qui parle comme d'un chef-d'œuvre d'une scène de tabagie, vendue à Amsterdam, en 1762, 211 florins, somme considérable pour l'époque.

J. Toornvliet a gravé en manière noire, deux ou trois portraits, et à l'eau-forte trois études de chiens, qui sont d'une rareté excessive, et égales, dit-on, aux meilleurs ouvrages en ce genre. La Bibliothèque impériale ne les possède pas, et nous ne les trouvons décrites que dans le Kunst-Catalog de M. R. Weigel (Leipzig, 1841), n° 11,668. Nagler et Kramm les donnent d'après Weigel. Deux de ces eaux-fortes figurèrent cependant à la vente du comte de Fries, en 1824.

Le musée du Louvre possède deux dessins de J. Toornvliet. Le premier, décrit dans le présent catalogue, sous le n° 594, est son propre portrait dans sa jeunesse. Il est très-terminé et traité avec talent. La richesse des vêtements que porte l'artiste vient à l'appui de l'historiette racontée par Houbraken au sujet de son amour pour les beaux habits. Le second dessin, venant de la collection Mariette, est exécuté tout autrement. Ce sont deux têtes de paysans, d'un faire plus large, et très-probablement de sa seconde manière.

Cornelis de Visscher, *dessinateur et graveur, né en 1629 (?), mort en 1658 (?).*

(ECOLE HOLLANDAISE.)

Voir n°⁵ 615 à 621.

Si habitué que l'on soit à ces déconvenues, l'absence de tout document sur le compte des artistes les plus célèbres, frappe toujours d'étonnement et de dépit. Corneille Visscher est un exemple de plus de ces oublis inexplicables. Houbraken lui consacre à peine quelques lignes vagues et élogieuses, et nous cherchons vainement ailleurs un renseignemeut précis.

Le rédacteur du catalogue Paignon-Dijonval, le fait naître en 1610 et mourir en 1670. Ces dates paraissent purement imaginaires. Josi cite une date inscrite sur un dessin, d'où l'on peut induire avec quelque vraisemblance que l'artiste est né en 1629. Mais le fait demande confirmation.

Le même Josi donne aussi une date de mort (1658), qu'il tire d'une inscription placée sur un des portraits gravés par Visscher, le portrait de Coppenol. Mais cette inscription peut s'entendre de deux façons, et, quant à nous, il nous paraît probable que la date de 1658 se rapporte à la mort de Coppenol plutôt qu'à celle de Visscher lui-même. Un artiste qui a tant gravé n'aurait vécu que 29 ans (1).

La brièveté de cette carrière, si bien remplie, n'aurait à la rigueur rien d'impossible; mais il faut avouer qu'elle n'a rien non plus de vraisemblable, et jusqu'à présent elle n'est nullement prouvée. Une date de 1667 que nous relevons sur le portrait de Pierre Isbrandi (catalogue Smith, n° 97), peut être citée à l'appui de notre opinion. Elle suffit au moins pour nous maintenir dans l'incertitude, et pour faire écarter jusqu'à preuve nouvelle la date de 1658.

M. William Smith qui, dans son catalogue des œuvres de Visscher, publié en 1864, accepte la date de 1658, donne lui-même un renseignement qui en démontrerait la fausseté. Il cite comme étant de C. Visscher (n° 121), un portrait du poète Vondel *âgé de quatre-vingt-quatre ans.* Or Vondel avait soixante-dix ans en 1657. Le portrait dont il s'agit a été exécuté quatorze ans plus tard, c'est-à-dire en 1671. Malheureusement cette preuve, qui serait sans réplique, nous échappe. Car la pièce est douteuse, elle ne porte aucune signature, et certaines personnes l'attribuent à Jean Visscher, l'un des frères de Corneille.

Le nom du maître de Visscher n'est pas connu; mais il est

---

(1) Nous sommes porté à croire aujourd'hui que la date de 1658, donnée par Josi, est la bonne. (Note de la 2ᵉ édition.)

certain que plusieurs des pièces gravées par lui, jusqu'en 1650, furent exécutées sous la direction de P. Soutman. Cela résulte d'inscriptions précises et l'on doit supposer que ce fut sous la conduite de ce graveur qu'il perfectionna son talent. Il est également prouvé que Visscher et Soutman habitaient à cette époque Harlem.

Visscher fut l'un des principaux collaborateurs de la collection d'estampes gravée d'après les tableaux du bourgmestre Reynst. Il donna pour cette belle suite, croyons-nous, *onze* planches, gravées soit au burin, soit à l'eau-forte, dont plusieurs sont fort remarquables. Nous citerons la mise au Tombeau, du Tintoret, et deux pièces d'après Bassan, les compositions de P. de Laër et surtout le portrait de l'*Antiquaire*, d'après une peinture faussement attribuée au Corrége : cette belle eau-forte va de pair avec les quatre fameux portraits de Corneille van Dalen, d'après Titien et Tintoret, qui font partie du même recueil.

Nous ne saurions énumérer ici tous les ouvrages célèbres de Visscher, qui a gravé près de 200 pièces. Nous dirons seulement que cet artiste est en son genre un maître de premier ordre. Son burin, qu'il mêle avec habileté à l'eau-forte, est d'une finesse, d'une légèreté, d'un éclat extraordinaires.

Les pièces qu'il a exécutées, d'après Ostade et Brauwer, luttent avec les originaux d'énergie et de gaieté. Les sujets de genre qu'il a composés lui-même, tels que la *Fricasseuse*, le Marchand de mort aux rats, la Bohémienne, les études de chats, sont vivement recherchés par les amateurs, qui en payent à prix d'or les belles épreuves. Enfin ses portraits, qui sont nombreux et presque tous faits d'après nature, sont dignes des plus grands éloges. Nous ne connaissons rien de plus parfait en ce genre, dans l'école hollandaise, et d'un style plus élevé, que la planche représentant l'oculiste Guillaume de Ryck, celle de Jean Merius, dont le dessin original appartient au Louvre, et plusieurs autres qu'il serait facile de citer.

Ses dessins sont exécutés sur vélin à la pierre noire, et mélangés quelquefois de sanguine. Ils ne sont pas moins précieux que les brillantes estampes par nous mentionnées.

Joseph Werner, *peintre, né à Berne en 1637, mort à Berne en 1710.*

(ECOLE ALLEMANDE.)

Voir n°ˢ 622 à 624.

Fils d'un peintre qui lui donna les premières notions de l'art, Werner se perfectionna sous la direction de Mathieu Mérian, artiste de Francfort, qui lui procura le moyen de faire, à l'âge de dix-sept ans, le voyage d'Italie.

Arrivé à Rome, il fut bien accueilli par Pietre de Cortone, A. Sacchi et Carle Maratte, et fit, d'après des ouvrages italiens, des copies qui furent remarquées. Il adopta avec ardeur le style des maîtres en vogue, et commença par peindre à l'huile et même en fresque. Mais il quitta bientôt ces procédés pour la miniature, art dans lequel il se surpassa, et qui fit sa réputation. Il traitait également bien le portrait et les compositions d'histoire, principalement les sujets de la fable et les allégories.

Il eut l'honneur d'être appelé à Paris par le roi Louis XIV, et peignit plusieurs fois son portrait et celui de divers personnages de la cour. Un curieux de tableaux, nommé Eustache Quinot, (qu'il ne faut pas confondre avec le poète Quinault), fut en France l'un de ses principaux admirateurs. C'est pour lui qu'il peignit une suite de miniatures représentant des sujets de la fable, dont Sandrart donne la liste, et qui, selon ce que rapporte Nagler, ont été décrits à part dans un catalogue imprimé à Troyes dans le XVIIe siècle.

Il ne paraît pas cependant être resté en France bien longtemps, et se retira en Allemagne. Il se maria à Augsbourg en 1667, et y était probablement établi depuis quelques années. L'archiduchesse de Bavière lui demanda sept miniatures de la vie de la Vierge, et paya chacun de ces morceaux 100 ducats. Il fut aussi appelé à Inspruck pour faire le portrait d'une archiduchesse qui allait contracter mariage, et ce portrait lui valut, outre une somme considérable, une médaille et une chaîne d'or.

En 1682, Werner revint avec sa famille à Berne, sa ville natale. Mais ses concitoyens l'accueillirent assez froidement. Il occupa ses loisirs à ouvrir dans sa maison une école pour les jeunes gens. Quelques années après, l'électeur de Brandebourg, Frédéric III, ayant établi à Berlin une académie, l'en nomma directeur avec un traitement annuel de 1,400 rixdalers.

Werner, déjà âgé, se rendit donc, en 1695 ou 1696, à Berlin, et institua la nouvelle académie sur le plan de l'Académie royale de peinture de Paris. Mais il ne jouit pas jusqu'au bout de sa nouvelle position : un changement de ministre lui fit retirer sa pension, et en 1707 il reprit de nouveau la route de Berne, où il mourut, âgé de soixante-treize ans, en 1710.

Quelques graveurs, notamment Ertinger, ont reproduit les compositions de Werner. Son œuvre ne formerait cependant qu'un petit nombre de pièces. Son portrait, gravé par Ertinger, nous le montre jeune encore et probablement pendant son séjour en France. Celui gravé par Fiquet, qui figure dans le tome III de Descamps, représente au contraire l'artiste âgé et vers la fin de sa carrière.

Rogier van der Weyden, *peintre, né à Tournai vers 1400, mort à Bruxelles le 16 juin 1464.*

(ECOLE FLAMANDE.)

Voir n°˚ 625 et 626.

Jamais biographie ne fut plus laborieuse à établir que celle de R. van der Weyden. Un volume ne suffirait pas pour résumer les discussions et les conjectures auxquelles elle a donné lieu. Ce n'est que dans ces dernières années que les savants de Belgique, en fouillant avec persévérance dans leurs archives, sont parvenus à en coordonner les principaux éléments. Nous puiserons nos renseignements dans le travail de M. Wauters, publié par la *Revue universelle des Arts* (1), et dans les notes ajoutées par MM. Pinchart et Ruelens à la traduction du remarquable livre de M. Cavalcasselle : *Early Flemish Painters*.

Roger fut célèbre de bonne heure, et dans son pays et à l'étranger. Il reçut les noms les plus divers, et il est bien prouvé aujourd'hui que le *Roger de Bruges*, de Cyriaque d'Ancône, de Vasari et de C. van Mander, le *Rogerius Gallicus*, de Bartolomeo Facio, le *Roger de la Pasture* (2), des documents franco-flamands, le *Rogel Flamenco*, des Espagnols, le *Maître Rudier ou Rudiger*, du Journal d'Albert Durer, le *Roger de Bruxelles* enfin, de l'anonyme de Morelli, ne font qu'un avec Roger van der Weyden, célébré par L. Guicciardini et par tant d'autres. Nous n'avons pas à chercher s'il a ou non existé

---

(1) Tome 1, pages 120 à 433 ; tome II, pages 5 à 36, 85 à 99, 165 à 176, 245 à 265, 324 à 338

(2) Cette forme est celle que l'on relève dans les archives de Tournai, elle doit donc être la meilleure, et le nom *van der Weyden* en est la traduction flamande. Nous remarquons aussi une forme latine ; dans un document publié par M. Wauters, un des fils de Roger est appelé *Cornelius de Pasqua*.

quelque autre artiste du même nom, et si, à Bruges notamment, un autre peintre plus ou moins obscur a pu porter celui de Roger. Nous constatons seulement que les traits principaux du célèbre artiste qui a reçu tant de dénominations sont bien ceux de notre van der Weyden, et cela nous suffît.

M. Pinchart cite un document d'où il résulte avec évidence que Roger naquit à Tournai. Il est donc probable que le nom de *Roger de Bruges*, lui vint des Italiens qui, le sachant élève de celui qu'ils nommaient Jean de Bruges, lui donnèrent le même surnom. Mais M. Pinchart nous paraît aller bien loin en déclarant que Roger ne fut pas l'élève de J. van Eyck. C'est chercher à détruire une tradition bien forte, bien constante, bien enracinée. Les dates qu'il met en avant, et qui ont sans doute leur force, établiraient tout au plus, selon nous, que Roger ne put séjourner longtemps auprès du célèbre peintre du duc de Bourgogne; mais, à moins de preuves tout à fait décisives, la croyance ancienne et générale, la croyance de 1450 résistera à tous les arguments. De pareils artistes n'avaient pas besoin de longs enseignements pour ouvrir les yeux à la lumière. Le renom de Van Eyck était tel, ses œuvres brillaient d'un tel éclat, que tous les peintres d'alors étaient ses imitateurs avant d'être ses élèves ; et Vasari, en nous apprenant que Jean déjà âgé confia son secret à Roger, et que celui-ci le transmit à Memlinc (1), nous paraît encore, en traduisant le sentiment commun, n'avoir été que l'écho de la vérité. Sous le bénéfice de ces observations, nous résumerons ici les renseignements précieux dus aux savants belges et particulièrement à M. Pinchart.

Roger fut inscrit en 1427 dans la corporation des peintres de Tournai. Il était déjà marié et son fils aîné venait de

---

1) *Vita d'Antonello*, édit. Lemonnier, tome VI, p. 76

naître: Il travailla pendant cinq ans sous la direction d'un peintre nommé Robert Campin, et fut reçu maître le 1er août 1432. (Nous ferons observer qu'il était déjà célèbre avant d'être reçu maître, puisque le pape Martin V acquit dès 1430 un triptyque de sa main). Nous le trouvons établi à Bruxelles avec sa famille, le 21 avril 1435. Il fut nommé vers cette époque peintre de la ville et mourut le 16 juin 1464.

Nous savons en outre par Facio qu'il fit un voyage en Italie et qu'il se trouvait à Rome en 1450, année du jubilé. Sa réputation était déjà répandue parmi les Italiens, et égale à celle de Van Eyck. Ainsi Cyriaque d'Ancône admira, en 1449, chez le marquis de Ferrare, un tableau à volets dont le sujet principal était la *Descente de Croix*, et qui est également mentionné par Facio. A Gênes, au dire de ce dernier, se trouvait une *Femme nue sortant du bain*, et à Naples, chez le roi Alphonse, deux grands tableaux peints sur toile, probablement en détrempe. (Van Mander affirme qu'il employa souvent ce procédé.)

A Bruxelles, il peignit, dans la salle de l'hôtel de ville quatre grandes compositions représentant des légendes du moyen âge, dont les sujets devaient inspirer aux magistrats le respect de la vérité et de la justice, compositions célèbres qu'Albert Durer admira en 1520, et qui ont été conservées par les tapisseries.

En 1443, il exécuta à l'église Saint-Pierre de Louvain une descente de croix qui s'y voit encore et qui a été dernièrement restaurée avec soin. C'est une scène dramatique rendue, avec une grande puissance d'expression, que l'artiste répéta en grand dans l'église Notre-Dame-hors-des-Murs de la même ville. Ce dernier tableau est au musée de Madrid.

Vers 1450, il peignit pour Pierre Bradolin, trésorier de Philippe-le-Bon, un petit triptyque qui fut placé dans l'église de Middelbourg et qui fait aujourd'hui partie du musée de Berlin (N° 535 du catalogue). En 1459, notre artiste termina pour l'abbé de Cambray une grande peinture, dont nous ne connaissons pas le sujet. Enfin, en 1462, il fit à l'aide d'un miroir son propre portrait qui se trouvait en 1531, chez Messer Zuane Ram à Venise, ainsi qu'en témoigne l'anonyme de Morelli. Le même auteur vit chez Gabriel Vendramin un petit tableau représentant la Vierge debout dans une église, la couronne en tête, tenant l'Enfant Jésus dans ses bras. Nous avons rencontré plusieurs copies anciennes de cette composition exquise.

A l'exception des deux tableaux de Louvain et de celui peint pour Bradolin, toutes les œuvres que nous venons de mentionner d'après les documents ou d'après les auteurs les plus anciens et les plus dignes de foi, sont aujourd'hui perdues ou détruites. On conserve, il est vrai, au musée de Berlin (n° 534 A du catalogue) un petit triptyque, acquis en 1850 à la vente du roi des Pays-Bas, que l'on considère comme étant celui qui appartint au pape Martin V. Nous n'avons pas à discuter les documents qui établissent l'authenticité de cet ouvrage : nous dirons seulement qu'il nous paraît inférieur au nom qu'il porte.

On considère généralement comme le chef-d'œuvre du maître le grand rétable qui appartient à l'hôpital de Beaune (1) et qui fut commandé, vers 1443, par le chancelier Rollin, fondateur et bienfaiteur dudit hôpital. C'est, en effet, l'une des plus belles créations de l'art flamand au xve siècle, et il est étrange qu'aucun auteur ancien n'en ait parlé. Cette composition ne contient pas moins de quinze compartiments divers, tant au recto qu'au verso. Le sujet principal est le jugement dernier. Le Christ, figure majestueuse et de grande dimension, domine l'ensemble. Au-dessous du Sauveur est Saint-Michel pesant les âmes. A droite et à gauche, assis ou à genoux sur les nuages, se voient la Vierge, les Apôtres, les Saints et les Bienheureux parmi lesquels se distinguent plusieurs portraits. Dans le bas, les hommes sortant de terre sont menés, les uns vers les demeures célestes, les autres vers l'enfer. Au revers, outre l'Annonciation et deux figures de saints, se trouvent deux superbes portraits

---

(1) Cet ouvrage a été restauré à Paris, avec plein succès, en 1877-1878.

de grandeur naturelle, celui de Rollin et de sa femme, tous deux agenouillés. Quoique ce tableau ait beaucoup souffert, on ne peut se lasser d'en admirer l'invention et la rare élévation.. La couleur est claire et brillante, l'exécution est vive et facile, en même temps que soignée. Le panneau représentant le paradis est malheureusement en fort mauvais état. On y remarque une lumière dorée et harmonieuse qui fait une belle opposition aux tons sombres et aux horreurs de l'enfer.

Malgré les critiques de détail que l'on pourrait adresser aux figures nues qui en font partie, cette grande page nous paraît devoir prendre rang immédiatement après le rétable de Gand. Elle dut être au reste fort admirée, si nous en jugeons par les imitations qui en furent faites jusqu'en plein xvie siècle. On peut citer un grand tableau qui se trouve à Dantzig, et qui doit être fort beau, puisqu'on l'attribue soit à Memlinc, soit à Hugo van der Goës. La composition en est prise au rétable de Beaune, et l'imitateur n'a fait que l'amplifier.

Nous ne pouvons mentionner tous les ouvrages que l'on attribue au maître de Tournai. Outre ceux dont nous avons parlé, on en cite un en Angleterre, chez le marquis de Westminster, un autre à Francfort, un à Dresde, deux à Munich et enfin un à Anvers, provenant de Dijon et faisant partie du magnifique legs de M. van Ertborn. Ce dernier ouvrage représente les sept sacrements, et nous trouvons qu'il a été bien sévèrement jugé par quelques critiques. Tout au rebours de la peinture de Berlin, dont nous venons de parler, le triptyque du musée d'Anvers nous paraît mieux valoir que la réputation qu'on lui fait. C'est un poème chrétien tout entier qui nous a laissé une vive impression ; et si, contrairement à notre sentiment, on vient à découvrir qu'il n'est pas de Rogier, il fera à lui seul la gloire de son auteur. A Rome, au palais Doria, se voit une descente de croix qui porte le nom de Memlinc, mais qui vraisemblablement est de notre Roger.

Roger van der Weyden paraît avoir eu de nombreux élèves,

Deux d'entre eux sont illustres, Martin Schongauer et Hans Memlinc. Son fils Pierre van der Weyden, né en 1437, fut peintre; mais on ne connaît de lui aucun ouvrage authentique. Nous en dirons autant de Gosswin et de Roger van der Weyden, qui sont probablement petits-fils ou petits-neveux du grand artiste. Ce Roger le jeune vivait encore en 1528. C'est peut-être à lui qu'il faut appliquer la date de mort donnée par van Mander : dans cette hypothèse, il aurait cessé de vivre en 1529.

TABLE ALPHABÉTIQUE

DES ARTISTES

CITÉS DANS LE PRÉSENT VOLUME.

Pages.

Abbate (Nicolo dell'), LXVI, 1,149.
Adam (Victor), XCI.
Agresti (Livio), LXIX.
Aken (Jan van), LXXX.
Alaux (Mlle Aline), XCI.
Alavoine, XCII.
Albani (Francesco), LXIX.
Alberti (Cherubino), LI.
Albertinelli (Mariotto), LI, 2.
Aldegraever (Heinrich), LXXVII.
Alessandro Veronese, voir Turchi.
Algardi (Alessandro), LXIX.
Allegrain, XCII.
Allegri (Antonio), dit Il Correggio, LXVI, 2, 318.
Allegrini (Francesco), LIX.
Allori (Alessandro), LI.
Allori (Angiolo), dit Il Bronzino, LI, 33, 60.
Allori (Cristofano), LI.
Amand (Jacques-François), XCII.
Amerighi (Michel-Angelo), dit Michel-Angelo da Caravaggio, LXVII.
Amman (Jost), LXXVII.
Ammannati (Bartolommeo), LI, 10, 166.
Andrea del Sarto, voir Sarto.

Pages.

Andreasi (Ippolito), LXVII.
Anesi (Paolo), LIX.
Angelico da Fiesole (fra Beato), LI, 67.
Ango, XCII.
Antonello da Messina, LXXIV.
Aquila (Pietro), LXXIV.
Aretusi (Cesare), LXVII.
Arighini (Giuseppe), LXIII.
Arlaud (Jacques-Antoine), XCII.
Aspertini (Amico), LXIX.
Asselyn (Jan), LXXXVI.
Aubry, XCII.
Aubry (Étienne), XCII.
Aubry (Louis-François), XCII.
Augustin, XCII, CIX.
Avanzini (Pier.-Antonio), LXVII.
Avellino (Onofrio), LXXIV.
Baccicio (Il), voir Gauli (Gio.-Battista).
Bachiacca (Il), voir Ubertini (Francesco).
Backer (Jacob de), LXXX.
Backuisen (Ludolf), LXXXVI, 285.
Bacler d'Albe, XCII.
Badalocchio (Sisto), LXVII.
Bagetti, XCII.
Baglione (Giovanni), LIX.

Bagnacavallo (Il), voir Ramenghi (Bartolommeo).
Bailly, XCII.
Bailly (David), LXXXVI.
Balassi (Mario), LI.
Baldi (Lazzaro), LI.
Baldini (Giovanni), LI.
Baldinucci (Filippo), LI.
Balen (Hendrick van), LXXX.
Balten (Pieter), LXXX.
Bandinelli (Baccio), LI, 18, 169.
Bar (de), XCII.
Barbarelli (Giorgio) dit il Giorgione, LXIII, 20.
Barbiere (Alessandro del), LII.
Barbieri (Giov. Francesco), dit Il Guercino, LXIX, 21.
Baren (Jan Anthonie van der) LXXX.
Barentzen (Dirck), LXXXVI.
Barde (le vicomte de), XCII.
Barocci (Federico), LIX, 21.
Barrois (Frédéric), XCII.
Bartolommeo (Fra), LII, 17, 23.
Bartolozzi (Francesco), LII.
Bassano (Il), voir Ponte (Jacopo da).
Batoni (Pompeo), LII.
Baudouin (Pierre-Antoine), XCII.
Bauer (Wilhelm), LXXVII, 285, 343.
Baugin (Lubin), XCII.
Baullery, XCII.
Bazzi (Antonio), dit Il Sodoma, LXXIII, 26, 173.
Beccafumi (Domenico), LII, 30.
Beciseisen, CIX.
Bega (Kornelis), LXXXVI, 288.
Beham (Hans Sebald), LXXVII.
Bella (Stefano della), LII, 31, 176.

Bellange (Jacques), XCII.
Bellino (Gentile), LXIII, 31.
Bellino (Giovanni), LXIII, 31.
Belnos (madame), XCII.
Benaschi (Gio.-Battista), LXXIII.
Benefiale (Marco), LIX.
Benouville (Léon), XC.I.
Benvenuti (Pietro), LII.
Berain (Jean), XCII.
Berchem (Nikolaas), LXXXVI, 288.
Berettini da Cortona (Pietro), LII.
Bernini (Giovanni-Lorenzo), LXXIV, 32, 178.
Berrettoni (Nicolo), LIX.
Berruguette (Alonzo), LXXVI.
Bertaux (Jacques), XCII.
Berthelemy, XCII.
Bertin (Nicolas), XCII.
Bertoja (Jacopo), LXVII.
Bezzi (Giovanni-Franceso), dit Il Nosadella, LXIX.
Bianchi (Pietro), LX.
Bianco (Baccio del), LII.
Bianconi (Carlo), LXIX.
Biard, XCII.
Bida (Alexandre), XCII.
Biennoury, XCII.
Biliverti (Giovanni), LII.
Binck (Jakob), LXXVII.
Birat (Mme), XCII.
Biscaino (Bartolommeo), LXXIII, 32, 184.
Blanchard (Jacques), XCII.
Blanchet (Thomas), XCIII.
Blarenbergh (van) LXXX.
Bloemaert (Abraham), LXXXVI.
Bloemen (Jan-Frans Van), dit l'Orrizonti, LXXX, 289.
Bloemen (Pieter van), LXXX, 289, 346.

Blyhooft (Zacarias), LXXXI.
Bocanegra (Pedro-Athanase) dit Athanasio, LXXVI.
Bocina del Borgo, LII
Bock (Hans), LXXVII.
Bocks-Berger (Hans), LXXVII.
Boel (Pieter), LXXXI.
Boher, XCIII.
Boichot, XCIII.
Boissieu (Jean-Jacques de), XCIII.
Boit (Charles), CIX.
Boitard (François), XCIII.
Boizot, XCIII.
Bol (Hans), LXXXI, 290, 346.
Bolognese (Il), voir Grimaldi (Francesco).
Bonaccorsi (Pietro), dit Perino del Vaga, LII, 34, 186.
Bonasone (Giulio), LXIX.
Bonatti (Giovanni), LXIX.
Bonington (Richard-Parkes), CIX.
Bonzi (Pietro Paolo), dit Il Gobbo de' Carracci, LII.
Bordone (Paris), LXIII.
Borelli, XCIII.
Borgo (Giovanni Paolo del), LII.
Borzoni (Francesco), LXXIII.
Boschi (Benedetto), LII.
Boschi (Fabbrizio), LII.
Boschi (Francesco), LII.
Boscoli (Andrea), LIII, 32, 184.
Bosse (Abraham), XCIII.
Both (Andreas), LXXXVI.
Both (Jan), LXXXVI.
Botticelli (Sandro), LIII, 33.
Bouchardon (Edme), XCIII.
Boucher (François), XCIII.
Boucher fils, XCIII.
Boulanger (Mme Elise), XCIII.

Boullée, XCIII.
Boulogne (Bon), XCIII.
Boulogne (J. de), XCIII.
Boulogne le père (Louis), XCIII.
Boulogne le jeune (Louis), XCIII.
Bourdon (Sébastien), XCIII.
Bourgeois (Constant), XCIII.
Bourguignon (Le), voir Courtois (Jacques).
Bout (Pieter), LXXXI.
Bouzonnet Stella (Antoine), XCIV.
Bouzonnet Stella (Claudine), XCIV
Boze (Joseph), XCIV.
Bramer (Leonardus), LXXXVI.
Brandi (Giacinto), LXXIV.
Braun (Augustin), LXXVII.
Brauwer (Adriaan), LXXXVI.
Bray (Salomon de), LXXXVI.
Bréa, XCIV.
Brebiette (Pierre), XCIV.
Brée (Martin Van), LXXXI.
Breenbergh (Bartholomé), LXXXVI
Brenet, XCIV.
Breughel (Jan), dit Breughel de Velours, LXXXI, 291.
Breughel (Pieter), dit le Vieux, LXXXI.
Bril (Paulus), LXXXI. 290.
Brizio (Francesco), LXIX.
Broecke (Krispyn Van der), LXXXI
Bronzino (Il), voir Allori (Angiolo)
Brouard, XCIV.
Brün (Isaack), LXXVII.
Brunelleschi (Filippo), LIII.
Bry (Theodor de), LXXVII.
Bugiardini (Giuliano), LIII
Bunel (Jacques), XCIV.
Buonacorsi (Piero), di Perino del Vaga, voir Bonaccorsi.

17.

Buonarroti (Michel-Angelo), LIII, 35, 189.
Buontalenti (Bernardo), LIII.
Burgkmair (Hans), LXXVII.
Burrini(Giovanni-Antonio),LXIX
Cabel(Adriaan Van der),LXXXVI, 291, 347.
Cades (Giuseppe), LX.
Caffa (Melchiore), LXXIV.
Calabrese (Il), voir Preti (Mattia).
Caldara (Polidoro), dit Polidoro da Caravaggio, LXVII, 44.
Calendrucci (Giacinto), LXXIV.
Caliari(Paolo),dit PaoloVeronese, LXIII, 46.
Callot (Jacques), XCIV.
Callow (William), CIX.
Calvaert (Denys), LXXXI.
Camassei (Andrea), LX.
Cambiaso (Luca), LXXIII, 48, 200.
Campagnola(Domenico),LXIII,48, 205.
Campi (Antonio), LXVII.
Campi (Bernardino), LXVII, 49.
Campi (Giulio), LXVII.
Camuccini (Vincenzo), LX.
Canaletti (Antonio), LXIII.
Candide (Pieter), LXXXI.
Cane (Carlo), LXVII.
Canini (Gio-Angelo), LX.
Cano (Alonzo), LXXVI.
Cantagallina (Remigio), LIII.
Cantarini (Simone), dit Il Pesarese, LX.
Canuti (Domenico-Maria), LXIX.
Cany (de), XCIV.
Capellini (Gabrielle), dit Il Caligarino, LXIX.
Caracciolo(Giov.-Batista),LXXIV.

Caravaggio (Michel-Angelo da), voir Amerighi.
Carbonel (Madame), CIX.
Cardi da Cigoli (Lodovico), LIII, 62.
Carducho, LXXVI.
Caron (Antoine), XCIV.
Carpaccio, LXIII.
Carpi (Girolamo), LXX.
Carracci (Agostino), LXX.
Carracci (Annibale), LXX. 49.
Carracci (Antonio), LXX.
Carracci (Lodovico), LXX.
Carriera (Rosalba), LXIII, 59, 207.
Carrucci da Pontormo (Jacopo), LIII, 60.
Casanova (Jean-François), XCIV.
Casolani (Alessandro), LIII.
Casolani (Cristofano), LIII.
Castelli (Bernardo), LXXIII.
Castelli (Valerio), LXXIII.
Castellini (Giuseppe-Ant),LXVII.
Castiglione (Francesco), LXXIII.
Castiglione (Gio-Bened.), LXXIII.
Catelani (Pietro), LX.
Cavedone (Giacomo), LXVII, 61.
Cazes (Pierre-Jacques), XCIV.
Cazes le fils, XCIV.
Celio (Gaspare), LX.
Cerquozzi (Michel-Angelo), LX.
Cesari d'Arpino (Giuseppe), dit Le Josépin, LXIV, 61.
Cesi (Bartolommeo), LXX.
Cesi (Carlo), LX.
Challe (M.-C.), XCIV.
Chamisso (Ch. de), XCIV,
Champaigne (Philip de), LXXXI. 292.
Chantereau, XCIV.

Chaperon (Nicolas), XCIV.
Chardin (Jean-Baptiste-Siméon), XCIV.
Charlet (Toussaint), XCIV.
Charpentier (Réné), XCIV.
Chasles, XCIV.
Chasteau (Antoinette), XCV.
Chaufourier (Jean), XCV.
Chauveau (François), XCV.
Chavanne, XCV.
Chiari (Giuseppe), LX.
Chimenti da Empoli (Jacopo), LIII, 62.
Christophe, XCV.
Ciampelli (Agostino), LIII.
Cicéri (Eugène), XCV.
Cignani (Carlo), LXX.
Cignaroli (Giov.-Bettino), LXIII.
Cioli (Valerio), LIII.
Cigoli (Lodovico Cardi da), voir Cardi da Cigoli.
Circignano dalle Pomaranze (Antonio), LIII.
Circignano dalle Pomaranze (Nicolo), LIII.
Cittadini (Pier-Francesco), LXVII.
Civerchio (Vicenzo), LXVII.
Claude le Lorrain, voir Gellée.
Cleef (Hendrick van), LXXXI.
Cleerck (Hendrick de), LXXXI.
Clerisseau (Ch.-Louis), XCV.
Clouet (François), dit Janet, XCV.
Clovio (Giulio), LX, 63, 210.
Coccapani (Sigismundo), LIII.
Cochin (Charles-Nicolas), XCV.
Cock (Hieronymus), LXXXI.
Codagora (Viviano), LX.
Coello (Claudio), LXXVI.
Cogniet (Léon), XCV.

Collin de Vermont (Hyac.), XCV.
Colonna (Michel-Agnolo), LXVII.
Commodi (Andrea), LIII.
Conca (Sebastiano), LXXIV.
Condivi (Ascanio), LIII.
Constantin (Abraham), CX.
Constantin (Jean-Antoine), XCVI
Cops, LXXXVI.
Corneille (Jean-Baptiste), XCVI.
Corneille (Michel) l'Ancien, XCV.
Corneille (Michel), XCV.
Correggio (Il), voir Allegri (Antonio).
Correnzio (Belisario), LXXIV.
Cortona (Pietro da), v. Berettini.
Cosimo (Pier di), LIV.
Cotelle (Jean), XCV.
Couder (Auguste), XCV.
Courtois (Guillaume), XCV.
Courtois (Jacques), dit le Bourguignon, XCV.
Cousin (Jean), XCV.
Coustou, XCV.
Coxie (Michael), LXXXII.
Coypel (Antoine), XCV.
Coypel (Charles), XCV.
Coypel (Noël), XCV.
Coypel (Noël-Nicolas), XCVI.
Cozette, XCVI.
Crabbe (Frans), LXXXII.
Craesbecke (Jozef), LXXXII.
Crayer (Caspar de), LXXXII.
Credi (Lorenzo di), v. Sciarpelloni
Crespi (Daniele), LXVII.
Crespi (Giuseppe), LXX.
Cresti da Passignano (Domenico), LIV.
Creti (Donato), LXVII.
Cruyl, LXXXII.

Cungi (Lionardo), dal Borgo, LIV.
Currado (Francesco), LIV.
Curti (Girolamo), LXX.
Cuyp (Aelbert), LXXXVI, 293.
Damini (Pietro), LXIII.
Danarelli (Giorgio), LXX.
Dandini (Pietro), LIV.
Dandini (Vincenzo), LIV.
Dandré-Bardon (Michel-François), XCVI.
Daniello da Volterra, voir Ricciarelli.
Danti (Vincenzo), LX.
Daubigny (J.), XCVI.
Dauzats (Adrien), XCVI.
David (Louis), XCVI.
David (Maxime), XCVI.
David (de Marseille), XCVI.
Defavanne, XCVI.
Dejuinne, XCVI.
Delacazette (Sophie-Clémence), XCVI.
Delaune (Étienne), XCVI.
Delorme, XCVI.
Desfriches, XCVI.
Deshayes (Jean-Baptiste), XCVI.
Desmarest (Martin), XCVI.
Desportes (François), XCVI.
Després, XCVI.
Deutsch (Hans-Rudolf-Emmanuel), LXXVII.
Dévéria (M.-Laure), XCVI.
Devèze, XCVI.
Diamantini (Giuseppe), LX.
Diepenbeke (Abraham Van), LXXXII, 293.
Dieterling, LXXVII.
Dietrich (Christian-Wilhelm-Ernst), LXXVII, 294.

Dieu (Antoine), XCVI.
Diziani (Gasparo), LXIII.
Does (Jakob Van der), LXXXVI, 295, 349.
Does (Simon Van der), LXXXVII. 295, 351.
Dolci (Carlo), LIV.
Domenichino (Il), voir Zampieri (Domenico).
Domer, LXXXVII.
Donatello, LIV.
Donducci (G. Andrea), dit Il Mastelletta, LXX.
Dorigny (Louis), XCVI.
Dosio (Giovanni-Matteo), LIV, 66.
Dossi (Dosso), LXX.
Douai (Jean de), dit Jean de Bologne, LXXXII.
Dov (Gérard), LXXXVII, 295.
Doyen (Gabriel-François), XCVI.
Drouais (Jean-Germain), XCVI.
Dubois (Ambroise), XCVI.
Dubois (Jean-Étienne-Franklin), XCVI.
Dubreuil (Toussaint), XCVI.
Duchesne (de Gisors), CX.
Ducreux, XCVII.
Ducros, XCVII.
Duflocq, XCVII.
Dughet, dit le Guaspre Poussin (Gaspard), LX.
Dugoure, XCVII.
Dulin (Pierre), XCVII.
Du Monstier (Daniel), XCVII.
Du Monstier (Geoffroy), XCVII.
Dumont (Jean), dit le Romain, XCVII.
Dunker (Balthasar), LXXVII.
Du Pérac (Estienne), XCVII.

Dupré (L.), XCVII.
Durameau (Louis), XCVII.
Dürer (Albr.), LXXVII, 296, 352.
Dusart (Kornelis), LXXXVII.
Dutertre, XCVII.
Duvivier, XCVII.
Dyck (Anthonie Van), LXXXII, 299
Echard, XCVII.
Edelinck (G.), LXXXII.
Eisen (Charles), XCVII.
Elye (M.), XCVII.
Elzheimer (Adam), LXXVII, 300.
Engelbrechtsen (Korn.), LXXXVII.
Ermels (Johann-Franz), LXXVII.
Errard (Charles), XCVII.
Esselens (Jakob), LXXXVII.
Everdingen (Aelb. van), LXXXVII.
Eyck (Jan van), LXXXII.
Fabre (Franç.-Xavier), XCVII.
Facini (Pietro), LXX.
Faes (Peter van der), dit Lely, LXXVII.
Fagiuoli (Girolamo), LXX.
Falcone (Aniello), LXXIV.
Falens (Karel van), LXXXII.
Fargue (J.-E.), LXXXVII.
Farinati (Paolo), LXIII.
Ferrari (Gaudenzio), LXVII.
Ferraù Fenzone, LX.
Ferri (Ciro), LX.
Feti (Domenico), LX.
Fialetti (Odoardo), LXX.
Fiammeri (Giovan.-Battista), LIV
Ficharelli (Felice), dit Il Riposo, LIV.
Fiesole, voir Angelico da Fiesole (fra Beato).
Figino (Ambrogio), LXVII.
Fischer (Jakob), LXXVII.

Flamen (Aelbert), LXXXII.
Flipart, XCVII.
Foggini (Giovanni-Battista), LIV.
Folli (Sebastiano), LIV.
Fontana (Battista), LXIV.
Fontana (Lavinia), LXX.
Fontana (Prospero), LXX.
Fontebasso (Francesco), LXIV.
Fontenay (de), XCVII.
Forest (Jean), XCVII.
Fort (Siméon), XCVII.
Fouchereau, CVII.
Fouquières (Jakob), LXXXII, 301, 368.
Fournier (Charles), XCVII.
Fournier d'Ajaccio, XCVII.
Fragonard (A.), XCVII.
Fragonard (Honoré), XCVII.
Franceschini (Baldassare), dit Il Volterrano, LIV.
Franceschini (Marc-Anton.), LXX.
Francesco Maria, dit Il Zoppino, LXVIII.
Franchi (Antonio), LIV.
Francia (Francesco), LXX.
Franciabigio, LIV, 67, 213.
Francisque, voir Millet (Frans).
Franck (Ambrosius), LXXXII.
Franck (Frans), LXXXII.
Franck Floris, voir Vriendt (Frans de).
Franck (Jan), LXXXII.
Franco (Battista), LXIV, 68, 215.
Francucci da Imola (Innocenzo), LXXI.
Frédou, XCVIII.
Fréminet (Martin), XCVIII.
Freudeberg, XCVIII.
Freudenberg (Sigmund), LXXVII.

Furino (Francesco), LIV.
Fyt (Jan), LXXXII.
Gabbiani (Antoni.-Domen.), LIV.
Gabrieli da Fano (Girolamo), LX.
Gaddi (Taddeo), LIV, 69.
Galli da Bibiena, LXXI.
Galloche (Louis), XCVIII.
Gambara (Lattanzio), LXIV.
Gamberucci (Cosimo), LV.
Gamelin (Jacques), XCVIII.
Gandini (Antonio), LXIV.
Garbieri (Lorenzo), LXXI.
Garbo (Raffaellino de), LV.
Garofalo (Il), v. Tisio (Benvenuto)
Garrez, XCVIII.
Garzi (Lodovico), LV.
Gauli (Gio-Batista), dit Il Baccicio, LXXIII.
Gauthier (Rodolphe), XCVIII.
Gelder (A. de), LXXXVII.
Geldersman (Vincentius), LXXXII.
Geldorp, LXXXII.
Gellée (Claude), dit le Lorrain, XCVIII.
Gendt (Jooris van), LXXXII.
Genet (Le capitaine), XCVIII.
Genga (Girolamo), LX, 69, 219.
Gennari (Benedetto), LXXI.
Gennari (Cesare), LXXI.
Genoels (Abraham), LXXXII.
Gentileschi (Orazio), LV.
Gérard (François), XCVIII.
Geratz (Marc), LXXXII.
Géricault (Théodore), XCVIII.
Gessi (Francesco), LXXI.
Gherardi da Rieti (Antonio), LXI.
Gherardini (Alessandro), LV.
Gheyn (Jakob de), LXXXII.
Ghezzi (Leone), LXI.

Ghezzi (Sebastiano), LXI.
Ghiberti (Lorenzo), LV, 70, 221.
Ghirlandajo, LV.
Gillot (Claude), XCVIII.
Gimignani (Giacinto), LV.
Gimignani (Lodovico), LV.
Gimignano (Vincenzo da San), LV.
Giordano (Luca), LXXIV.
Giorgone (Il), voir Barbarelli (Giorgio).
Giotto, LV.
Giovanni da Udine, LXIV.
Girardon (François), LCVIII.
Giraut (J.-B.), XCVIII.
Girodet-Trioson (Anne-Louis), XCVIII.
Giulio Romano, v. Pippi (Giulio).
Glauber (Jan), LXXXVII.
Goerée (Jan), LXXXVII.
Goltzius (Hendrik), LXXXVII.
Gomien (P.), XCVIII.
Gossaert (Jan), dit Jan de Mabuse, LXXXII.
Goubaud, XCVIII.
Goudt (Hendrik), LXXXVII.
Goujon (Jean), XCVIII.
Goyen (Jan Van), LXXXVII, 301
Gozzoli (Benozzo), LV.
Grandhomme (Jakob), LXXVIII.
Grandi (Ercole), LXXI, 70, 222.
Granet (François-Marius), XCVIII.
Granger, XCVIII.
Gravelot, XCVIII.
Grenwood, LXXXVII.
Greuze (Jean-Baptiste), XCVIII.
Grimaldi (Francesco), dit Il Bolognese, LXXI.
Grimmer (A.), LXXVIII.
Grimmer (Jakob), LXXXIII.

Gros père, XCVIII.
Gros (Antoine-Jean), XCVIII.
Grün (Hans, Baldung), LXXVIII.
Grünevald (Mathias), LXXVIII.
Guarana (Giacomo), LXIV.
Guaspre Poussin, voir Dughet.
Guercino (Il), voir Barbieri (Giov. Francesco).
Guérin (Jean), XCVIII.
Guérin (Louis), XCVIII.
Guérin (Pierre), XCVIII.
Guerrier, CX.
Guerrin (François), XCVIII.
Guglielmi (Gregorio), LXI.
Guido, voir Reni.
Guillemot, XCIX.
Guyard, née Labille (Mme), XCIX.
Haas (Gabriel), LXXVIII.
Hackert (Jakob-Philipp.), LXXVIII
Hagen (Jan-Van), LXXXVII, 302.
Hall, XCIX.
Hallé, XCIX.
Hallé (Claude-Guy), XCIX.
Hallé (Noël), XCIX.
Heim (François-Joseph), XCIX.
Heintz (Abraham), LXXVIII.
Helmbreker (Theodor), LXXXVII.
Helmont (Van), LXXXIII.
Hemskerck (Egbert V.), LXXXVII.
Hemskerck (Martin), LXXXVII.
Hennequin, XCIX.
Henriquez de Las Marinas, LXXVI.
Herbelin (Mme Mathilde), XCIX.
Herrera le jeune, LXXVI.
Himely, XCIX.
Hoeck (Robbert Van), LXXXIII.
Hoet (Gerard), LXXXVII.
Holbein (Hans), LXXVIII, 302.
Hollar (Wenceslas), LXXVIII.

Holtzmann (Hans), LXXVIII.
Honthorst (Gerard), LXXXVII.
Hooge (Romyn de), LXXXVII.
Houasse, XCIX.
Houasse le fils, XCIX.
Houbraken, LXXXVII.
Houel (Jean-Pierre-Louis), XCIX.
Hubert, XCIX.
Hue (J.-F.), XCIX.
Huet (Jean-Baptiste), XCIX.
Hugtenburg (Jan van), LXXXVIII.
Huret (Grégoire), XCIX.
Huysum (Jan van), LXXXVIII, 303
Ingoli (Matteo), LXXI.
Ingres (Jean-Auguste-Dominique), XCIX.
Isaac (Pieter), LXXXIII.
Isabey (Jean-Baptiste), XCIX.
Jacobs (Lucas), dit Lucas de Leyde, LXXXVIII.
Jacques, XCIX.
Janet, voir Clouet.
Janssens (Victor-Honorius), LXXXIII.
Jaquotot (Mme Victoire), CX.
Jardin (Karel du) LXXXVIII.
Jean de Bologne, voir Douai (Jean de).
Jeaurat (Étienne), XCIX.
Jode (Pieter de), LXXXIII.
Jollet, XCIX.
Jorand, XCIX.
Jordaens (Jakob), LXXXIII, 304.
Josépin, voir Cesari d'Arpino (Giuseppe).
Joubert, XCIX.
Jouffroy, XCIX.
Jouvenet (Jean); XCIX.
Jules Romain, voir Pippi (Giulio).
Julien de Parme, XCIX.

Julien (Simon), xcix.
Jullier de Savault, xcix.
Jung (Théodore), xcix.
Juvara (Filippo), lxxiv.
Kaendel (David), lxxviii.
Kasten (F.-E.), lxxviii.
Kauffmann (Angelica), lxxviii.
Kellin, cix.
Key (Willem), lxxxiii.
Kilian (Lucas), lxxviii.
Kilian (Nicolas), lxxviii.
Kneller (Gottfried), lxxviii.
Knip (Mme), xcix.
Koning (Philip de), lxxxviii.
Kranach (Lucas), lxxviii. 305.
Kraus (Johann-Ulrich), lxxviii.
Kugler (Louise), cx.
Laer (Pieter de), lxxxviii, 306.
Lafage (Raymond de), xcix.
Lafitte, c.
Lafosse (Charles de), c.
Lagneau, c.
Lagrenée (Jean-Jacques), c.
Lagrenée (Louis-Jean-François), c.
La Hyre (Laurent de), c.
Lairesse (Gérard), lxxxiii.
Lallemand (Jean-Baptiste), c.
La Monce (Ferdinand de), c.
Lancrenon, c.
Lancret (Nicolas), c.
Lanfranco (Giovanni), lxviii.
Lanino (Bernardino), lxxiii.
Lantara (Simon-Mathurin), c.
Largillière (Nicolas), c.
Larivière (Charles-Philippe), c.
Larrieu (Pierre), c.
La Rue (de), c.
Lassus (Jean-Baptiste-Antoine), c.
Lastman (Pieter), lxxxviii.

Latour (Maurice Quentin de), c.
Laudati (Giuseppe), lxi.
Laurent (Mme), cx.
Lauri (Filippo), lxi.
Lavallée-Poussin, c.
Lazzarini (Grégorio), lxiv.
Le Blanc (Théodore), c.
Le Blond (J.-B.-Alexandre), c.
Le Brun (Charles), c.
Leclerc (Sébastien), c.
Leclerc fils (Sébastien), c.
Lecomte (Hippolyte), ci.
Lefebvre (Valentyn), lxxxiii.
Lefort, ci.
Legouaz, ci.
Legros (Pierre), ci.
Lelu (Pierre), ci.
Lely, voir Faes (Peter van der).
Lemaire (Jean), ci.
Lemoine (François), ci.
Lemort, ci.
Lempereur (Jean-Baptiste-Denis), ci.
Lenain, ci.
Lenardi (Giovanni-Battista), lxi.
Lepaon, ci.
Lepautre (Jean), ci.
Lépicié (Nicolas-Bernard), ci,
Leprince (Jean-Baptiste), ci.
Lespinasse (Louis-Nicolas de), ci
Lesueur (Eustache), ci.
Leyde (Lucas de), voir Jacobs.
Liano (Filippo), dit Il Napoletano, lxxv.
Liberi (Pietro), lxiv.
Lievens (Jan), lxxxviii.
Ligorio (Pirro), lxxv, 71, 225.
Ligozzi (Jacopo), lxiv.
Limborg (Hendrick van), lxxxviii.

Lindmeyer (Daniel), LXXVIII.
Lingelbach (Jan), LXXXVIII.
Lioni (Ottavio),dit Il Padoanino, LXI, 72, 226.
Lippi (fra Filippo), LV, 74.
Lippi (Lorenzo), LV.
Lissandrino, voir Magnasco (Alessandro).
Littret de Montigny, CI.
Lodi (Carlo), LXXI.
Loir (Mlle), CI.
Loir (Nicolas), CI.
Lomazzo (G. Paolo),LXVIII,75,228.
Loo (Jakob van), LXXXIII.
Lorch (Melchior), LXXVIII.
Lorenzo di Credi,voir Sciarpelloni
Loth (Carl), LXXVIII.
Louis, CI.
Loutherbourg, CI.
Lubienski(Theodor Von),LXXVIII.
Lucas de Leyde, voir Jacobs.
Luciani (Sebastiano), dit fra Sebastiano del Piombo,LXIV, 76.
Luini (Bernardino), LXVIII, 76.
Lundberg, CI.
Luti (Benedetto), LV.
Luycken (Jan). LXXXVIII.
Mabuse (Jean de), voir Gossaert.
Macchietti (Girolamo), LV.
Machy (de), CI.
Maes, LXXXIII.
Maganza (Alessandro), LXIV.
Magnasco (Alessandro), dit Lissandrino, LXXIII.
Maino (Angelo), LXVIII.
Mair, LXXVIII.
Mair (Alexander), LXXVIII.
Maissiat, CI.
Major (Isaack), LXXVIII.

Malach (Christoph), LXXVIII.
Malombra (Pietro), LXIV.
Mander (Carl Van), LXXXIII.
Manetti (Rutilio). LV. 77, 231.
Manfredi (Bartolommeo), LXVIII.
Manglard (Adrien), CI.
Manozzi da San Giovanni. LV, 77, 232.
Manocchi (Giuseppe), LXI.
Mansson, CII.
Mansuoli da San Friano (Tommaso), LV.
Mantegna (Andrea), LXIV, 78.
Maratta (Carlo), LXI, 78.
Marchesi da Cotignola (Girolamo), LXXI.
Marchesini (Alessandro), LXIV.
Marchis (Alessio de'), LXXV.
Mariette, CII.
Marinari (Onorio), LV.
Martel-Ange, CII.
Martin, CII.
Martinet, CII.
Martinière, CII.
Martino (Simone di), LV.
Marvie, CII.
Masaccio, LV.
Mascagni (Donato), LV.
Mascherini (Ottaviano), LXXI.
Masquelier (Claude-Louis), CII.
Massard (Léopold), CII.
Massari (Lucio), LXXI.
Massé (Jean-Baptiste), CII.
Masson (Antoine), CII.
Massucci (Agostino), LXI.
Mastroleo (Giuseppe), LXXV.
Mathan (Jakob), LXXXVIII.
Mathieu (Auguste), CII.
Matteis (Paolo de'), LXXV.

Maturino, LV.
Mauperché, CII.
Maurice (Louis-Joseph), CII.
Mauzaisse, CII.
Mayer (Lys), LXXVIII.
Mazzieri (Antonio), LVI.
Mazzola (Francesco), dit Il Parmigianino, voir Mazzuoli.
Mazzucchelli da Morazzone (Pier Francesco), LXVIII,
Mazzuoli (Francesco), dit Il Parmigianino, LXVIII, 79.
Mazzuoli (Girolamo), LXVIII.
Mcer de Young (van der). LXXXVIII
Mehus (Lieven), LXXXIII.
Melissi (Agostino), LVI.
Mellan (Claude), CII.
Melling, CII.
Melloni (Francesco-Antonio), LXXI
Memlinc (Hans), LXXXIII, 306.
Mengs (Raphaël), LXXVIII.
Metsys (Jan), LXXXIII.
Mettey (Pierre), CII.
Meulen (Anthonie Frans van der), LXXXIII, 307.
Meunier, CII.
Meyer (Hendrik), LXXXVIII.
Meynier (Charles), CII.
Michel, CII.
Michel-Angelo, voir Buonarroti.
Michele da Lucca, LVI.
Michieli (Andrea), dit A. Vicentino, LXIV.
Miel (Jan), LXXXIII.
Mieris le jeune (Frans), LXXXVIII.
Mieris (Willem van), LXXXVIII. 307
Mignard (Nicolas), CII.
Mignard (Pierre), CII.
Milani (Aureliano), LXXI.

Millet (Frans), dit Francisque, LXXXIII, 308, 371.
Mino da Fiesole, LVI.
Minozzi (Bernardo), LXXI.
Mirbel (Mme de), CII.
Miruoli (Girolamo), LXXI.
Mitelli (Agostino), LXXI.
Moitte, CII.
Mola (Giovanni Battista), LXXI.
Mola (Pier Francesco), LXXI.
Molenaer (Jan), LXXXVIII.
Molyn (Pieter), LXXXVIII.
Momper (Joost de), LXXXIII.
Mondella (Galleazzo), LXIV.
Monnet (Charles), CII.
Monsiau, CII.
Montagna (Bartolommeo), LXIV.
Montanini (Pietro), LXI.
Montano (Giovanni Battista), LXI.
Montbelliard, CII.
Montelaticci (Francesco), dit Cecco-Bravo, LVI.
Monti (Francesco), LXXI.
Montorsoli (Fra Angelo), LVI.
Moor (Karel de), LXXXVIII.
Morage, CIII.
Morandi (Giovanni Maria), LVI.
Moreau le jeune (G. M.), CIII.
Moreelse (Paulus), LXXXVIII.
Morel, CIII.
Moro (Battista del), LXIV.
Moro (Giulio del), LXIV.
Moro (Marco del), LXIV.
Morto da Feltro, LXIV.
Motta (Raffaello), dit Raffaellino da Reggio, LXVIII.
Moucheron (Frederik), LXXXVIII.
Moucheron (Isaak), LXXXVIII.
Moyaart (Nicolaas), LXXXVIII.

Muller (C.), cIII.
Muller (F.), LXXVIII.
Murillo (Esteban), LXXVI, 283.
Muziano (Girolamo), LXIV, 81, 236.
Naldini (Battista), LVI.
Nanteuil (Robert), CIII.
Nasini (Giuseppe), LVI.
Natoire (Charles), CIII.
Nebbia (Cesare), LVI.
Neer (Aart Van der), LXXXIX.
Netscher (Caspard), LXXXIX, 310.
Netscher (Constantyn), LXXXIX, 309.
Neve (Frans de), LXXXIII.
Neyts (Egidius), LXXXIX.
Nicolet (Pierre), CIII.
Nieulandt (Willem), LXXXIII.
Nigetti (Matteo), LVI.
Noël (J.), CIII.
Nolau, CIII.
Noort (Adam Van), LXXXIII.
Noray (de), CIII.
Nousveaux, CIII.
Novelli (Pier-Antonio), LXV.
Novelli (Pietro), LXXV.
Ommeganck (Balthazar-Paulus), LXXXIII, 310.
Onofrio (Crescenzio), LXI.
Oppenord (F.), CIII.
Orley (Bernardus van), LXXXIII.
Orrizonti, voir Bloemen (J. F. van).
Orsi da Novellara (Lelio), LXVIII.
Ostade (Adrian van), LXXXIX.
Ostade (Isaak van) LXXXIX.
Ottino (Pasquale), LXV.
Oudry (Jean-Baptiste), CIII, CX.
Ouvrié (Justin), CIII.
Overlaet (Anthonie), LXXXIX.
Ozanne, CIII.

Padoanino, voir Lioni (Ottavio).
Pagani (Gregorio), LVI.
Paggi (Gio-Battista), LXXIII.
Pajou fils, CIII.
Palamedes, LXXXIX.
Palcko (Franz-Xaver), LXXVIII.
Palma (Jacopo), dit Palma Giovane, LXV, 82.
Palmieri (Giuseppe), LXXIII.
Pandolfi (Giovanni-Giacomo), LXI.
Pannini (Francesco), LXVIII.
Pannini (Giovanni-Paolo) LXVIII
Paolo Veronese, voir Caliari (Paolo).
Papety (Dominique), CIII.
Parent, CIII.
Parigi (Giulio), LVI.
Parisot, CIII.
Parmigianino (Il), voir Mazzuoli (Francesco).
Parrocel (Charles), CIII.
Parrocel (Joseph), CIII.
Parrocel (J.-F.), CIII.
Pasquieri, CIII.
Passarotti (Bartolommeo), LXXI.
Passe (Krispynde), LXXXIX.
Passeri (Giovanni-Battista), LXI.
Passeri (Giuseppe), LXI.
Patel (Pierre), CIII.
Pater (Jean-Baptiste), CIII.
Pecheux (L.), CIII.
Pelletier, CIV.
Penni (Luca), LVI.
Percier (Charles), CIV.
Perelle, CIV.
Pérignon, CIV.
Perin (Lié-Louis), CIV.
Perino del Vaga, voir Bonaccorsi (Pietro).

Pernot (F. A.), CIV.
Perrier (François), CIV.
Perroneau, CIV.
Perugino, voir Vannucci (Pietro).
Peruzzi (Baldassare), LVI.
Pesarese (Il), voir Cantarini (Simone).
Pesello, LVI.
Pesne (Antoine), CIV.
Petitot (Jean), CX.
Petrazzi (Alfonso), LVI.
Peyre (Antoine-François), CIV.
Peyron (P.), CIV.
Philippoteaux, CIV.
Piazzetta (Giovanni Battista) LXV
Picart (Bernard), CIV.
Pieratti (Giovanni-Battista), LVI.
Pierre (Jean-Baptiste-Marie), CIV.
Pietro da Cortona, voir Berettini da Cortona.
Pignoni (Simone), LVI.
Pillement (Jean), CIV.
Pilon (Germain), CIV.
Pinacci (Giuseppe), LVI.
Pinariccio (Felice), LXXI.
Pinas (Jan), LXXXIX.
Pinturicchio (Bernardino), LXI, 82.
Piola (Domenico), LXXIV, 83, 238.
Pippi (Giulio), dit Giulio Romano, LXI, 83, 239.
Piranesi (Giovanni-Battista), LXI.
Pittoni (Giovanni-Battista), LXV.
Platte Montagne (Nicolas de), CIV.
Po (Jacopo del), LXI.
Poccetti (Bernardino), LVI, 88, 248.
Poelemburg (Kornelis), LXXXIX.
Poerson (Charles), CIV.
Polidoro da Caravaggio, voir Caldara.

Pollajolo (Antonio), LVI.
Ponte (Jacopo da), dit Il Bassano, LXV.
Pontormo, voir Carucci da Pontormo.
Porbus (Francs), LXXXIV.
Pordenone (Il), voir Sacchiense (Gio.-Ant.).
Porta del Salviati (Giuseppe), LVI.
Portail (Jacques-André), CIV.
Potter (Paulus), LXXXIX, 311.
Poussin (Nicolas), CIV.
Pozzi (Stefano), LXI.
Pradier (James), CIV.
Preti (Mattia), dit Il Calabrese, LXXV.
Primaticcio (Francesco), LXXII, 88, 321.
Procaccini (Camillo), LXXII, 94, 250.
Procaccini (Ercole), LXXII.
Procaccini (Giulio Cesare), LXXII.
Prospero Bresciano, LXV.
Prudhon (Pierre-Paul), CIV.
Puget (Pierre), CIV.
Puglia (Giuseppe), LXII.
Puligo (Domenico), LVII.
Pulzone da Gaeta (Scipione), LXXV
Puppini (Biagio), LXXII.
Pynacker (Adam), LXXXIX, 311.
Quaglia (Giulio), LXVIII.
Quast (Pieter), LXXXIX.
Quellyn (Erasmus), LXXXIV.
Quesnel (François), CIV.
Quillard, CIV.
Rabel (Daniel), CV.
Radel, CV.
Rademacker (Abraham), LXXXIX.
Raffaello Santi, voir Santi.

Ramenghi (Bartolommeo), dit Il Bagnacavallo, LXXII, 94.
Ramenghi (Giovanni-Battista), LXXII.
Ramondon (A.), cv.
Raphaël, voir Santi (Raffaello).
Rauch, cv.
Ravenet, cv.
Redouté, cv.
Rembrandt van Rhyn, LXXXIX, 312.
Renaudin (Mme), cx.
Reni (Guido), LXXII, 95.
Renoux, cv.
Reschi, de Dantzig (Pandolfo), LXXVIII.
Restout (Jean), cv.
Restout le fils, cv.
Revoil, cv.
Ribalta (Juan), LXXVI.
Ribera (Josef), LXXVI, 283.
Ricchi (Pietro), da Lucca, LVII.
Ricci (Marco), LXV.
Ricci (Sébastiano), LXV.
Ricciarelli da Volterra (Daniele), LVII, 96.
Riccio (Felice), dit Il Brusasorci, LXV.
Ridolfi (Claudio), LXV.
Riedinger (Johann-Elias), LXXIX.
Rigaud (Hyacinthe), cv.
Ring, de Zurich, LXXIX.
Rivalz (Antoine), cv.
Rivalz (Pierre), cv.
Robert (Hubert), cv.
Robert le Lorrain, cv.
Roberts, CIX.
Robusti (Domenico), LXV.
Robusti (Jacopo), dit Il Tintoretto, LXV, 98.

Rodriguez, LXXVI.
Roettiers (François), cv.
Romanelli (Francesco), LXII.
Romanini (Girolamo), LXV.
Romeyn (Willem), LXXXIX, 313.
Roncalli dalle Pamaranze (Christofano), LVII.
Roos (Ant.), LXXIX.
Roos (Johann-Heinrich), LXXIX.
Roos (Philipp), dit Rosa de Tivoli, LXXIX.
Roos (Theodor), LXXIX.
Rosa (Salvatore), LXXV.
Rosalba, voir Carriera.
Rollin (Mme), cv.
Roselli (Matteo), LVII.
Rosetti (Giovanni Paolo), LVII.
Rossi (Angelo de), LXXIV.
Rossi (Niccolo-Maria), LXXV.
Rossi (Vincenzo), LVII.
Rosso, LVII, 99.
Rottenhammer (Johann), LXXIX.
Rousseau (Edme), cv.
Roux, de Marseille, cv.
Rubens (Petrus-Paulus), LXXXIV, 313.
Rugendas (Georg-Philipp), LXXIX.
Rustici (Francesco), dit Il Rustichino, LVII.
Ruthart (Andreas), LXXIX.
Ruysdael (Jakob), LXXXIX, 326.
Rysbraeck (Michel), LXXXIV.
Sabbatini (Lorenzo), LXXII.
Sacchi (Andrea), LXII.
Sacchiense (Gio.-Ant.), dit Il Pordenone, LXV, 99.
Sadeler (Gillis), LXXXIV, 326, 373.
Saint (Daniel), cv
Saint-Aubin (Gabriel de), cv.

Saint-Far, cv.
Saint-Igny (Jean de), cv.
Saint-Morys (de Bourgevin, Viallart de), cv.
Saint-Quentin, cv.
Saiter (Daniel), LXXIX.
Salimbeni (Arcangelo), LVII.
Salimbeni (Ventura) LVII.
Salvi da Sassoferrato (Giovanni-Battista), LXII.
Salviati (Francesco), LVII.
Sandrart, LXXIX.
Sandrini (Tommaso), LXV.
Sani (Domenico), LXII.
Santafede (Fabrizio), LXXV.
Santi (Raffaello), LXII, 100, 256.
Santi di Tito, voir Tito.
Sarabbat (Daniel), cv.
Sarrazin (Jacques), cv.
Sarto (Andrea del), LVII, 11, 26.
Sasse (Richard), CIX.
Sassoferrato, voir Salvi.
Savery (Roeland), LXXXIV.
Scamozzi (Vincenzo), LXV.
Scaramuccia (Giovanni-Antonio), LXII.
Scaramuccia (Luigi), LXII.
Scarsella (Ippolito), dit Lo Scarsellino, LXXII.
Schellings (Willem), XC.
Schenau, cv.
Schiaminosi (Raffaello), LVII.
Schiavone (Andrea), LXV, 110.
Schidone (Bartolommeo), LXVIII, 111.
Schmutzer, LXXIX.
Schneider, cv.
Schnetz (Victor), CVI.

Schongauer (Martin), LXXIX, 327, 376.
Schoorel (Jan), XC.
Schouman (A.), XC.
Schut (Kornelis), LXXXIV,
Schwarz (Christoph), LXXIX.
Schwend (Hans-Paulus), LXXIX.
Sciarpelloni di Credi (Lorenzo), LVII, 63.
Scilla (Agostino), LXXV.
Scipione Gaetano, voir Pulzone.
Scorza (Sinibaldo), LXXIV.
Sebastiano del Piombo, voir Luciani.
Semino (Ottavio), LXXIV.
Serafini (Serafino), LXVIII.
Serafino da Verona, LXV.
Sermei (Cesare), LVII.
Serre (Michel), CVI.
Servandoni (Giovanni-Niccolo) LVII.
Sesto (Cesare da), LXVIII.
Sevin (P.), CVI.
Signorelli (Luca), LVIII, 111.
Simone Memmi, voir Martino (Simone di).
Simonini (Francesco), LXVIII.
Simpol (Claude), CVI.
Sirani (Andrea), LXXII.
Sirani (Elisabetta), LXXII.
Slodtz (Michel-Ange), CVI.
Sneyders (Frans), LXXXIV, 327.
Sodoma (Il), voir Bazzi (Antonio).
Sogliani (Antonio), LVIII.
Solario (Andrea), LXVIII, 114.
Sole (Giuseppe dal), LXXII.
Solimena (Francesco), LXXV.
Solis (Virgil), LXXIX.
Somacchini (Orazio), LXXII

Spada (Lionello), LXXII.
Spierre (Claude), CVI.
Spolverini (Ilario), LXVIII.
Spranger (Bartholomé), LXXXIV.
Squazzella (Andrea), LVIII.
Stanislas, roi de Pologne, CVI.
Stanzioni (Massimo), LXXV.
Star (Dirck Van), LXXIX.
Steen (Jan), XC.
Stella (François), CVI.
Stella (Jacques), CVI.
Stoer (Laurenz), LXXIX.
Storelli, CVI.
Stradan (Jan), LXXXIV.
Strozzi (Bernardo), LXXIV.
Strudel (George), XC.
Sturel-Paigné (Mme), CVI.
Sturm, CX.
Subleyras (Pierre), CVI.
Sustermans (Justus), LXXXIV.
Suvée, CVI.
Silvestre (Israël), CVI.
Silvestre (Louis de), CVI.
Swaneveld (Herman), XC.
Swart, de Groningue (Jan), XC.
Swister (Joseph), LXXIX.
Taillasson (Jean-Joseph), CVI.
Tarasco (Giovanni), LXVIII.
Taraval (Hugues), CVI.
Taré, CVI.
Tassi (Agostino), LXXII.
Taunay, CVI.
Tavarone (Lazzaro), LXXIV.
Tempesti (Antonio), LVIII, 114, 260.
Teniers (David), LXXXIV, 328.
Terburg (Gerard), XC.
Ter-Himpel (A.), XC.
Testa (Pietro), LVIII, 114, 262.
Thevenin (Charles), CVI.

Thibault (Jean-Thomas), CVI.
Thiébaut (Nicolas), CVI.
Thier (Bernhard-Heinric), LXXI
Thouron, CVI, CX.
Thulden (Theodor van), XC.
Tiarini (Alessandro), LXXII.
Tibaldi (Pellegrino), LXXII, 115, 265.
Tiepolo (Giovanni-Battista), LXVI.
Tierce fils, CVI.
Tintoretto (Il), voir Robusti (Jacopo).
Tiedeman, LXXIX.
Tisio (Benvenuto), dit Il Garofalo, LXXIII.
Titien, voir Vecelli (Tiziano).
Tito (Santi di), LVIII, 110, 258.
Tiziano, voir Vecelli (Tiziano).
Tocqué (Louis), CVI.
Todi (Lucio da), LVIII.
Tofanelli, CVI.
Toornvliet (Jakob), XC, 328, 378.
Tornioli (Niccolo), LVIII.
Toutin, CVII.
Trémollière (Pierre-Charles), CVII.
Trevisani (Francesco), LXVI.
Tribolo, LVIII.
Troost (Kornelis), XC.
Troschel (Hans), LXXIX.
Trotti (Giovanni-Battista), dit Il Malosso, LXVIII.
Troy (François de), CVII.
Turchi (Alessandro), dit A. Veronese), LXVI.
Tyssens (Pieter), LXXXIV.
Ubeleski (Alexandre), CVII.
Ubertini (Francesco), dit Il Bachiacca, LVIII, 115, 269.
Uccello (Paolo), LVIII.

Uden (Lucas van), LXXXIV.
Ulft (Jakob van der), XC.
Vadder (Ludolf de), LXXXIV.
Valdez (Don Lucas de), LXXVI.
Valdor (Jan), LXXXIV.
Valentin, du XVIIe siècle, CVII.
Valentin, du XVIIIe siècle, CVII.
Valentin (de Guingamp), CVII.
Valesio (Luigi), LXXIII.
Vanloo (Carle), CVII.
Van Loo (Jakob), voir Loo.
Vanloo (François), CVII.
Vanloo (Jean-Baptiste), CVII.
Vanni (Francesco), LVIII, 117.
Vanni (Giovanni-Battista), LVIII.
Vannini (Ottavio), LVIII.
Vannucci (Pietro), dit Pietro Perugino, LXII, 119.
Vargas (Luis), LXXVI.
Vasari (Giorgio), LVIII.
Vassé (L.-C.), CVII.
Vassilacchi (Antonio), dit l'Aliense, LXVI.
Vecchi (Giovanni de'), LVIII.
Vecelli (Cesare), LXVI.
Vecelli (Tiziano), LXVI, 122.
Velasquez (Don Diego), LXXVI, 284.
Velde (Adriaan Van de), XC, 330.
Velde (Jesaïas Van de), XC.
Velde (Willem Van de), XC, 332.
Verdier (François), CVII.
Verdussen (Jan Pieter), LXXXV.
Vereycken (Hans), LXXXV.
Verkolie (Jan), XC.
Verly, CVII.
Vernansal, CVII.
Vernet (Carle), CVII.
Vernet (Joseph), CVII.
Vernet (Horace), CVII.

Verocchio (Andrea del), LVIII, 124, 270.
Veronese (Alessandro), voir Turchi (Alessandro).
Veronese (Paolo), voir Caliari.
Verschuring (Hendrick); XC.
Vidal (Vincent), CVII.
Vianen (Paulus Van), XC.
Viani (Giovanni), LXXIII.
Vicentino (Andrea), voir Michieli.
Vien (Joseph-Marie), CVII.
Vien (Mme), CVII.
Vigée-Lebrun (Louise-Élisabeth), CVII.
Vignali (Jacopo), LVIII.
Vignon (Claude), CVII.
Villamena (Francesco), LXII.
Vincent (François-André), CVII.
Vinci (Lionardo da), LVIII, 125, 318.
Vinckenboons (David), LXXXV.
Viollet-le-Duc (Eugène), CVII.
Visscher (Kornelis de), XC, 334, 379.
Viti (Timoteo), LXII.
Viviani (Antonio), dit Il Sordo, LXII.
Vivien (Joseph), CVII.
Vleughels (Nicolas), CVII.
Vlieger (Simon de), XC.
Volaire, CVII.
Vos (Martinus de), LXXXV.
Vouet (Simon), CVIII.
Vouillemont (Sébastien), CVIII.
Vriendt (Frans de), dit Franck Floris, LXXXV.
Vriendt (Jakob de), LXXXV.
Vries (Hans Fredeman de), XC.
Wael (J.-B. de), LXXXV.
Wael (Kornelis de), LXXXV.

Wagner (Johann Georg), LXXIX.
Wailly (de), CVIII.
Waterloo (Anthonie), XC.
Watteau (Antoine), CVIII.
Weerdt (Adriaan de), LXXXV.
Werner (Joseph), LXXIX, 336, 382.
Weyden (Rogier van der), LXXXV, 337, 384.
Weyer (Gabriel), LXXIX.
Weyler (Jean-Baptiste), CX.
Wicar, CVIII.
Wick (Thomas), XCI.
Wierix, XC.
Wildens (Jan), LXXXV.
Wilkens (Theodoor), XCI.
Willarts (A.), XCI.
Wille (Jean-Georges), CVIII.
Wille fils (P.-A.), CVIII.
Witel (Gaspard van), XCI.

Witt (Jakob de), XCI.
Wohlgemuth (Michael), LXXIX.
Wouvermans (Philip), XCI.
Wtenbrouck (Mozes van), XCI.
Zachtleven (Herman), XCI, 337.
Zachtleven (Kornelis), XCI.
Zampieri (Domenico), dit Il Domenichino, LXXIII, 129.
Zanetti (A.-M.), LXVI.
Zeeman (R.), XCI.
Zelotti (G.-Battista), LXVI.
Zix (Benjamin), CVIII.
Zocchi (Giuseppe), LIX.
Zuccherelli (Francesco), LIX.
Zucchero (Federigo), LXII, 10, 130, 273.
Zucchero (Taddeo), LXII, 133, 278.
Zucchi (Giacomo), LIX.
Zurbaran, LXXVI.
Zustris (Frederik), XCI.

FIN DE LA TABLE ALPHABÉTIQUE.

TABLE DES MATIÈRES.

	Pages.
Introduction....................................	v à XLIX
Résumé de l'inventaire général.................	LI à CXI
Écoles d'Italie. — Description des dessins........	1 à 148
Écoles d'Italie. — Appendice....................	149 à 282
École espagnole. — Description des dessins......	283 et 284
Écoles allemande, flamande et hollandaise. — Description des dessins.......................	285 à 342
Écoles allemande, flamande et hollandaise. — Appendice....................................	343 à 389
Table alphabétique.............................	391 à 409

DIRECTION DES MUSÉES NATIONAUX.

LISTE DES CATALOGUES PUBLIÉS ET EN COURS DE [...]

Édités par CHARLES DE MOURGUES frères, [...] rue J.-J. [...]

Conservation des peintures, des dessins et de la chalcographie.

M. Frédéric Villot.

Peintures. École italienne, 1 v. in-8............
Écoles flamande, allemande et hollandaise, 1 v. [...]
École française, 1 v. [...]
Les trois écoles réunies, cart. 1 v. in-12............

M. [...]

Dessins, 1re partie, 1 v. in-12.
Dessins, 2e partie, 1 v. in-12.
Idem. 1 v. in-8.
Musée Napoléon III, 1 v. in-12. 75
Collection La Caze, 1 v. in-4.   50
Idem.   1 v. in-8.

M. [...] Soulié.

Musée de Versailles, 1re partie, 1 v. in-12............
Musée de Versailles, 2e partie, 1 v. in-12............
Musée de Versailles, 3e partie, [...]
Palais de [...], 1 v. in-12. 0 50

M. le Vte de [...]

Peintures. École italienne, 1 v. [...]
[...] du Palais de [...]

[...]

Musée de Luxembourg, [...]

Conservation des antiquités grecques, étrusques et romaines. Objets d'art antiques.

[...]

[...]

Objets italiens, [...] in-4
[...], 1 v. in-12
[...]
Sculptures [...]
1 v. in-8

[...]

Monuments [...] in-12
Idem (Grand papier)

Conservation de la [...] Renaissance et [...] dernes.

Sculpture Moyen Âge [...]
Sculpture Moderne [...]
Musée des [...] in-12
Musée des [...] in-4
Gemmes et [...]
Des [...]

M. [...]

Ivoires, 1 v. [...]
Idem. 1 v. in-[...]
Bois sculptés [...]
Verres [...]

[...]

www.ingramcontent.com/pod-product-compliance
Lightning Source LLC
Chambersburg PA
CBHW071610230426
43669CB00012B/1898